U0044500

壽喜宴

應禮堂節目

開演時間
午餐12點30分
晚餐7點正
宵夜9點30分

全日供應
各式砂鍋

茶資廿元
便餐22元起
不另收費

保密防諜
人人有責

客房部

住宿特價優待
96元起
休息66元起
※長期住客
折扣另議

櫻花廳（一樓）

名師主廚

西和料理

早餐	午餐	晚餐	梅定	竹定	松定
20元	30元	50元	60元	80元	100元

獨特口味！
與衆不同！

悅來廳（八樓）

活海鮮總滙
經濟客飯30元
清粥小菜20元

妹合唱團

熱門歌曲

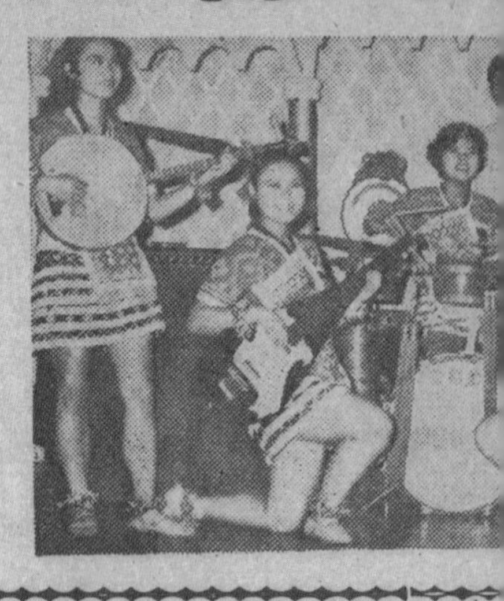

名作曲家

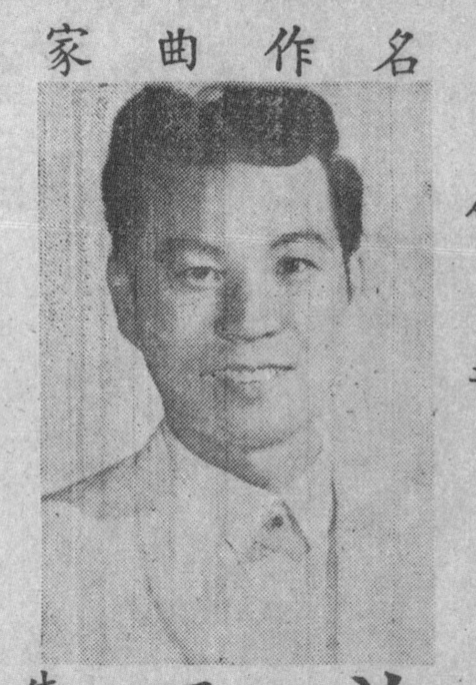

領導

團

婚

免費

威夷大飯店

10月24日起

七樓 檀香廳

名師主廚 正宗粵菜

貳佰元

彩色拼盤
京都排骨
八珍豆腐煲
生炒時菜
瓜丁上湯
水果

參佰元

四色拼盤
京都排骨
燒牛腩煲
開洋白菜
八珍海參
什錦瓜湯
水果

肆佰元

什錦拼盤
葱油肥鷄
京都排骨
捻豆腐煲
掛綠魚片
奶油白菜
鳳足冬菇
水果

伍佰

花式拼
京都排
鹽焗肥
生炒双
鼓汁魚
草菇田
燒牛腩
淮杞炖
水

許氏

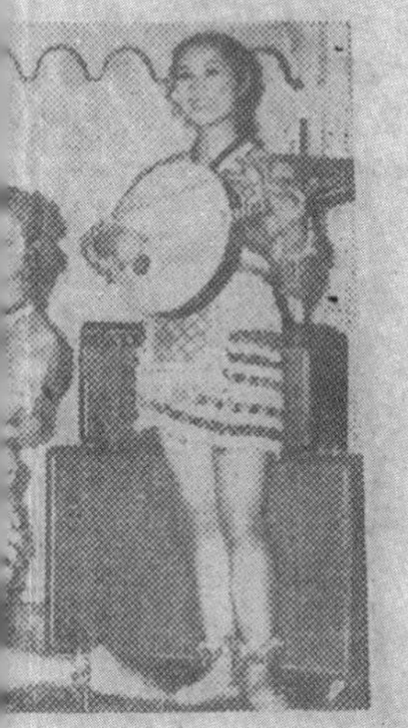

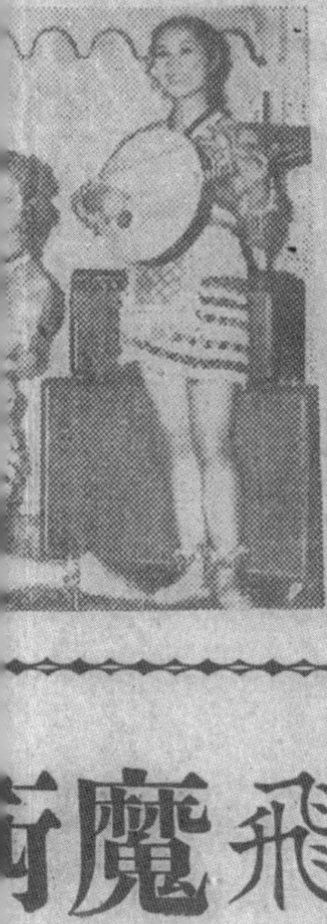

輕鬆活潑

林一飛魔術

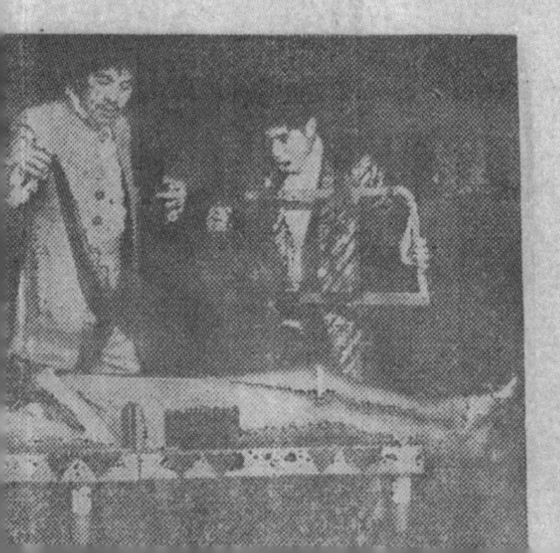

壽喜宴

應禮堂節目

開演時間

午餐12點30分

晚餐7點正

宵夜9點30分

全日供應
各式砂鍋

茶資廿元
便餐22元起
不另收費

保密防諜
人人有責

客房部

住宿特價優待
96元起
休息66元起
※長期住客
折扣另議

櫻花廳（一樓）

名師主廚

西和料理

早餐	午餐	晚餐	梅定	竹定	松定
20元	30元	50元	60元	80元	100元

獨特口味！
與衆不同！

悅來廳（八樓）

活海鮮總滙
經濟客飯30元
清粥小菜20元

妹合唱團

熱門歌曲

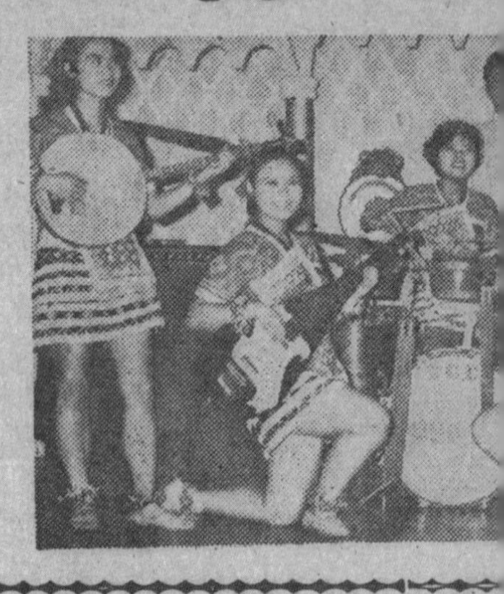

名作曲家

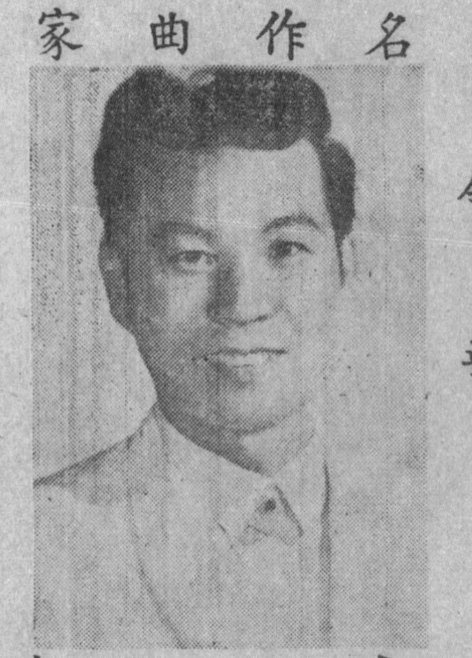

領導

團

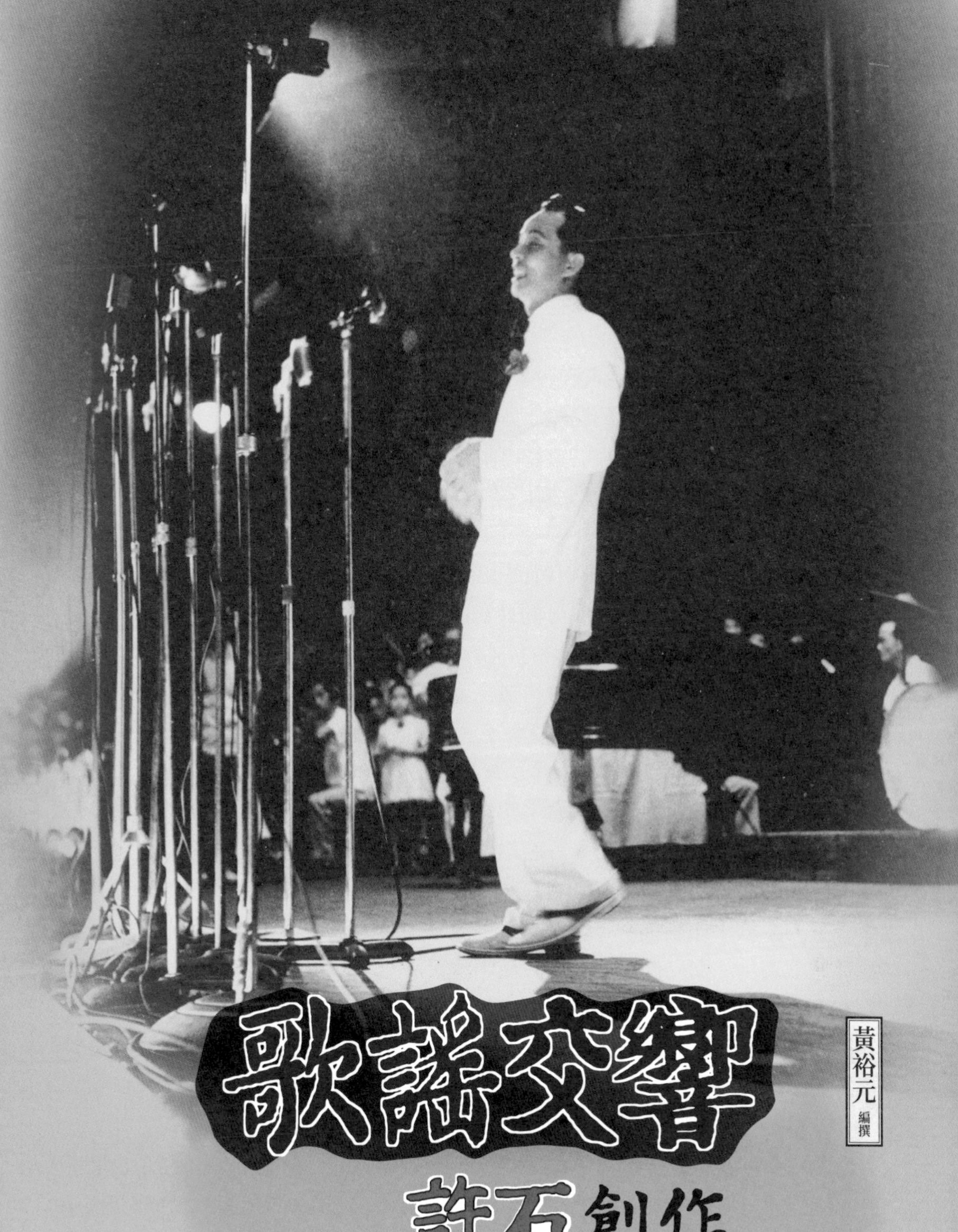

歌謠交響

許石創作與採編歌謠曲譜集

黃裕元 編撰

局長序

許石歌謠交響　臺灣不朽傳唱

您是否曾於熱情的南都夜晚裡，在安平追想起酸澀的戀曲？或心中彷彿響起鑼聲陣陣，於夜半時分的路燈下等待與伊人相會？可曾突然思想起地方民謠的豐富多彩，哼起丟丟咚仔的旋律？抑或時而回憶農村的純樸時光，想像裸足踏在田埂間，與牛犁田踩下豐收的足跡？這些，都是許石的傳唱記憶。

臺灣一代音樂家許石生於 1919 年的臺南府城。他成長於時有廟會祭典的鬧熱環境中，也是他汲取音樂養分的最初所在。其後，年輕的許石負笈日本，在東京學習音樂創作；由於對音樂的熱情與堅持，他不斷在樂理基本功上精益求精、紮實根基、成長茁壯。回臺後他寫就眾多膾炙人口的經典歌曲，有如開花結果；這株蓊鬱繁茂的大樹，也蔭養了臺灣民謠流傳不墜的歌詠吟唱。

除了曾舉辦多場歌謠音樂會，與大眾分享臺灣音樂的美妙，為了讓更多國人知曉本土流行歌謠的魅力，許石畢生全神投注於唱片的製作與發行更是不遺餘力。除了每每造成極大轟動，許石更是臺灣星探伯樂第一人：他所培育出的眾多實力派歌手如劉福助、林秀珠、鍾瑛、顏華，日後都在歌壇發光發熱，可見其慧眼獨具。女兒們組成的「許氏中國民謠合唱團」更巡演海內外，在臺日均有不錯口碑，成為其音樂事業中最值得驕傲的閃亮之星。許石人如其名，是臺灣現代流行音樂發展史中極重要的基石，他所編織的滿空耀眼光輝，宛如音樂符號閃爍舞動，映亮了整個 20 世紀本土音樂的綿延悠揚。

為紀念許石對於臺灣音樂的偉大貢獻及傑出成就，臺南市政府於 2016 年將許石列為歷史名人，2018 年並設立許石音樂圖書館。2019 年適逢許石百年誕辰，為傳承其音樂創作精神，本局特委請國立臺灣歷史博物館黃裕元博士擔綱主持編撰《百年追想曲：歌謠大王許石與他的時代》及《歌謠交響：許石創作與採編歌謠曲譜集》兩專書，期使這些經典的歌謠曲目及豐饒的音樂寶藏繼續歌頌永恆，讓臺灣重要的音樂文化資產歷久彌新。

我們相信，縱使時光荏苒，許石歌謠的經典交響，歷經百年歲月淬鍊，依然永垂不朽、世世傳唱。

臺南市政府文化局

局長 葉澤山

編者序

讓許石帶我們歡唱

大家應該很久沒有翻閱歌本，心底澎湃洶湧地歡唱了吧。1950 年代之後，臺灣簡式曲譜的出版大概有 30 多年榮景，當年因為眾人熱愛本土歌謠，尤其盛行自唱自娛，於是從 B5 折起來那麼大、附帶插圖，發展到長寬不超過 15 公分的口袋歌本。聽資深歌迷說，當年臺南赤崁樓旁康樂臺前廣場有許多販售小書冊的攤子，也有賣小歌本的走唱團，年輕人愛在那裡徘徊、在角落裡翻著歌本哼唱，臺北圓環聽說也是這樣的景況。1970 年代校園歌曲盛行時，歌本更是流通氾濫，流行金曲系列、救國團活動、愛國歌曲、鄉土歌謠……常附帶詞曲解說、穿插圖片，喜愛各類音樂的同好都能各取所需。隨著卡拉 OK 的出現，多媒體愈加方便，加以著作權受到重視，近年樂譜出版多以專業音樂工作者的需求為主，以大眾為訴求的歌本就少了。

許石大師活躍戰後樂壇三十多年，正是歌本最活躍的年代，他歷年出版許多作曲集，音樂會小冊子也都是以曲譜為主。於是在編寫傳記的同時，不忍相關資料的散佚，又為了忠實呈現他的歌謠年代，不由生出「編一本作曲集吧」的想法。

蒐集許石的作品其實不難，但關於詞曲整合與校訂細節，就實在不輕鬆。盤點歌集與唱片出版品後發現，許多歌曲有印行過樂譜、還不只一個版本，但又有大半歌曲─特別是民謠採編的部分，是僅出版過歌詞而無曲譜。創作歌曲部分，許多是有曲譜沒有歌詞，有的更只在唱片中灌錄，僅在手稿裡出現的更不知凡幾，還常有同曲異名的情況。於是準備的過程，我們需要聽打樂譜，也需要將歌詞想辦法對上去，渡過幾次混亂無以為繼的窘境，幾番重整突破，總算完成這幅相對完整的許石音樂拼圖。

初步編輯後，我鼓起勇氣向呂興昌師提出編作曲集的想法，他相當支持，討論後決定要以黃春明編的《鄉土組曲》(1976 年)，以及莊永明、孫德銘老師合編的《臺灣歌謠鄉土情》(1994 年) 為標竿。於是再就歌曲創作、採編故事寫上一點介紹，也述及歌曲發表後的發展、如何被翻唱利用、流行情況等等，希望帶大家回溯這些歌的來由，提醒大家這些歌與自己聲音記憶的關聯。

關於這部曲集的歌曲順序，作曲是以發表年代為前後順序，由於多數年代並不精確，只能粗略分大時段，再將同一作詞家的作品收攏一起。採譜部分是以許石所記錄的社會使用類別加以分類。臺語文多參考教育部建議用字，也衡量大眾的識別而在某些特定用字上採用俗字。每首歌附帶的 QRCode，是臺史博「臺灣音聲一百年」網站強大工作團隊的工程結果。

感謝林芷柔、潘佑華兩位同學在曲譜繕打編排上的協助，呂興昌教授費心字句校對，黃玉晴、張捷明協助修訂客語歌詞，劉南芳老師協助確認歌仔調。特別是呂教授側耳核對聲音檔，勘考細節絕不馬虎，讓許多以往被模糊帶過、語境誤解、已然流失的古意就此顯明，字字珠璣，牽連出當代歌謠的大發現。資料提供方面，感恩收藏家陳明章、徐登芳提供獨有的聲音資料，作詞前輩們權利人的慷慨授權，點滴累積，讓許石大師的作品得以追究原貌、重製出版。當中仍有幾首歌曲遍尋不著權利人，謹以推進歌謠發展之初衷先行利用，歡迎社會大眾出面提供線索，期待這些歌謠的故事更臻完整。

作為跨足民謠與流行音樂的關鍵人物，許石無疑是最雋永通俗、最能與社會彈同調的音樂家，重出他的作品之餘，如何讓這些音樂成為持續滋養新生代的養分，是我們應該懷抱關心的議題。在傷這些腦筋之前，還是往後翻去、盡情歡唱吧！

作曲創作

目錄

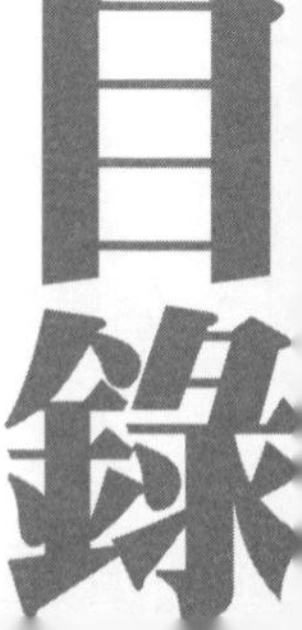
目錄

民謠採編

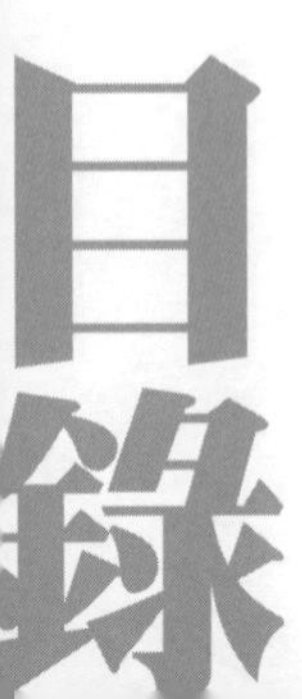

作曲創作

本篇以歌譜出版品時間配合作詞者順序編製，搭配許石製作的唱片出版資料，呈現許石作曲發表作品大致順序。

新臺灣建設歌

薛光華　作詞
許　石　作曲

Andante

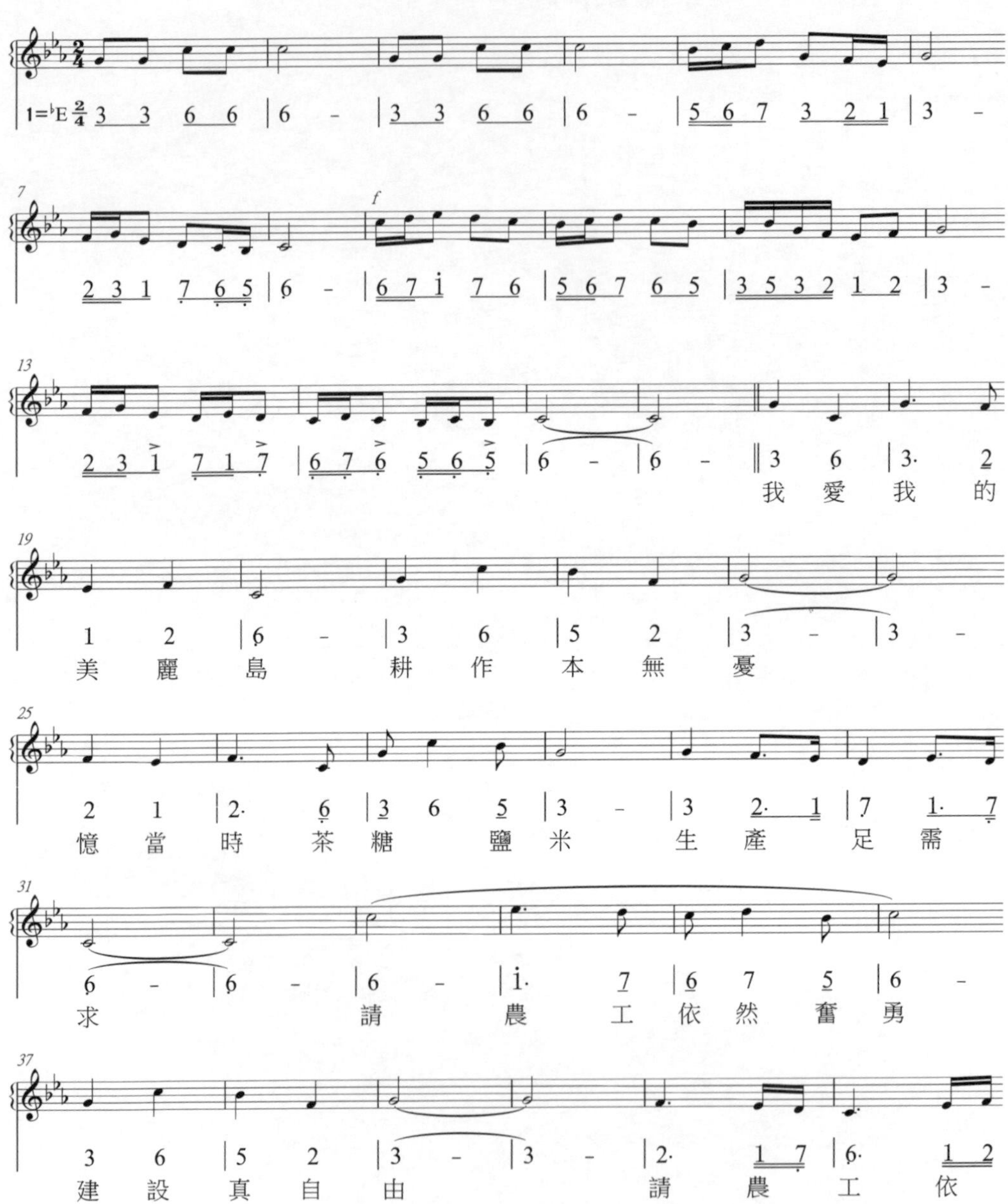

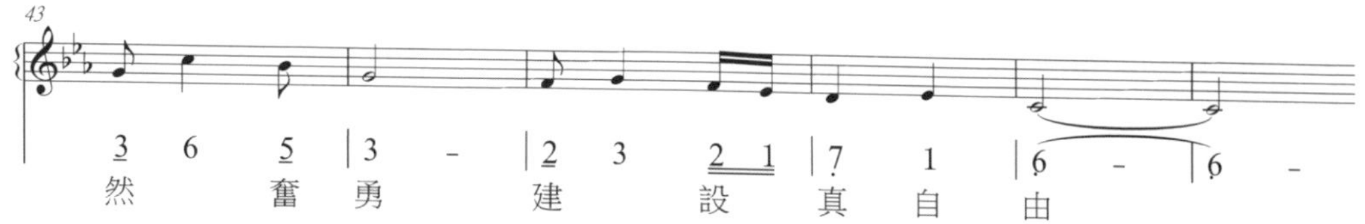

新臺灣建設歌　許石作曲　薛光華作詞

一、我愛我的美麗島　耕作本無憂　　憶當時茶糖鹽米　生產足需求
　　請農工依然奮勇　建設真自由　　請農工依然奮勇　建設真自由
二、我愛我的常夏島　衣食本無憂　　見如今米珠薪桂　生活竟難求
　　願官民同心協力　建設真自由　　願官民同心協力　建設真自由
三、我愛我的天惠島　安住本無憂　　望將來年豐物富　康樂應吾求
　　慶國家和平奠定　建設真自由　　慶國家和平奠定　建設真自由

〈新臺灣建設歌〉

南都之夜

鄭志峯　作詞
許　石　作曲

Blues

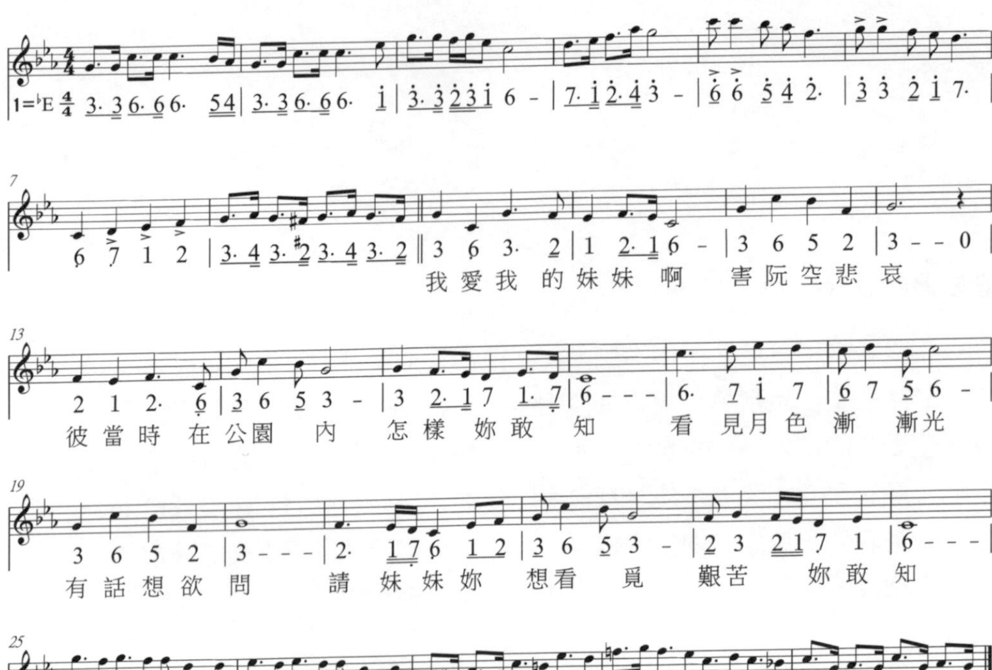

南都之夜　許石作曲　鄭志峯作詞

一、(男) 我愛我的妹妹啊　害阮空悲哀　　彼當時在公園內　怎樣妳敢知
看見月色漸漸光　有話想欲問　　請妹妹妳想看覓　艱苦妳敢知

二、(女) 我愛我的哥哥啊　相招來迌迌　　黃昏時在運河邊　想起彼當時
双人對天有立誓　阮即毋敢嫁　　親像風雨渥好花　何時會相會

三、(男) 妹妹啊我真愛妳　(女) 哥哥我愛你　(合) 坐在小船賞月圓　心內暗歡喜
親像牛郎佮織女　相好在河邊　　啥人會知咱快活　合唱戀愛歌

南都之夜（日語）　許石作編曲　許石作詞　許石、林楓唱

一、(男) 檳榔花咲く　並木路　　香りもうるわし　黃昏に
二人で寄りそった　あの木影　　甘い攝きも　樂しいね
二、(女) 私の好きな人　可愛つてね　　ジャスミン薫る　黃昏に
二人で寄りそった　肩と肩　　戀しい貴方の　めくもりを
三、(合) 常夏の花は　常に咲く　　(男) 娘の香　　誰をまつ
(女) 戀しい貴方の　事ばかり　　(合) 二人で唄ひませう　愛の唄

〈南都之夜〉堪稱是許石作為作曲家的第一號作品，創作發表於1946年。許石曾說，既然大家都說這首歌是民謠，他也就順大家的意思。1964年他發表的〈臺灣鄉土交響曲〉民謠組曲中，就以〈南都之夜〉作為開頭，可見這首作品對許石本人與當時社會來說，定位都相當特殊。

這首歌音節結構規律，為詩歌的「七五調」，跟〈望春風〉一樣，曲式簡潔對稱而悠揚。發表時歌名是〈新臺灣建設歌〉，表現228事件前後臺灣社會積極向上精神，也尖銳突顯社會問題，後以鄭志峯作詞的愛情歌謠〈南都之夜〉流行。

由於曲式簡單、調性輕鬆，〈南都之夜〉成為戰後第一首全臺熱唱歌謠，當時即傳言此曲為翻唱自日本歌謠〈蘋果之歌〉。但據許石所述，其實這首歌是取材自地方歌仔的改編。

〈南都之夜〉傳唱版本多不勝數，也隨當時的電影流傳到中國大陸、東南亞，成為跨越族群與國境的歌謠。葛蘭演唱的華語歌曲〈臺灣小調〉隨電影大流行人人愛唱，蕭而化作詞的〈我愛臺灣〉收入音樂課本、成為臺灣的全民音樂記憶，廣東話版的〈舊歡如夢〉在香港也成為經典老歌，在中國大陸長久流傳的〈我愛我的臺灣〉，也是相當普遍的音樂記憶。

近代改編的演奏版本，有蕭泰然的小提琴〈戀歌〉、蘇文慶改編的國樂交響曲〈臺灣追想曲〉等。鄭進一改編、許效舜演唱的〈福州伯的故事〉，展現這首歌謠親切詼諧、輕鬆耐聽的特性。

一個旋律，經過幾十年的傳承，成為不同語言、政治立場的「愛臺灣」之歌，同時也可以是浪漫的愛情歌謠，也可以是詼諧的戲劇旋律，就彷如民間歌謠一般。這樣的發展，肯定是許石在創作時始料未及的吧。

女王 C3003：輕音樂
大王 - 無編號：吳晉淮、艷紅
大王 KLK-59：許石、廖美惠（1961 年 3 月國泰戲院現場演出錄音）
太王 KLK-12-4：許石、鐘瑛
太王 KLA-005：許石、江青霞
太王 KLK-68：許石、林楓（日語）
太王 KLA-003：許石、池真理子（夜總會獻唱錄音，日語）
太王 KLE-104：許碧珠 (日語)
太王 KLA-014：演奏曲 (歌名為「臺灣小調」)

〈南都之夜〉

南方幻想的
Andante

臺南三景

許丙丁　作詞
許　石　作曲

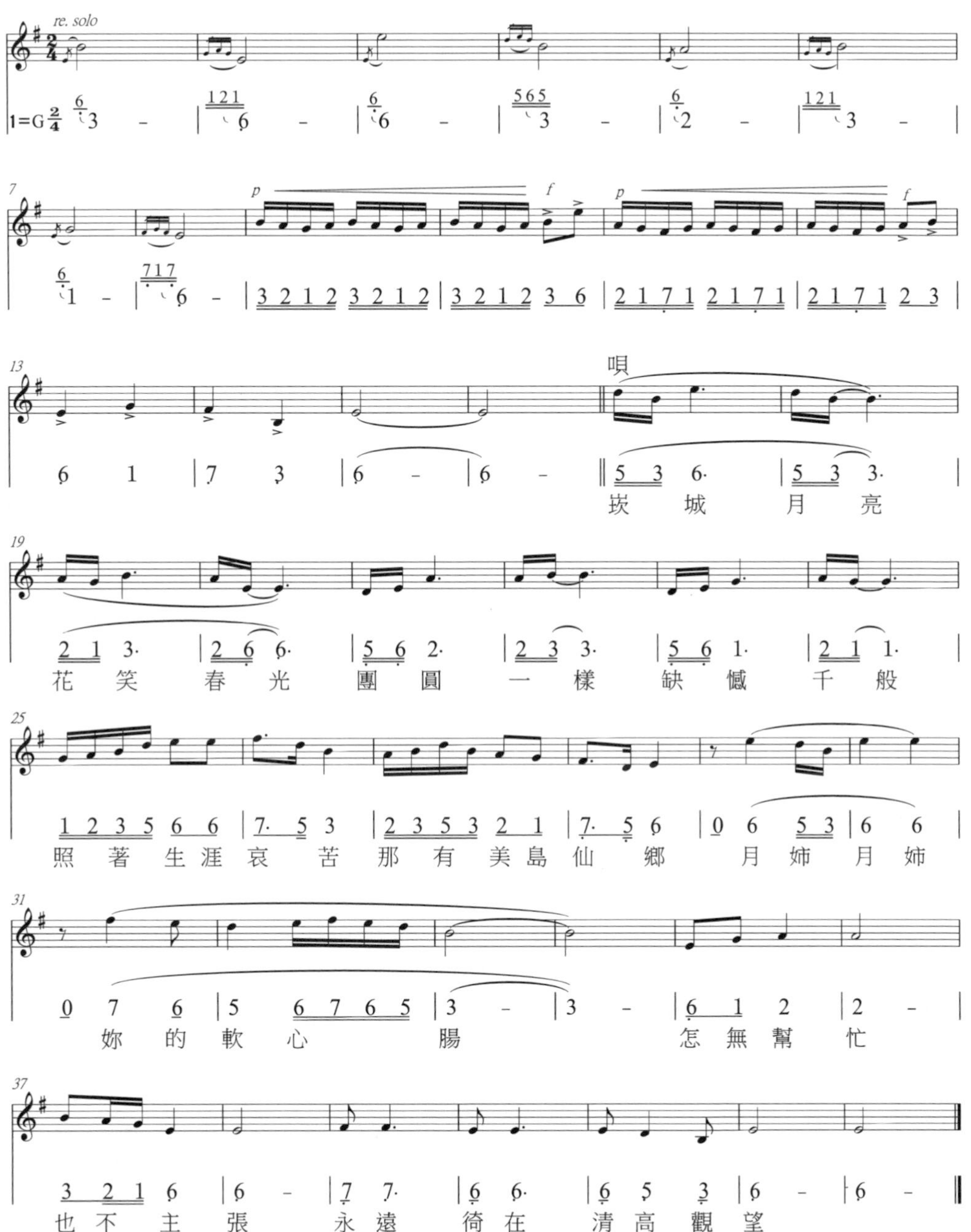

臺南三景　許丙丁作詞　許石作曲

一、崁城月亮　花笑春光　團圓一樣　缺憾千般
照著生涯哀苦　那有美島仙鄉
月姊月姊　妳的軟心腸
怎無幫忙　也不主張　永遠徛 (khiā) 在清高觀望

二、安平潮聲　綠水盈盈　海天欲暮　萬點漁燈
億載城邊殘照　贏得蜃市淒清
風輕風輕　一棹拜延平
眉月孤明　霞抹紅城　疑是英雄熱血染成

三、梅花爛漫　鄭王祠畔　三百年樹　霸業留殘
可憐忠心未泯　屈南枝向北難
梅花梅花　鐵骨耐霜寒
花事闌珊　春雨瀰漫　知是孤臣心淚未乾

原名「臺南三景」，創作於 1948 年左右，經許石修改後名為「南都三景」。

許丙丁以三段歌詞，分別描述「崁城春月」、「鄭祠寒梅」、「安平晚渡」，是傷感國姓爺鄭成功孤臣血淚的歷史故事，也藉此描述赤崁樓、延平郡王祠、安平運河美景。

景色遼遠、感傷深長，許石作曲氣勢磅礴，以臺語文言音演唱，也可以華語演唱，是罕見以歷史故事入題的臺灣歌謠，更是融合詩歌與旋律的精彩作品。

〈南都三景〉

太王 KLA-001：許石
太王 KLA-005：許石
太王 KLA-014：輕音樂

進行曲

勝利歌

許丙丁 作詞
許 石 作曲

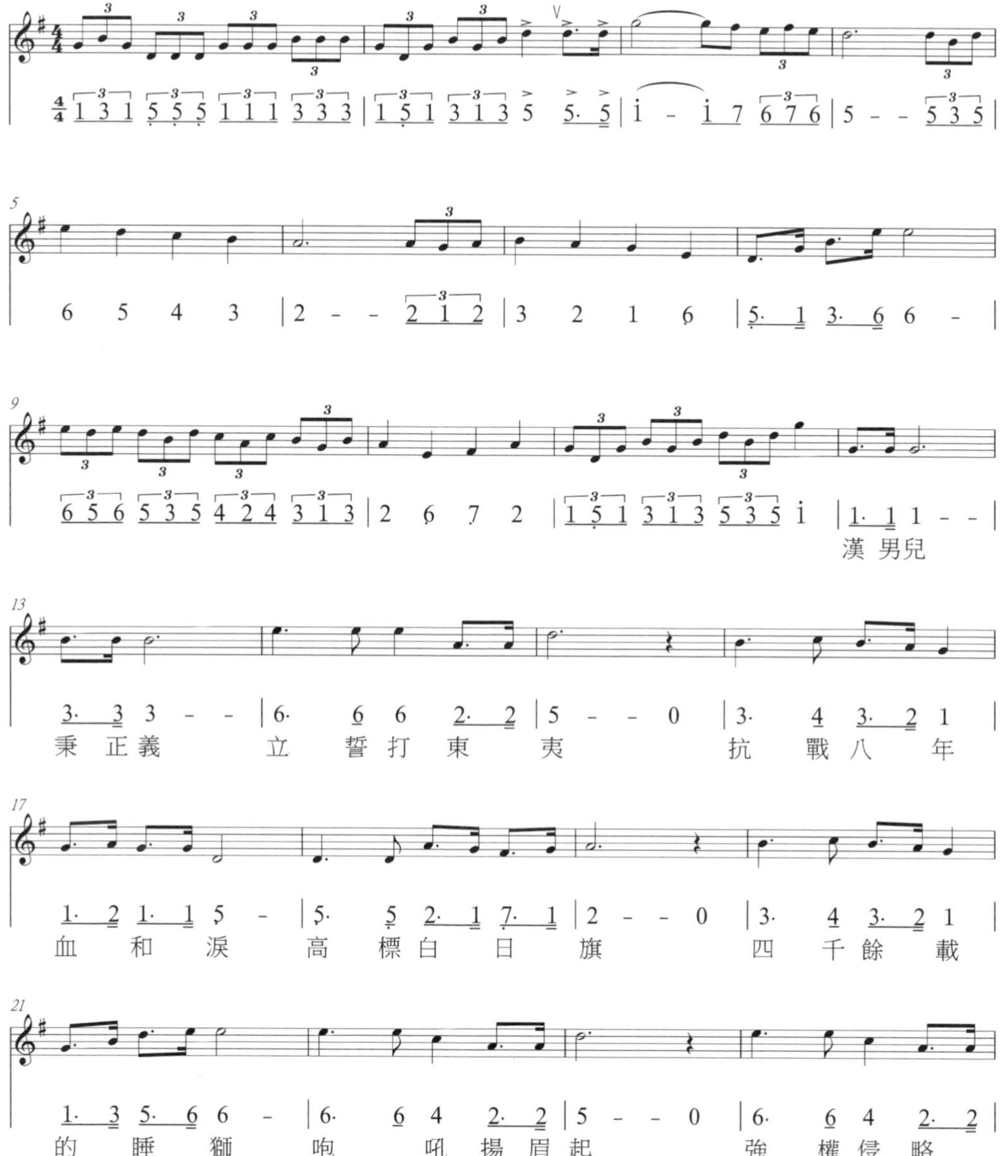

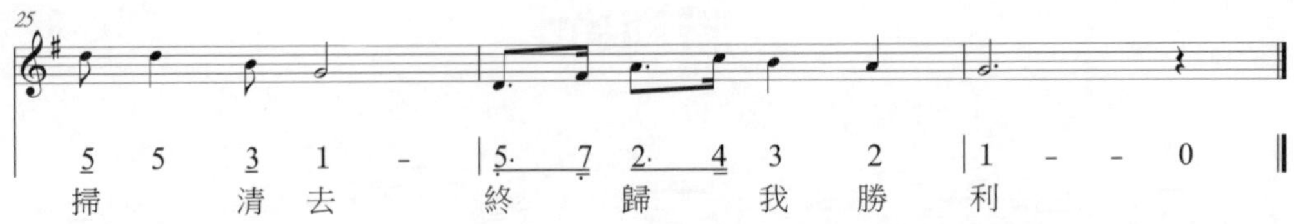

勝利歌　許丙丁作詞　許石作曲

一、漢男兒　秉正義　立誓打東夷　　抗戰八年血和淚　高標白日旗
　　四千餘載的睡獅　咆吼揚眉起　　強權侵略掃清去　終歸我勝利
二、大中華　同一心　覆滅倭奴侵　　抗戰八年血和淚　玉碎又珠沉
　　錦繡山河無恙在　枉費用機深　　帝國主義掃清去　終歸我勝利
三、勝利啦　勝利啦　大鼓三通擂　　抗戰八年血和淚　疾箭離弦來
　　弱肉強食猶緊記　世界大舞台　　不平條約掃清去　終歸我勝利

終歸我勝利　許丙丁作詞　許石作曲

一、漢男兒　秉正義　立誓打共匪　　反共抗戰必勝利　高揚我國旗
　　民族團結踴躍起　光復大陸去　　強權侵略掃清去　終歸我勝利
二、大中華　同一心　覆滅俄寇侵　　光復大陸必勝利　解救同胞去
　　五千餘載的睡獅　咆吼揚眉起　　中華民族好勇氣　終歸我勝利
三、勝利啦　勝利啦　大鼓三擂響　　打倒共匪必勝利　光復大陸去
　　勝利號角遍地響　復國興民族　　民主自由建立起　終歸我勝利
(口號) 民主萬歲　蔣總統萬歲　中華民國萬萬歲

〈勝利歌〉是軍樂歌謠，許石極早且常演出的作品。最早在約 1948 年許丙丁編輯的《歌曲集》當中就有收錄，是專為紀念八年抗戰中華民國打敗日軍而寫的歌。後改編歌名為〈終歸我勝利〉，歌詞改以「打共匪」為主題，在 1960 年代許石舉辦的大型演唱會中都會以這首歌結尾。

雖然時常合唱演出，相關錄音卻不多，流傳也不廣，至今幾乎失傳。1968 年楊麗花主演的《安平追想曲》歌中劇唱片中，劇情演到鄭成功打敗荷蘭人時，許石特別演唱一段，是有趣的穿插演出錄音。

軍歌軍樂在臺灣的發展可說是跟近代唱歌教育有關，在公學校唱歌科教材中，就有不少軍歌，因而成為受過教育者普遍的音樂記憶。1921 年蔣渭水撰寫的〈臺灣文化協會會歌〉、謝星樓作詞的〈臺灣議會請願歌〉，都是從日本軍歌曲調改編而來。1937 年中日開戰以來，日本軍歌大為流行，臺語歌壇詞曲作家也零星參與創作發表運動：如鄧雨賢的〈鄉土部隊の勇士から〉、陳炎興作曲的〈臺灣行進曲〉、江文也作曲的〈大東亞民族進行曲〉，分別屬日語、華語歌曲。

許石這首〈勝利歌〉，堪稱是第一首以臺語歌詞直接譜曲而成的軍歌，可說是「臺灣第一首本土軍歌」，別具意義。

〈終歸我勝利〉

女王 Q1007：輕音樂

漂亮你一人

許丙丁　作詞
許　石　作曲

Slow Sing

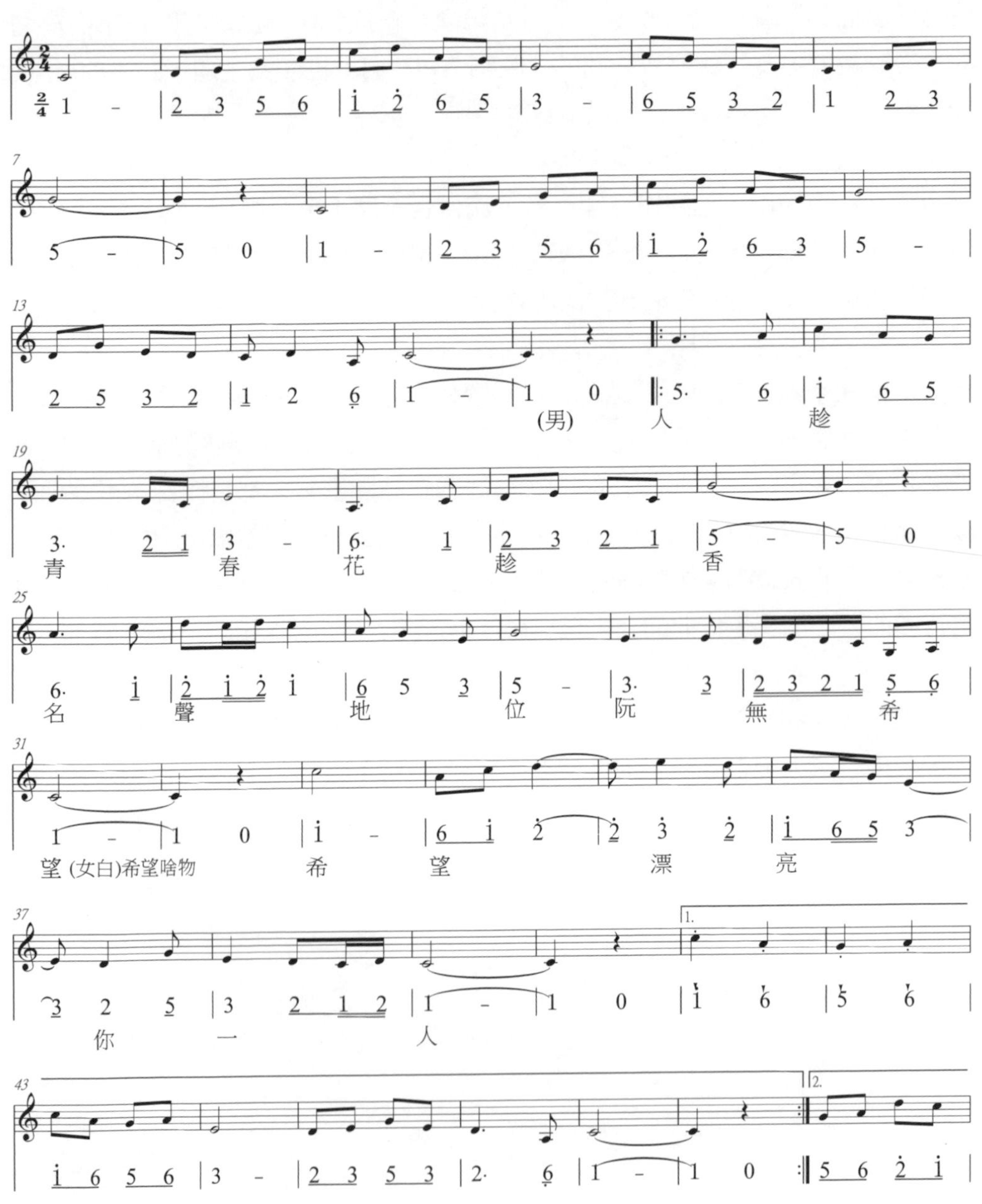

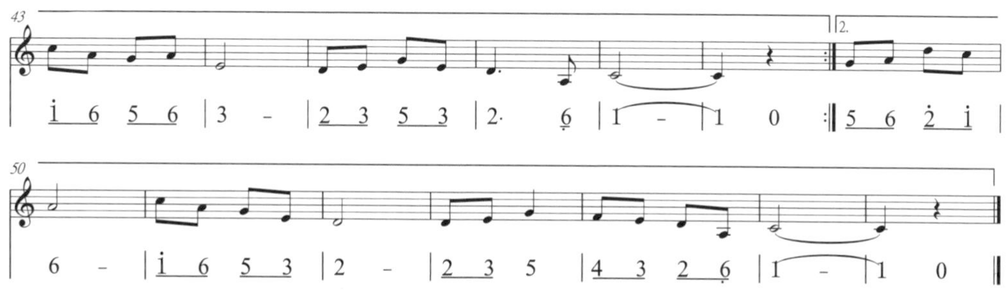

漂亮你一人 許丙丁作詞　許石作曲

一、(男) 人趁青春花趁香　名聲地位阮無希望

(女白) 希望啥物　(男) 希望漂亮你一人

二、(女) 月愛團圓人愛錢　千金萬富阮無愛挃

(男白) 愛挃啥物　(女) 愛挃郎君有情有義

三、(女) 郎有情義　(男) 你標緻　(合) 你我正是青春當時

(合白) 愛情可比　(合) 可比形影來相隨

這首男女對唱情歌，每段只有三句，曲式極為簡短，曲式結構與〈南都之夜〉類似，都是由男女各別主唱一段後再合唱一段。在歌唱中穿插一句口白，詞曲搭配精巧，表現熱戀中男女的互動與默契。

這首歌在許石發表後也被翻唱流傳，不過多改編為獨唱歌曲，簡省了問答式的口白。如 1989 年江蕙主唱的專輯《落山風》中，就將這首歌編唱為獨唱歌曲，唱出旋律中百轉千迴的悠揚情調，卻少了原曲中男女互動的巧思。

〈漂亮你一人〉

女王 - Q30008
太王 KLA-001：許石、愛卿
太王 KLA-024：許石、愛卿

青春的輪船

許丙丁 作詞
許 石 作曲

Slow Waltz

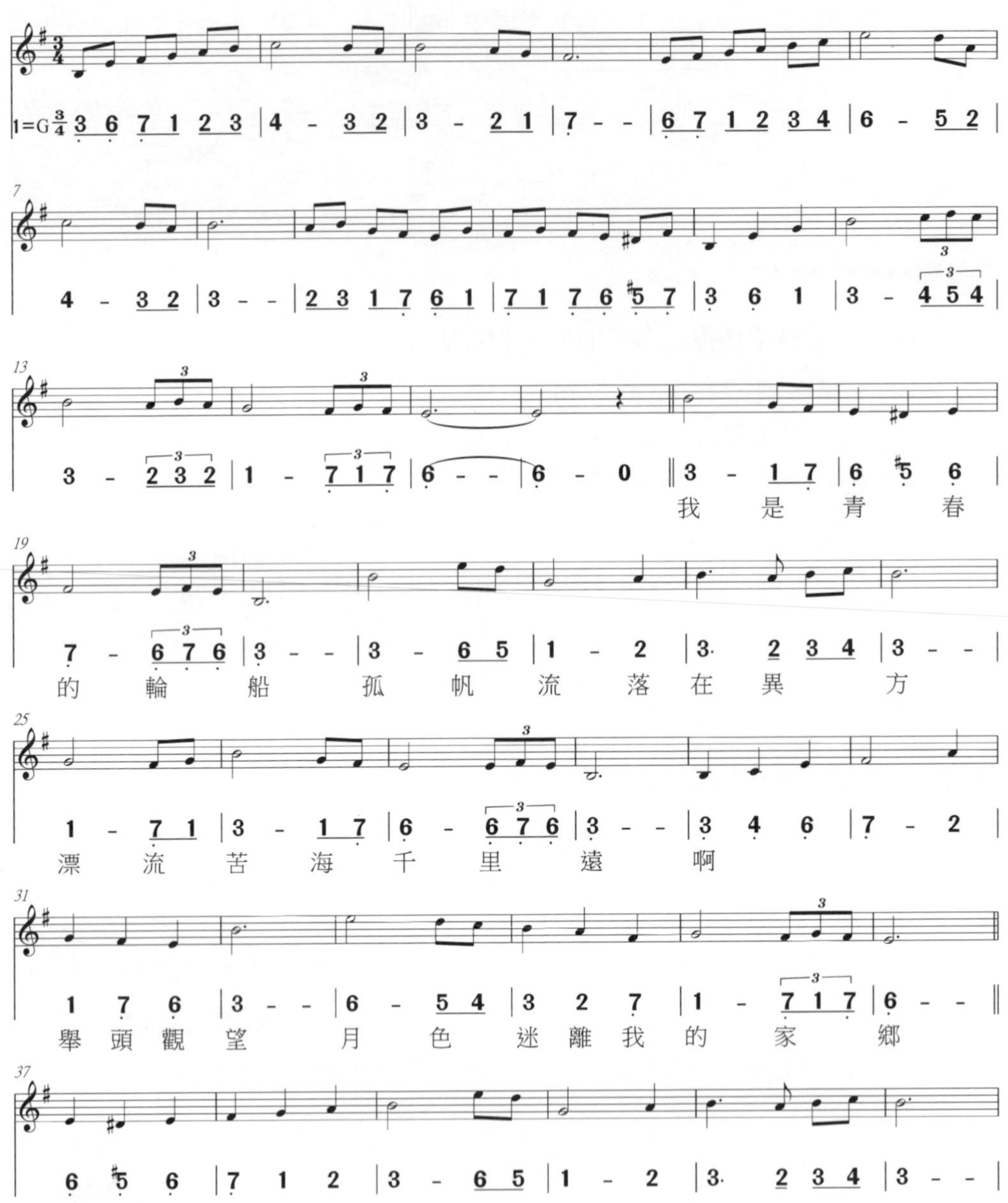

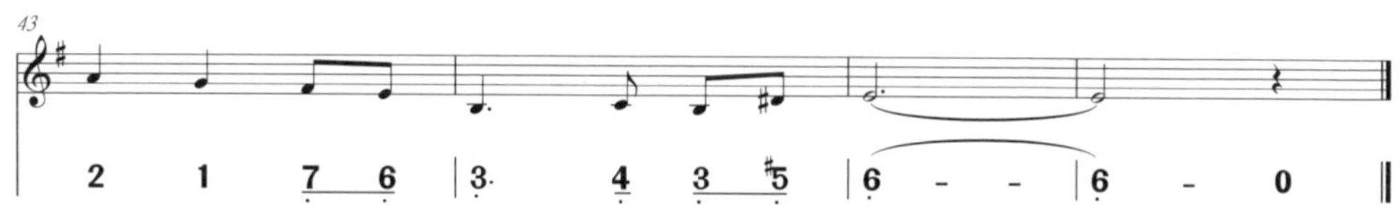

青春的輪船 許丙丁作詞　許石作曲

一、我是青春的輪船　孤帆流落在異方
　　漂流苦海千里遠　啊～～舉頭觀望　月色迷離我的家鄉
二、想着離開彼時拵　妹流目屎阮心酸
　　再三吩咐着緊轉　啊～～波浪作對　我是苦命青春輪船
三、青春輪船無得返　耽誤美花過黃昏
　　天邊海角咧作夢　啊～～海鳥哭醒　親像鈍刀割阮心腸

這首歌是在1957年4月許石主辦的吳晉淮歸臺演唱會發表，描寫的是離開故鄉，漂浪、絕望的沉重心情。

華爾滋三拍子節奏，加上「和聲小調」的旋律，具有強烈的異國風味。歌詞中自比為「青春的輪船」，漂流異方後由於「波浪作對」無法返回，想起故鄉傷心等待的女性，大嘆「啊！海鳥哭醒，親像鈍刀割心腸」，這句收尾是許丙丁摘自民間文學的詩句，詞曲搭配，巧妙地將本土詩歌融入到西洋式的、現代的異國流浪氣氛中，引人入勝。

〈青春的輪船〉

大王 KLK-47：許石
大王 KLK-85：許石
太王 KLA-001：許石
太王 KLA-006：輕音樂

Tango
Violin solo

去後思

許丙丁 作詞
許 石 作曲

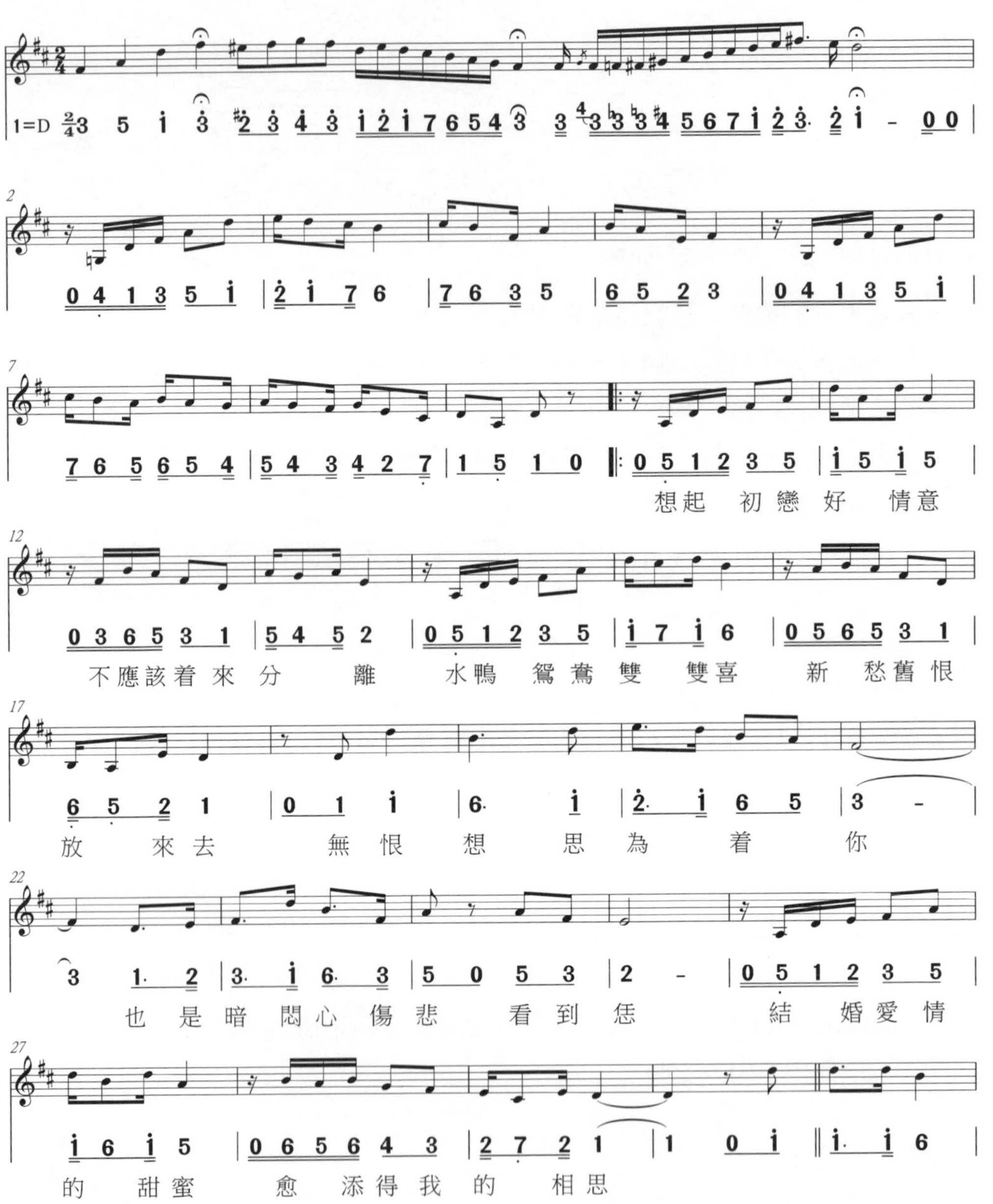

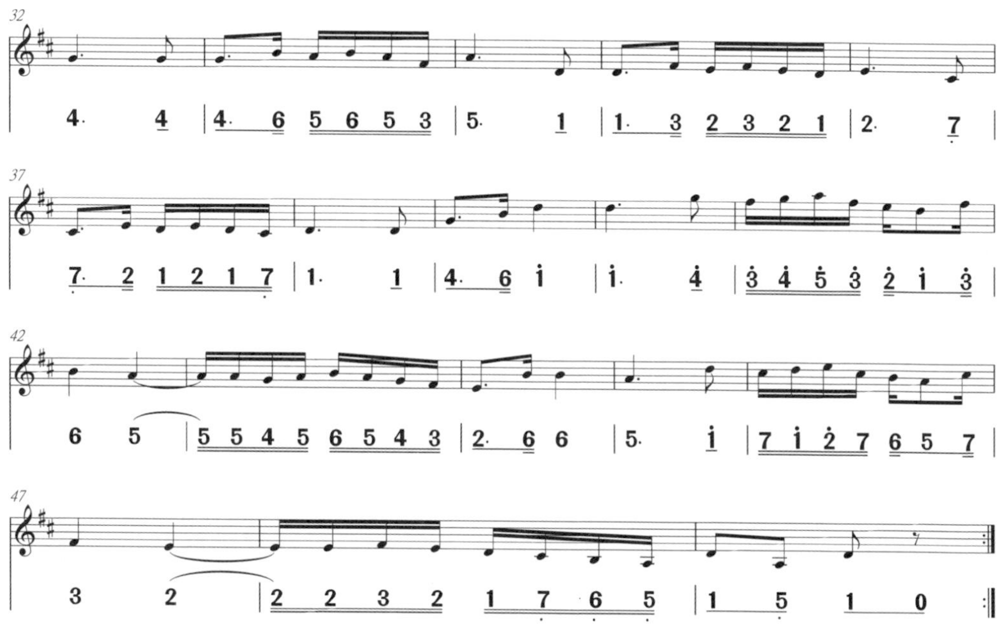

去後思　許丙丁作詞　許石作曲

一、想起初戀好情意　不應該着來分離

　水鴨鴛鴦双双喜　新愁舊恨放來去

無恨想思為着你　也是暗悶心傷悲

　看到恁　結婚愛情的甜蜜　愈添得我的相思

二、自你去後心茫茫　日來思想瞑眠夢

　阮的失戀甚可比　親像嬰兒在斷乳

斷乳有時能袂記　割不斷你我情詩

　看到恁　結婚愛情的甜蜜　愈添得我的想思

正月十五夜

陳小犬 作詞
許 石 作曲

Moderato

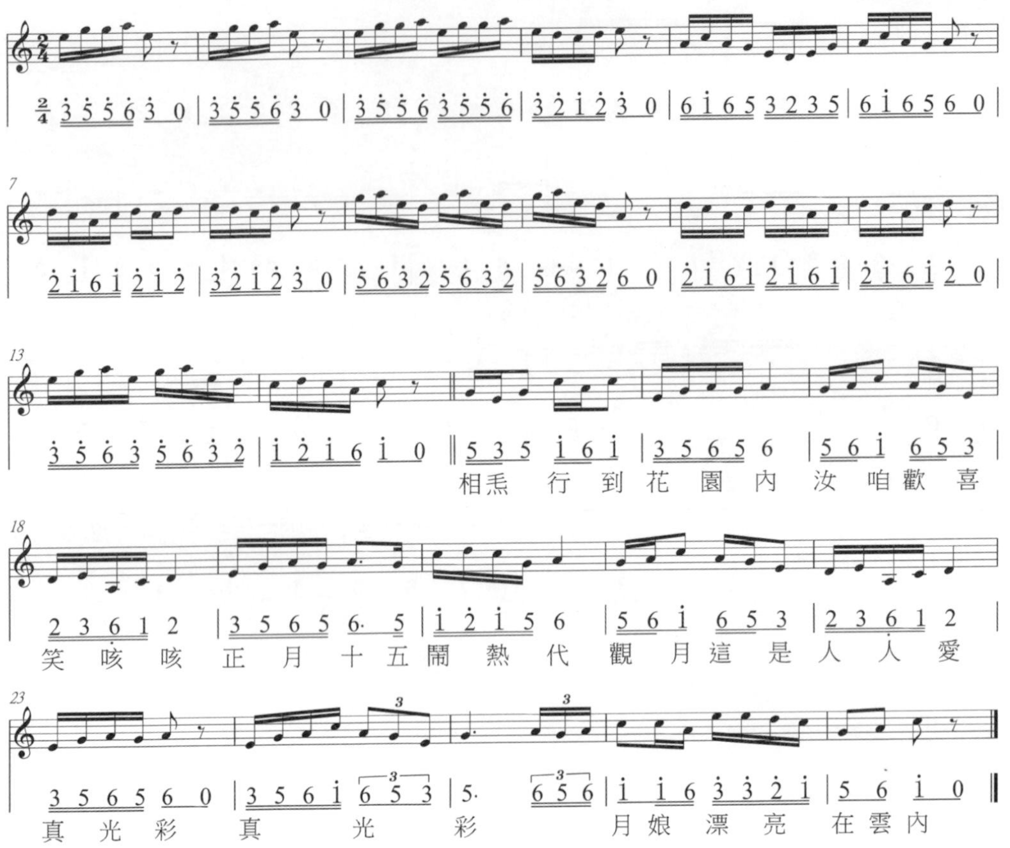

正月十五夜　　陳小犬作詞　許石作曲

一、相悉行到花園內　汝咱歡喜笑咳咳
　　正月十五鬧熱代　觀月這是人人愛
　真光彩　真光彩　月娘漂亮在雲內
二、相悉行到水池邊　阮的所愛着是你
　　正月十五月當圓　觀月廣香滿滿是
　青春時　青春時　汝咱毋好等何時
三、相悉觀月照花影　相親相愛双人行
　　正月十五月如鏡　照對阮身岸伊定
　月光影　月光影　祝咱幸福的蟲聲

臺中工業職業學校校歌

陳為忠 作詞
許 石 作曲

Allegretto
Moderato

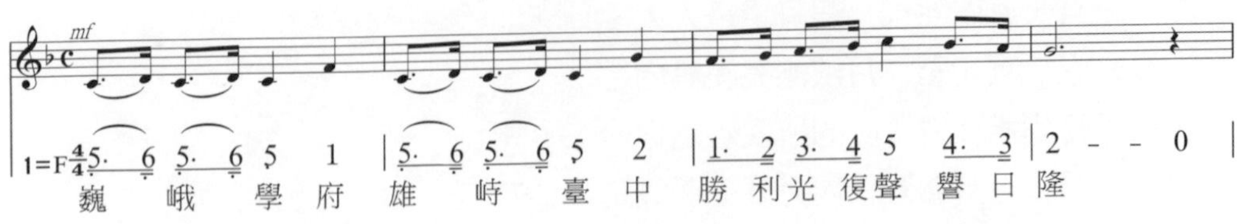

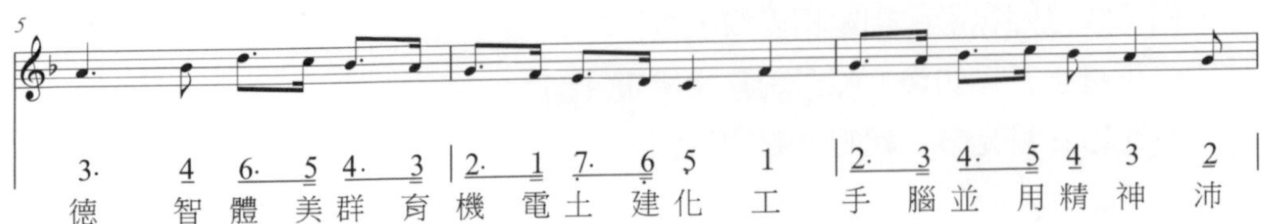

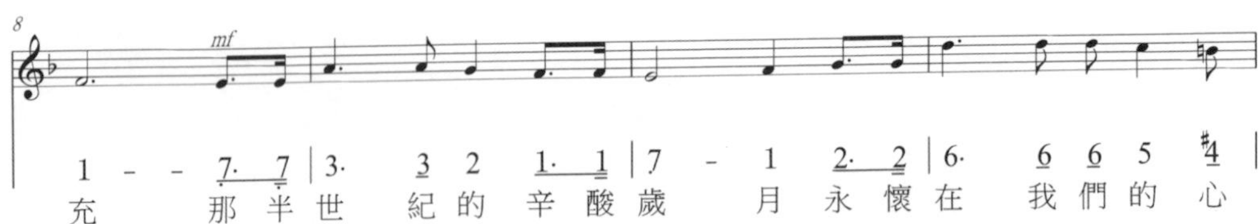

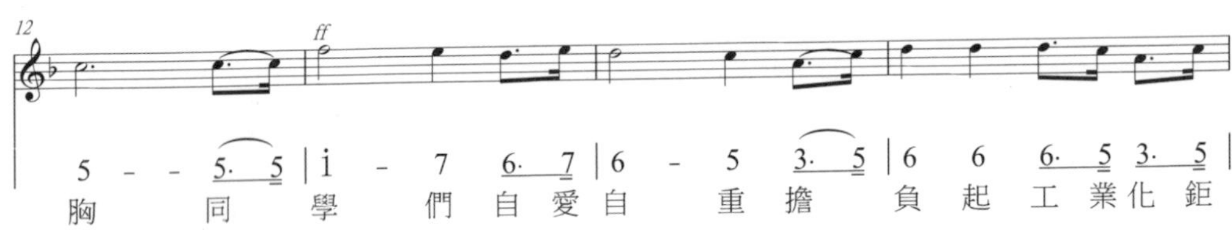

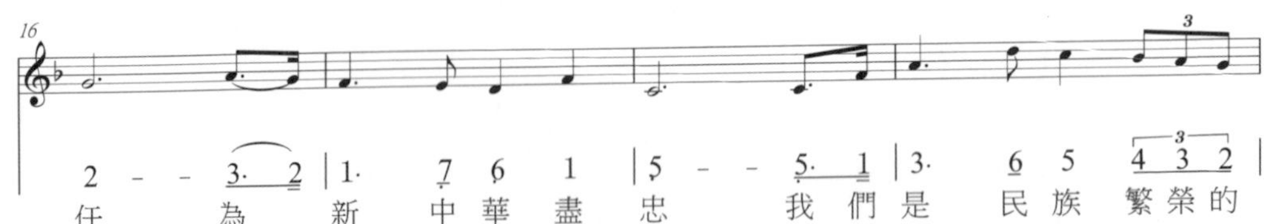

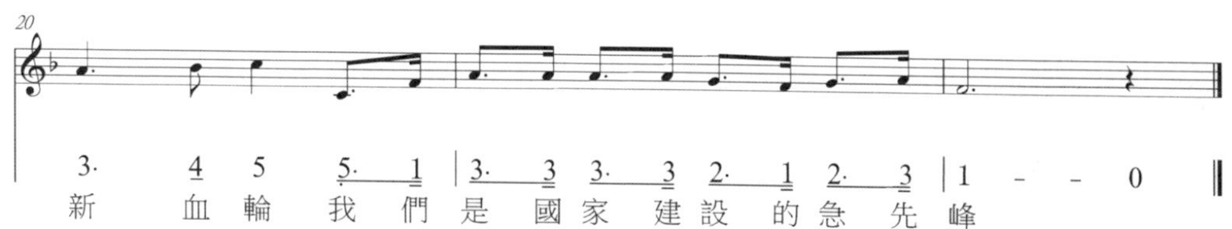

臺中工業職業學校校歌（今國立臺中高工校歌，華語）　陳為忠作詞　許石作曲

巍峨學府　雄峙臺中　勝利光復聲譽日隆
　德智體美群育　機電土建化工　手腦並用精神沛充
那半世紀的辛酸歲月　永懷在我們的心胸
　同學們自愛自重　擔負起工業化鉅任　為新中華盡忠
我們是民族繁榮的新血輪　我們是國家建設的急先鋒

許石於 1947 年至 1948 年兩度在臺中工業學校任職各一學期，第二次任教時校長為教育家陳為忠 (1917-2012)。陳校長是湖北人，寫歌詞經許石譜曲做為校歌，沿用至今。國立臺中高工也成為臺灣少見以本土流行作曲家作品做為校歌的學校。

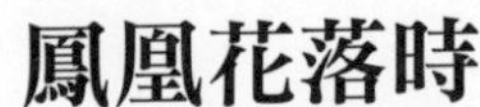

陳達儒（臺語詞）
濳　生（華語詞）
許　石　　作曲

Andantino

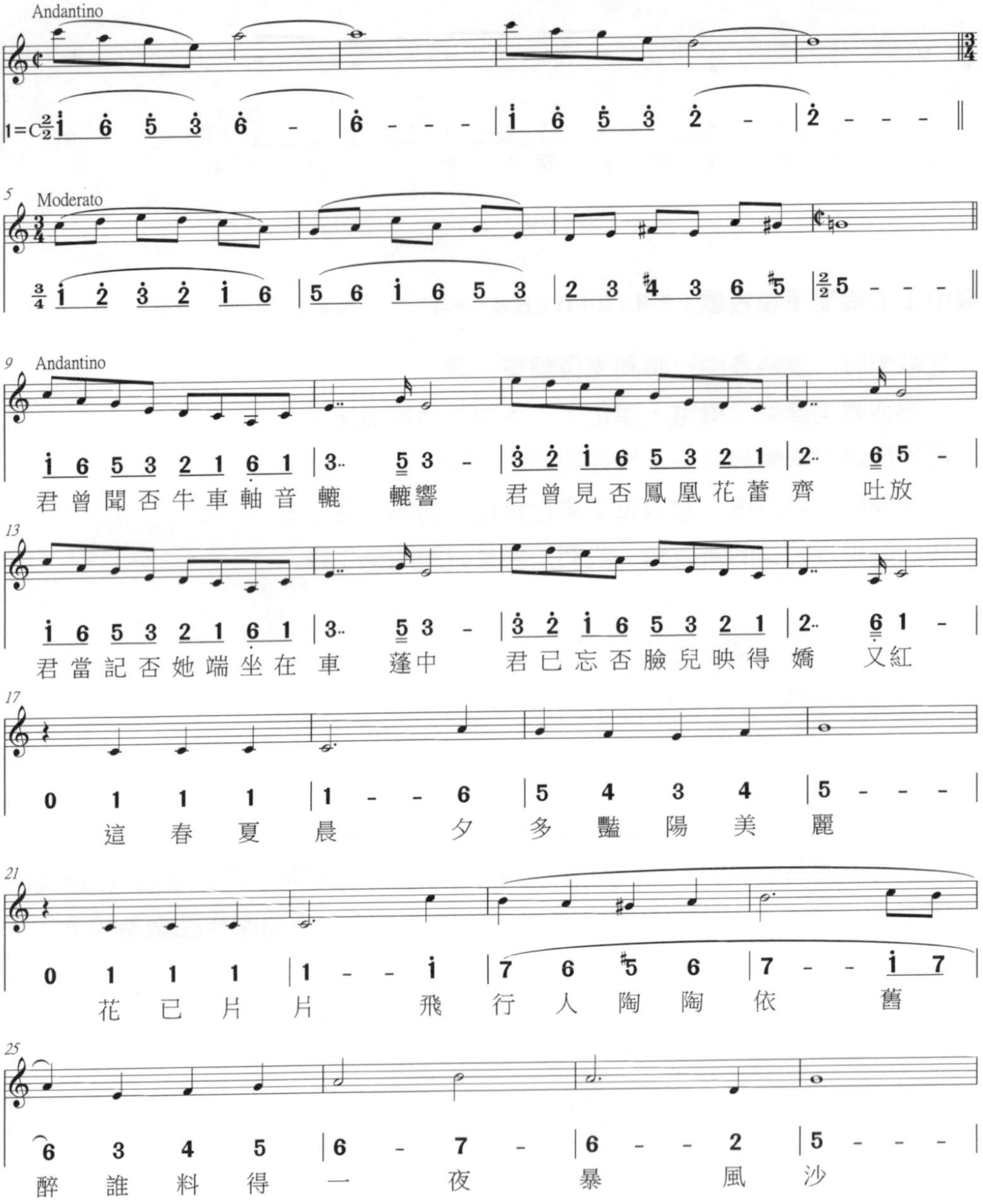

Andantino

1=C $\frac{2}{2}$

Moderato

Andantino

君曾聞否牛車軸音轆　轆響　君曾見否鳳凰花蕾齊　吐放

君當記否她端坐在車　蓬中　君已忘否臉兒映得嬌　又紅

這春夏晨　夕多豔陽美麗

花已片片　飛行人陶陶依　舊

醉誰料得一　夜　暴　風沙

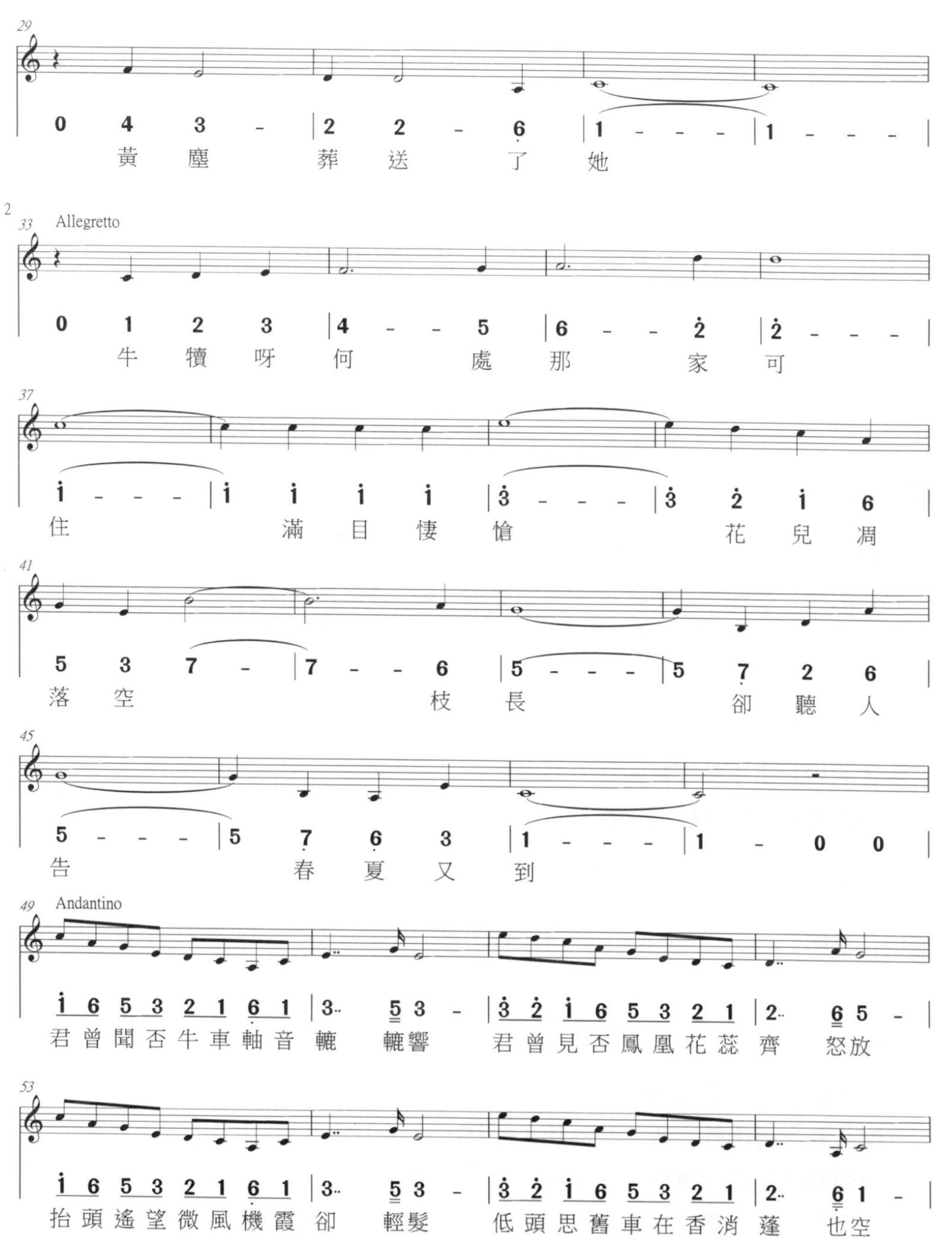
黃塵葬送了她
Allegretto
牛犢呀何處那家可
住滿目悽愴花兒凋
落空枝長卻聽人
告春夏又到
Andantino
君曾聞否牛車軸音轆轆響君曾見否鳳凰花蕊齊怒放
抬頭遙望微風機霞卻輕髮低頭思舊車在香消蓬也空

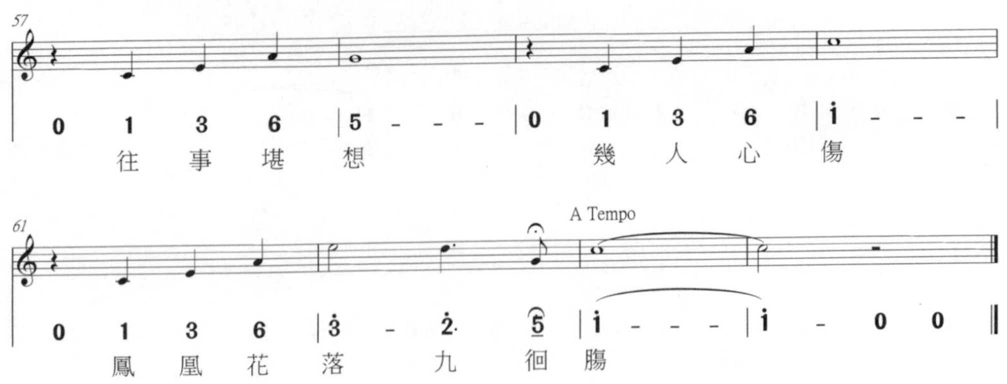

鳳凰花落時（華語）　　潛生作詞　許石作曲

君曾聞否　牛車軸音轆轆響　君曾見否　鳳凰花蕾齊吐放
君當記否　她端坐在車篷中　君已忘否　臉兒映的嬌又紅
　這春夏晨夕多豔陽美麗　花已片片飛　行人陶陶依舊醉
　誰料得　一夜暴風沙　黃塵葬送了她
　牛犢呀何處那家可住　滿目悽愴　花兒凋落空枝長　卻聽人告　春夏又到
君曾聞否　牛車軸音轆轆響　君曾見否　鳳凰花蕊齊怒放
　抬頭遙望　微風機霞卻輕髮　低頭思舊車在香消蓬也空
　往事堪想　幾人心傷　鳳凰花落　九徊腸

鳳凰花落時（臺語）　　陳達儒作詞　許石作曲

春天到啦　滿路響喨牛車聲　夏天到啦　鳳凰花開滿南城
小妹如花　妖嬌可愛得人疼　鳳凰花開　阿兄牽牛妹坐車
　車棚遮日影相褒慢慢行　沒路花滿嶺　引動熱情愛花嶺
　啥人知　風雨落半夜　花落無人探聽
　可憐啊鳳凰花蕊薄命　空空放了孤欉　冷淡枝斜斜　光陰流水　流浪無定
春天又到　滿路響喨牛車聲　夏天又來　鳳凰花開滿南城
　舉頭觀看　光景原在行舊跡　回頭斟酌看無美人只有車
　見景傷情　令人心疼　鳳凰花落　空留名

發表於 1949 年 6 月在延平戲院舉辦的學校教師演藝會，為曲式長且多變化的藝術歌曲，可說是許石擔任學校教師時的代表作。

詩詞中有聲音、景象，意象豐富而傷春悲秋。牛車輪聲帶來春末夏初的景象，鳳凰花滿、滿眼嬌紅，當時佳人搭車而來，而經過一夜的暴風沙，眼見春去又回，鳳凰花再開，只是觸景傷情。

鳳凰木是臺南市的市樹，與別稱「鳳凰城」的臺南相襯。鮮紅花萼高掛綠蔭，是臺灣南部地區夏季重要景觀，因為花開在 6 月間，也寓意著畢業季節的到來。

這首歌最早應是筆名潛生的華語歌詞版，後有陳達儒所作的臺語版。華語的「鳳凰花落時」焦點集中在鳳凰花的開落跌宕，應是寓指學校的畢業歌，最後落在「鳳凰花落九徊腸」的愁思中。

臺語版的「鳳凰花落時」，具體描述了愛情的失落，見景傷情，歸結到「鳳凰花落空留名」的失落感，景致描述雷同，卻又各擁不同情緻，都值得再三吟味。

進行曲

自由中國壯士入營歌

陳達儒　作詞
許　石　作曲

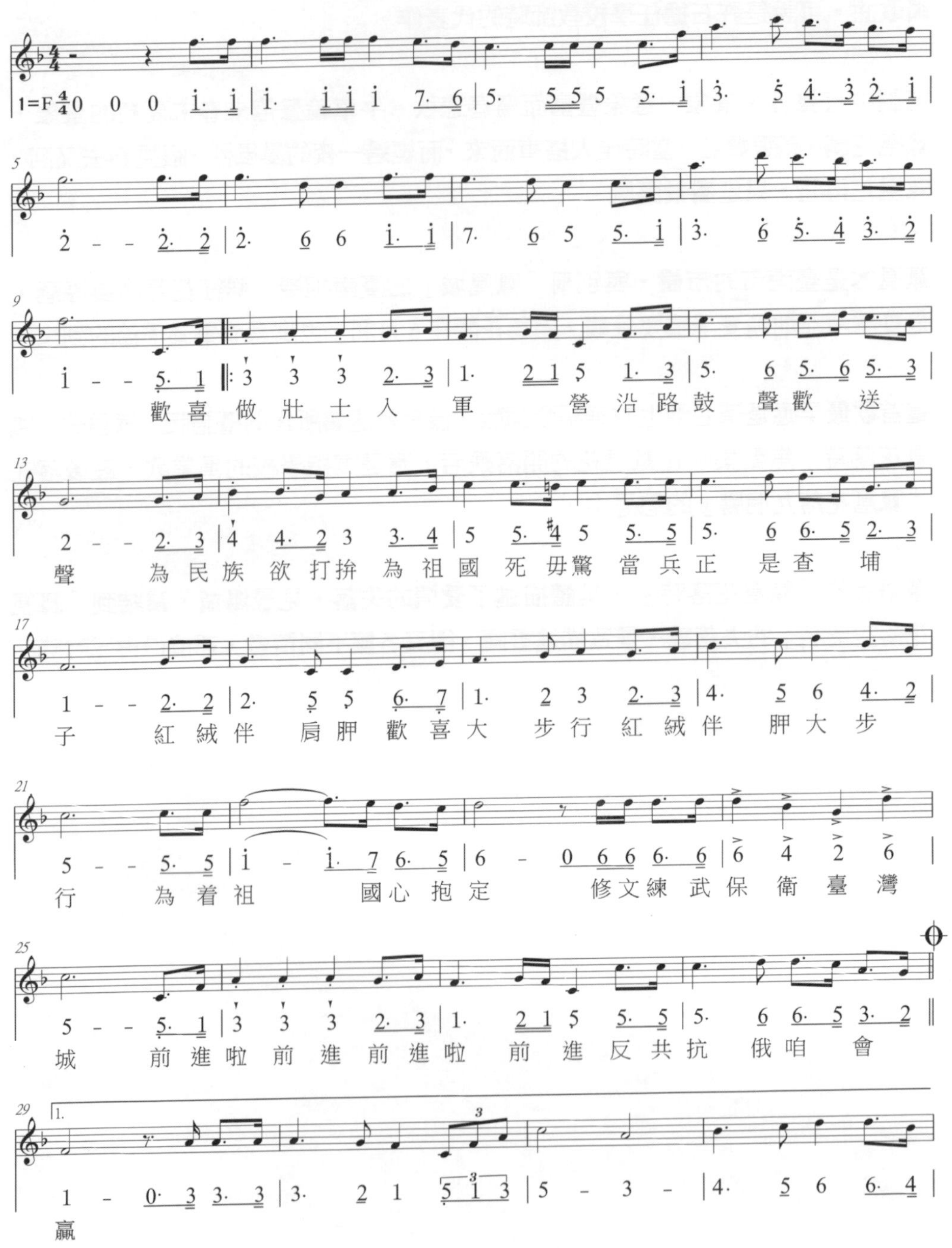

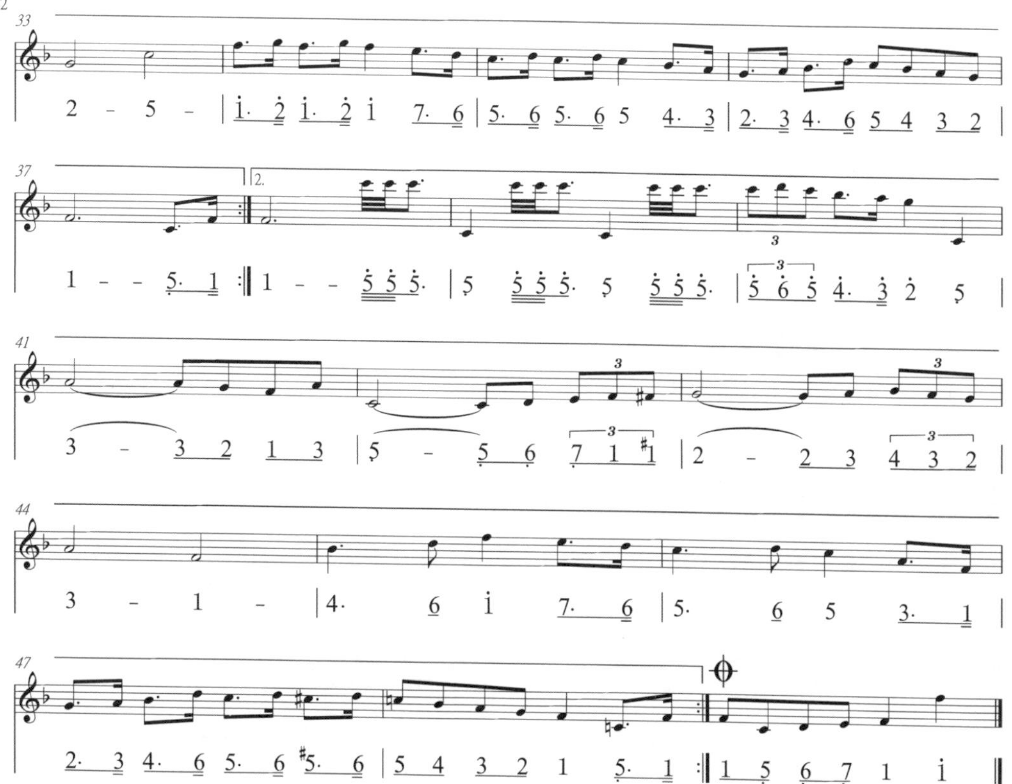

自由中國壯士入營歌

陳達儒作詞　許石作曲

一、歡喜做壯士入軍營　沿路鼓聲歡送聲　為民族欲打拚　為祖國死毋驚
　當兵正是查埔子　紅絨伴肩胛　歡喜大步行　紅絨伴胛大步行
　為着祖國心抱定　修文練武　保衛臺灣城
　前進啦前進前進啦前進　反共抗俄咱會贏

二、歡喜做壯士欲入伍　為着反共與抗俄　為同胞救痛苦　為自由不做奴
　忠勇正義一條路　緊心為國家　建置大功勞　獻身建置大功勞
　保衛自由咱鄉土　軍民握手　復興咱國都
　前進啦前進前進啦前進　自由中國好前途

三、歡喜做壯士欲入隊　男女老幼前後隨　為祖國身願碎　為自由打共匪
　咱是國家鐵牆圍　光復咱祖國　不怕火也水　為國不怕火也水
　反攻大陸展軍威　同志團結　死也無分開
　前進啦前進前進啦前進　有進無退守軍規

安平追想曲

陳達儒　作詞
許　石　作曲

Waltz Bolero

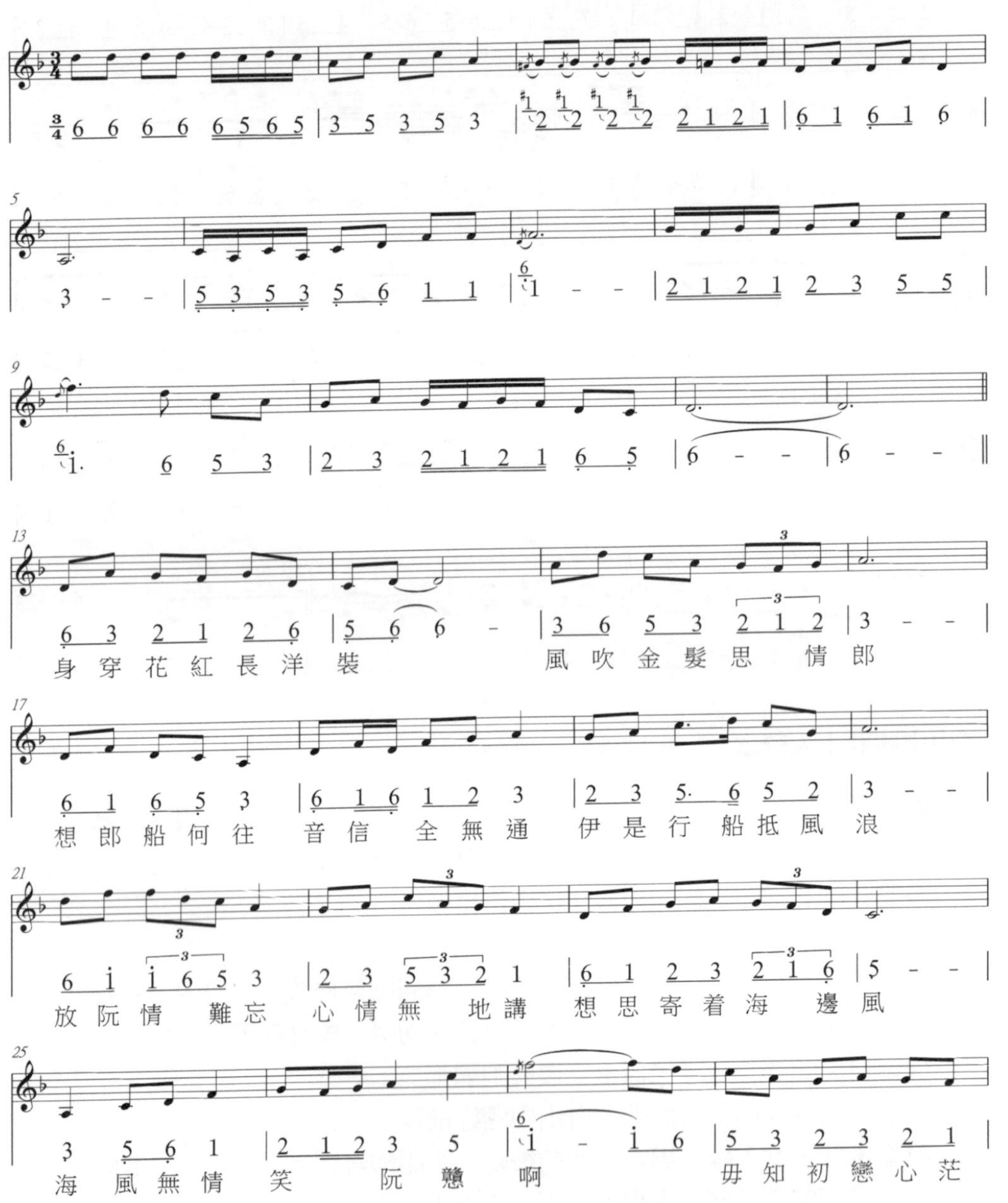

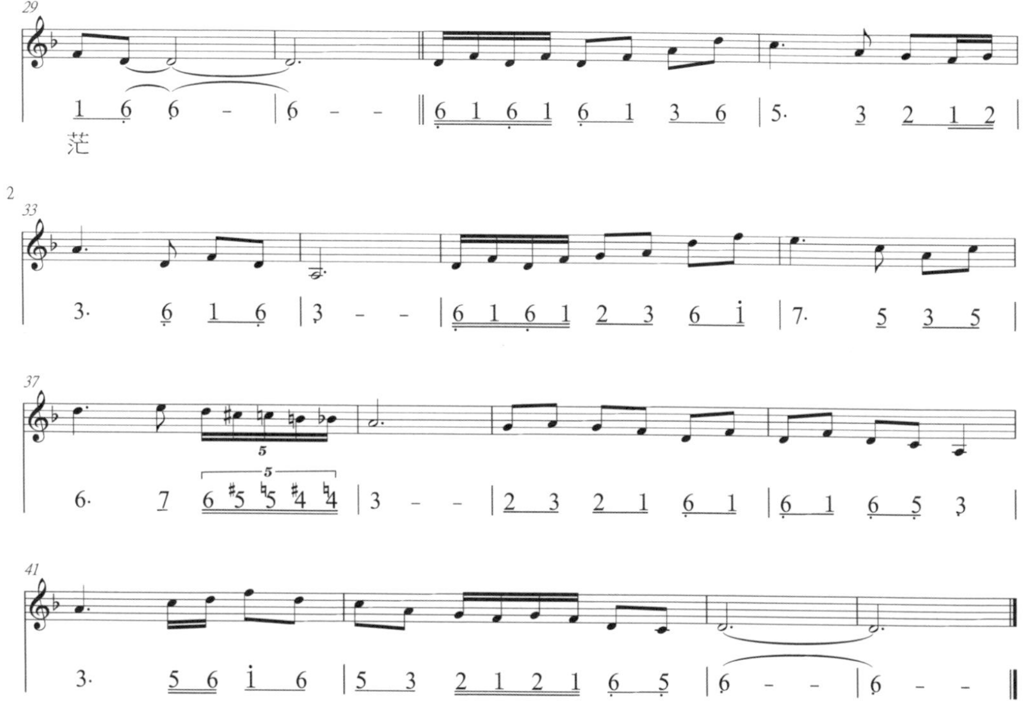

安平追想曲　　陳達儒作詞　許石作曲

一、身穿花紅長洋裝　風吹金髮思情郎
想郎船何往　音信全無通　伊是行船抵風浪
放阮情難忘　心情無地講　想思寄着 (leh) 海邊風
海風無情笑阮戇　啊　毋知初戀心茫茫

二、想起情郎想自己　毋知爹親二十年
思念想欲見　只有金十字　予阮母親作為記
放阮私生兒　聽母初講起　愈想不幸愈哀悲
到底現在生抑死　啊　伊是荷蘭的船醫

三、想起母子的運命　心肝想爹也怨爹
別人有爹疼　阮是母親晟　今日青春孤單影
全望多情兄　望兄的船隻　早日回歸安平城
安平純情金小姐　啊　等你入港銅鑼聲

安平追想曲（華語）　慎芝作詞　許石作曲

一、港雨濛濛心也酸　遙望海面不見船
　朝朝暮暮　等候伊人回　又是一天天已晚
我倆誓言　你已遺忘　眷戀異鄉姑娘
　可知我站立岸邊　啊　安平港邊盼望
二、港風陣陣心也寒　吹起海浪不見船
　思思念念　等候伊人回　又是一季花已殘
回想當時　送你遠行　難捨難分淚汪汪
　到如今音訊杳茫　啊　安平景色依然
三、港口景色夠淒涼　只見海水不見船
　魂牽夢繫　等候伊人回　又是一年成夢幻
願你記取　往日恩情　花前月下來又往
　莫忘記早日回來　啊　安平有人盼望

安平追想曲（日語）　許石作曲作詞

一、いドレスに　翡翠の耳環
　恋風　吹く頃は　心をみだれ
切ないの　この想い　潮風に乘せ
　あの人に届けて　あ　あたしの 持
二、想い出なっかし　父親戀しい
　逢いたいの二十年　かたみの十字架
抱きしめた　お母さん　なほいぢらしい
　今何處にるのよ　あ　オランダドクタ
三、親子の生命よ　父親恨む
　私は悲しい　片親育ち
逢いたいの　お父さん　願い一つ
　安平へ歸えして　あ　私の氣持

〈安平追想曲〉堪稱許石名曲代表作，因故事雋永、歌曲戲劇感強烈，廣為熱愛流傳，甚至成為安平風情的重要成份。

據許石 1969 年受訪表示，安平金小姐的故事是他在臺南任教時，有次去安平古堡散心，聽當地老人跟他所說的地方傳聞。他有感而發譜了旋律，而後將音樂與故事轉述給作詞者聽，填詞而成。

另外根據作詞者陳達儒的記述資料，許石起初始是找許丙丁作詞，因旋律不得更動，許丙丁覺得難以下筆而轉交陳達儒。陳為了填詞還到臺南親歷安平現場，在寶美樓聽說一些相關的地方故事，寫下這篇精彩的歌詞。

除此之外，「安平追想曲」中的部份場景情節又與「長崎物語」有關，應是作詞者附會了不同故事，天衣無縫地匯集成浪漫綺麗的金小姐形象。

〈安平追想曲〉是在 1951 年發表，1952 年成為許石經營中國錄音製片公司的創業代表作，由美美演唱。日後由鍾瑛灌錄、大王唱片發行，成為鍾瑛的成名曲。

本土電影業則屢番以此為題拍攝電影，還因此被許石告上法院，1968 年許石太王唱片親自製作楊麗花主演的《安平追想曲》歌中劇，再創作新曲〈回來安平港〉，後龍昇影業製作電影，讓這部作品以戲劇形式精彩演繹。

歌曲本身譯編多種語言外，「安平追想曲」相關的歌曲也所在多有，郭大誠演唱的〈荷蘭追想曲〉、陳思安演唱的〈安平之戀〉都曾流行一時，2011 年秀琴歌劇團將「安平追想曲」改編為大型歌仔戲，登上大舞臺，同年臺南市政府在東興洋行前豎立「金小姐」母女銅像，成為當地精彩的人文景觀。

中國 CH-3-FS2：美美
大王：無編號：鍾瑛
太王 KLA-001：許石
太王 KLK-49：林淑惠、許瓊華
太王 KLA-003：池真理子 (日語)
太王 KLA-022：許碧桂、許碧芸 (華語)

〈安平追想曲〉

農村歌

Rumba

陳達儒　作詞
許　石　作曲

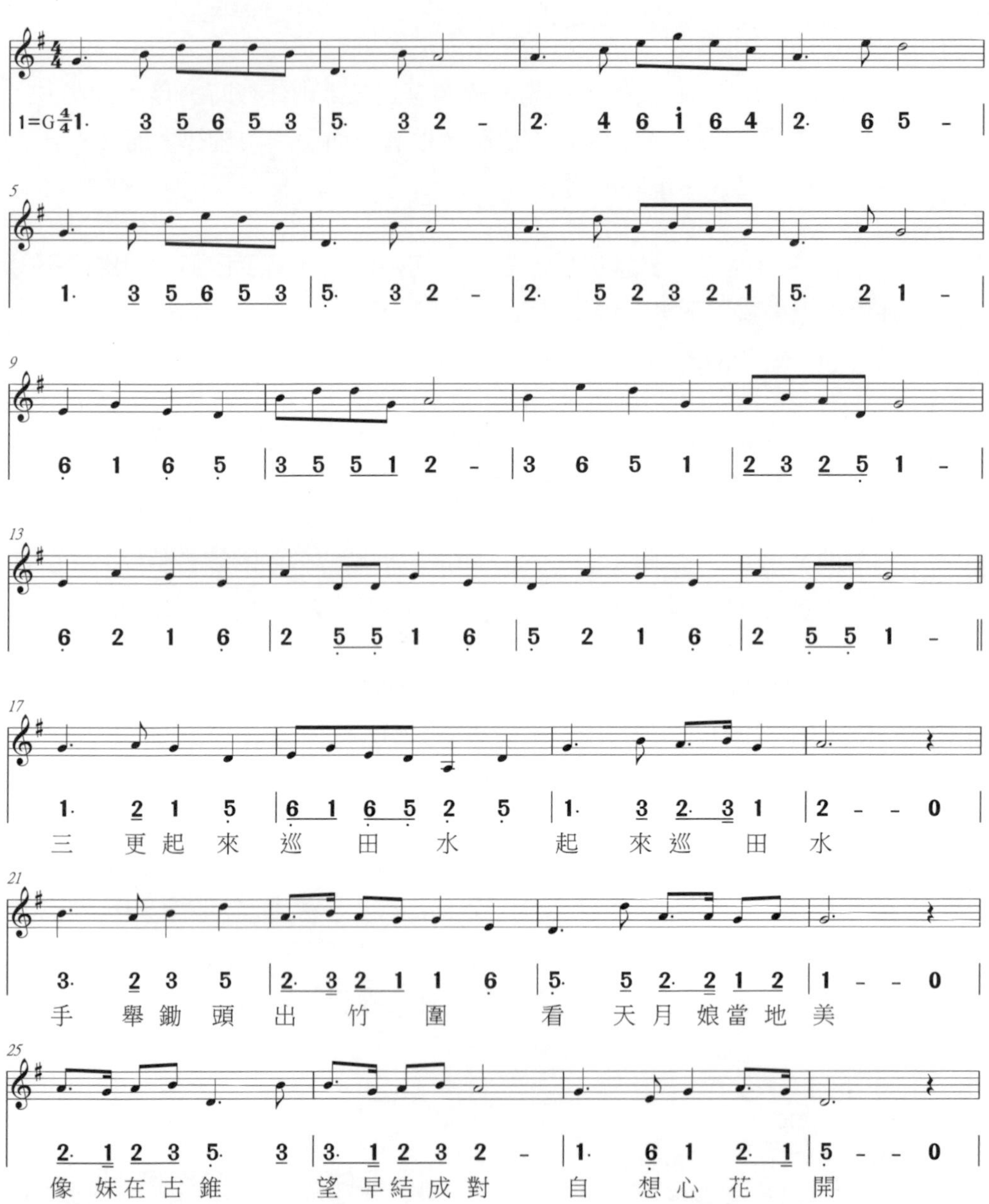

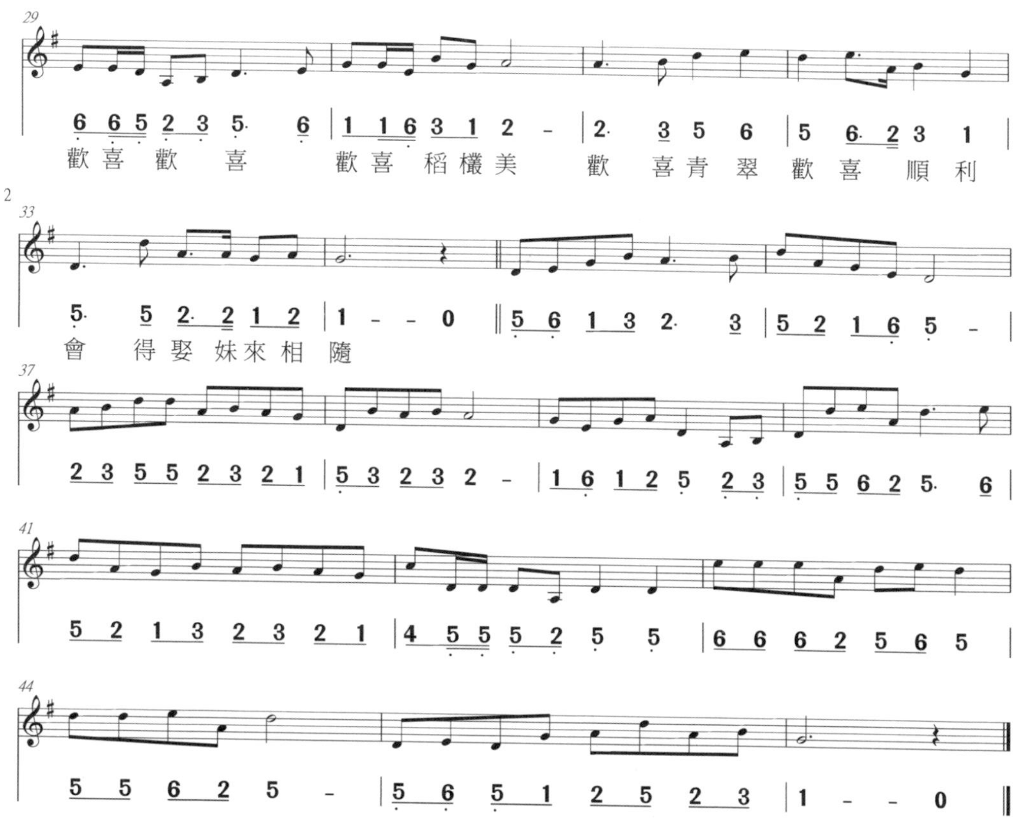

農村歌　　陳達儒作詞　許石作曲

一、三更起來巡田水　起來巡田水

　　手舉鋤頭出竹圍　看天月娘當地 (teh) 美

　像妹在 (hiah) 古錐　望早結成對　自想心花開

　　歡喜歡喜　歡喜稻穡美　歡喜青翠　歡喜順利　會得娶妹來相隨

二、夏天苦旱踏水車　苦旱踏水車

　　汗流汁滴滿頭額　越頭看見妹人影

　對阮面前行　愈看得我疼　唸歌予伊聽

歡喜歡喜　歡喜稻欉大　歡喜訂婚歡喜送定　禮餅予伊父母食

三、黃昏挲草顧稻欉　挲草顧稻欉

粒粒辛苦用苦工　全望天公相疼痛

助阮作田人　希望只一項　豐收好年冬

歡喜歡喜　歡喜割稻欉　歡喜收成歡喜有望　年底娶妹來成雙

〈農村歌〉是許石很早就創作發表的農村生活歌謠，中國唱片公司時即有發行，歌名為〈歡喜三七五〉。發行時正逢「三七五減租」政策施行（1951 年 6 月公布施行）不久，雖然歌名曾經是「歡喜三七五」，內容卻沒有提到跟政策有關的訊息，可能是正逢此時推出的作品，因而得名。同詞曲也收錄在陳達儒約 1955 年編作的《新臺灣流行歌謠集》第六集歌本中，曲名為〈田庄調〉，而許石名之為〈農村歌〉，1960 年代有錄音發表。

「農村歌」歌詞與陳達儒日治時期作品「農村曲」可說是異曲同工，但更為活潑、樂觀而愉悅。三段歌詞呈現農村生活從早到晚「巡田水」、「踏水車」、「挲草」的工作動態，倫巴的輕快節奏，辛勞工作的同時想著豐收的快樂、訂婚結婚、成家立業，充滿臺灣農業社會正面樂觀的歡樂氣氛。

1950 年代政府一連串土地改革政策，地權的零細化，還有美援下的農業科技化、農產品外銷市場的展開，加上社會人口的快速擴張，這首歌反映了當時蓬勃的農村活力與社會氣氛。

〈農村歌〉

中國 CH-3-FS2：許石（名為「歡喜三七五」）

太王 KLA-005：許石

果子姑娘

Rumba

陳達儒 作詞
許 石 作曲

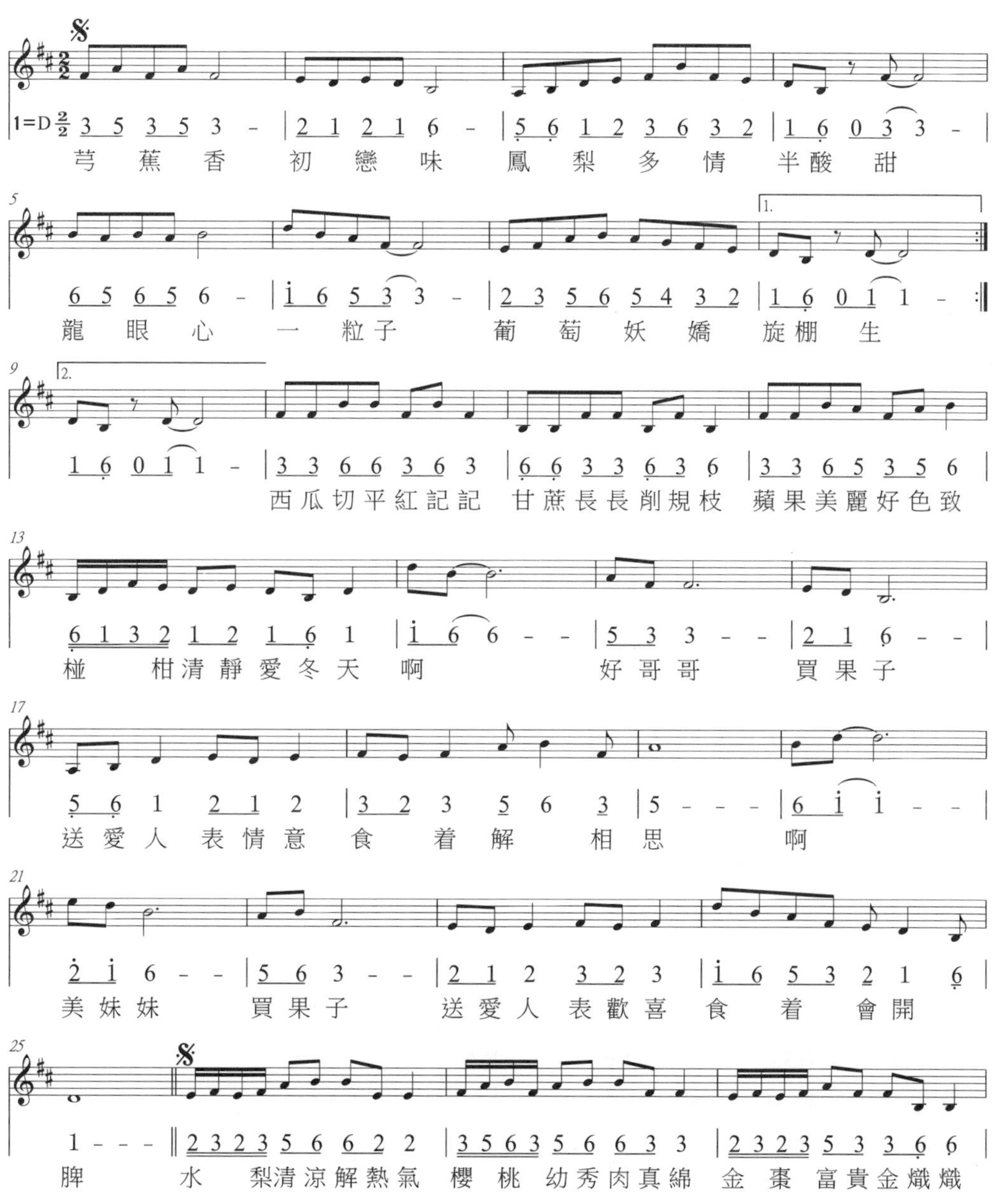

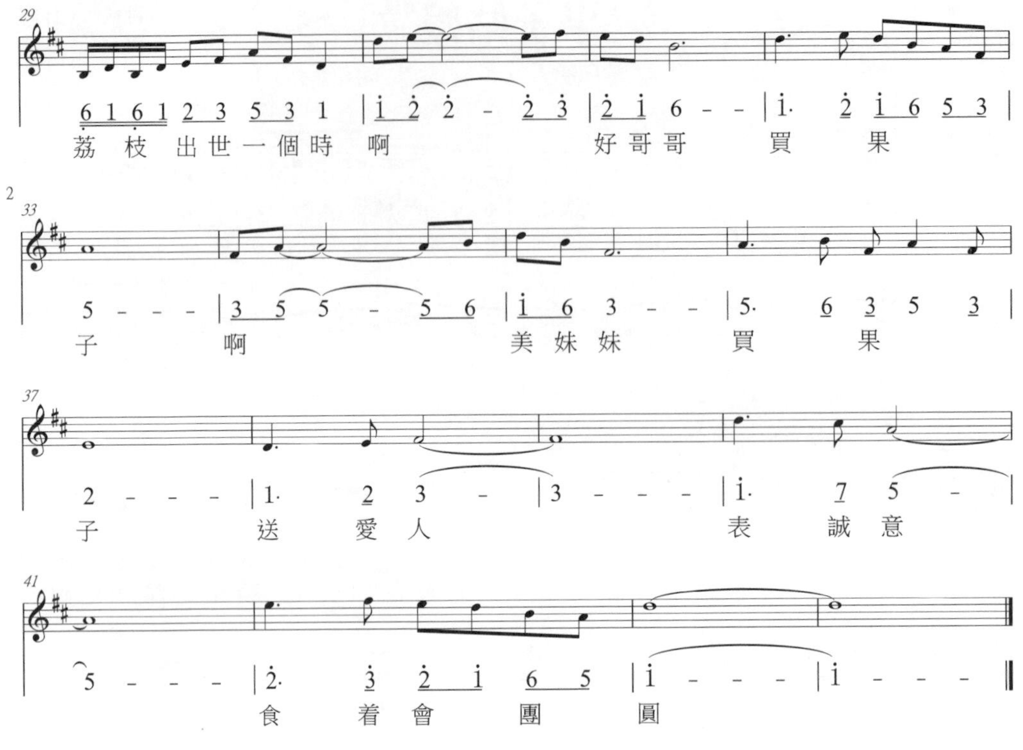

果子姑娘　陳達儒作詞　許石作曲

芎蕉香初戀味　鳳梨多情半酸甜

龍眼心一粒子　葡萄妖嬌旋棚生

1. 西瓜切平紅記記　甘蔗長長削規枝　蘋果美麗好色致　椪柑清靜愛冬天

2. 桃仔形體天然美　李仔迎春情嬰纏　枇杷双双回生死　檨仔有黃也有青

啊～～好哥哥　買果子　送愛人表情意　食着解相思

啊～～美妹妹　買果子　送愛人表歡喜　食着會開脾

水梨清涼解熱氣　櫻桃幼秀肉真綿　金棗富貴金熾熾　荔枝出世一個時

啊～～好哥哥　買果子　啊～～美妹妹　買果子

送愛人表誠意　食着會團圓

臺灣是水果王國，這首頗有傳統歌謠風的歌謠，最早是 1958 年左右以 78 轉蟲膠唱片發表，歌詞為一位賣水果姑娘的叫賣聲，串連 16 種水果，是記錄 1950 年代社會生活的趣味歌謠。

收錄於陳達儒編作的《新臺灣流行歌謠集》第六集歌本中，當時名為〈新果子歌〉，可能是 1955 年之前的作品。

〈果子姑娘〉

女王 Q2012：螢螢
太王 KLA-025：許瓊華

李三娘

Slowly Blues

陳達儒 作詞
許 石 作曲

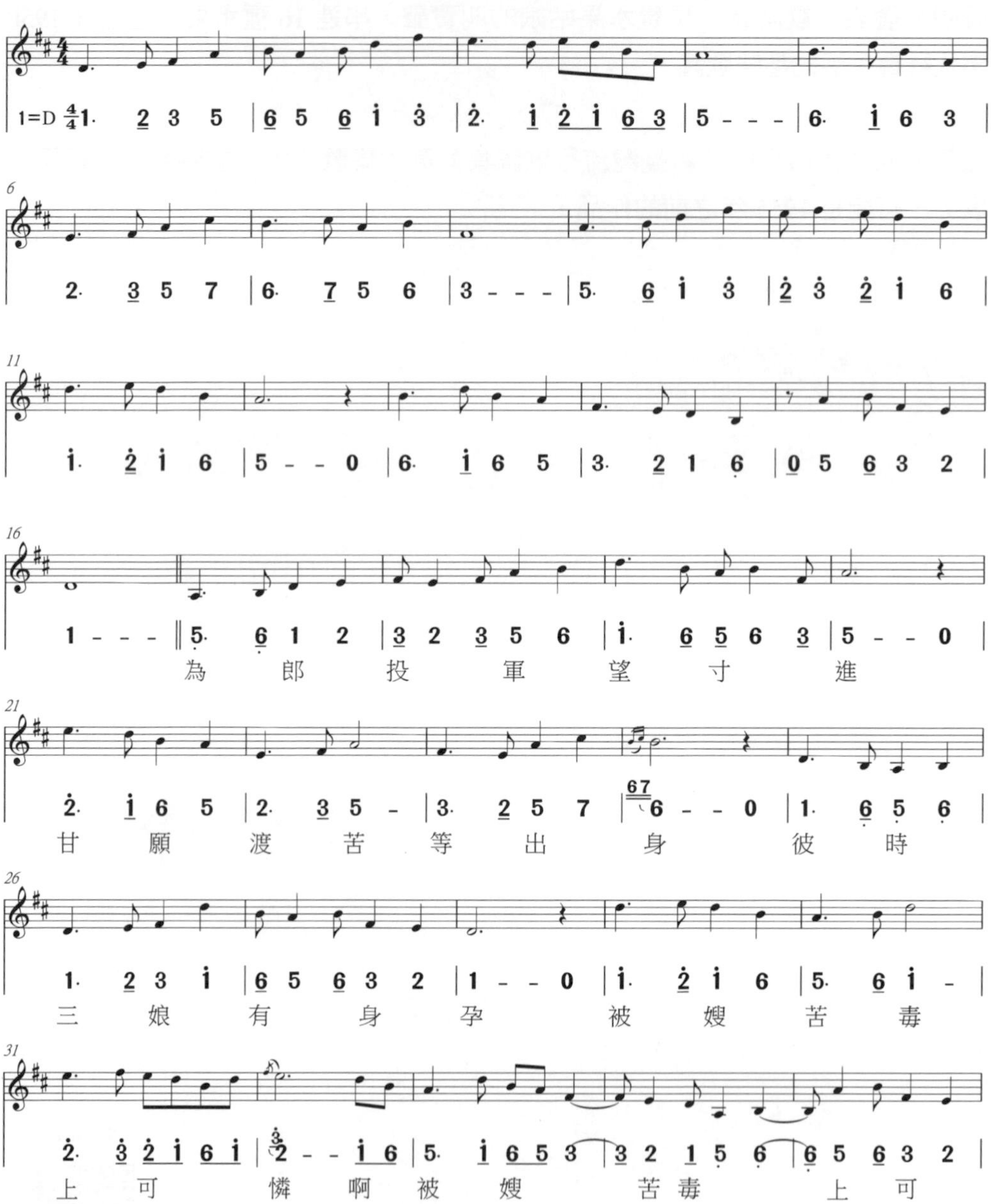

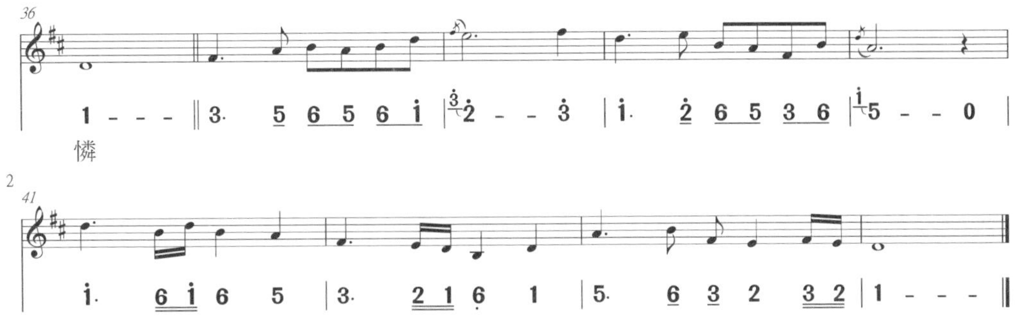

李三娘　　陳達儒作詞　許石作曲

一、為郎投軍望寸進　甘願渡苦等出身　彼時三娘有身孕　被嫂苦毒上可憐
　　啊～～被嫂苦毒上可憐

二、兄嫂毒心兄懵懂　擔水推磨受風霜　放伊生子自己創　悽慘號名咬臍郎
　　啊～～悽慘號名咬臍郎

三、幼子出世更加苦　好得忠義的老奴　救着幼子去走路　去揣伊爹上京都
　　啊～～去揣伊爹上京都

四、三娘受苦十三冬　夫妻團圓子成人　一時歡喜像眠夢　萬世流傳名聲香
　　啊～～萬世流傳名聲香

〈李三娘〉歌詞內容敘述夫君從軍，三娘在家鄉遭受惡毒兄嫂折磨的淒慘，最後夫妻團圓的故事。收錄於陳達儒編作的《新臺灣歌謠集》第六集歌本中，可能是 1955 年之前的作品。

李三娘是民間故事經典，原型是五代十國時代後漢高祖劉知遠的皇后，出身農家女兒，她與劉知遠的婚姻充滿傳奇色彩，從搶親、劉知遠從軍 16 年，到夫妻因白兔團圓，至為感人，於是衍生出許多戲曲。由於「李三娘」的故事歷年拍攝多部電影在臺上映，這首歌可能與當時的電影宣傳有關。

〈李三娘〉

大王 KLK-41：輕音樂
大王 KLK-42：廖美惠
大王 KLK-46：廖美惠

純情的男子

Swing

陳達儒　作詞
許　石　作曲

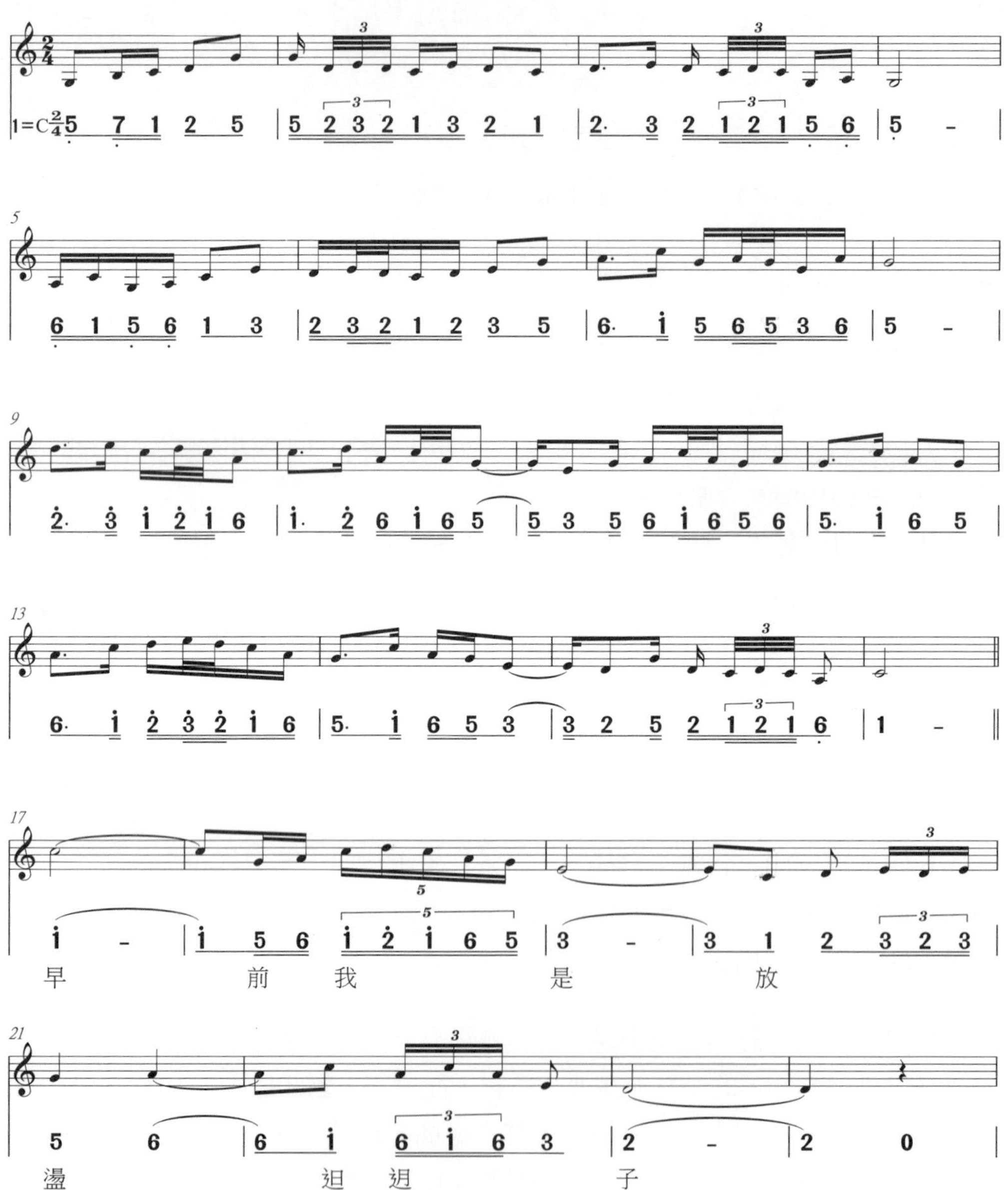

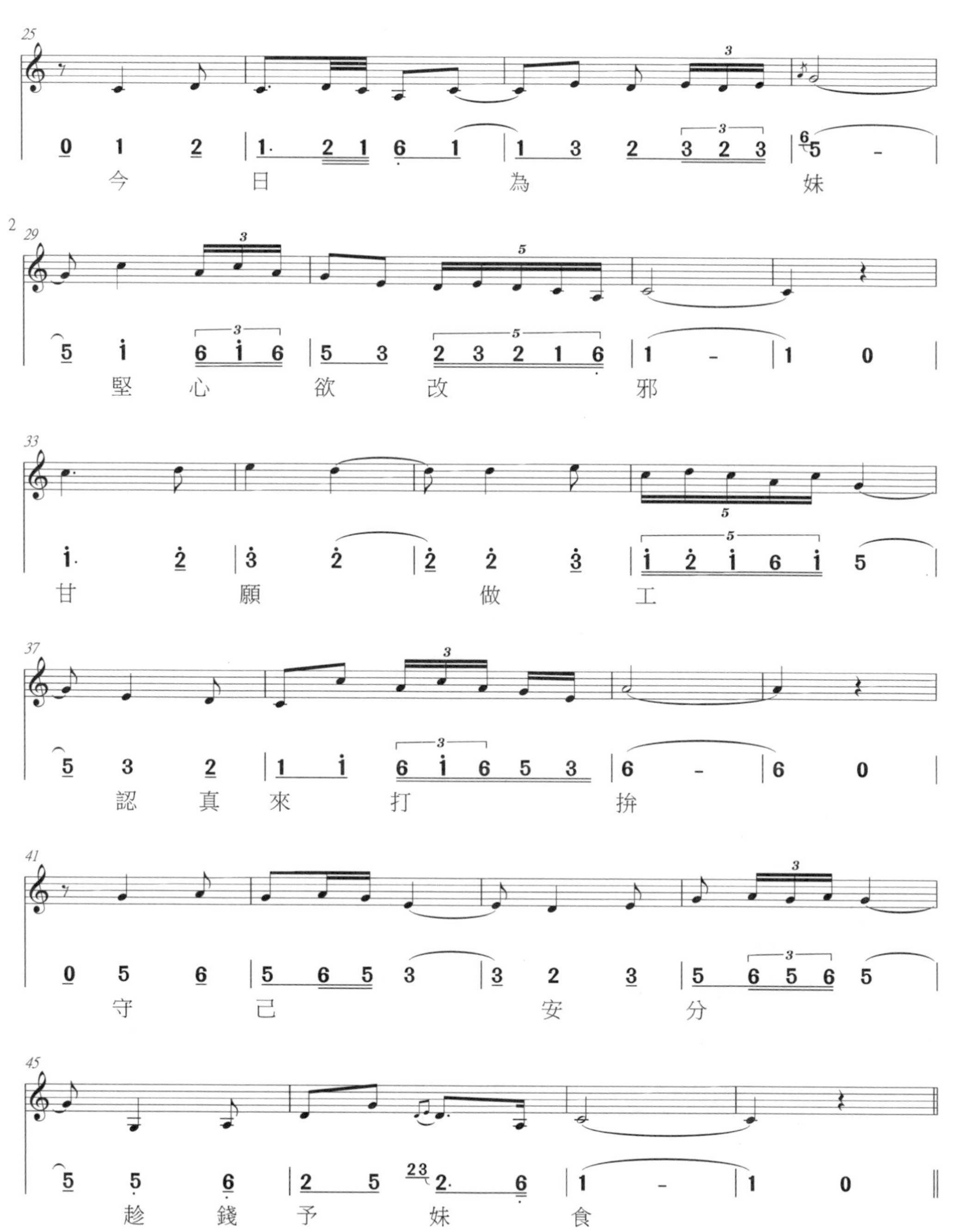
今日為妹
堅心欲改邪
甘願做工
認真來打拚
守己安分
趁錢予妹食

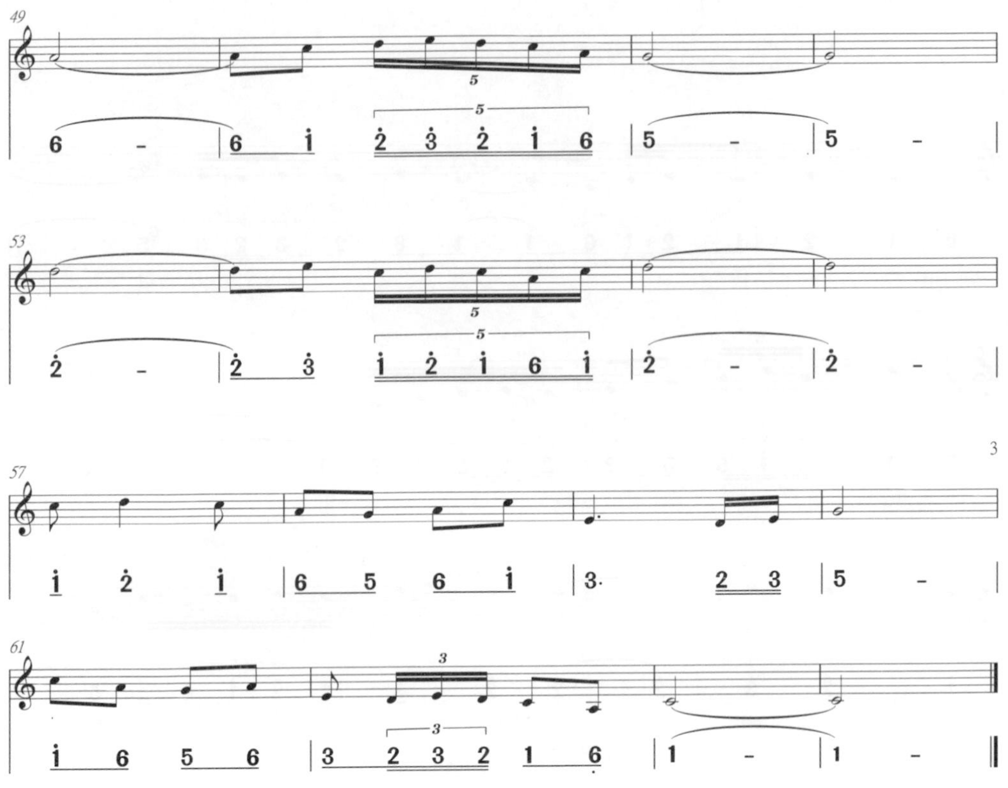

純情的男子　陳達儒作詞　許石作曲

一、早前我是　放蕩迌迌子　今日為妹　堅心欲改邪
甘愿做工　認真來打拚　守己安分　趁錢予妹食
(口白)敢有影　啊　我真的歡喜你　今日為阮幸福
會得覺醒過去的惡夢　割斷放蕩的迌迌生活
改邪歸正　靠著自己雙手勞動　我真感激
這正是有志氣的大丈夫　男子漢啦

二、早前我是　放蕩迌迌子　為人嘆氣　生死也毋驚
離開家庭　放母受歹命　今日覺醒　悲傷吼 (háu) 出聲

（口白）做人的囝　孝義第一　你今日既然覺醒過去的毋是
知影老母的恩愛　這也未遲
總是你此後要着加倍有孝　補着早前你的罪過
阮也一定盡阮的力量孝敬着是

三、早前我是　放蕩迌迌子　今日有妹　毋敢再亂行
純情實愛　雙人有相疼　牽妹的手　回鄉揣俺娘

這首歌描述一位從放蕩人生中覺醒的男性故事，三段歌詞穿插兩段女性的口白，情節與同時代楊三郎創作的〈勸浪子〉類似。收錄於陳達儒編作的《新臺灣流行歌謠集》第六集歌本中，應是 1955 年之前的作品。在 1968 年左右太王唱片出品編號 KLA-005 專輯中，許石親自演唱灌錄這首歌，由江青霞口白，曲名改為〈男子漢〉。

〈純情的男子〉

太王 KLA-005：許石（口白　江青霞）

餅店的小姐

陳達儒　作詞
許　石　作曲

Fox Trot

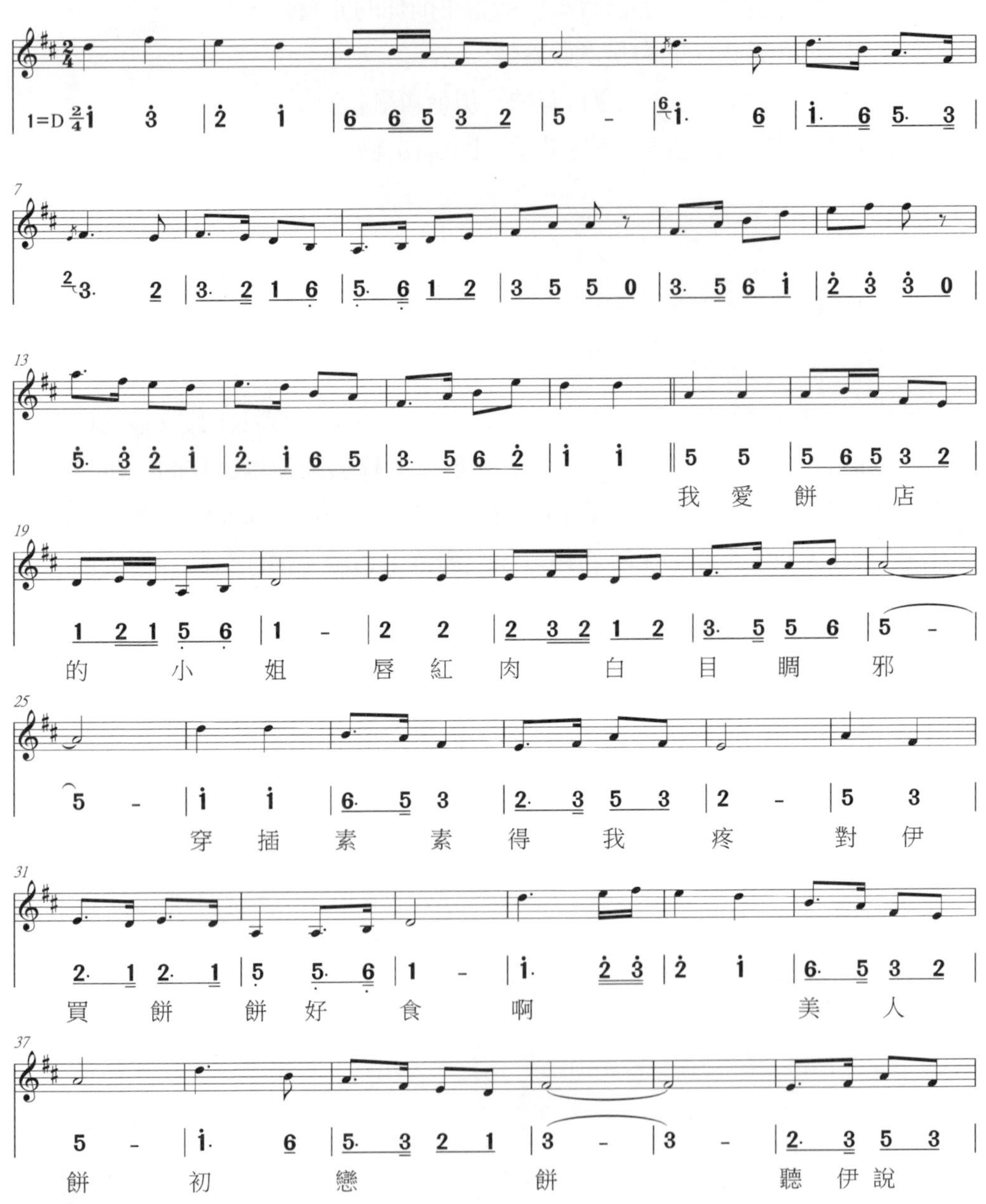

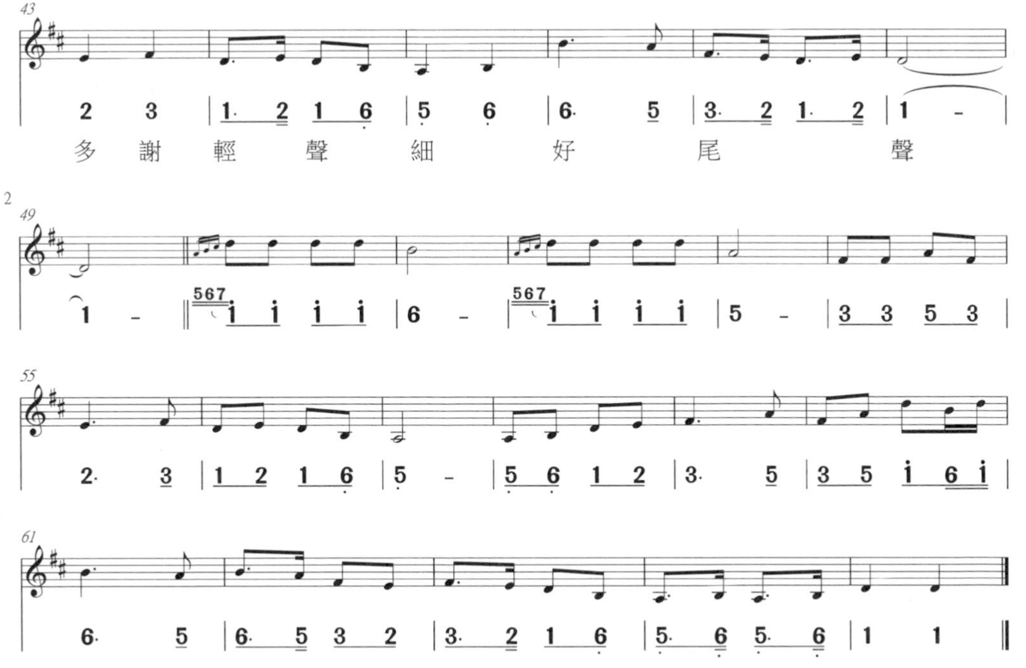

餅店的小姐　陳達儒作詞　許石作曲

一、我愛餅店的小姐　唇紅肉白目睭邪　穿插素素得我疼　對伊買餅餅好食
啊～～美人餅　初戀餅　聽伊說多謝輕聲細說　好尾聲

二、我愛餅店的小姐　暗中厝邊偷探聽　講伊猶袂人送定　通稱玉蘭伊的名
啊～～玉蘭餅　梅仔餅　看伊遐端正想欲求愛　半驚驚

三、我愛餅店的小姐　每日對伊店前行　愛伊講話着買餅　可惜無錢毋敢賒
啊～～想思餅　失戀餅　空看伊人影想無方法　求親成

這首輕快活潑的歌曲，呈現 1950 年代有趣的社會互動情景。歌詞中描述一位愛慕餅店小姐的男性，想愛又不敢說出口、想逛餅店卻又沒有錢。據說許石 1950 年即創作這首歌，當時仍常居臺南，有次北上會見女友，相約火車站前的「麗華餅店」，而有這樣活潑快樂的情調。

這首歌收入陳達儒編作的《新臺灣流行歌謠集》第六集歌本中。在許石製作的錄音作品中，除了演唱者外，加上了餅店小姐的口白，一唱一白的對話感，戲劇張力十足。最後一段裡，演唱者沒有勇氣求愛，大嘆是「相思餅」、「失戀餅」，女性最後卻說「毋通失戀捏」、「人我咧等你捏」劇情就如當中的美餅、佳人，留下風趣韻味。

大王 KLK-85：廖美惠
太王 KLA-005：許石（口白江青霞）
太王 KLA-014：輕音樂
* 唱片名為「餅店小姐」

〈餅店的小姐〉

牡丹望春風

Fox Trot

陳達儒　作詞
許　石　作曲

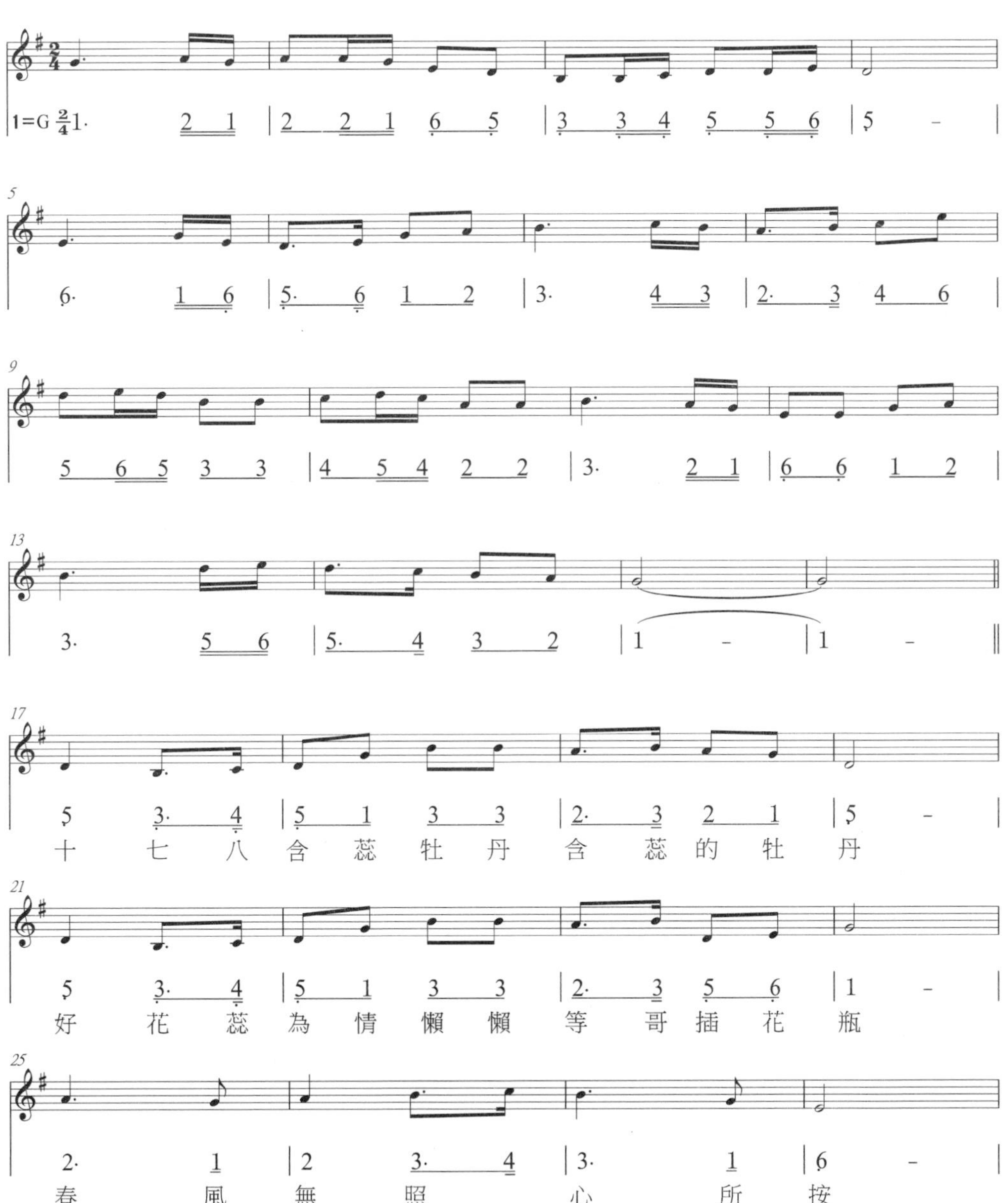

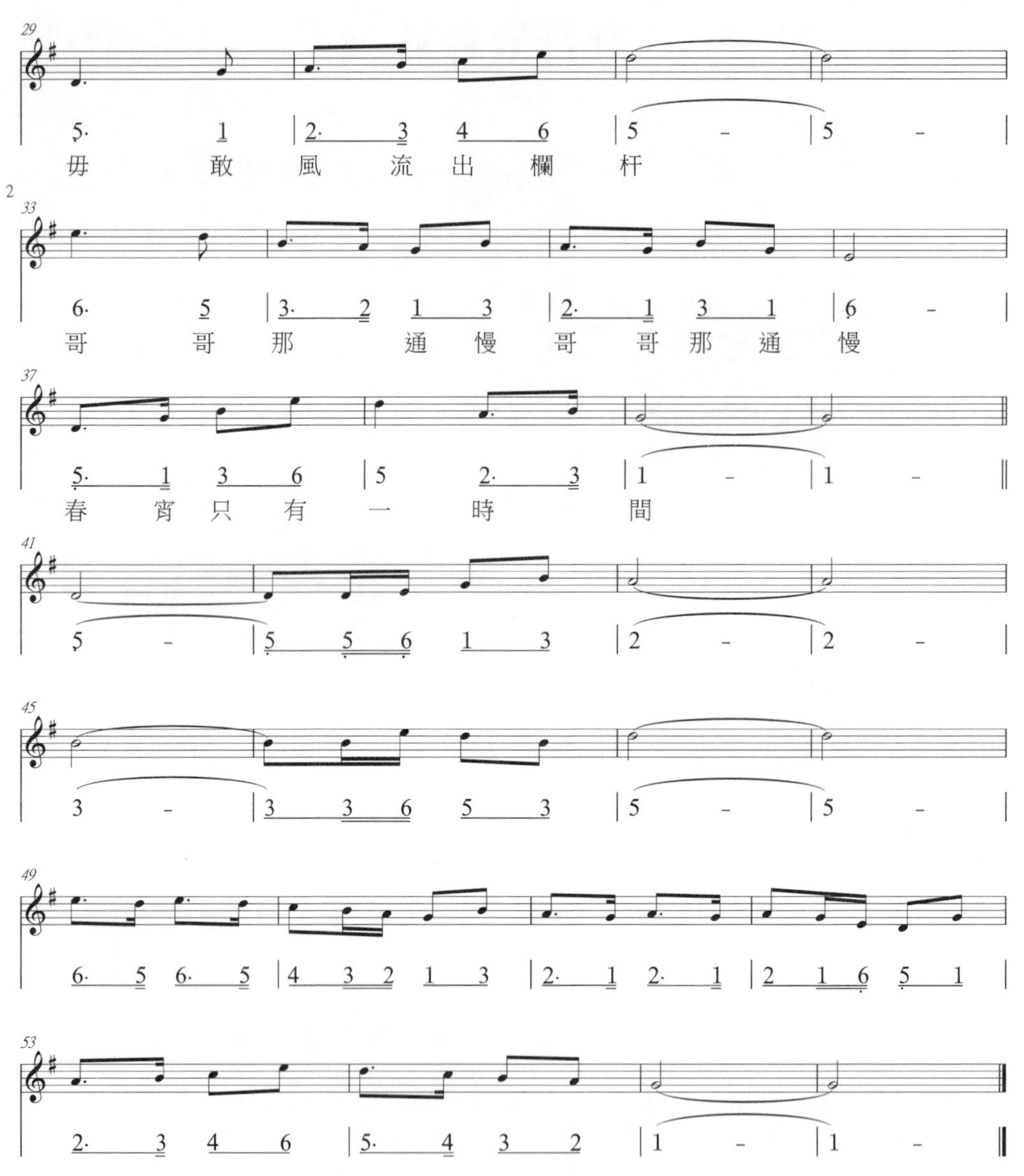
29
5· 1 2· 3 4 6 5 – 5 –
毋 敢 風 流 出 欄 杆
2
33
6· 5 3· 2 1 3 2· 1 3 1 6 –
哥 哥 那 通 慢 哥 哥 那 通 慢
37
5· 1 3 6 5 2· 3 1 – 1 –
春 宵 只 有 一 時 間
41
5 – 5 5 6 1 3 2 – 2 –
45
3 – 3 3 6 5 3 5 – 5 –
49
6· 5 6· 5 4 3 2 1 3 2· 1 2· 1 2 1 6 5 1
53
2· 3 4 6 5· 4 3 2 1 – 1 –

牡丹望春風　　陳達儒作詞　許石作曲

一、十七八含蕊牡丹　含蕊的牡丹　好花蕊為情懶懶　等哥插花瓶
　　春風無照心所按　毋敢風流出欄杆
　　哥哥那通慢　哥哥那通慢　春宵只有一時間
二、十七八含蕊牡丹　含蕊的牡丹　野蝴蝶態度野蠻　戲弄想欲挽
　　恐驚風雨來摧殘　周圍環境愈不安
　　哥哥那通慢　哥哥那通慢　春風無來牡丹寒
三、十七八含蕊牡丹　含蕊的牡丹　望惜花這頭一層　毋管貧抑散
　　你有決心無為難　別人反對無相干
　　哥哥那通慢　哥哥那通慢　幸福鐘聲已經霆 (tân)

收入陳達儒編作的《新臺灣流行歌謠集》第六集歌本中，可能是 1955 年之前的作品。

〈牡丹望春風〉

女王 C2005：月鈴
女王 Q3056：許石、月鈴

Fox Trot

行船人

陳達儒　作詞
許　石　作曲

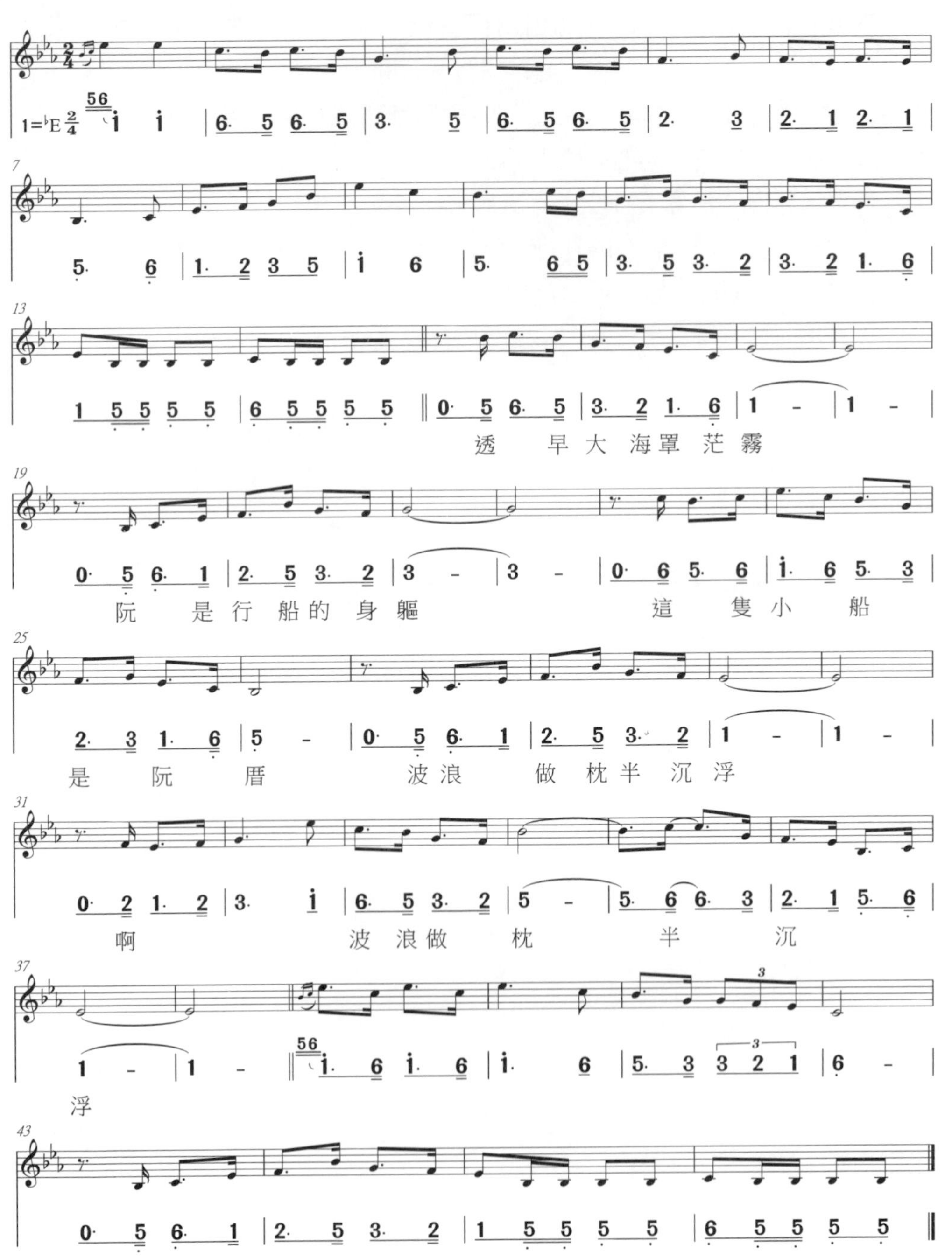

行船人　　陳達儒作詞　許石作曲

一、透早大海罩茫霧　阮是行船的身軀　這隻小船是阮厝　波浪做枕半沉浮
　　啊～～波浪做枕半沉浮
二、駛到半海掛船帆　想起愛人分西東　風浪那靜快眠夢　夢見回鄉揣彼人
　　啊～～夢見回鄉揣彼人
三、夢中相見半悲喜　忽然耳邊海鳥啼　將阮好夢來打醒　嘈心空空過一眠
　　啊～～嘈心空空過一眠

這是首描述行船人在船上心情載浮載沉的歌曲，以大量的切分音、Trot 的爵士節奏，表現愉悅快樂的曲調。歌詞第一段描述行船人「波浪做枕半沉浮」的自在態度，第二段轉折提到想念的愛人，第三段夢中的相見被海鳥驚醒，失落了一夜。

歌詞情節固然失落，許石卻以輕鬆的爵士調性，表現行船人積極進取的正面性格。收入陳達儒編作的《新臺灣歌謠集》第六集歌本中，可能是 1955 年之前的作品。

〈行船人〉

大王 KLK-63：許石
太王 KLA-001：許石
太王 KLA-006：輕音樂

女性的復讐

陳達儒　作詞
許　石　作曲

Tango

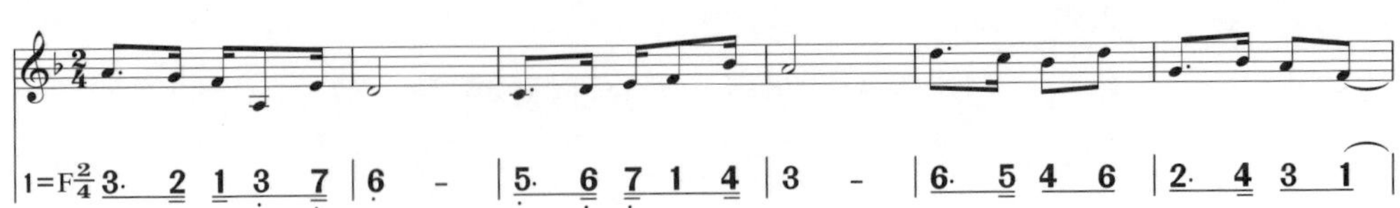

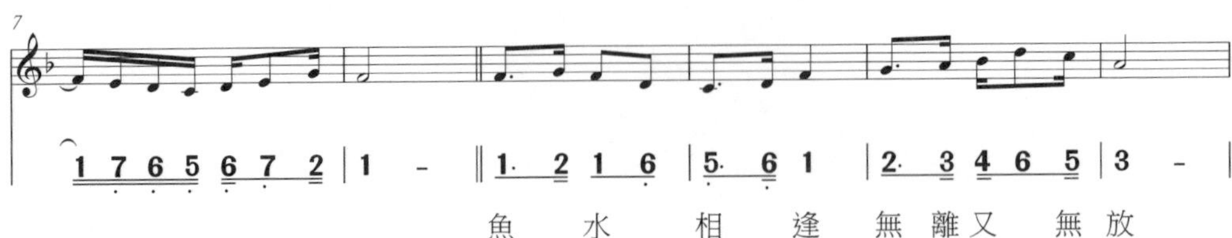

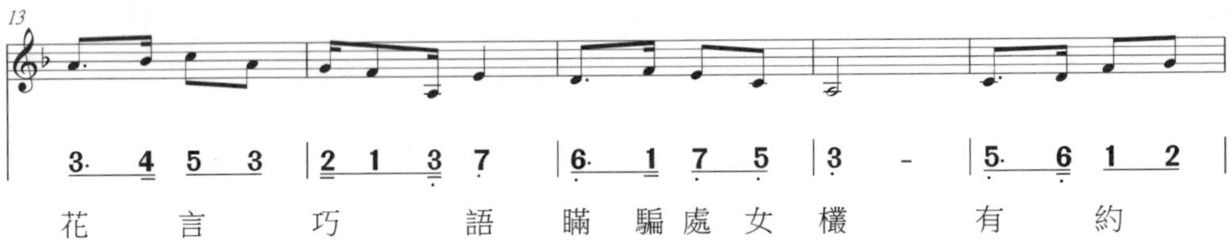

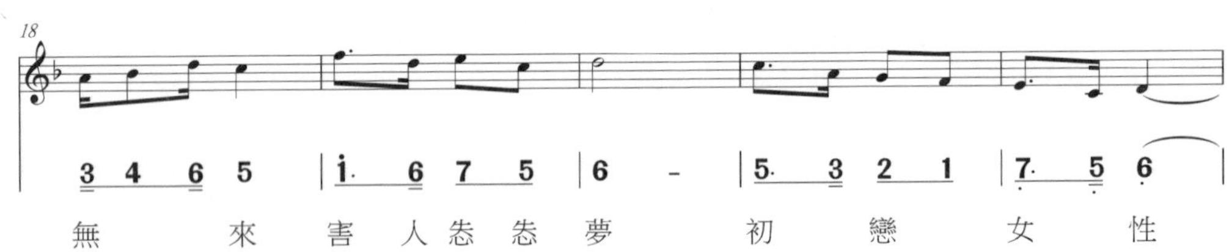

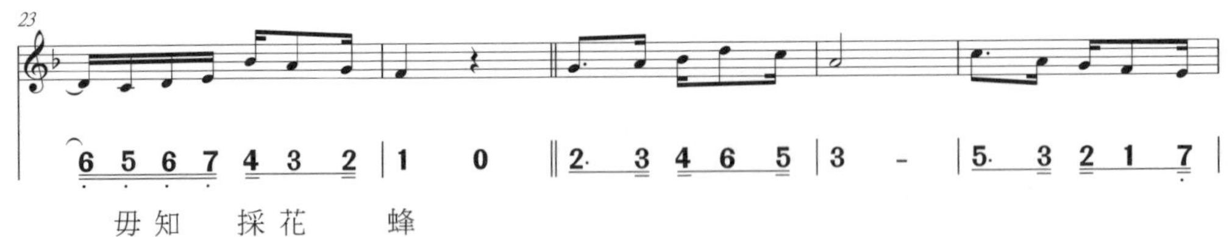

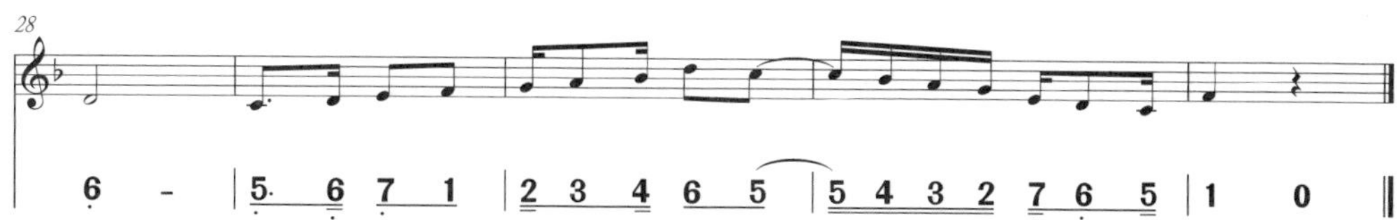

女性的復讐　陳達儒作詞　許石作曲

一、魚水相逢無離又無放　花言巧語瞞騙處女櫳
　　有約無來害人忝忝夢　初戀女性毋知採花峰
二、初逢情景刻在心難放　無疑再會袂認阮啥人
　　風流態度隨便見花弄　毋知阮心為伊等數冬
三、一心怨恨一心毋甘放　想欲復讐花中的毒虫
　　予伊自受失戀的苦疼　覺悟真情男女心相仝

此曲除了收錄在許石整理的作品集之外，更早由陳達儒編印的《新臺灣流行歌謠集》第六集也有編入，該歌本出版時間為 1955 年前後，曲名為〈採花蜂〉，附註是「電影女性的復讐主題歌」。由此可知，這首歌發表時是作為電影歌曲。而所謂電影「女性的復讐」，指的可能是戰後在臺上映的一部日本電影，最早上映紀錄是在 1950 年，陳達儒作詞、許石作曲的〈採花蜂〉，或許就是當時的電影宣傳歌。

1957 年 4 月吳晉淮歸國演唱會中，許石也安排了這首歌，由鍾瑛演唱。同時期廣播名人洪德成也創作了一首亦演亦唱的歌曲〈女性的復仇〉，紀露霞灌錄唱片，相當轟動，歌詞鋪陳與音樂表現也各有千秋。

熱戀

Fox Trot

陳達儒 作詞
許 石 作曲

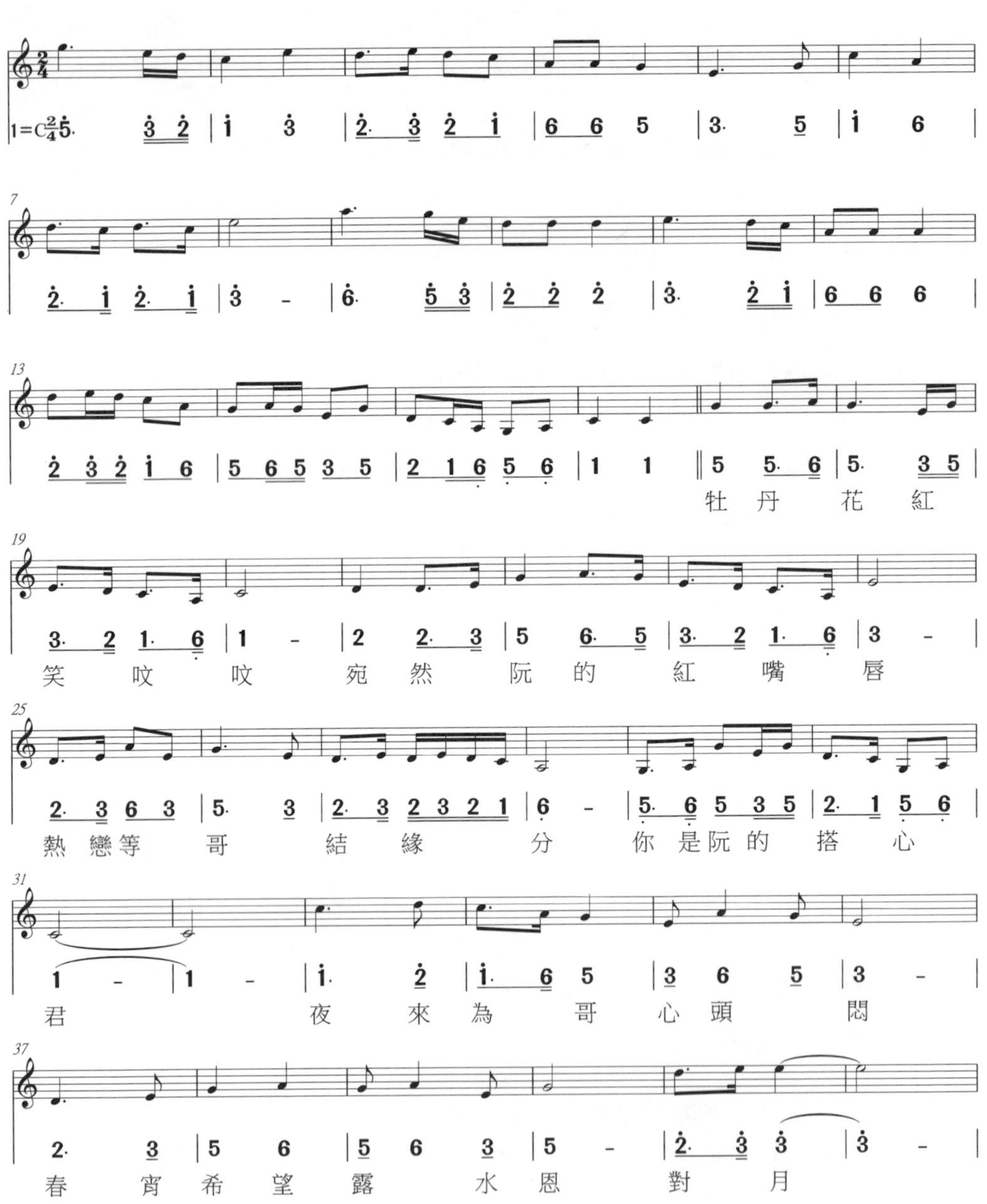

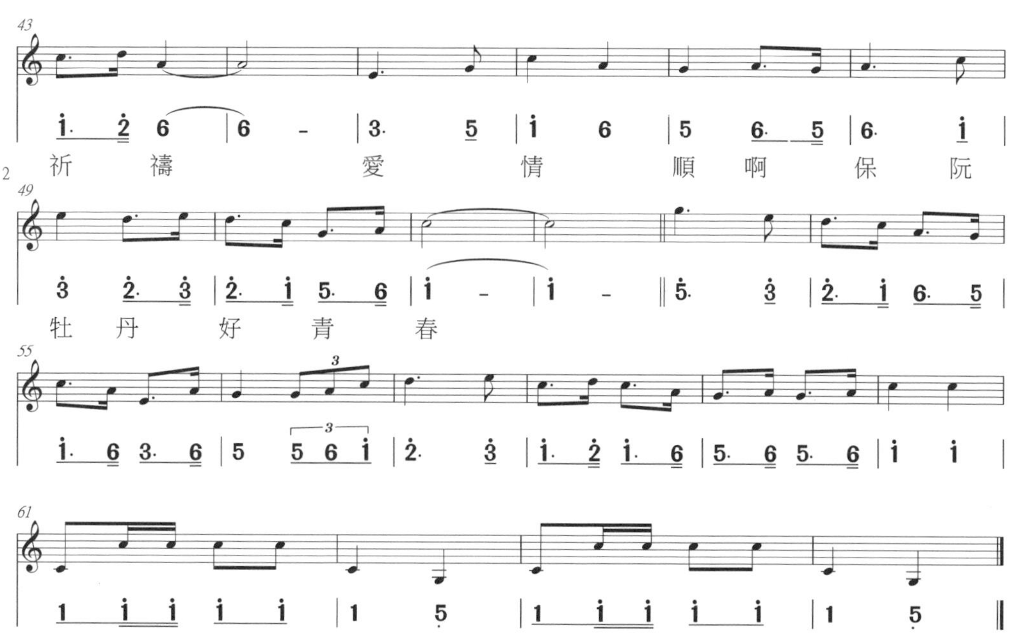

熱戀　　陳達儒作詞　許石作曲

一、牡丹花紅笑�吹　宛然阮的紅嘴唇　熱戀等哥結緣分　你是阮的搭心君
　　夜來為哥心頭悶　春宵希望露水恩　對月祈禱愛情順
　　啊～～保阮牡丹好青春

二、蝴蝶伴花當熱愛　像咱甜情啥人知　美滿青春無二擺　對鏡抹粉畫目眉
　　熱情為哥在心內　花前月下等哥來　為你一人願忍耐
　　啊～～為你阮願走東西

三、春花夜半望露靠　像阮熱戀好哥哥　青春小船雙人划　情海前途無風波
　　為哥獻身永遠好　熱戀熱愛心協和　光輝燦爛的寶島
　　啊～～四季美麗好迌迌

凸絲姑娘

許　石　作曲

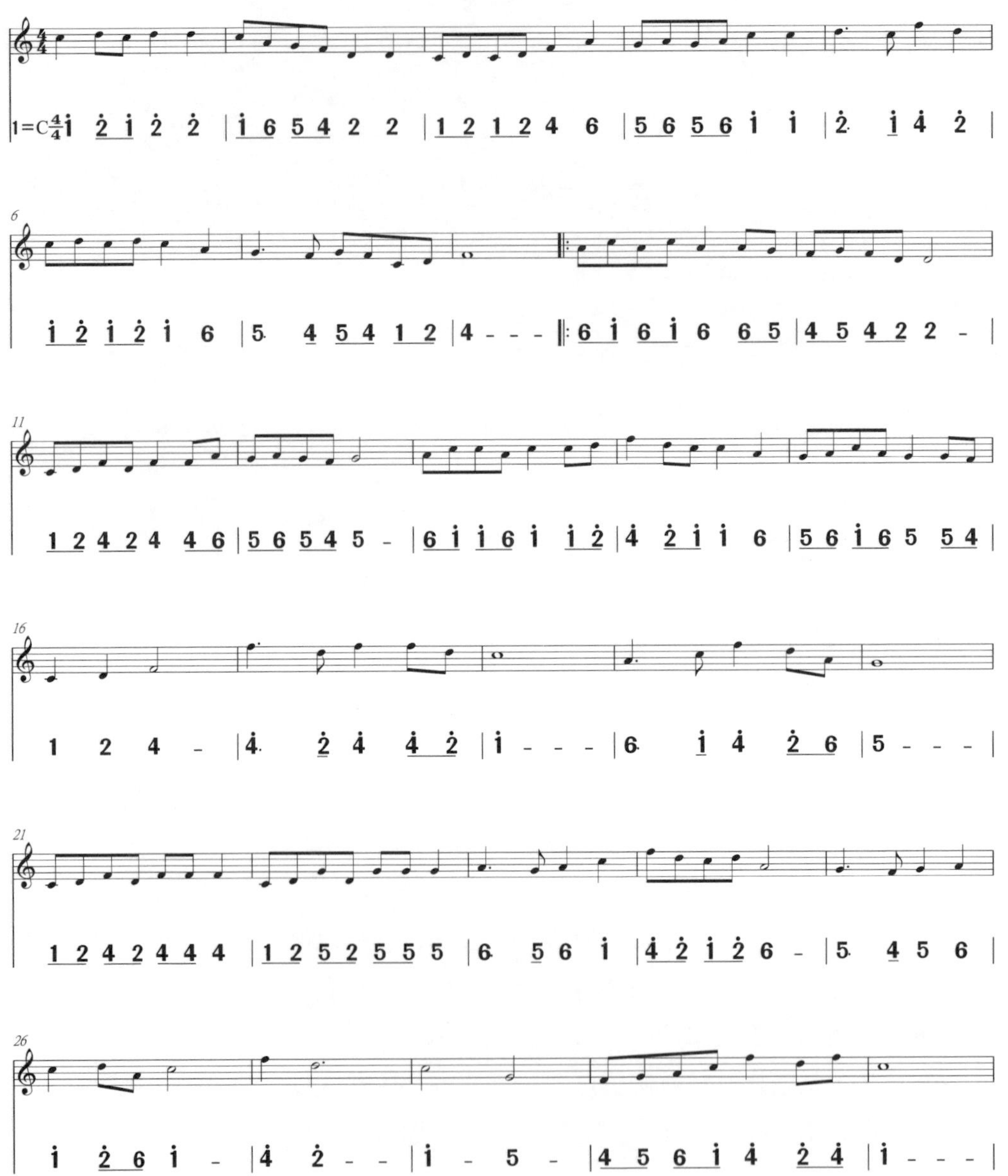

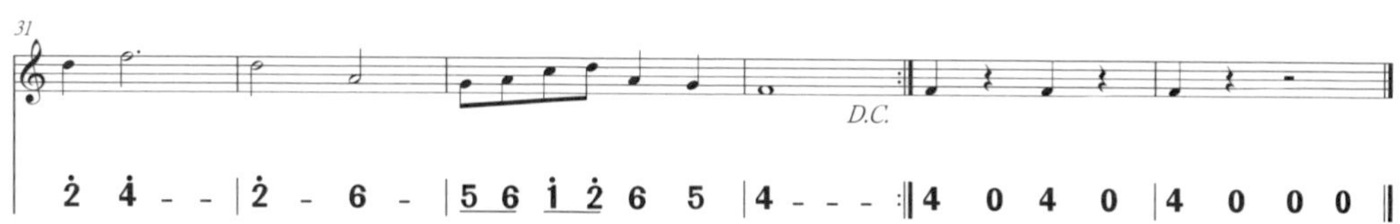

這首歌未見樂譜發表，因蟲膠唱片而保存，演唱者莉莉 1954 年曾經隨許石學習歌唱，同年灌錄這首歌，隔年便因為結婚退出歌壇。

「凸絲」（應寫作「膨紗」）是毛衣的意思，當時穿著毛衣就是時髦的象徵。這首歌是大稻埕某家紡織廠的廣告歌，許石作品中有好幾首描述現代職業女性的歌謠，〈果子姑娘〉、〈餅店小姐〉、〈臺灣姑娘〉、〈延平北路美小姐〉等等，節奏活潑而明亮，呈現都會各式商店裡的女性服務員風采，開創流行歌謠的新題材，更是相當有意思的社會描述。

參考：石計生，〈第一卡拉 OK 店裡關於許石的輝煌音樂記憶：訪談莉莉與林秀珠〉。

〈凸絲姑娘〉

女王 Q2008：莉莉

淡水河邊曲

陳達儒 作詞
許 石 作曲

Waltz

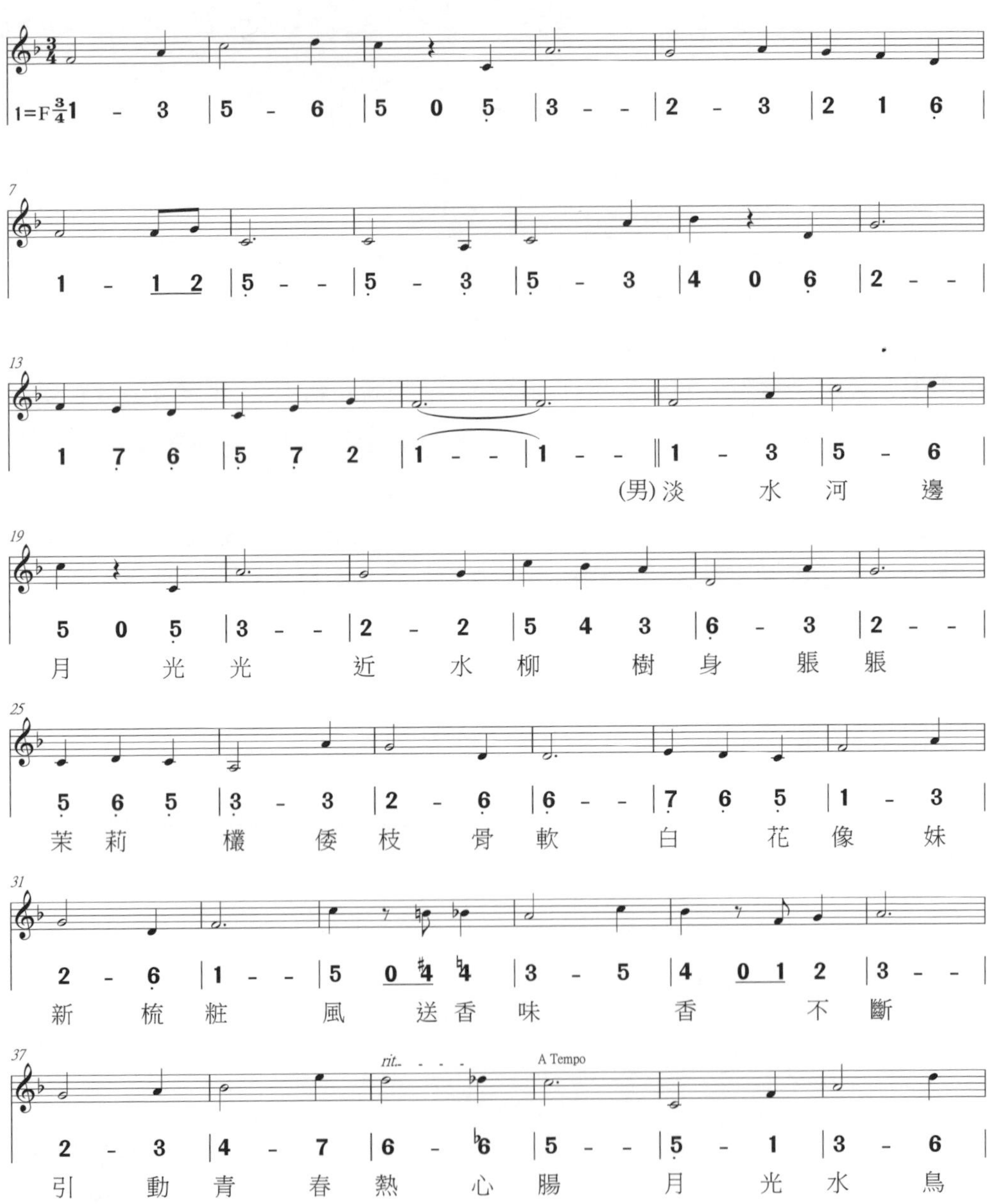

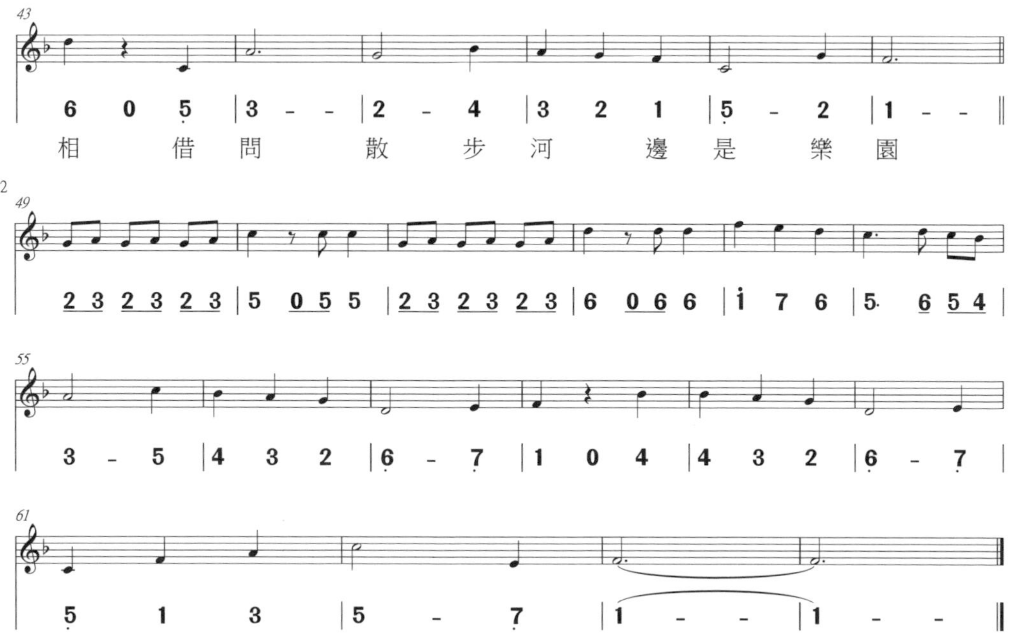

淡水河邊曲　陳達儒作詞　許石作曲

一、(男) 淡水河邊月光光　近水柳樹身躼躼 (lò)

茉莉欉倭枝骨軟　白花像妹新梳粧　風送香味香不斷

引動青春熱心腸　月光水鳥相借問　散步河邊是樂園

二、(女) 一隻小船一個影　一個心肝一個兄　月照河中水定定　小船宛然鏡中行

船邊雙雙魚仔子　可比初戀半帶驚　青春你咱來相疼　納涼爽快聽水聲

三、(男) 水深情深光景好　夏天樂園淡水河　我比水門予妹靠　提防愛情無風波

(女) 你是阮的心中寶　有你做伴心袂憎

(合) 月光天晴雲薄薄　船中納涼好迌迌

大王 KLK-85：顏華

太王 KLA-021：許石、楊麗花

太王 KLA-021：許石、楊麗花

南國青春譜

Tango

陳達儒　作詞
許　石　作曲

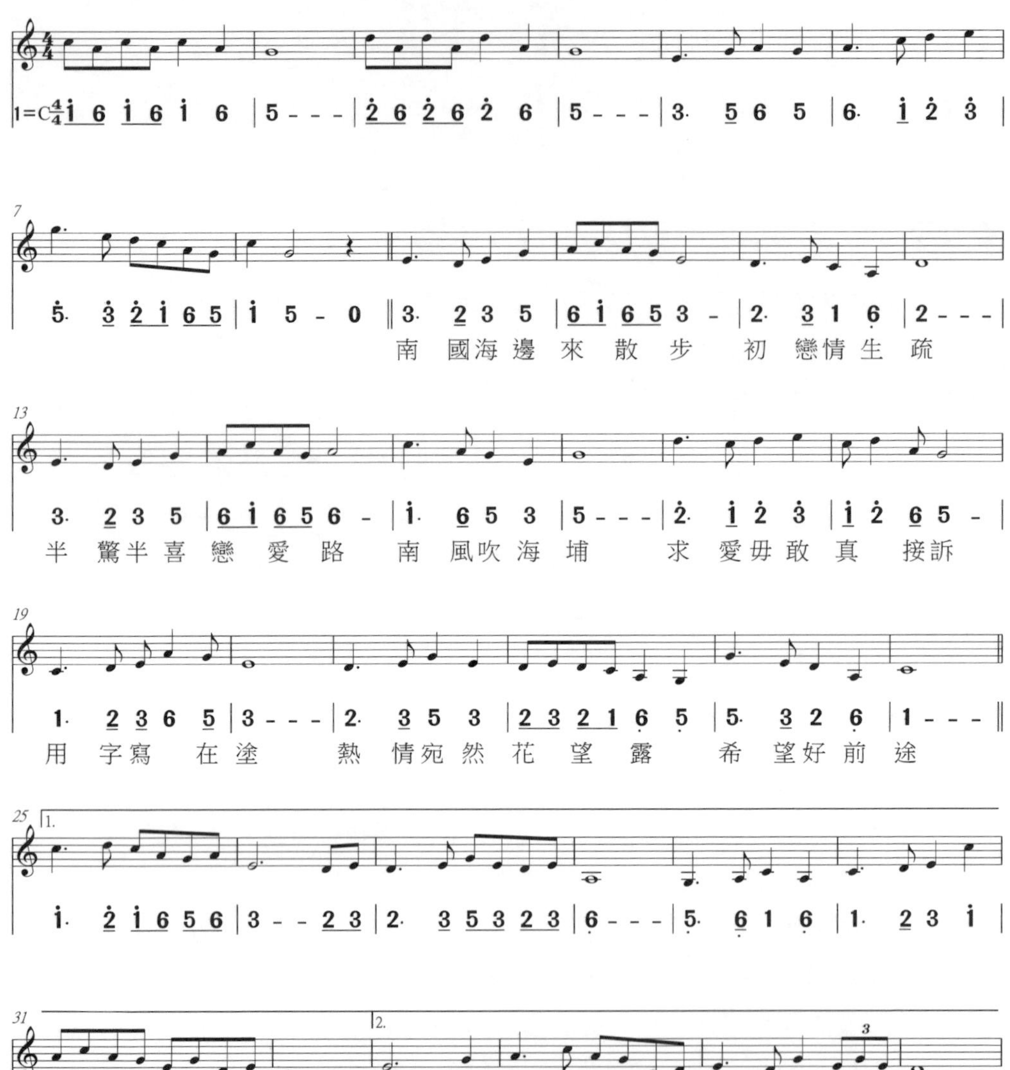

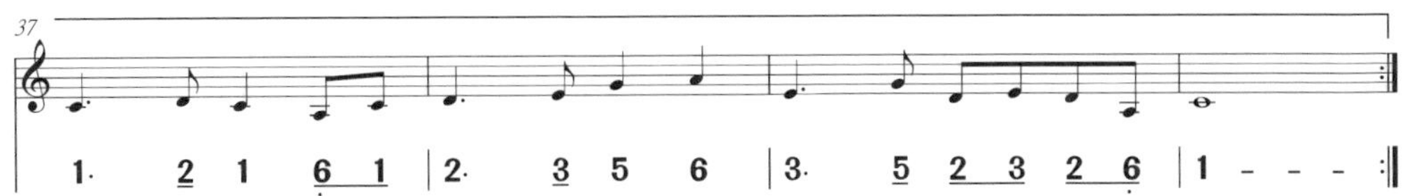

南國青春譜

陳達儒作詞　許石作曲

一、(男) 南國海邊來散步　初戀情生疏　半驚半喜戀愛路　南風海吹埔
求愛毋敢直接訴　用字寫在塗　熱情宛然花望露　希望好前途

二、(女) 南國林投生鳳梨　毋知啥人栽　阮見哥結成愛　歡喜天推排
不時想哥在心內　思念戀風來　毋管將來也現在　真情報哥知

三、(男) 南國芎蕉生相連　青春咱少年　(女) 等待時機成熟對哥獻　祝咱好姻緣
相愛永遠情無變　毋敢想私偏　在天願比雙雙燕　咱的愛自然

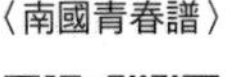

大王 KLK-42：許石、廖美惠
大王 KLK-46：許石、廖美惠

高山花鼓

陳達儒　作詞
許　石　作曲

Allegretto

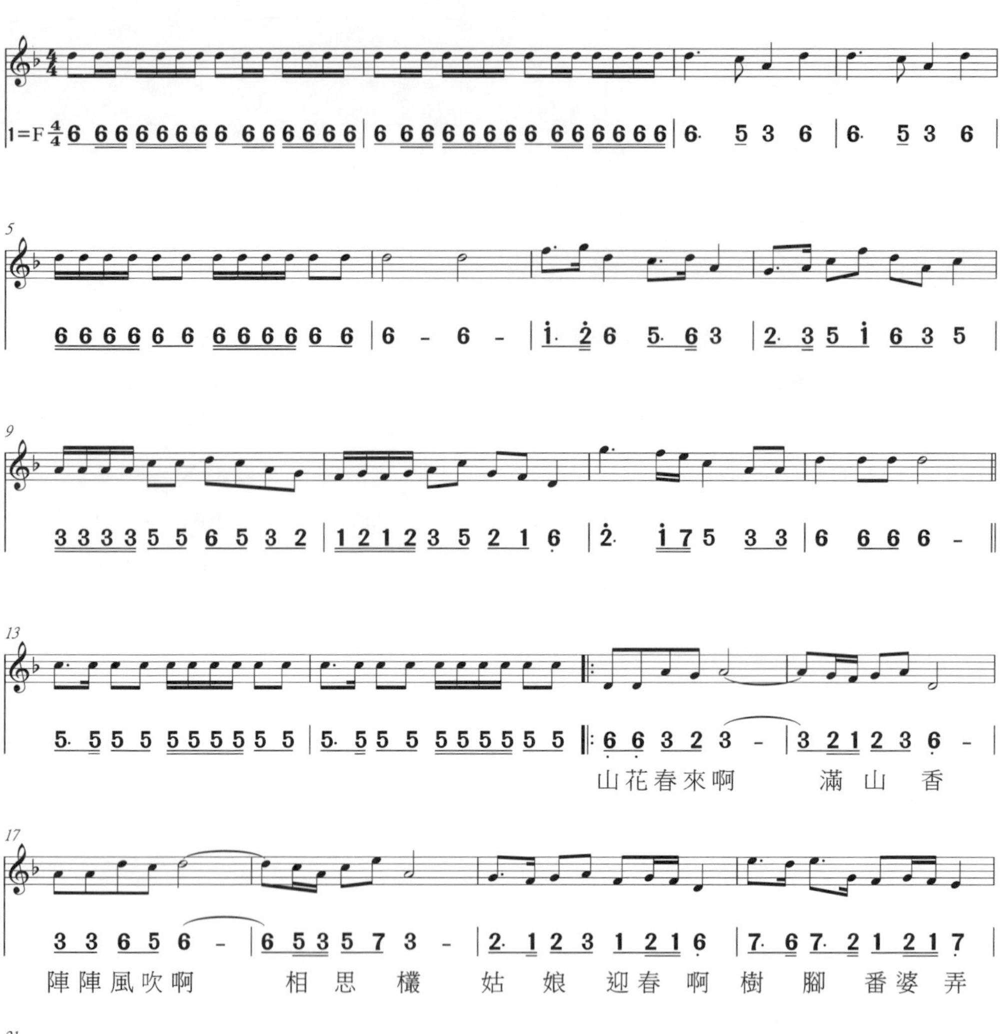

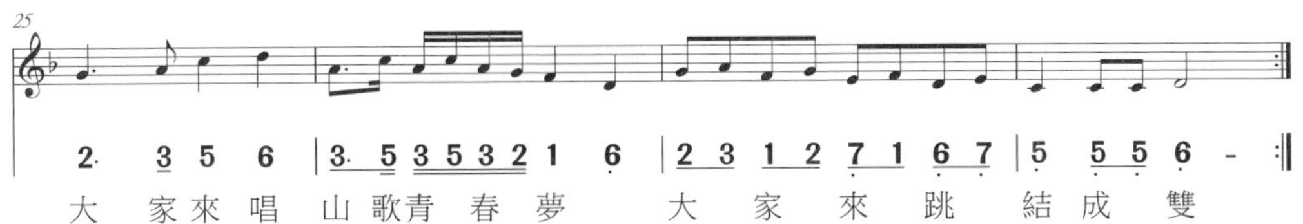

高山花鼓　陳達儒作詞　許石作曲

一、山花春來啊　滿山香　陣陣 (tsūn-tsūn) 風吹啊　相思欉

姑娘迎春啊　樹腳番婆弄　搖來搖去　輕快輕鬆　妖嬌等待熱情人

大家來唱山歌青春夢　大家來跳結成雙

二、山鳥春來啊　雙雙對　自由自在啊　飛相隨

姑娘如花啊　含笑等露水　脣紅齒白　無瘦無肥　可愛予人行袂開

大家來唱歌聲引心醉　大家來跳做一堆

三、山鹿春來啊　談戀愛　嘴來相吻 (tsim) 啊　情癡騃 (tshi-gâi)

姑娘思戀啊　相思在心內　照水梳粧　柳枝畫眉　歡歡喜喜等哥來

大家來唱逍遙真清彩　大家來跳排規排

發表於 1959 年的作曲十周年音樂會，錄音作品收錄在《臺灣鄉土民謠全集》，由廖美惠演唱，是稍快板、節奏強烈的歌曲。

音樂以明快的曼波鼓聲開頭，三段歌詞分別以「山花」、「山鳥」、「山鹿」開頭，描述春暖人間的熱帶山地風情，歌詞中也暗示與原住民歌舞的關聯。

日治時期臺灣流行歌就有「花鼓」這一類的歌謠，如〈觀月花鼓〉、〈摘茶花鼓〉等，都以明快的鼓聲為主軸，演唱活潑熱情、節奏感十足的歌謠，這首〈高山花鼓〉也帶有類似風情，其中多元熱鬧的山地生態風情，而山地女孩「照水梳粧 柳枝畫眉 歡歡喜喜等哥來」的姿態，生動活潑，令人心曠神怡。

〈高山花鼓〉

大王 KLK-59：廖美惠
太王 KLA-024：廖美惠

到底甚麼號做真情

Slow Blues

那卡諾　作詞
許　石　作曲

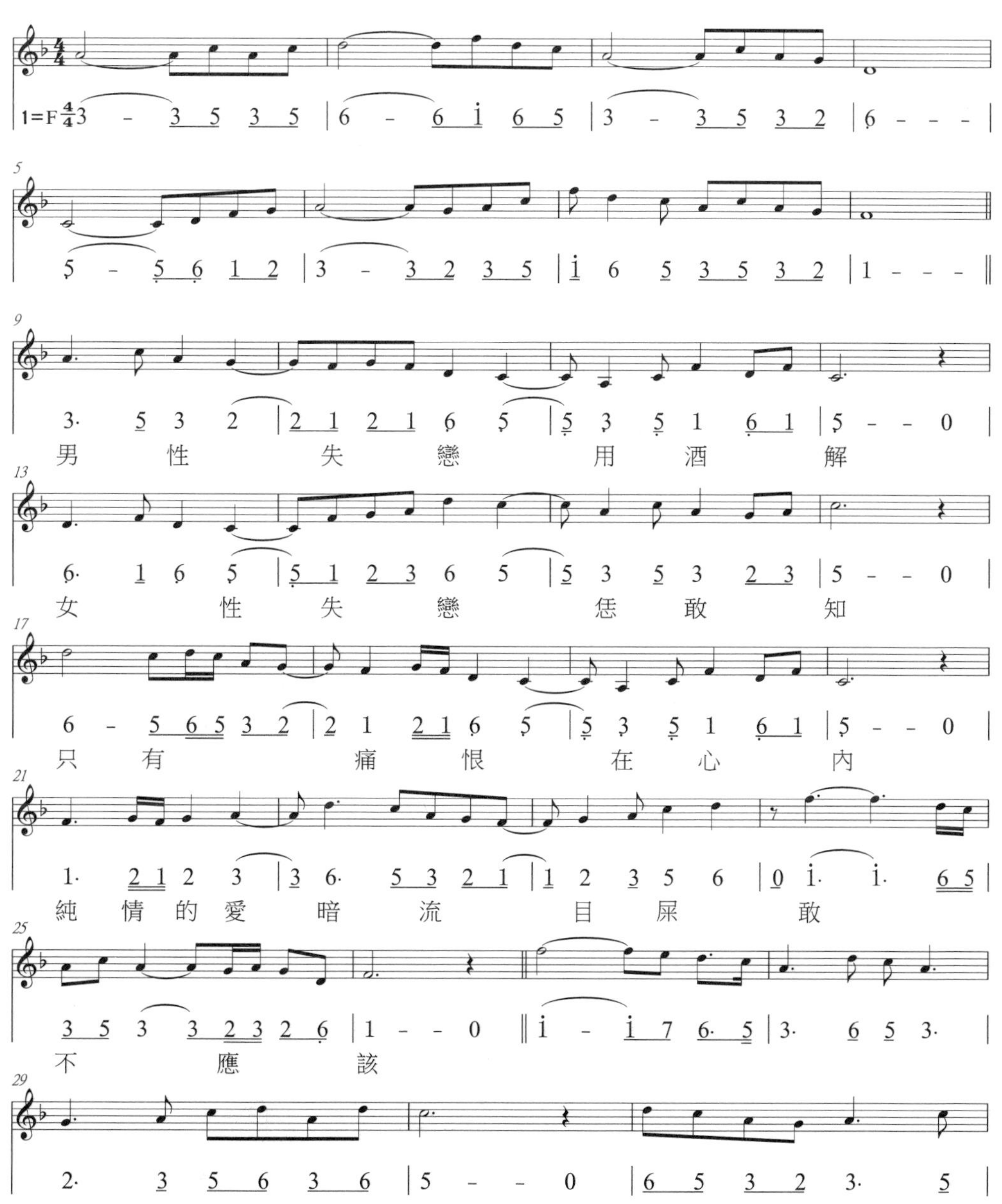

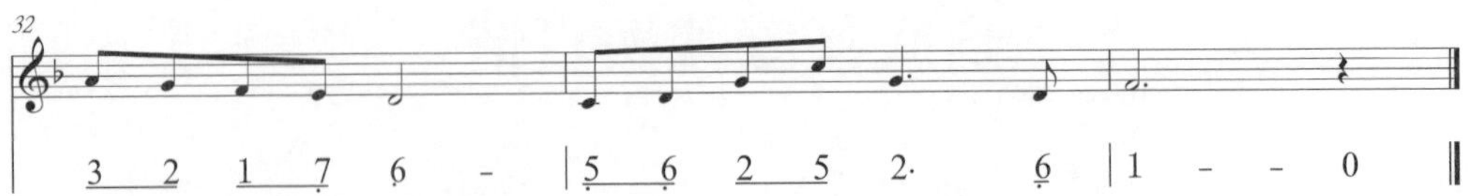

到底甚麼號做真情

那卡諾作詞　許石作曲

一、男性失戀用酒解　女性失戀恁敢知　只有痛恨在心內
　　啊～～純情的愛　暗流目屎　敢不應該
二、男性若欲有真愛　女性何必流目屎　楊花當開被你採
　　啊～～啥人會知　女性失戀　全毋敢哀
三、採花薄情是男性　起初假愛假正經　達了目的情變冷
　　啊～～可恨男性　到底甚麼　號做真情

依據手稿資料，這首歌應是許石在臺南初中任教時的作品。這首歌詞可說是跟另一首臺灣歌謠〈什麼號做愛〉（陳達儒作詞、吳成家作曲）相對唱，兩首都是曲式短、具有敘事性的抒情歌曲，〈什麼號做愛〉是男性被女性拋棄的傷心故事，〈啥物號做真情〉則是闡述女性傷心的故事，由於是詮釋女性失戀的歌謠，最早發表時是由女性演唱。

最後一句音聲高亢、拍點自由，更顯傷心苦痛，也因為如此，是一首戲劇性強烈，適合舞臺即性演出的歌曲。後改編有同曲華語歌曲版本〈橘花開的時候〉。

女王 - 無編號：鍾瑛（與「酒家女」同張）
大王 KLK-40：輕音樂
大王 KLK-42：廖美惠
大王 KLK-46：廖美惠
太王 KLA-005：許石
太王 KLA-014：輕音樂

〈到底甚麼號做真情〉

Slow Waltz

純情阮彼時

那卡諾 作詞
許 石 作曲

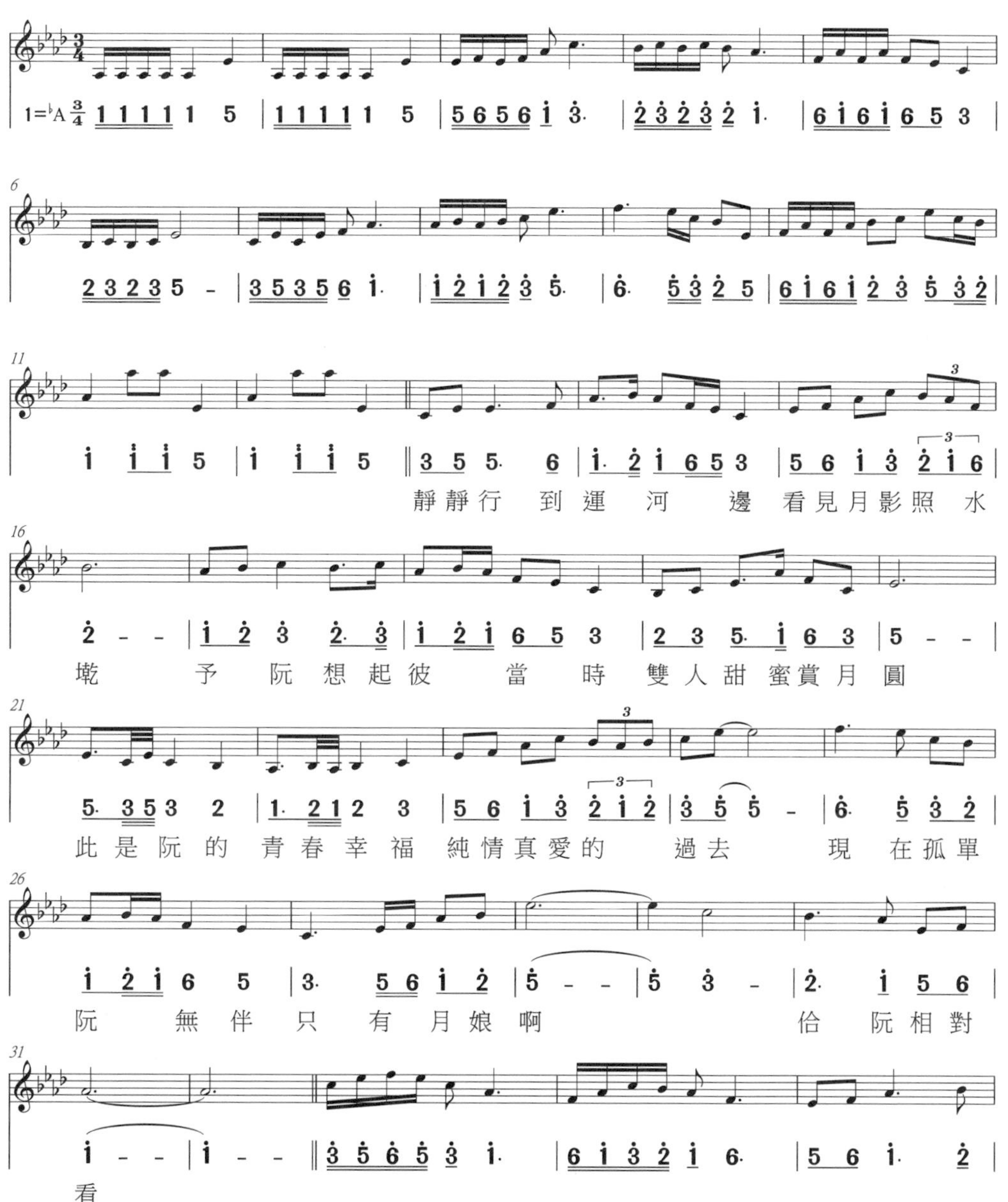

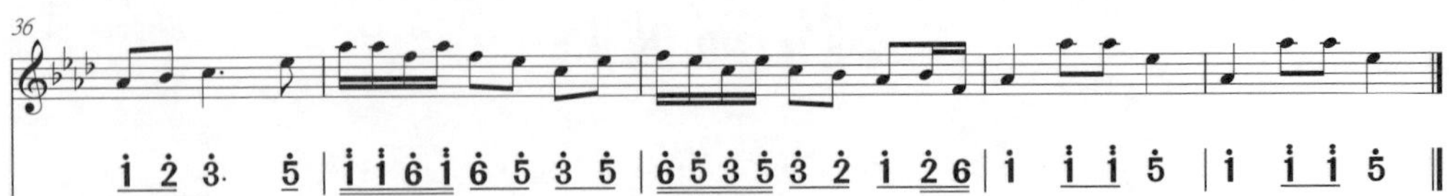

純情阮彼時　　那卡諾作詞　許石作曲

一、靜靜行到運河邊　看見月影照水墘　予阮想起彼當時　雙人甜蜜賞月圓
　　此是阮的青春幸福　純情真愛的過去
　　現在孤單阮無伴　只有月娘、啊～佮阮相對看

二、月色青青照河岸　岸壁人影阮孤單　當時佮伊着做伴　半暝阮也毋知晚
　　這時放阮孤鳥失群　前途親像日黃昏
　　現在孤單阮無伴　只有海風、啊～吹阮滿身寒

三、想起純情阮彼時　猶原夜半月光暝　耳邊聲音只有伊　甜甜蜜蜜的情詩
　　你的情詩今何處去　變成海鳥聲聲悲
　　現在孤單阮無伴　只有月娘、啊～知阮的心肝

這首描述運河情景與愛情故事的歌，詞曲作者都是來自臺南。作詞那卡諾（本名黃仲鑫）比許石大一歲，兩人都是寶公學校（原第二公學校）畢業。歌詞細細描繪運河夜景，那裡的青春浪漫記憶，與故鄉柔美運河的記憶疊合交錯，令人格外孤單與哀嘆。這首歌在許石作曲資料中，又曾改編為華語歌曲〈蝴蝶蘭〉。

〈純情阮彼時〉

太王 KLA-001：許石
太王 KLA-006：輕音樂

臨海青春曲

周添旺　作詞
許　石　作曲

Slow Swing

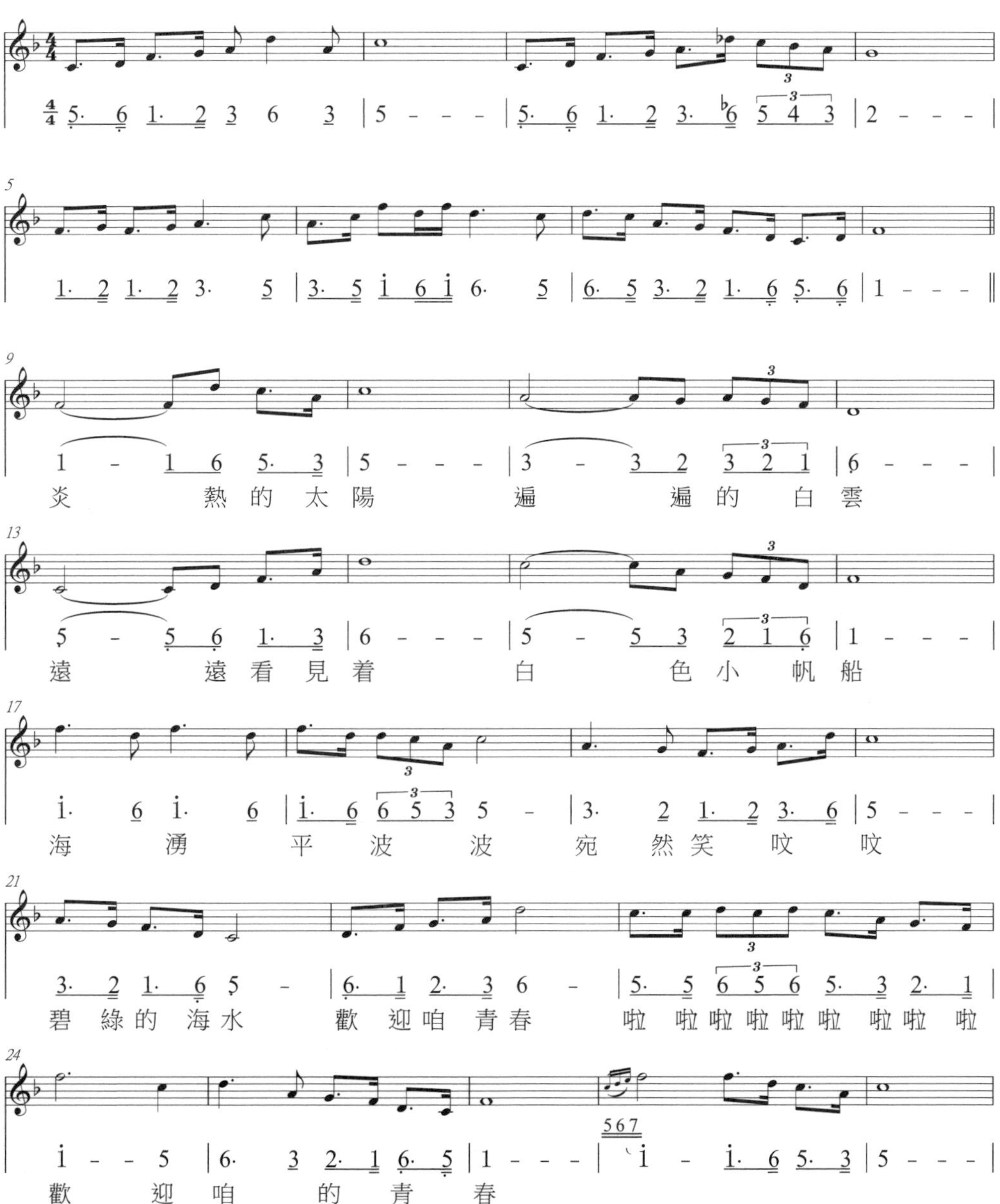

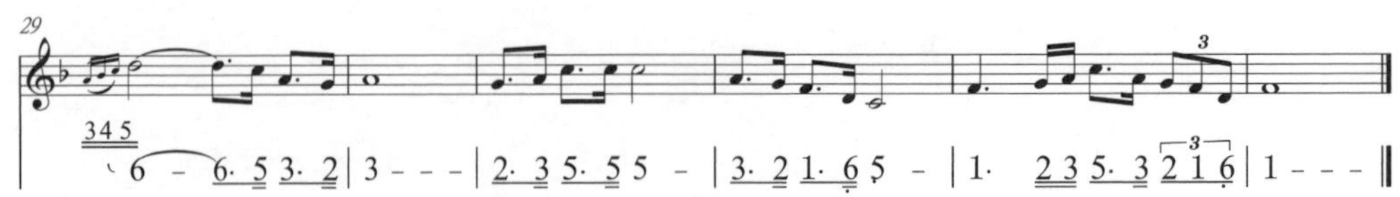

臨海青春曲（港都青春曲）　周添旺作詞　許石作曲

一、炎熱的太陽　遍遍的白雲　遠遠看見着　白色小帆船
　　海湧平波波　宛然笑吱吱　碧綠的海水　歡迎咱青春
　　啦～～～～　歡迎咱的青春

二、無限的希望　熱血的心誌　相招咱來去　炎和海仔邊
　　海上的清風　吹來又吹去　銀河的聲音　奏出歡迎詩
　　啦～～～～　奏出歡迎詩

三、淵深的海邊　將近欲黃昏　夕陽的光線　照在小山崙
　　海水洗心神　解咱的心悶　清風吹動咱　歡喜咱青春
　　啦～～～～　歡喜咱的青春

〈港都青春曲〉

女王 - Q30008：許石
大王 KLK-41：輕音樂
大王 KLK-43：許石
太王 KLA-001：許石 (歌名為「港都青春曲」)

Tango

夜半的路燈

周添旺　作詞
許　石　作曲

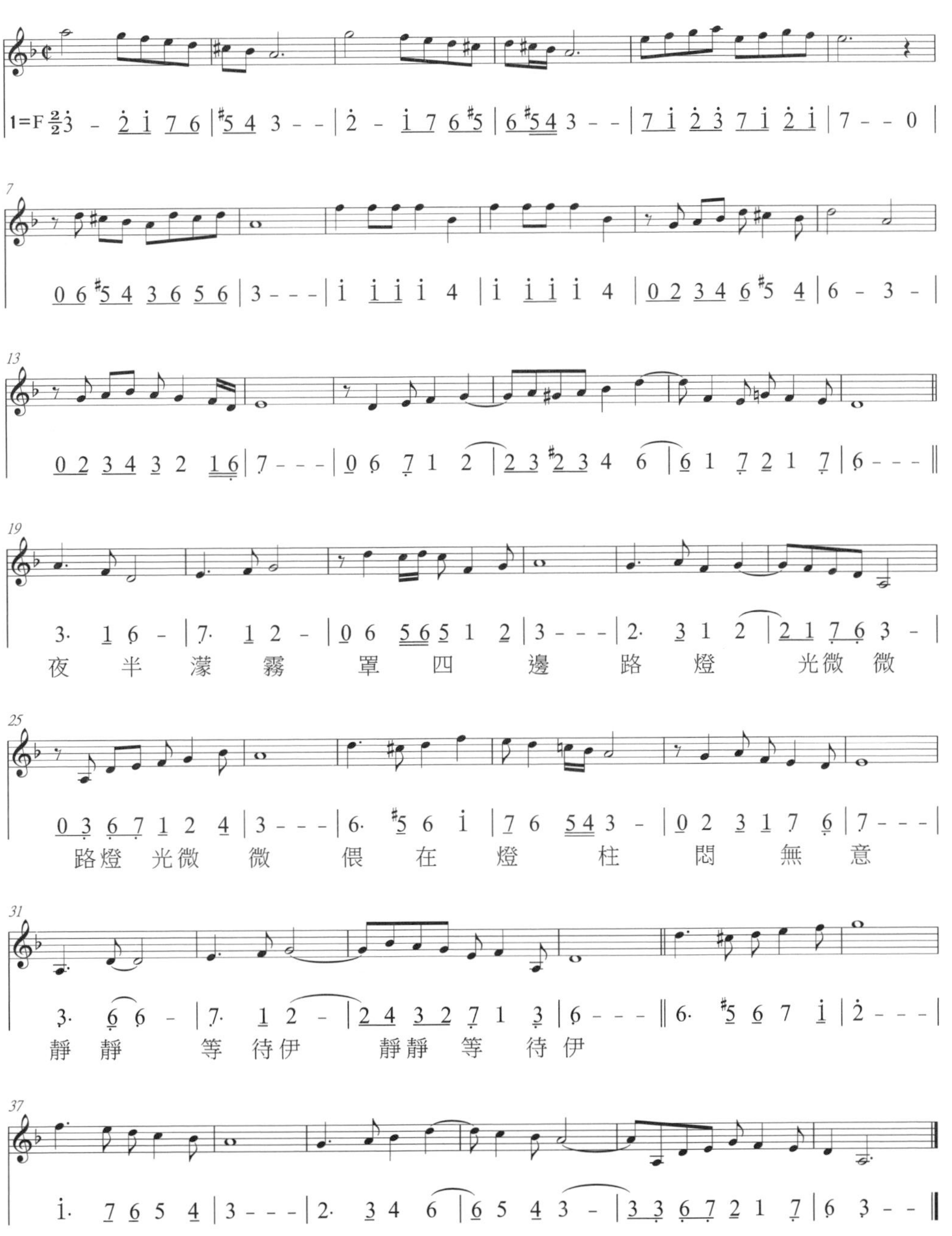

夜半的路燈　周添旺作詞　許石作曲

一、夜半濛霧罩四邊　路燈光微微　路燈光微微
　　偎在燈柱悶無意　靜靜等待伊　靜靜等待伊
二、聽著口琴的聲音　春宵夜沉沉　春宵夜沉沉
　　哪通迫阮獨傷心　哀韻暗暗吟　哀韻暗暗吟
三、夜半路燈照着阮　毋知阮心悶　毋知阮心悶
　　四邊靜靜若歇睏　傷情獨自恨　傷情獨自恨
四、孤星伴月暫斜西　冷風又吹來　冷風又吹來
　　路燈伴阮失主裁　憂愁啥人知　憂愁啥人知

夜半路燈（華語）　孫景瑎作詞　許石作曲

一、在這朦朧的夜晚　我獨自遊蕩　慢步路燈傍
　　偎依燈柱甚淒涼　伊人何處去　叫我何處往
二、夜深人靜燈欲眠　我留連忘返　四方寂無聲
　　只有我黯然長嘆　前途路茫茫　回首更艱難
三、月落星稀夜更深　我的心更沉　伊人可知曉
　　寒風在逼路傍人　長夜未相逢　我已碎了心

原曲名「夜半的路燈」，後改為「夜半路燈」。據說是許石在臺南火車站等候女友一也就是後來的太太鄭淑華，引起靈感而譜的曲。兩人因楊三郎介紹而認識，許石在臺南、鄭淑華在臺北，通信交誼兩年多，有時是鄭淑華搭火車南下相遇，據許石所載是 1949 年 11 月的創作。

這首歌曲以「和聲小音階」譜曲，開頭以小提琴獨奏，探戈節奏、爵士風格強烈，是許石罕見的都會流行歌作品。歌詞為周添旺日後所作，描述在路燈下等待，帶有濃厚的感傷憂愁，而不是許石等待女友雀躍的心情，以失落惆悵的都會情懷為題，卻也與爵士小調的旋律風格相當貼近。

這首歌深受流行歌界喜愛，1957 年即改編拍成同名電影上映，以電影主題曲廣為流行，文夏在大王唱片也曾灌錄這首歌。1966 年亞洲唱片公司由一帆灌錄製作唱片，許石因此而興訟，不過也留下傑出的錄音製作。1997 年蘇芮主唱的《花若離枝》專輯，挑選多首爵士風格強烈的臺語歌曲，這首歌也列入其中。

女王 C3004：輕音樂
女王 C2007*：許石
大王 - 無編號：文夏
大王 KLK-40：輕音樂
大王 KLK-43：許石
太王 KLA-004：林楓 (華語)
太王 KLA-005：許石
太王 KLA-014：輕音樂

〈夜半的路燈〉

初戀日記

周添旺 作詞
許 石 作曲

Tango

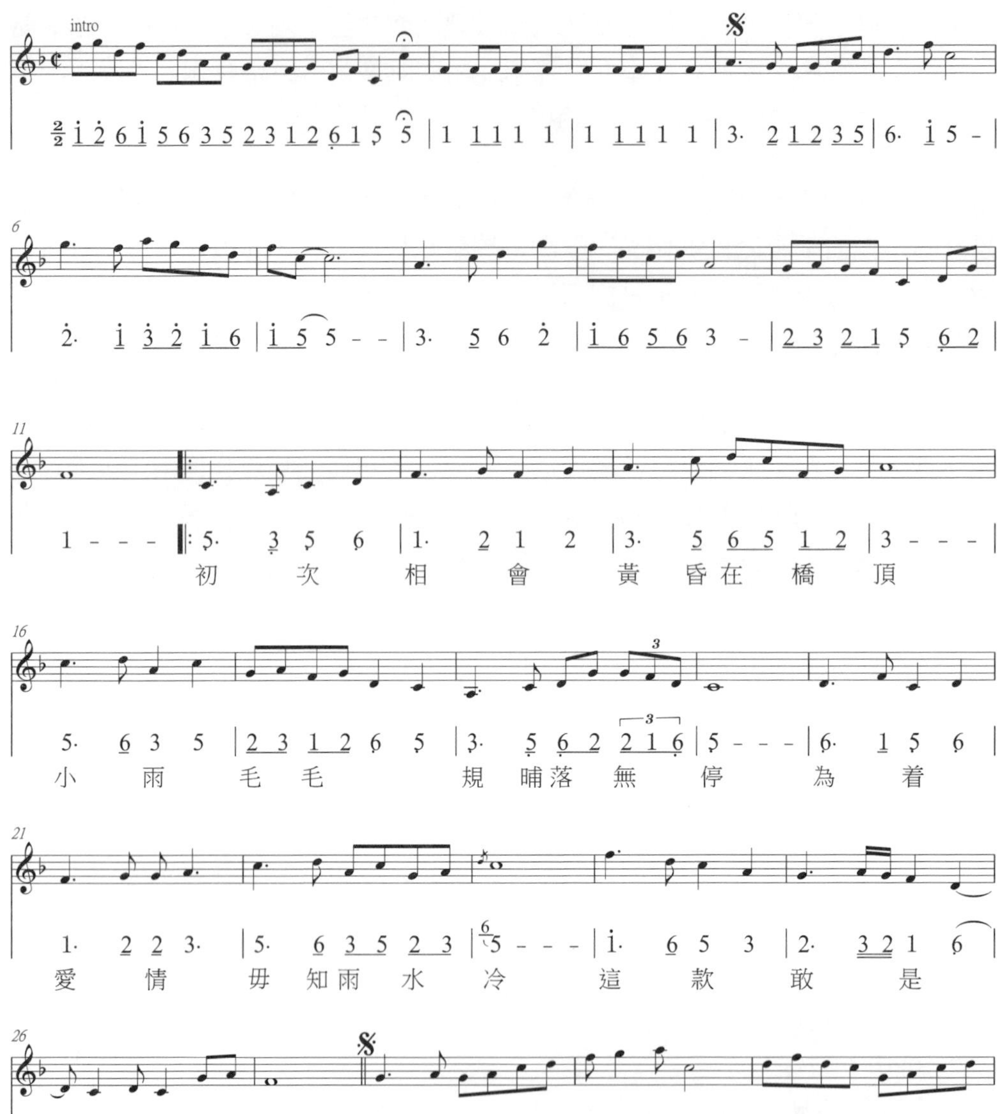

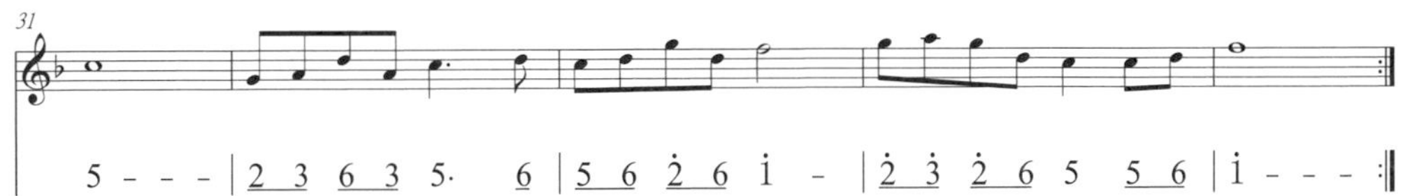

初戀日記　周添旺作詞　許石作曲

一、初次相會　黃昏在橋頂　小雨毛毛　規晡落無停
　　為着愛情　毋知雨水冷　這款敢是　初戀的熱情
二、黃昏對坐　寂靜小茶房　日頭斜西　晚風吹入窗
　　輕聲細說　講話目那降　引阮踏入　青春愛情網
三、行入花園　雙人坐做堆　草木青翠　好花當咧開
　　溫純情話　並無講出嘴　含情帶意　目睭激微微
四、看伊每擺　純情來對阮　想欲決意　對伊來求婚
　　一心欲講　一心想無穩　心頭鬱悶　想到日黃昏

談情說愛的小品〈初戀日記〉，歌詞從黃昏橋上的細雨，到小茶房裡的談話、公園裡含情互動，最後躊躇要不要勇敢求婚。表現初戀當中的細膩互動與情懷。

許石將格律平穩的歌詞搭配「探戈」曲風，在較早的女王唱片版陳世源編曲、由他本人演唱，可做為跳舞音樂之用，輕鬆愉悅。1970 年代曾由葉啟田、方瑞娥翻唱成為男女對唱版，1982 年鳳飛飛重唱收錄於專輯，編曲緩慢抒情，表現這首歌深情舒緩的旋律風貌，也是經典。同曲曾改編為華語歌曲〈茉莉花〉。

女王 Q2023：許石
大王 KLK-43：許石
太王 KLA-001：許石

青春街

周添旺　作詞
許　石　作曲

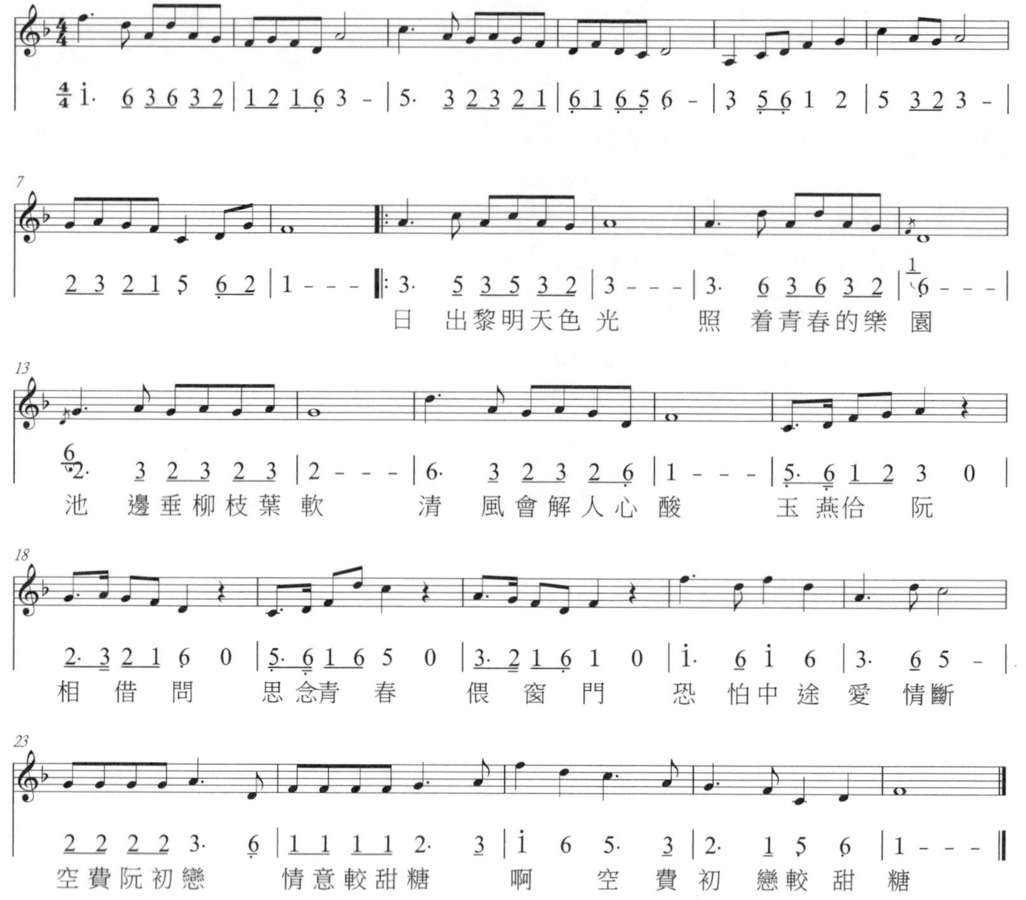

青春街　周添旺作詞　許石作曲

一、日出黎明天色光　照着青春的樂園
池邊垂柳枝葉軟　清風會解人心酸
玉燕佮阮相借問　思念青春偎窗門
恐怕中途愛情斷　空費阮初戀　情意較甜糖
啊！空費初戀較甜糖

二、燕子飛來報秋意　夕陽西照大樓邊
青春街上雙雙喜　黃昏散步在河墘
真情言語講不離　心心相印情綿綿
希望永久着會記　合唱愛情詩　甜蜜好歌詞 [melody]
啊！合唱甜蜜好歌詩 [melody]

三、河邊月照雙人影　聽看爵士 [Jazz] 的歌聲
椰樹葉下月如鏡　四面宛然美麗城
事情風波阮毋驚　只驚愛情掛空名
咱着永遠心抱定　向對青春街　雙雙同齊行
啊！青春街上仝齊行

〈青春街〉

女王 Q2025：許石
女王 Q30026：許石

Fox Trot

觀月同樂曲

周添旺 作詞
許 石 作曲

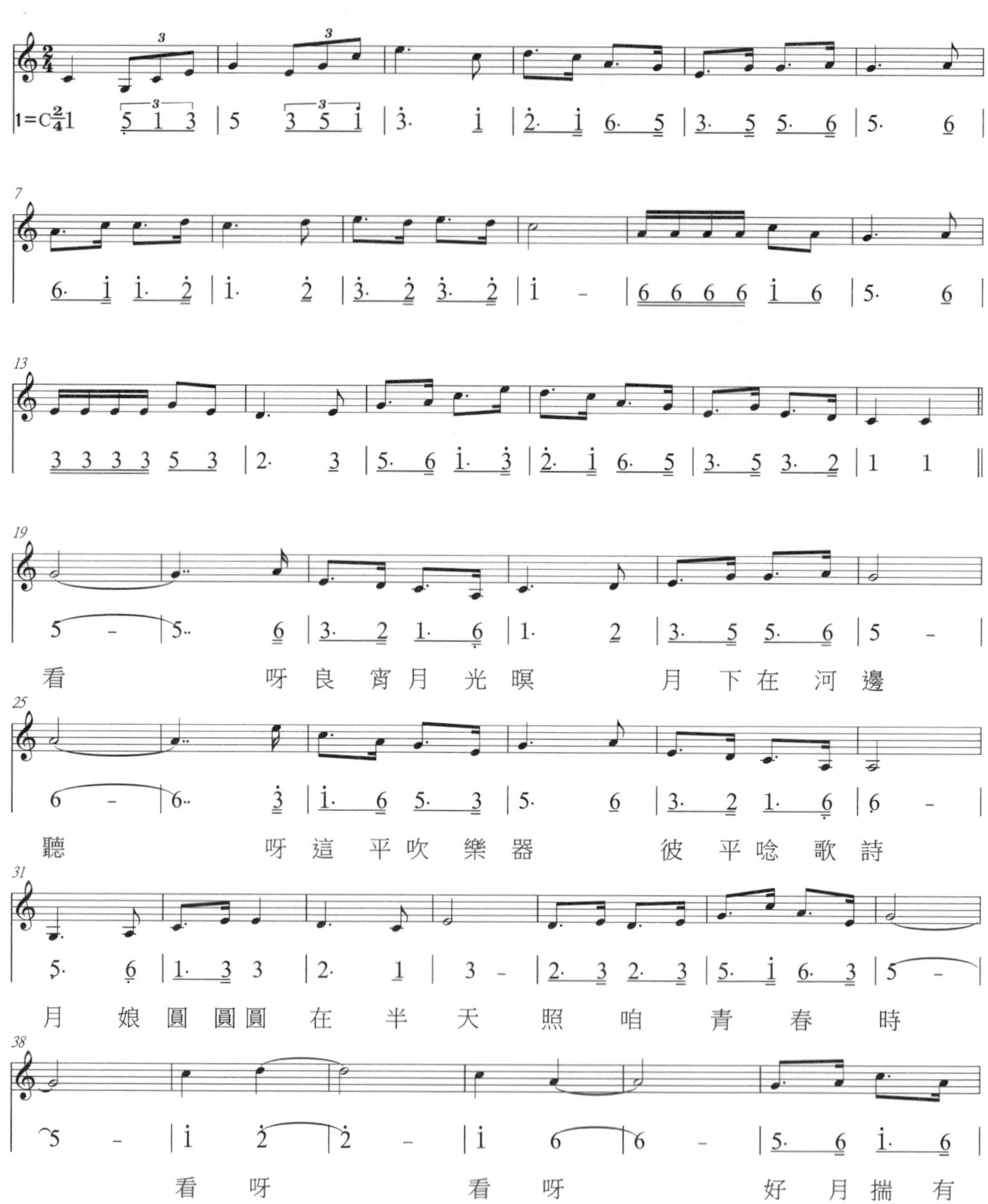

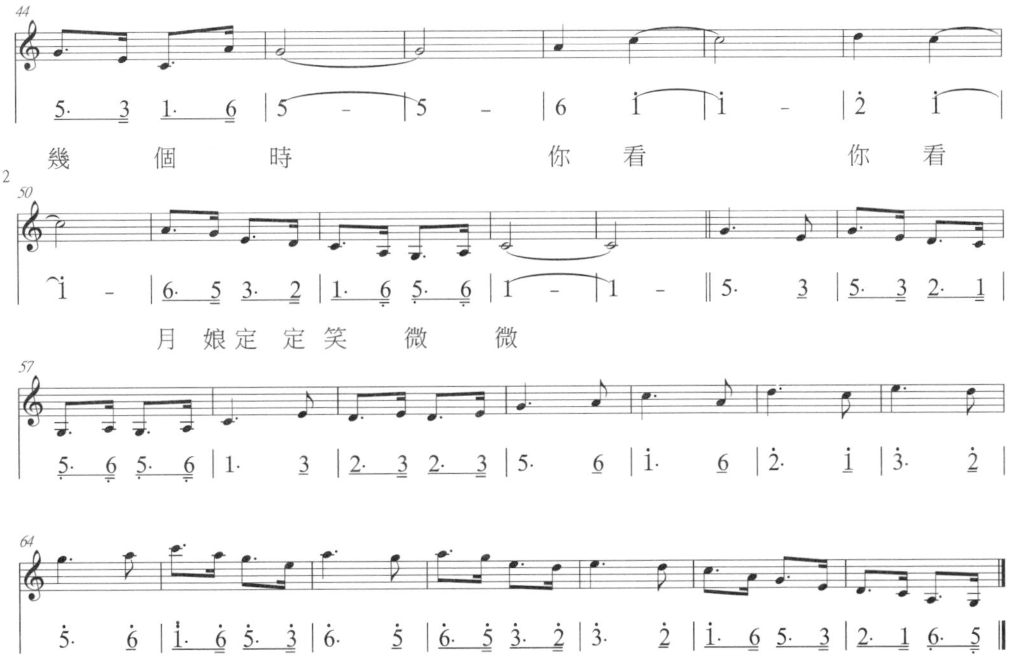

觀月同樂曲　周添旺作詞　許石作曲

一、看呀　良宵月光暝　月下在河邊　聽呀　這平吹樂器　彼平唸歌詩
　　月娘圓圓　圓在半天　照咱青春時
　　看呀　看呀　好月揣有幾個時
　　你看　你看　月娘定定笑微微

二、看呀　坐船來遊江　江水默默動　聽呀　情話相對講　情意心茫茫
　　月娘在雲縫　光咚咚　照著咱眾人
　　看呀　看呀　看月毋管啥事項
　　你看　你看　月娘照咱青春夢

三、看呀　雙人坐小船　靜靜江邊巡　行呀　妹妹伴親君　看月趁這陣
　　月娘笑吻吻　照山崙　照咱鴛鴦郡
　　看呀　看呀　看月會解咱心悶
　　你看　你看　月娘照着咱青春

大王 T.C.7：許石
大王 KLK47：許石
大王 KLK-85：許石

Blues

風雨夜曲

周添旺　作詞
許　石　作曲

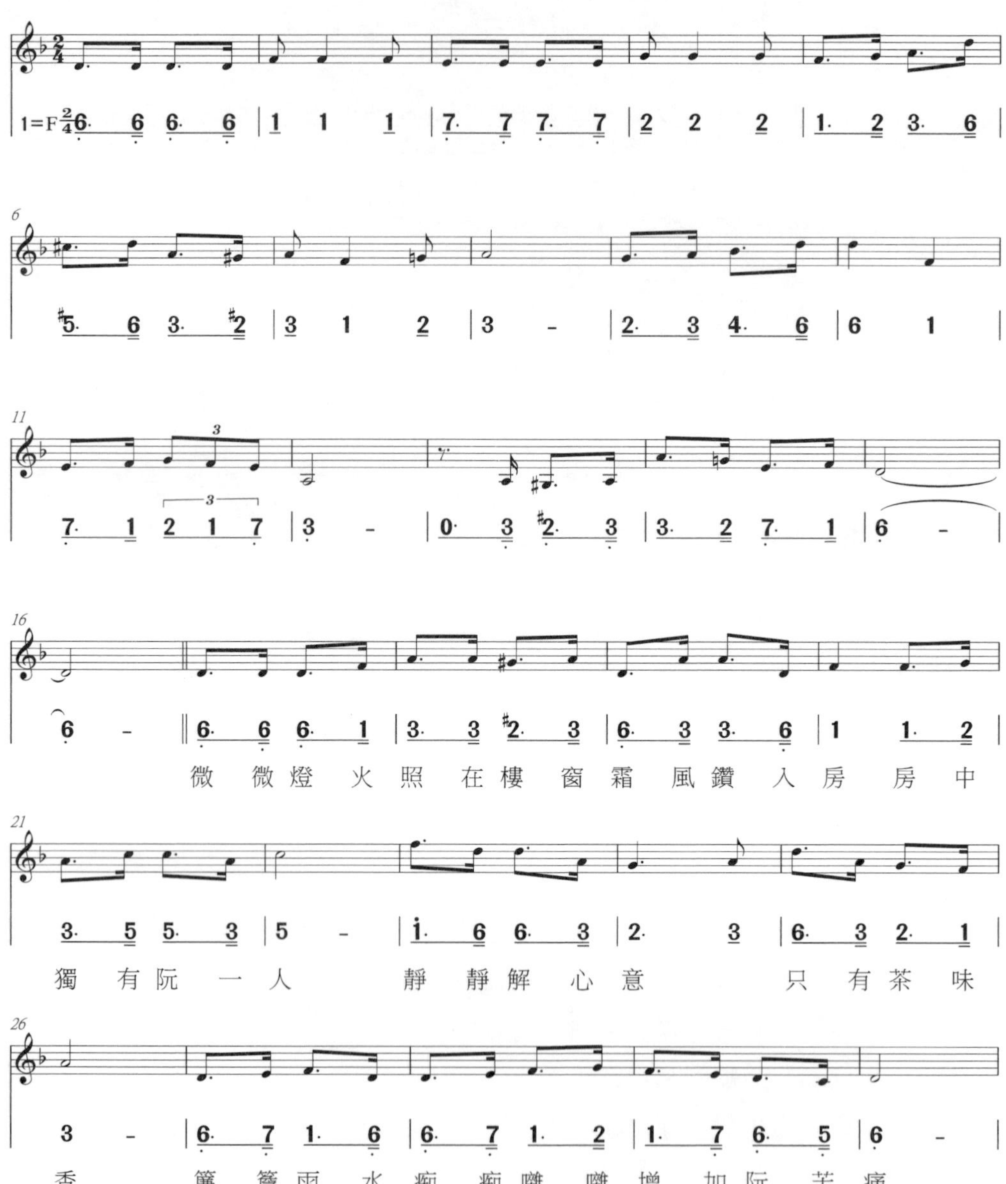

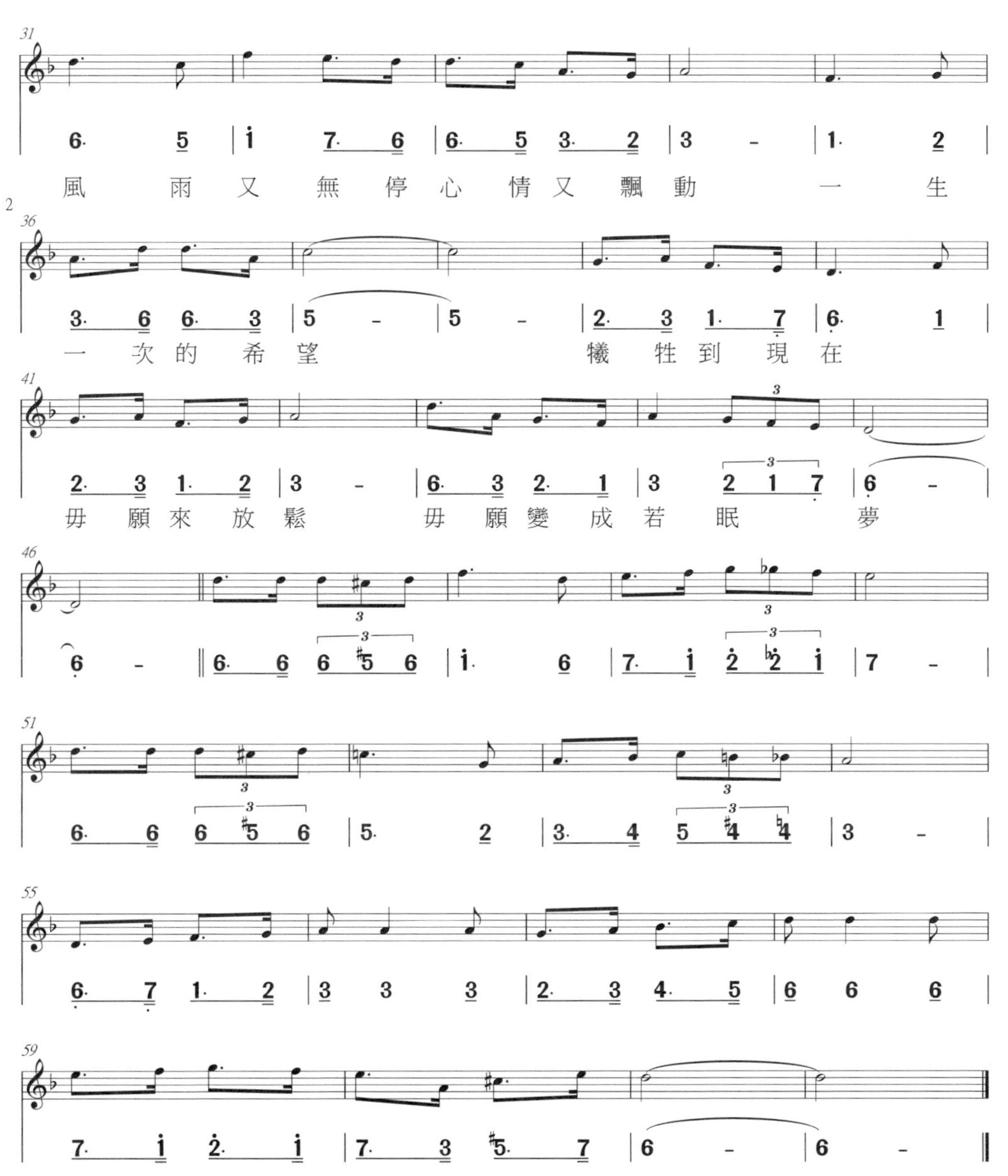
風 雨 又 無 停 心 情 又 飄 動 一 生
一 次 的 希 望 犧 牲 到 現 在
毋 願 來 放 鬆 毋 願 變 成 若 眠 夢

風雨夜曲　周添旺作詞　許石作曲

一、微微燈火照在樓窗　霜風鑽入房　房中獨有阮一人
　　靜靜解心意　只有茶味香　簾簷 (nî-tshînn) 雨水　痴痴囉囉　增加阮苦痛
　　風雨又無停　心情又飄動　一生一次的希望
　　犧牲到現在　毋願來放鬆　毋願變成若眠夢

二、想起當時青春時代　俗世阮毋知　只知初戀的情愛
　　會曉想快樂　袂曉可悲哀　日日希望　夜夜期待　幸福渡生涯
　　雙人的美滿　真情的存在　可比陽春百花開
　　無疑運命歹　樂去悲愁來　戀花變成想思栽

三、冬天暝長更深夜靜　風雨又寒冷　想著紅顏多薄命
　　半途情來斷　枉費阮心情　過去思愛　毋是希望　康樂佮虛榮
　　阮是求美滿建設新家庭　　哪知愛河起風湧
　　一切情變恨　幸福又不成　予阮自嘆渡人生

這首歌曲最早在 1956 年間的歌本即有刊登，表現憶起初戀舊情、後悔幸福難成的苦悶。現存聽到的許石發表製作錄音，僅有 1960 年代廖美惠的錄音演唱。

歌詞的感官描寫十分細膩，從房中微火、寒風、茶香到雨水，表現出孤獨之中的視覺、聽覺、嗅覺與溫度，心情飄動想起的強烈情懷：一生一次的希望，憶起初戀，是「會曉想快樂 袂曉可悲哀」的青春時代，感嘆「愛河起風湧」幸福難完成的悲哀。在節奏藍調的節拍中，縝密鋪陳歌詞，也營造濃厚的苦悶氣氛。

這首精采作品後來流傳不廣，1980 年黃俊雄作詞為〈藝人之歌〉，做為華視午間臺語連續劇「黃海岱的故事」主題曲，歌詞中描寫「做戲人」的人生情懷，由西卿演唱，收錄在《臺灣名勝三溪》（臺灣唱片發行，1980 年）專輯唱片中。

1992 年鳳飛飛特別挑選幾首近乎失傳的臺灣歌謠，製作《想欲彈同調》專輯，當中採用〈風雨夜曲〉這首歌，情感濃厚的編曲、抑鬱陰暗的氣氛，讓這首歌聲名大噪。不過，鳳飛飛採用的歌詞與原版有許多不同，修除了關於初戀愛情的描述，成為表現現代都會沉重心境、抒發社會苦悶的歌謠。

參考：林德旺編，《特別快車歌選》，彰化：新生出版社 1956.8.1。

〈風雨夜曲〉

大王 KLK-40：輕音樂
大王 KLK-42：廖美惠
大王 KLK-46：廖美惠

春風歌

Fox Trot

周添旺 作詞
許 石 作曲

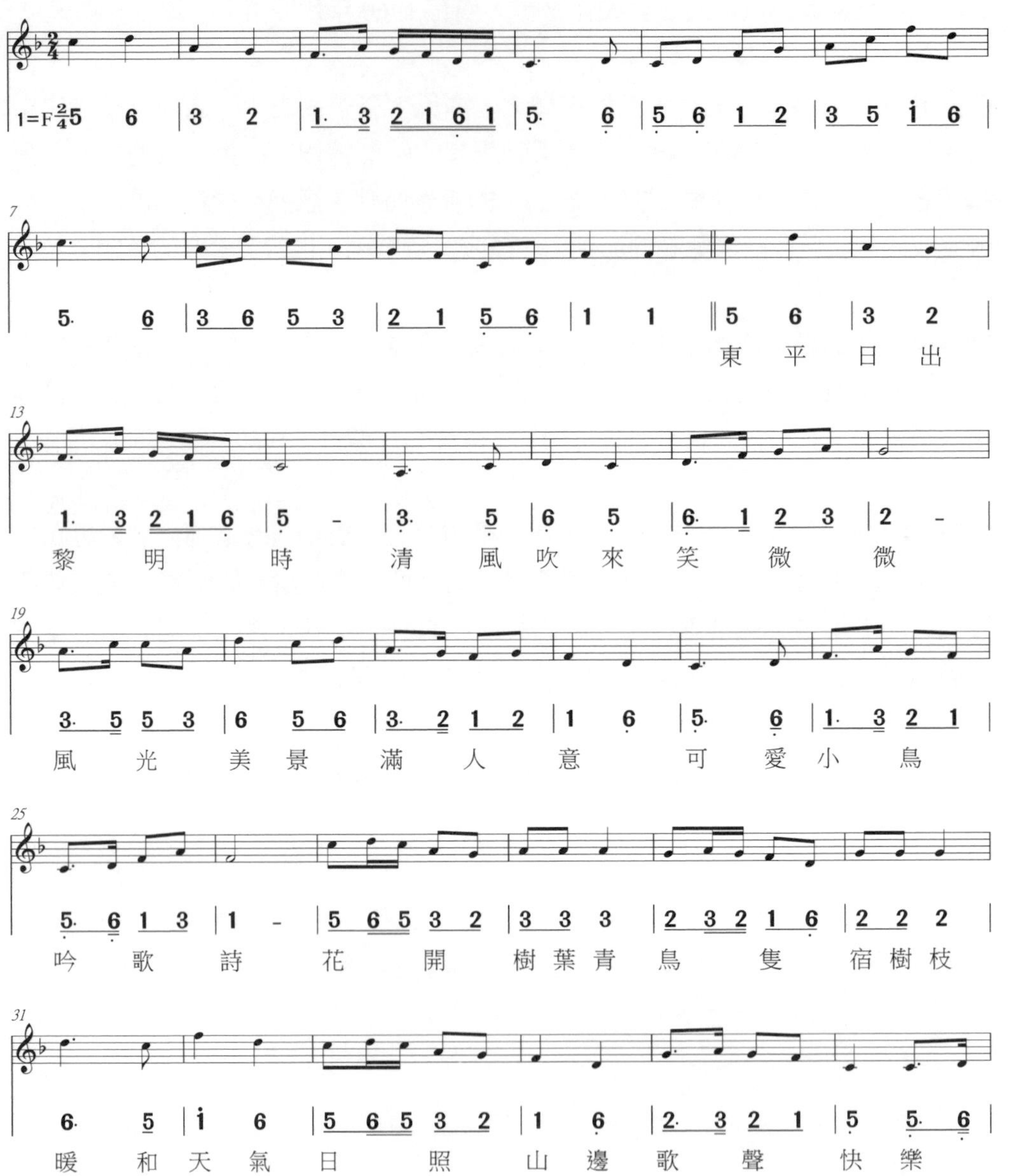

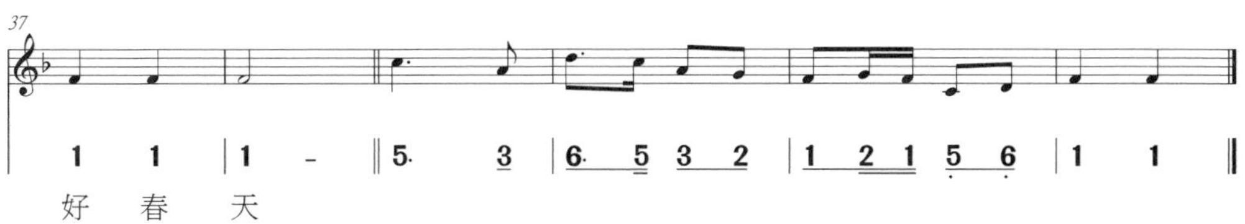

春風歌　　周添旺作詞　許石作曲

一、東平日出黎明時　清風吹來笑微微　風光美景滿人意　可愛小鳥吟歌詩
　　花開樹葉青　鳥隻宿樹枝　暖和天氣　日照山邊　歌聲快樂好春天
二、萬里無雲天清清　鶯哥鳥啼在窗前　看見外面好光景　江水悠悠流無停
　　春風吹心情　春花開心胸　熱血心性　無限前程　祝咱前程的光明
三、風景宛然山水鏡　解人悶悶的心成　百花爭艷樹弄影　雙人行出門口庭
　　遊玩爬山嶺　歡喜大步行　雙人牽手　唱出歌聲　進入幸福青春城

這首歌的歌詞與名曲〈春風歌聲〉幾乎相同，可算是兩首同詞異曲的歌謠。許石與楊三郎是好友兼姻親，又在 1950 年前後分別與周添旺合作不少歌曲，楊三郎作曲的〈春風歌聲〉透過「黑貓歌舞團」傳唱後世，許石作曲的〈春風歌〉，則收錄在周添旺參與編輯的許石作曲集當中，而得以留存。透過同詞異曲的比較，我們似乎可以聽出兩位流行作曲家布置曲調巧妙不同之處。

好春宵

周添旺 作詞
許 石 作曲

Swing

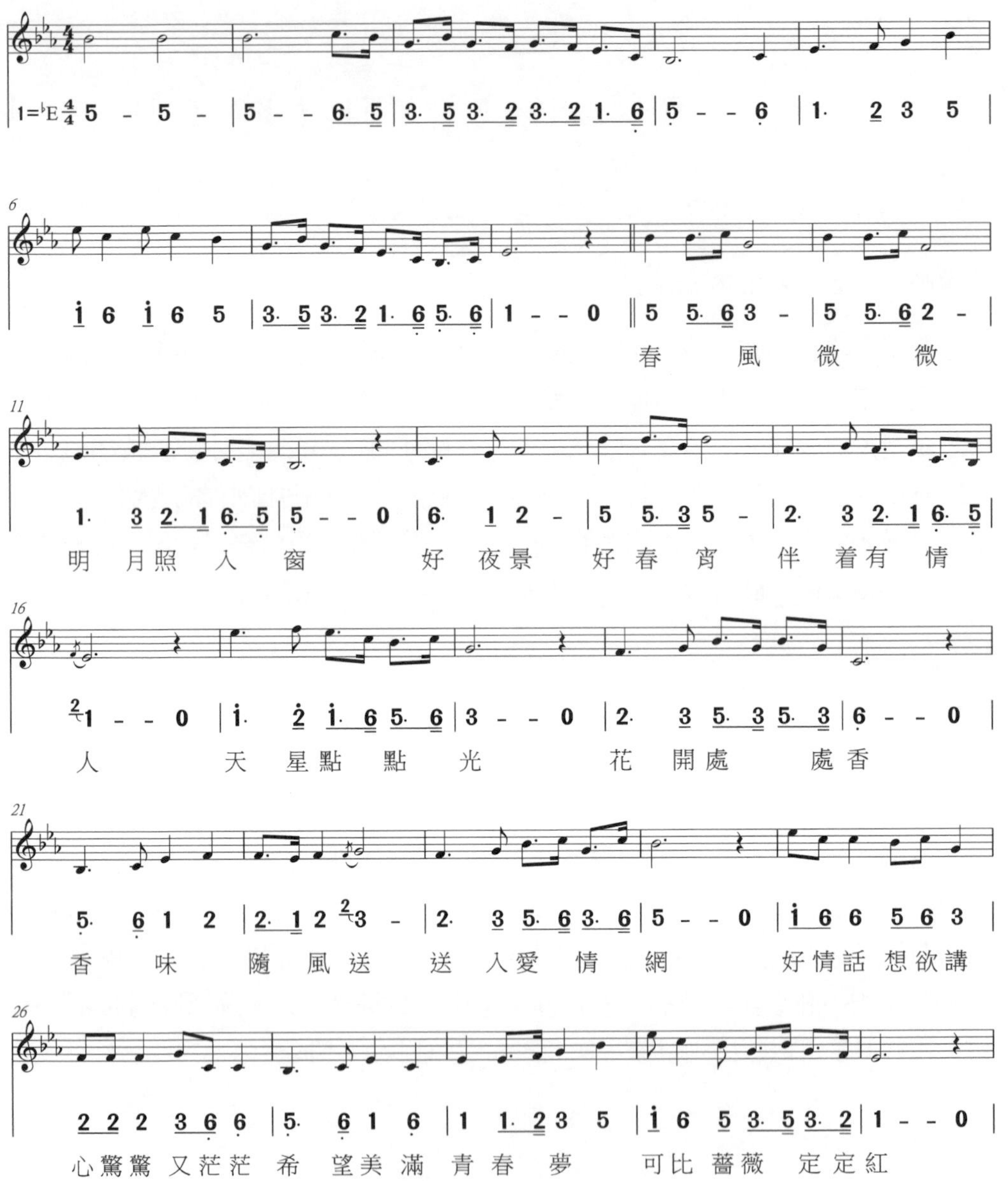

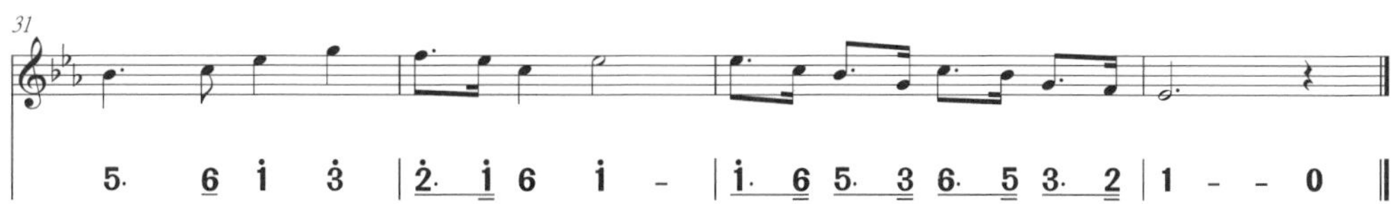

好春宵　周添旺作詞　許石作曲

一、春風微微　明月照入窗　好夜景　好春宵　伴着有情人
天星點點光　花開處處香　香味隨風送　送入愛情網
好情話想欲講　心驚驚又茫茫　希望美滿青春夢　可比薔薇定定紅

二、雨過天晴　花草葉青翠　好夜景　好春宵　月光照墻圍
青春雙雙對　觀月賞花蕊　美景心欲醉　蝴蝶飛相隨
初戀花像玫瑰　日日香夜夜美　心情會得生做堆　可比春花定定開

三、明月如鏡　照着西平崙　好夜景　好春宵　風吹阮衫裙
歡喜情安穩　遊江坐小船　真情來對阮　阮心也愛君
人議論阮無忍　咱的愛笑吺吺　宛然池中鴛鴦群　可比花開好陽春

寶島陽春

周添旺　作詞
許　石　作曲

Slow Sing

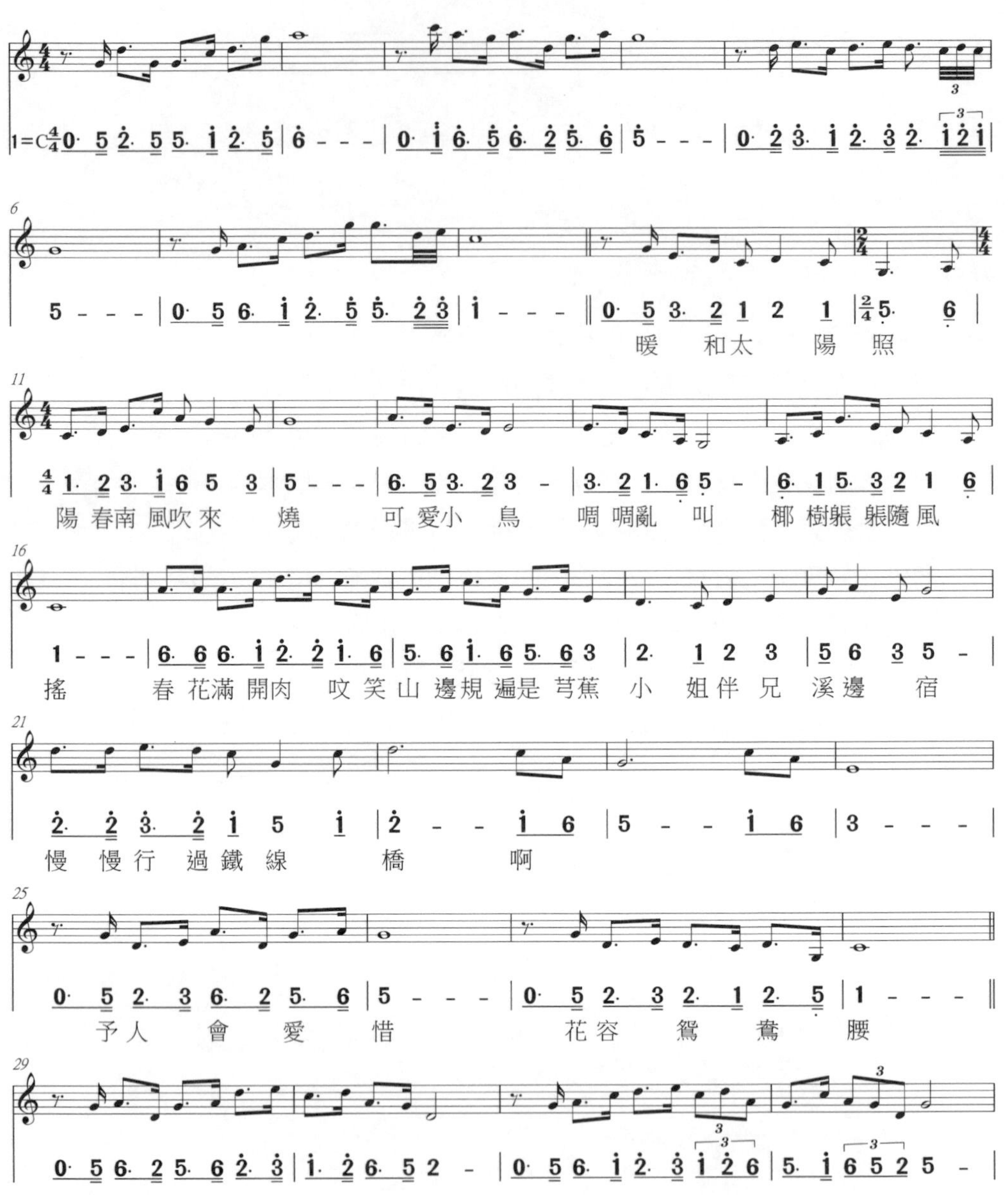

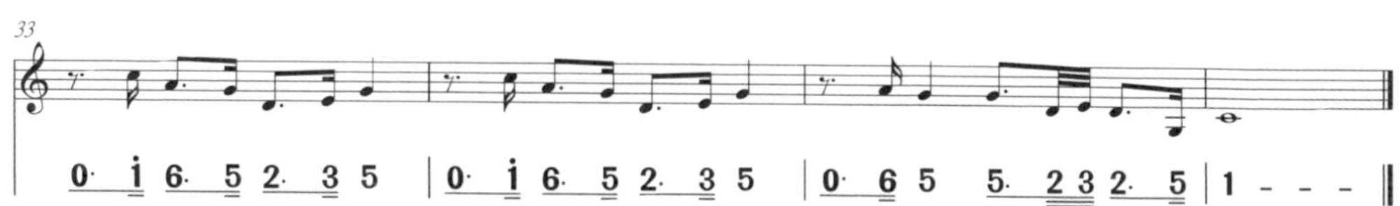

寶島陽春　　周添旺作詞　許石作曲

一、暖和太陽照　陽春南風吹來燒　可愛小鳥　啁啁亂叫　椰樹躼 (lò) 躼隨風搖
　　春花滿開肉文笑　山邊規遍是芎蕉　小姐伴兄溪邊宿　慢慢行過鐵線橋
　　啊～～予人會愛惜　花容鴛鴦腰

二、寶島四面海　春風陣陣吹入來　花前談情　月下說愛　林投結子成旺萊
　　南海風景好所在　手彈吉他音韻哀　小姐伴哥真好派　宛然玉女佮善才
　　啊～～花開情也開　你知阮也知

三、四邊光影影　坐在寂靜門口埕　山明水秀月照山嶺　聽見 inn-uainn 竹篙聲
　　情花初開心秩定　月下小姐伴哥行　雙个做陣二人影　心肝永遠一個兄
　　啊～～宛然山水鏡　美麗青春城

大王 KLK-41：輕音樂
大王 KLK-43：許石
太王 KLA-005：許石
太王 KLA-014：輕音樂

〈寶島陽春〉

月台送君曲

周添旺　作詞
許　石　作曲

Tango

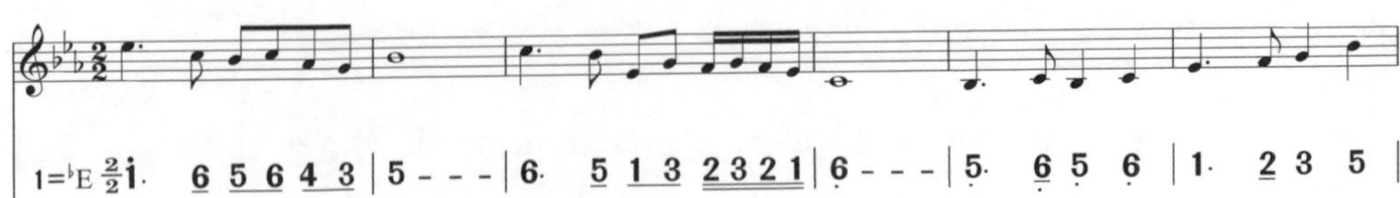

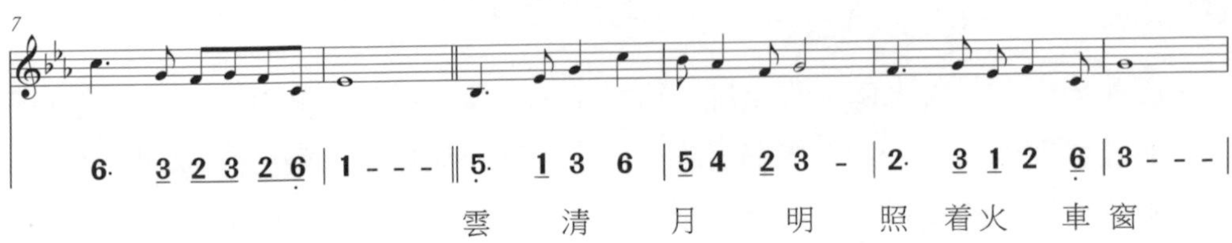

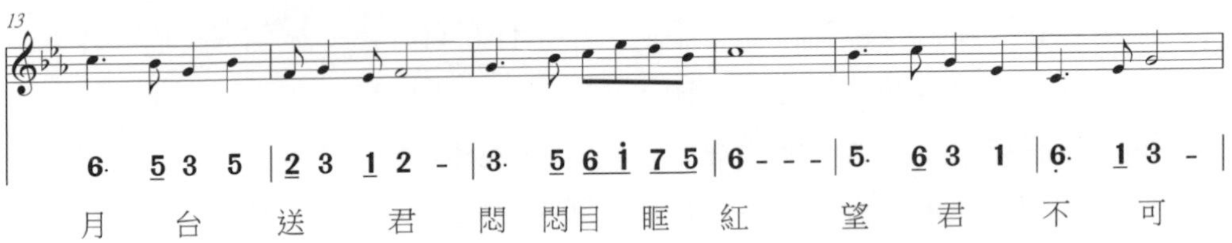

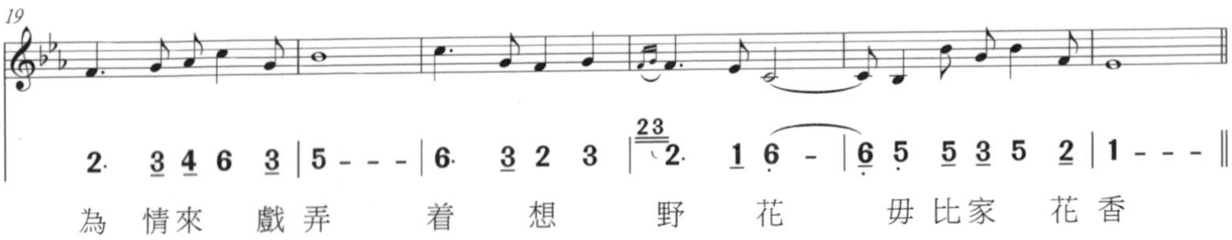

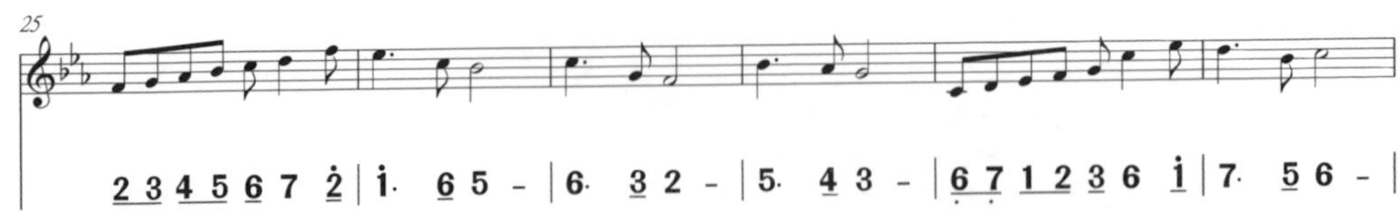

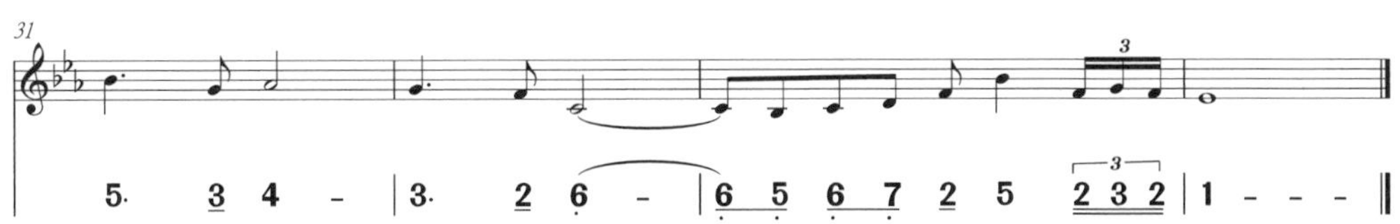

月台送君曲　周添旺作詞　許石作曲

一、雲清月明　照着火車窗　月台送君　悶悶目眶紅

　　望君不可　為情來戲弄　着想野花　毋比家花香

二、暗暗自嘆　傷心目屎滴　阮是毋甘　佮你來分離

　　受著環境　壓迫不得已　望君早日　成功回家期

三、想着分離　心肝強欲碎　望君不可　忘記家中梅

　　時常寄回　批信來安慰　空房獨守　等待君榮歸

四、離別快車　將近欲起行　萬歲交隻　毋敢吼出聲

　　望君你着　熱心來打拚　千萬不可　空費阮心情 (tsiânn)

大王 KLK-40：輕音樂

大王 KLK-43：黃鶯、林秀美

太王 KLK-49：生死戀：林淑惠、許瓊華

搖子歌

Slow Blues

周添旺　作詞
許　石　作曲

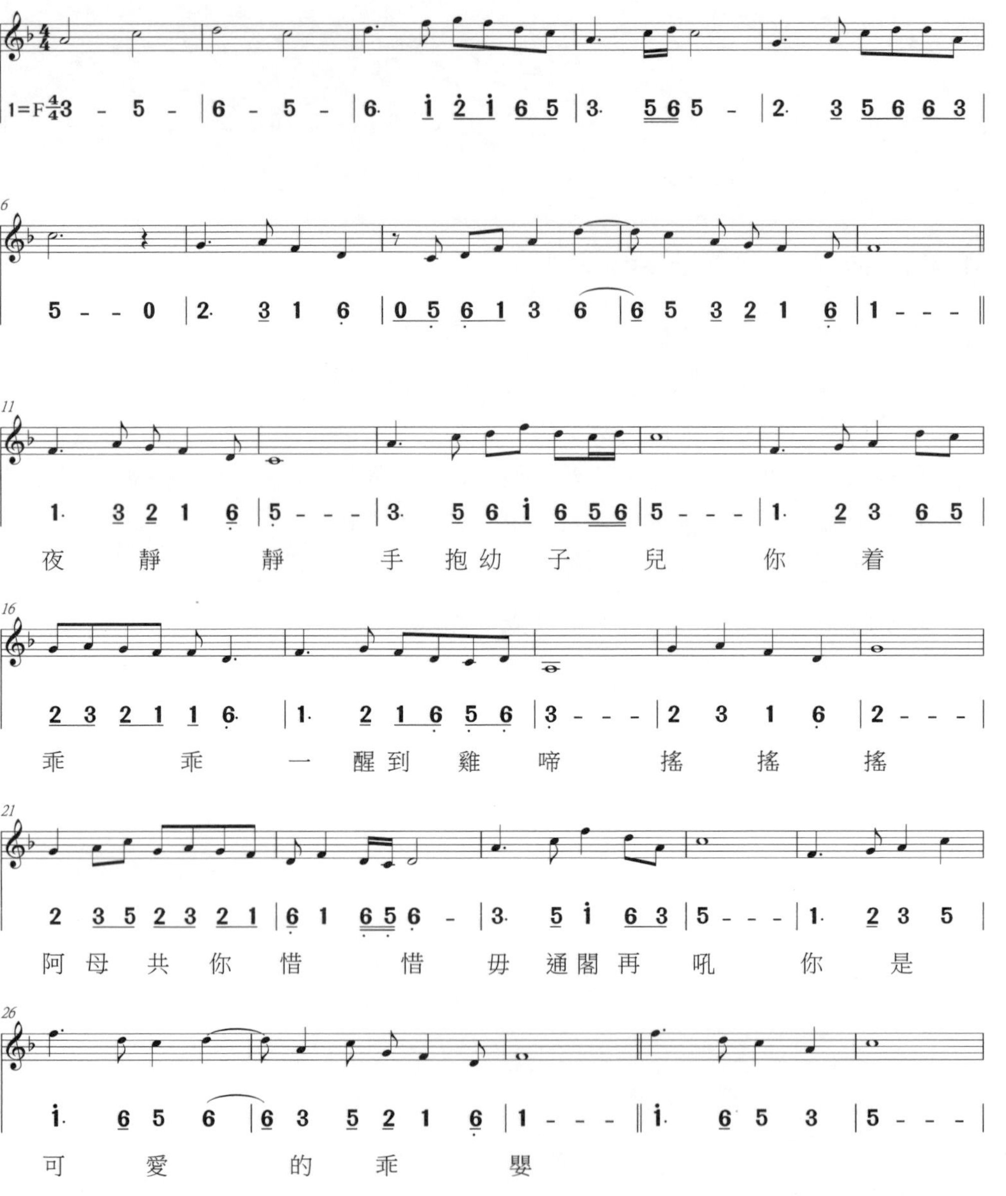

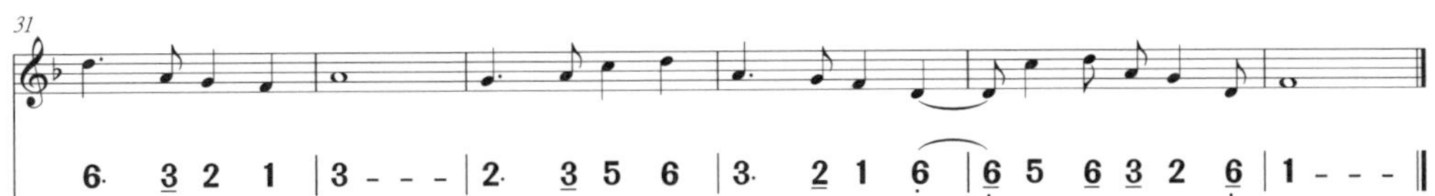

搖子歌　　周添旺作詞　許石作曲

一、夜靜靜　手抱幼子兒　你着乖乖　一醒到雞啼
　　搖搖搖　阿母共你惜惜　毋通閣再吼　你是可愛的乖嬰
二、暝已深　四面攏沉靜　你着乖乖　毋通吼無停
　　搖搖搖　阿母共你惜惜　我的心肝嬰　乖乖一醒到黎明
三、月圓圓　抱子在眠床　你着乖乖　一醒到天光
　　搖搖搖　阿母共你惜惜　你若閣再吼　我會毋甘心肝酸

這首歌最早在 1958 年許石作曲集裡就有收錄，後來廣泛運用在許石編作音樂戲劇作品中，又名〈搖籃歌〉。1969 年楊麗花在她主演的《安平追想曲》戲劇唱片裡也有演唱，是一首溫柔而有點傷感的搖籃曲。

大王 KLK-40：輕音樂
大王 KLK-43：許石
太王 KLA-008：楊麗花
太王 KLA-021：楊麗花

純情月夜曲

Slow Blues

周添旺　作詞
許　石　作曲

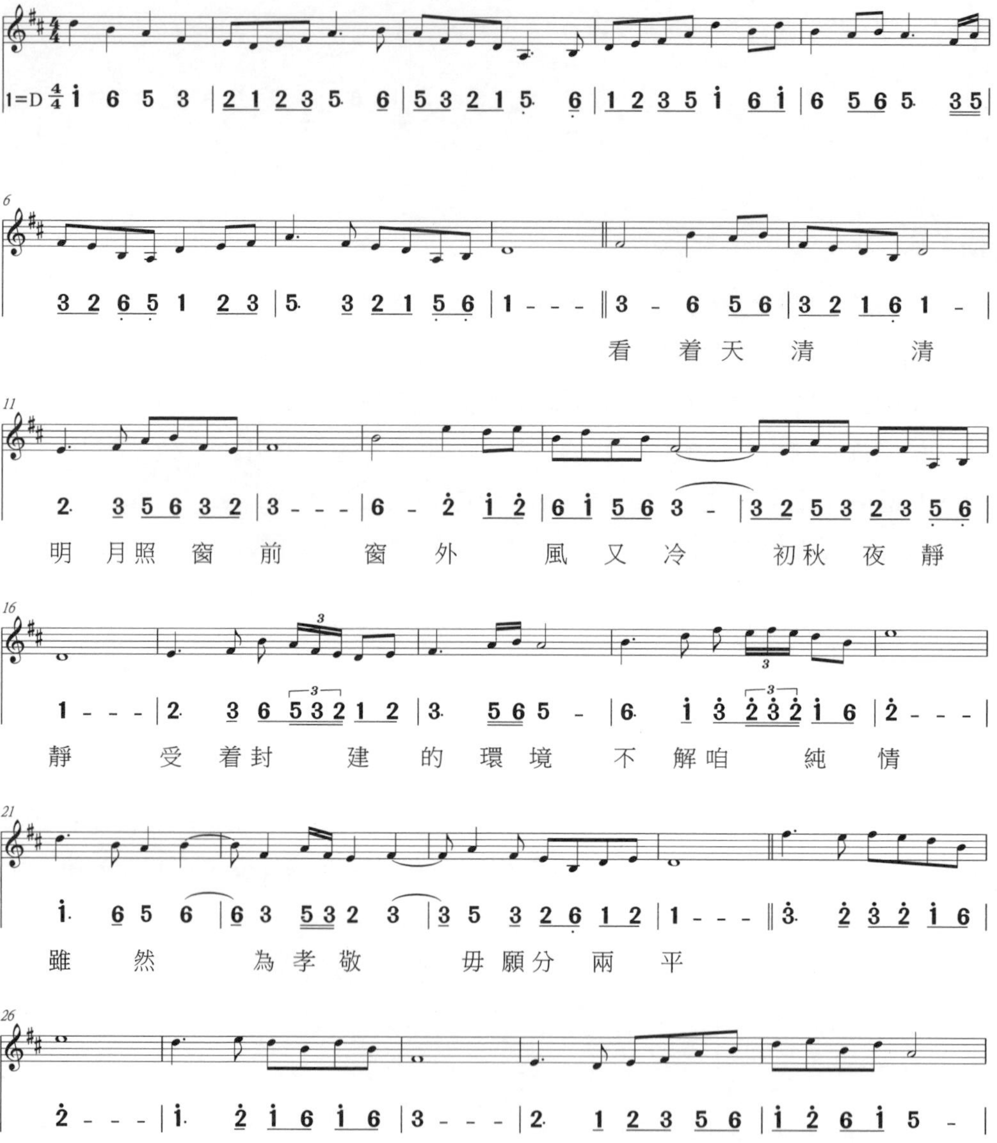

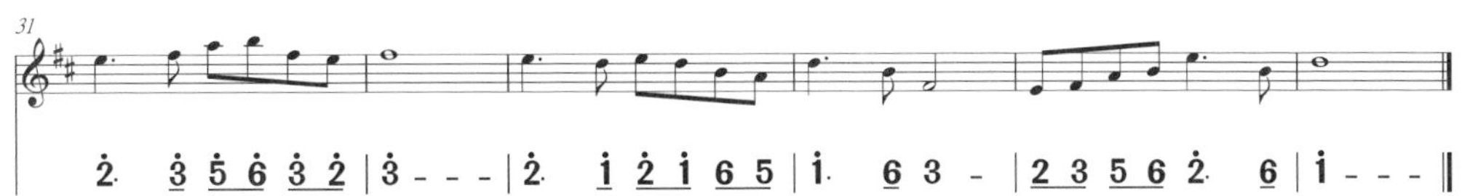

純情月夜曲　周添旺作詞　許石作曲

一、看着天清清　明月照窗前　窗外風又冷　初秋夜靜靜
　　受着封建的環境　不解咱純情　雖然為孝敬　毋願分兩平

二、花園的尾蝶　常常成雙對　樹頂的鳥隻　不時都相隨
　　可惜咱的青春花　雖然是青翠　毋知啥麼時　會得放心開

三、你是有永遠　不變的心性　阮也有永久　不滅的心情
　　心心相印保神聖　向咱的前程　千辛佮萬苦　甘願來犧牲

酒家女

Slow F.T.

鄭志峯　作詞
許　石　作曲

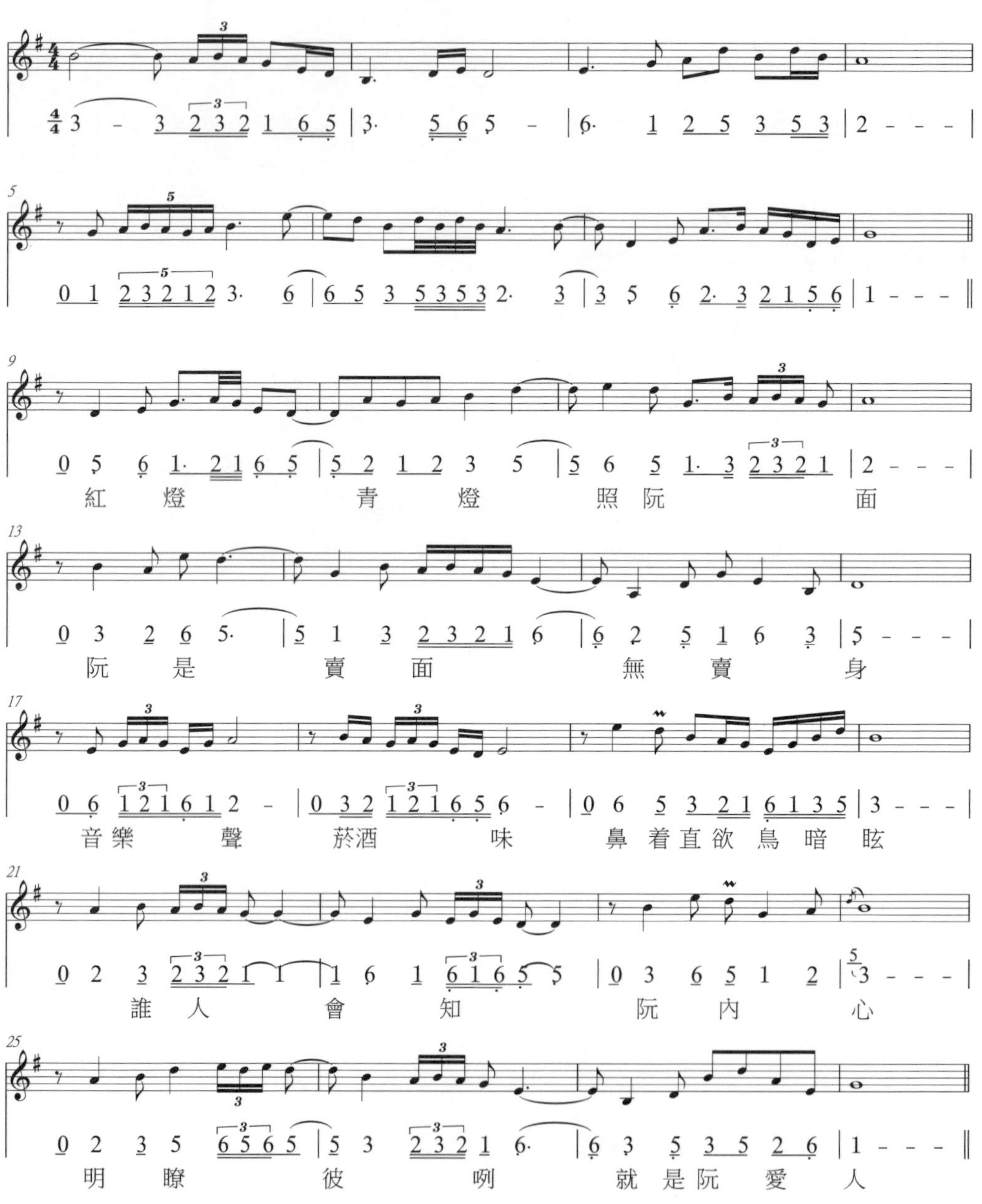

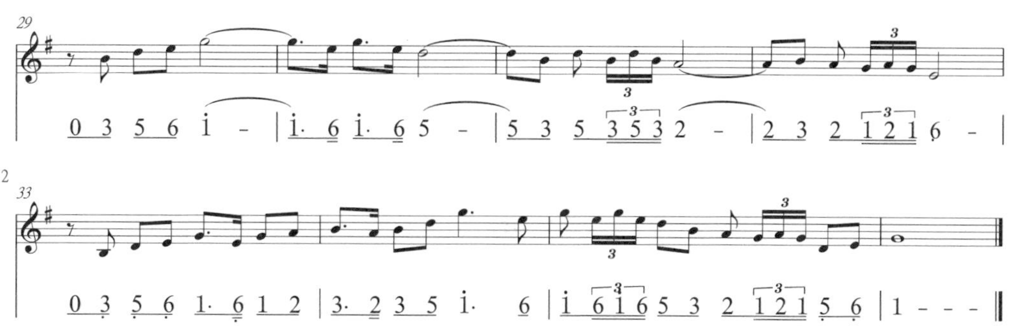

酒家女　　鄭志峯作詞　許石作曲

一、紅燈青燈　照阮面　阮是賣面無賣身
　　音樂聲　菸酒味　鼻着直欲烏暗眩
　　誰人會知阮內心　明瞭彼咧就是阮愛人
二、毋敢飲酒　潑落地　盡情無愛第二个
　　音樂聲　菸酒味　愈聽愈鼻愈怨嗟
　　誰人欲救薄命花　明瞭彼咧永遠欲做夥
三、社會可憐　酒家女　阮亦毋是貪着錢
　　音樂聲　菸酒味　愈聽愈鼻愈哀愁
　　誰人有情佮有義　明瞭彼咧一生伊妻兒

這首〈酒家女〉，可說是戰後煙花女子故事歌曲之代表作。歌詞中強調自己是「賣面不賣身」，而且已經有了心愛的對象，在音樂菸酒當中，勉力堅守自己的清白與愛情，有情有義卻沒人能理解自己苦楚，令人同情。

據〈白牡丹〉作曲者－戰後主持勝利唱片廠的陳秋霖口述，1950 年代初期幾位本土唱片業者開始製作流行歌，就曾經和許石在內的幾個歌壇人士相邀到萬華、大稻埕江山樓一帶的藝旦間酒家聽歌，物色歌唱好手，調教演唱他們的歌曲。就在這過程中，選拔了「瑠美」，經過訓練後量身訂做〈酒家女〉這首歌，灌錄唱片發表。

其創作緣由，據說是許石取自他學生的真實悲慘故事：學生跟他的父親上酒家，愛上的同一位酒女，後來學生與酒女一起投日月潭殉情。這個故事在許石成立大王唱片後，即改編製作為「人情大悲劇：酒家女」套裝唱片，由鄭志峯編劇，傅清華、靜子等主演，許石、佳妮主唱插曲。同曲調也曾改編為華語歌曲〈青春的花朵〉。

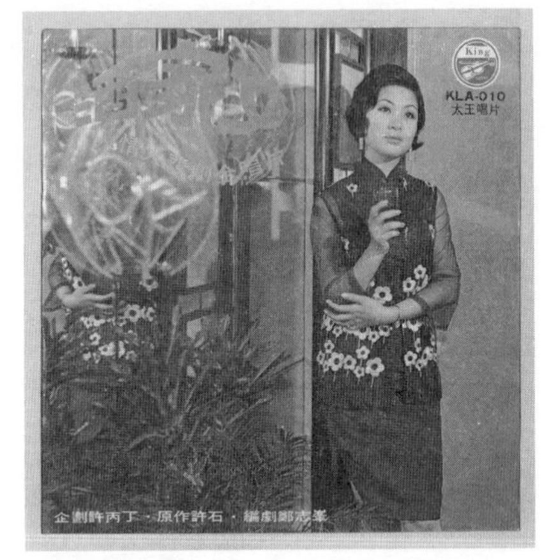

除許石製作之外，這首歌後來有胡美紅、西卿等演唱灌錄過，廣受市井歡迎。

女王 - 無編號：瑠美（與「甚麼號做真情」同張）
大王 / 太王 KLK-63：愛卿
大王 KLA-024、025：廣播劇
太王 KLA-005：許石
太王 KLA-010：廣播劇
太王 KLA-014：輕音樂
太王 KLA-024：愛卿

〈酒家女〉

Blues

新酒家女

鄭志峯 作詞
許 石 作曲

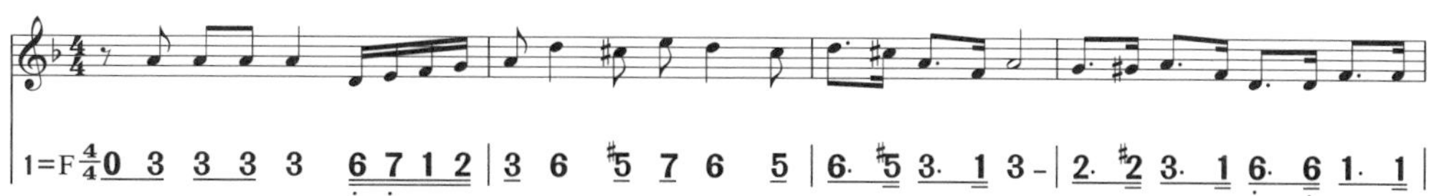

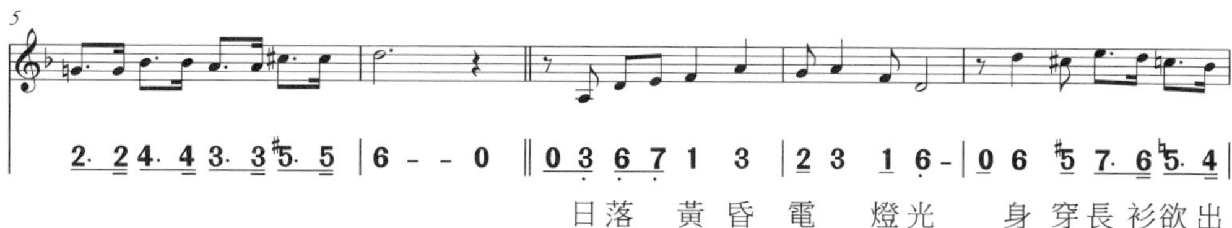

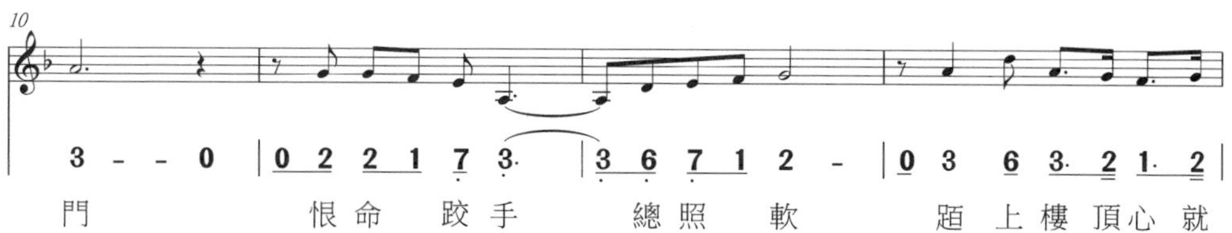

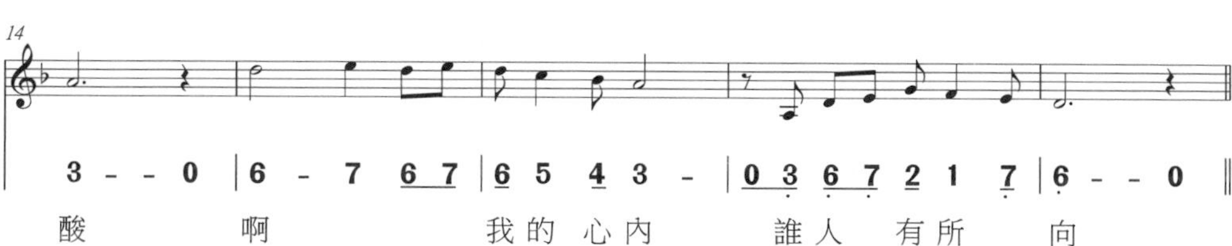

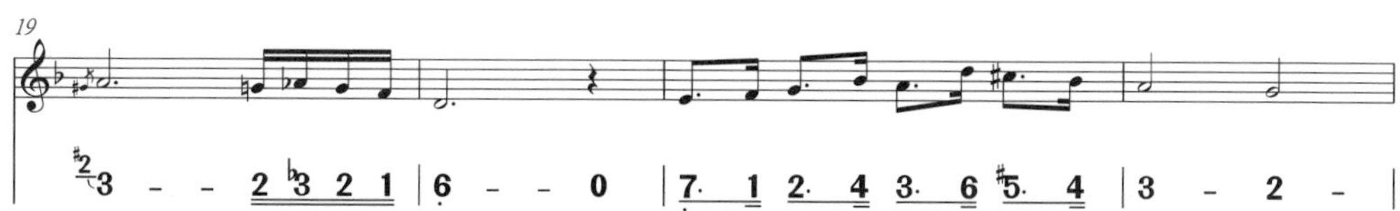

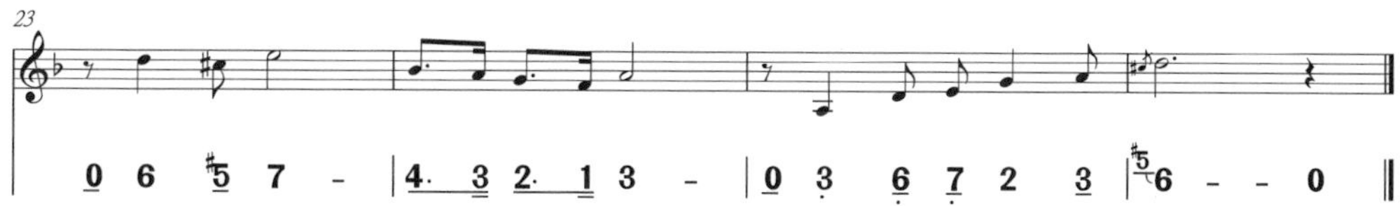

新酒家女　　鄭志峯作詞　許石作曲

一、日落黃昏電燈光　身穿長衫欲出門　恨命跤手總照軟

　　題上樓頂心就酸　啊　我的心內　誰人有所向 (ǹg)

(口白) 你免煩惱　你免心酸　現時你的立場　我真明瞭

　　嘮我夜夜踏入酒家的內面

　　也毋是貪酒香味　就是無論什麼時陣　着來回想你的美容

　　可愛的笑聲　彼塊酒家女的歌曲　引人同情啦

二、雙跤踏入酒場內　吞悲返笑接兄來　路邊野花誰人愛

　　笑容唸歌心悲哀　啊　我的心內　誰人能了解

(口白) 社會上　自信我　最了解你的內心　但是我今晚最愛知影你的內心

　　你的覺悟毋知能得表明予我知影　也勿會呢　世間上的女性

　　我認定你是我一生的伴侶　請你着來信用否

三、阮是複雜的家庭　覺悟看破阮一生　你敢正實有真情

　　無論父母肯毋肯　啊　我的心內　甘願來犧牲

太王 KLA-010：佳妮 (「酒家女」戲劇插曲)

半夜寫情書

鄭志峯 作詞
許 石 作曲

Slow

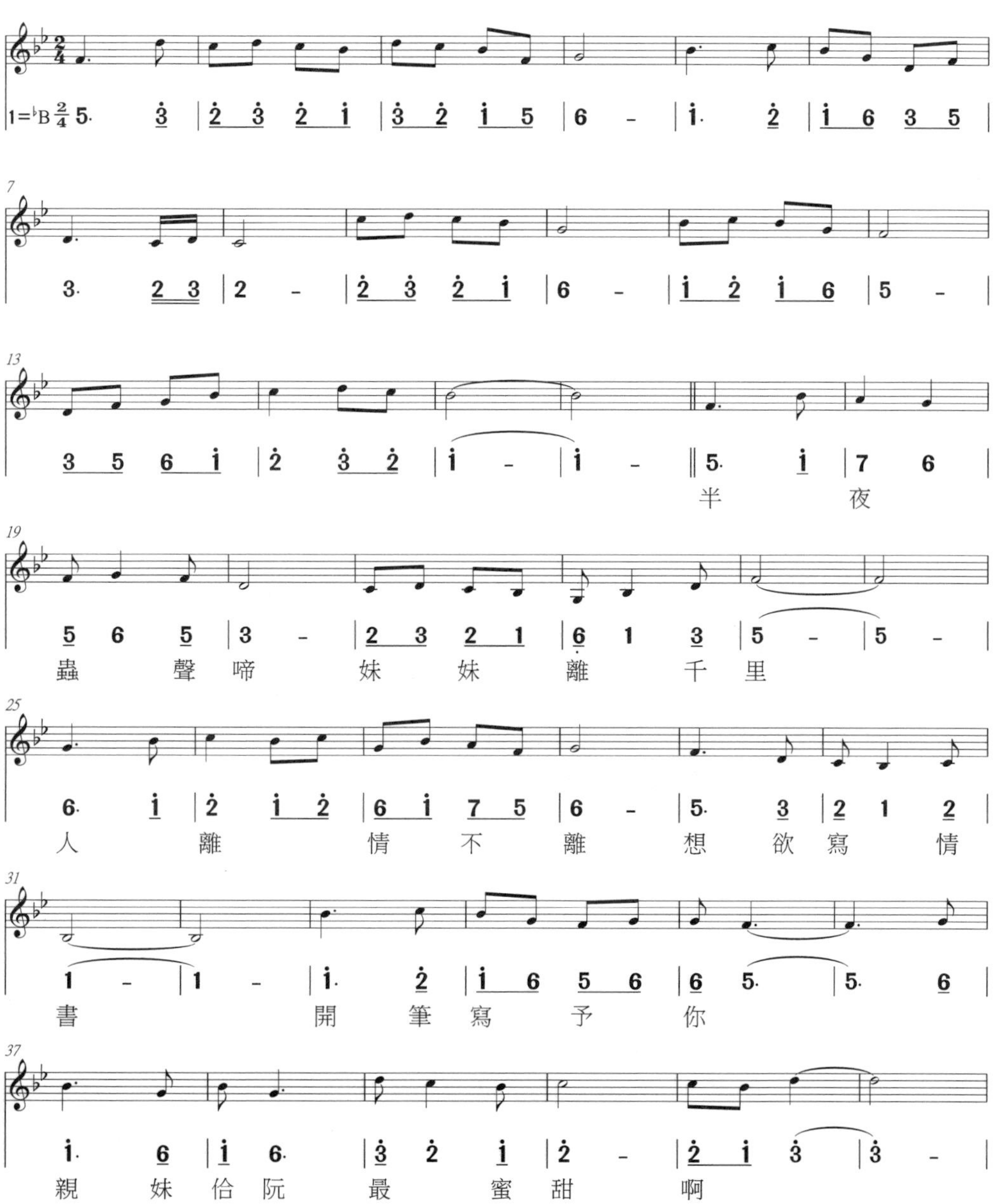

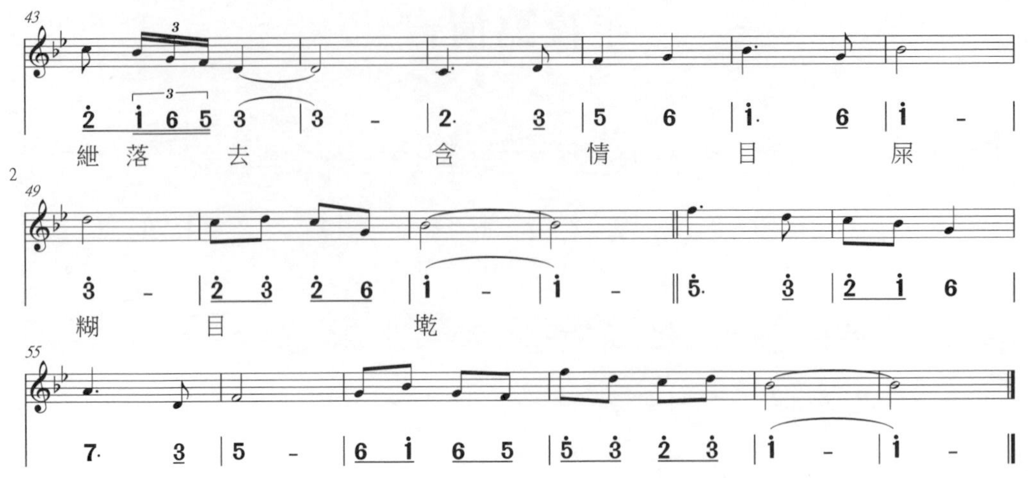

半夜寫情書

鄭志峯作詞　許石作曲

一、半夜蟲聲啼　妹妹離千里　人離情不離　想欲寫情書
開筆寫予妳　親妹佮阮最蜜甜　啊　綑落去　含情目屎糊目墘
二、稀微守長暝　冷床難過更　妹妳真漂緻　予阮空想思
開筆寫予妳　一日無看像二年　啊　綑落去　遠望妹轉一次喜
三、月娘照柳枝　親像阮稀微　回想彼當時　可比月伴星
開筆寫予妳　半暝夢妹來叫醒　啊　綑落去　自想何時夢如意

〈半夜寫情書〉

大王 KLK-41：輕音樂
太王 KLA-005：許石
太王 KLA-010：許石 (「酒家女」戲劇插曲)

日月潭悲歌

Bolero Rumba

鄭志峯 作詞
許 石 作曲

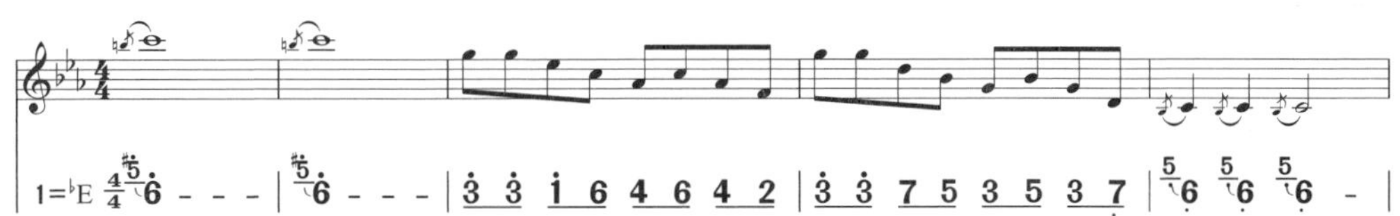

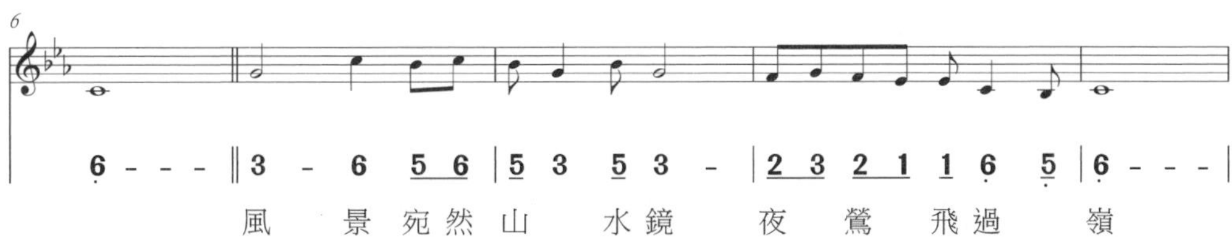

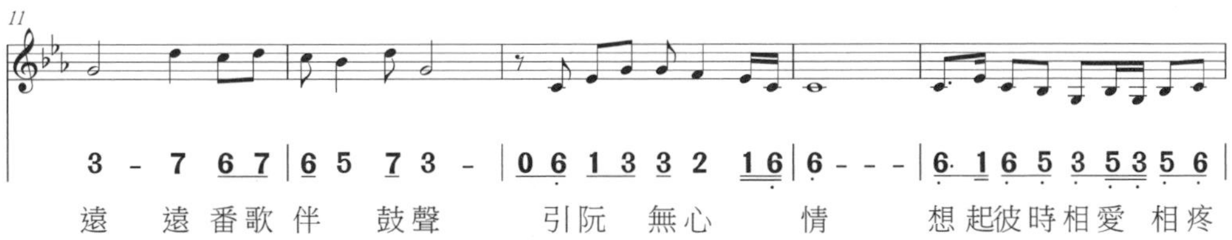

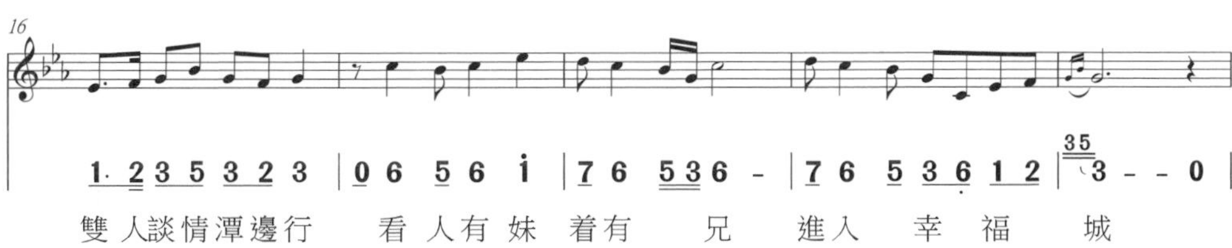

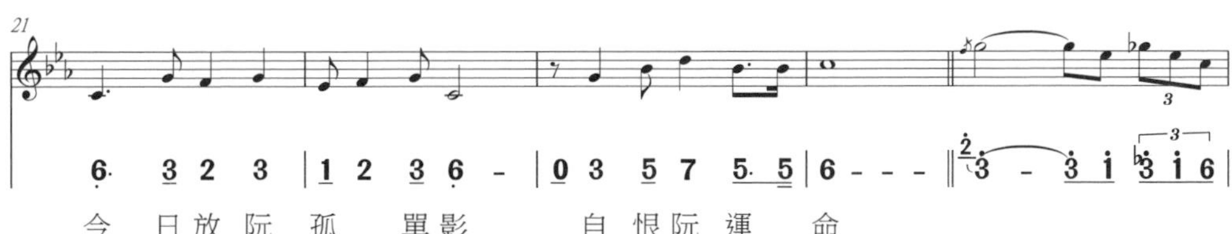

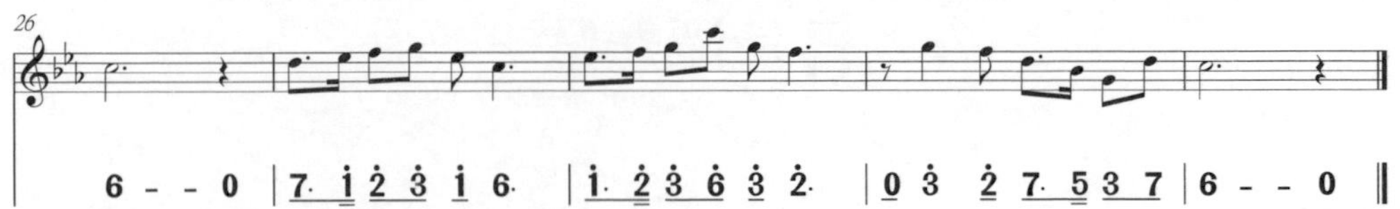

日月潭悲歌　　鄭志峯作詞　許石作曲

一、風景宛然山水鏡　夜鶯飛過嶺　遠遠番歌伴鼓聲　引阮無心情 (tsiânn)
　　想起彼時相愛相疼　雙人談情潭邊行　看人有妹着有兄　進入幸福城
　　今日放阮孤單影　自恨阮運命
二、山頭月娘照過來　可惜在雲內　阮是熱情有存在　予阮失主裁
　　想起彼時相親相愛　今日分東佮分西　親像好花遇風颱　夜夜暗悲哀
　　可比月娘失光彩　怎樣伊毋知
三、燈下稀微在窗邊　孤單看日記　早前有我着有伊　雙雙看月圓
　　想起彼時糖甘蜜甜　今日怎樣拆分離　放阮孤枕睏袂去　半夜夢見伊
　　只好拜託月娘姊　表現阮心意

這首歌又名「日月潭之戀」，是傷感抒情歌。前奏幾個小節的固定節拍與高低音起伏，有模仿杵音聲音的感覺，帶出慢版的倫巴節奏，對景色的描述不多，主要在抒發對愛情的感嘆。在 1958 年即有發表，是許石運用原住民音樂概念的早期作品。

〈日月潭悲歌〉

大王 KLK85：許石
太王 KLA-001：許石
太王 KLA-006：輕音樂
太王 KLA-010：許石 (「酒家女」戲劇插曲)

戀愛道中

Slow F.T.

鄭志峯 作詞
許 石 作曲

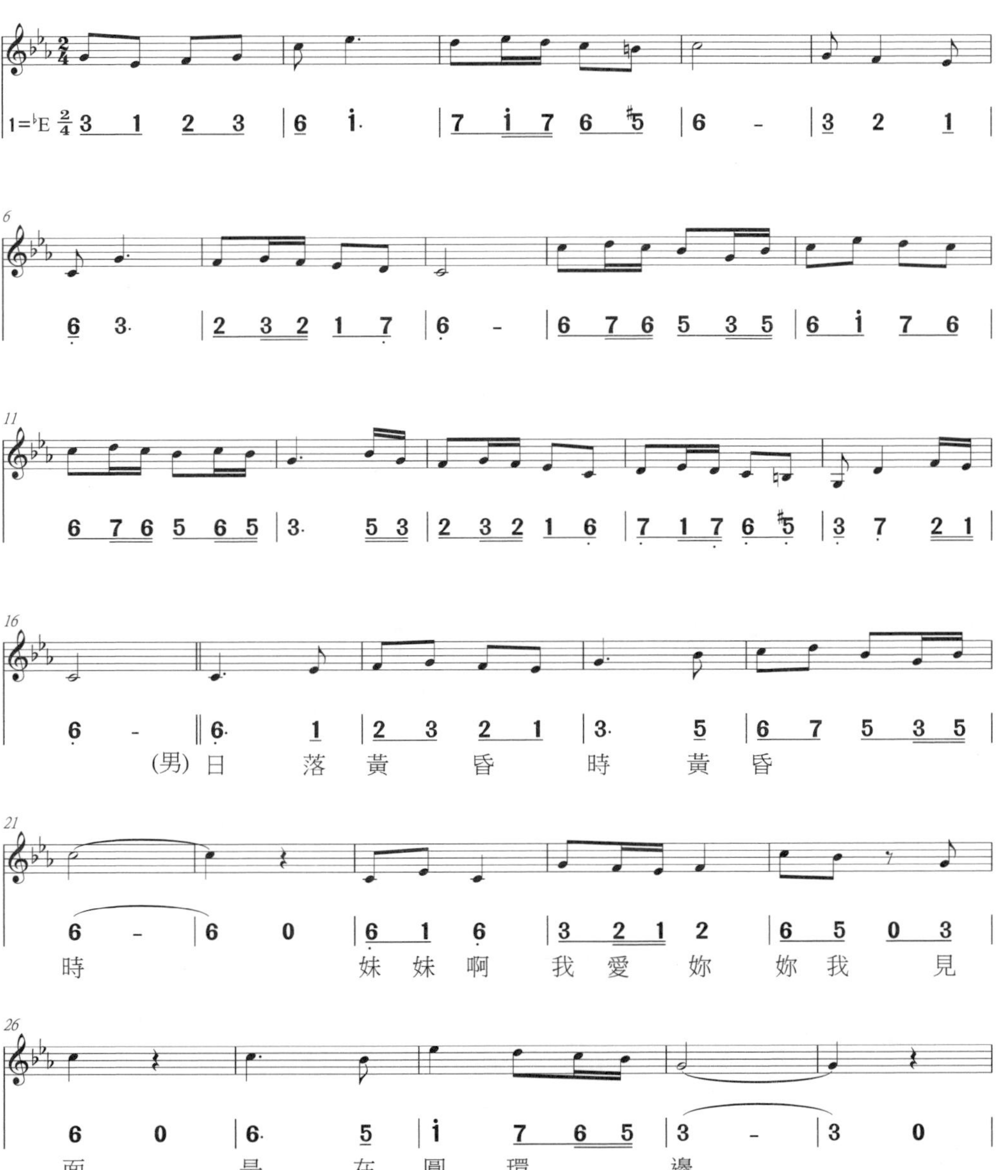

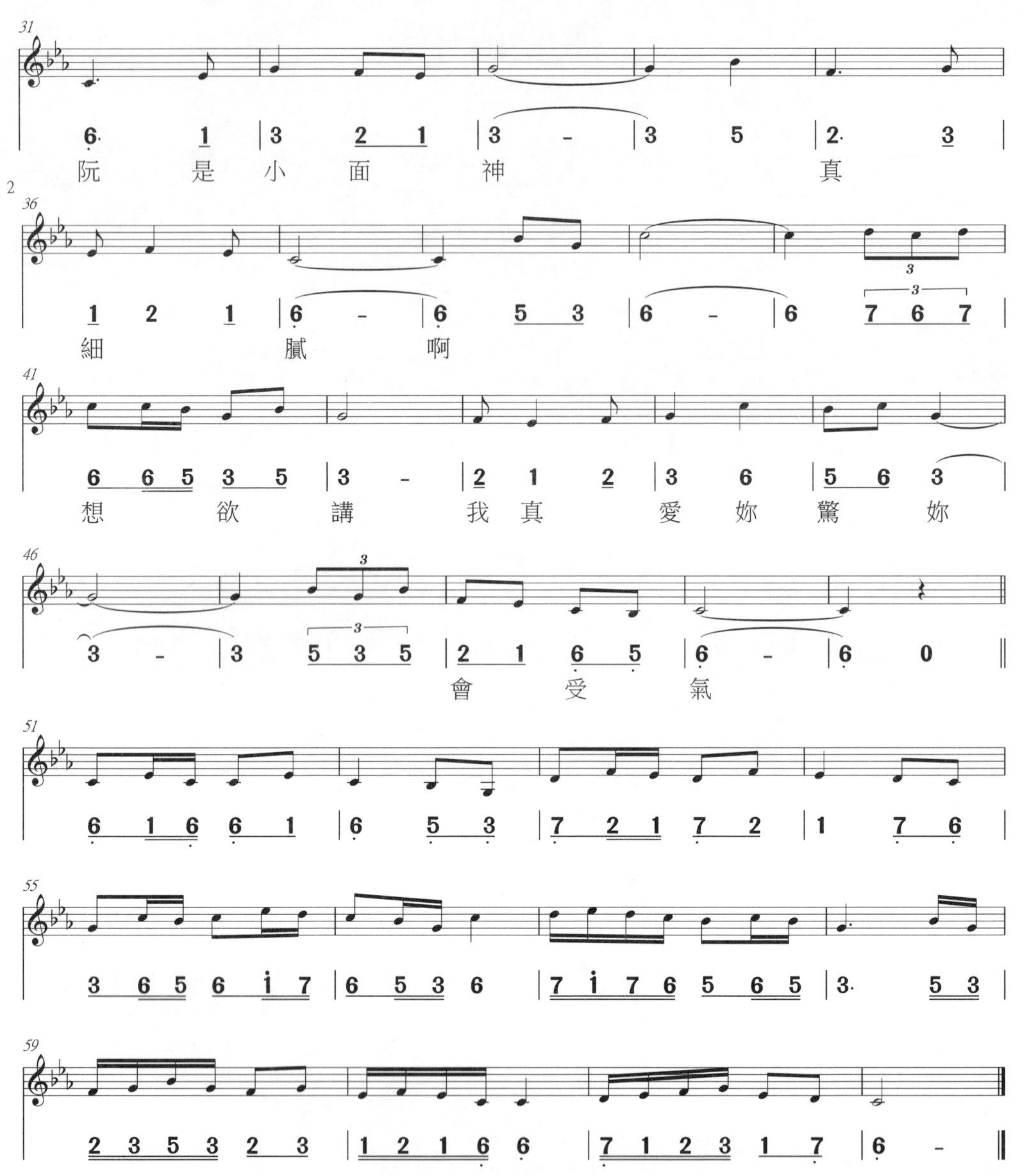
阮 是小面 神 真
細 膩 啊
想 欲 講 我真 愛 妳 驚 妳
會 受 氣

戀愛道中　　鄭志峯作詞　許石作曲

一、(男) 日落黃昏時　黃昏時　妹妹啊　我愛妳　妳我見面是在圓環邊

阮是小面神　真細膩　啊～　想欲講我真愛妳　驚妳會受氣

二、(女) 黃昏風微微　風微微　哥哥啊　我愛你　彼日見面阮心真佮意

想着面就紅　暗歡喜　啊～　想欲講心內驚你　笑阮無雅氣

三、(男) 妹妳真漂緻真漂緻　(女) 哥哥啊　我愛你　(合) 雙人相隨散步賞月圓

(女) 阮來守真情　(男) 我守義　(合) 啊～　咱兩人蜜蜜甜甜　將來望結籽

請君原諒

鄭志峯 作詞
許　石 作曲

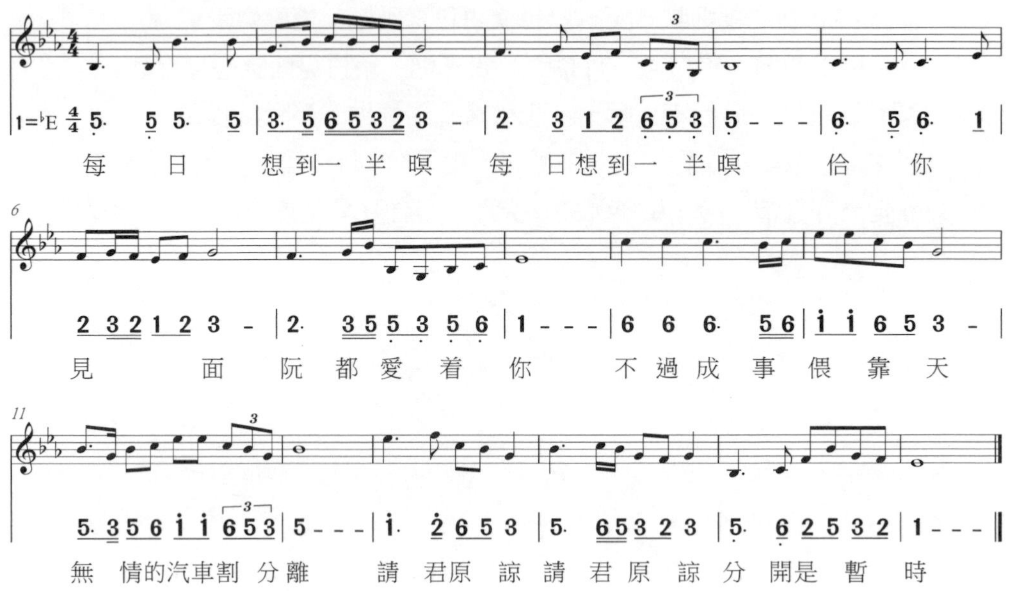

請君原諒 鄭志峯作詞 許石作曲

一、每日想到一半暝　每日想到一半暝　佮你見面　阮都愛着你
　　不過成事偎靠天　無情的汽車割分離
　　請君原諒　請君原諒　分開是暫時

二、阮是一位過一位　阮是一位過一位　佮你分開　心肝像針摵
　　有話毋敢講出嘴　毋知影何 (tī) 時再做堆
　　請君原諒　請君原諒　暫時的離開

三、看你轉身去了後　看你轉身去了後　予阮暗暗　目屎直直流
　　為你心肝亂抄抄　雙手來掩面直直吼
　　請君原諒　請君原諒　何時再回頭

唱片封套上註明為電視劇『生死戀』插曲，據報刊資料，應該是 1965 年春之雷影業公司拍攝的電影，該片原名為「生死戀」，後來名為「請君原諒」，這部片在 1966 年初推出市面，這首歌即該電影插曲。

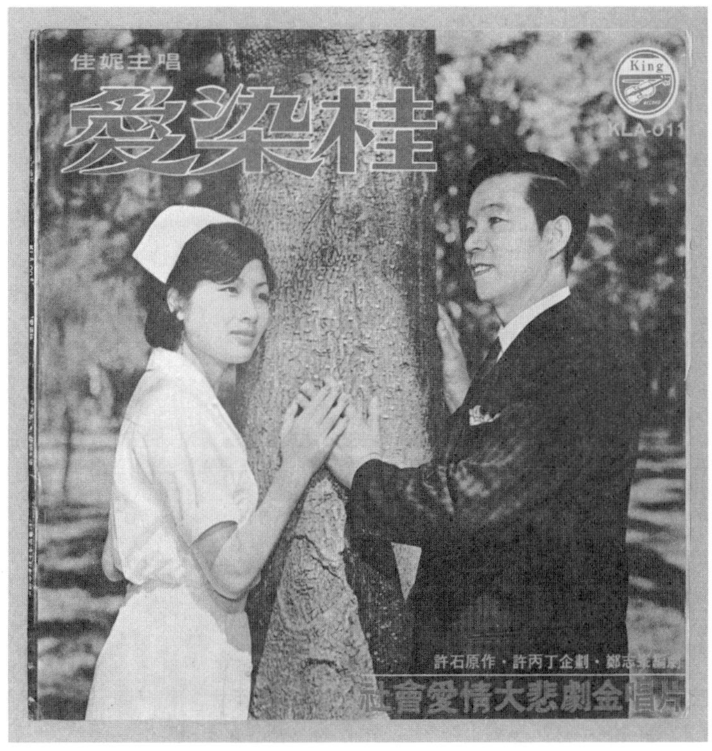

KLK-49：林淑惠、許瓊華
太王 KLE-104：林淑惠

Bolero
Moderato

回來安平港

鄭志峯　作詞
許　石　作曲

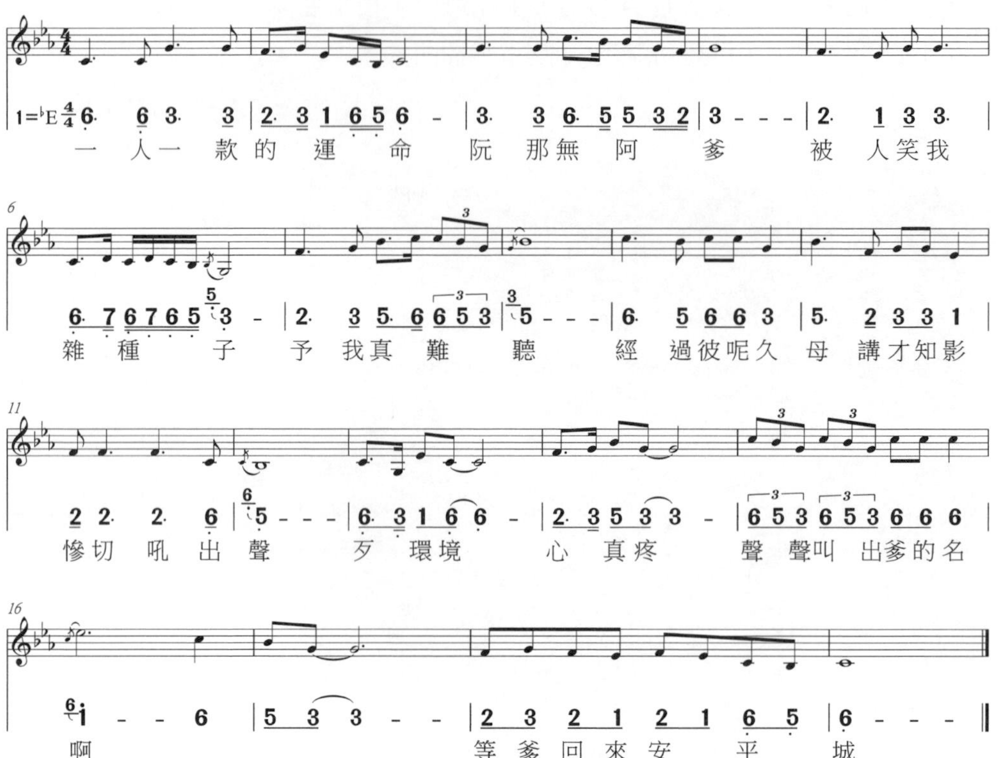

回來安平港　　鄭志峯作詞　許石作曲

一、一人一款的運命　阮那無阿爹　被人笑我雜種子 (kiánn)　予我真難聽
　　經過彼呢久　母講才知影　慘切吼出聲
　　歹環境　心真疼　聲聲叫出爹的名　啊～～等爹回來安平城

二、母子度苦幾落年　煩惱煞破病　最後交我金十字　不幸煞來死
　　恨天佮怨地　真是無公平　目屎叶叶滴 (tshȧp-tshȧp-tih)
　　無依倚　真哀悲　欲靠誰人來晟飼　啊～～回來安平等何時

三、別人爸母通疼痛　阮爹返荷蘭　　爹放母也共阮放　欲靠什麼人
　　只看金十字　前途又茫茫　暝日目眶紅
　　嘆命運　憨憨望　空空等去幾落冬　啊～～等爹回來安平港

這首歌發表於 1967 年左右，是製作音樂劇《安平追想曲》的作品，於是開始即有主演音樂劇的楊麗花演唱灌錄。〈回來安平港〉是以安平金小姐為主角，發展衍生的創作詞曲，歌詞集中在描述她的身世背景，特別表現她孤苦無依，小時候被取笑是「雜種子」的羞辱感，主要是描述金小姐母親過世後，空等荷蘭船醫父親回到安平的孤苦無依情狀。

〈回來安平港〉在音樂上和〈安平追想曲〉很有關聯，節奏相同，最後一句之前也是拉長音的「啊～」，表現引領等待父親回到安平港的心情，與〈安平追想曲〉各有千秋，都是戲劇性十足的歌曲。在 1970 年代許石女兒們組成的合唱團演出中，幾乎都會安排這首歌，由許石的女兒們演繹這首歌，格外動人心弦。

太王 KLA-005：許石
太王 KLA-008：楊麗花
太王 KLA-009：楊麗花
太王 KLA-014：輕音樂
太王 KLA-021：楊麗花

〈回來安平港〉

我愛臺灣

輕快

鄭志峯　作詞
許　石　作曲

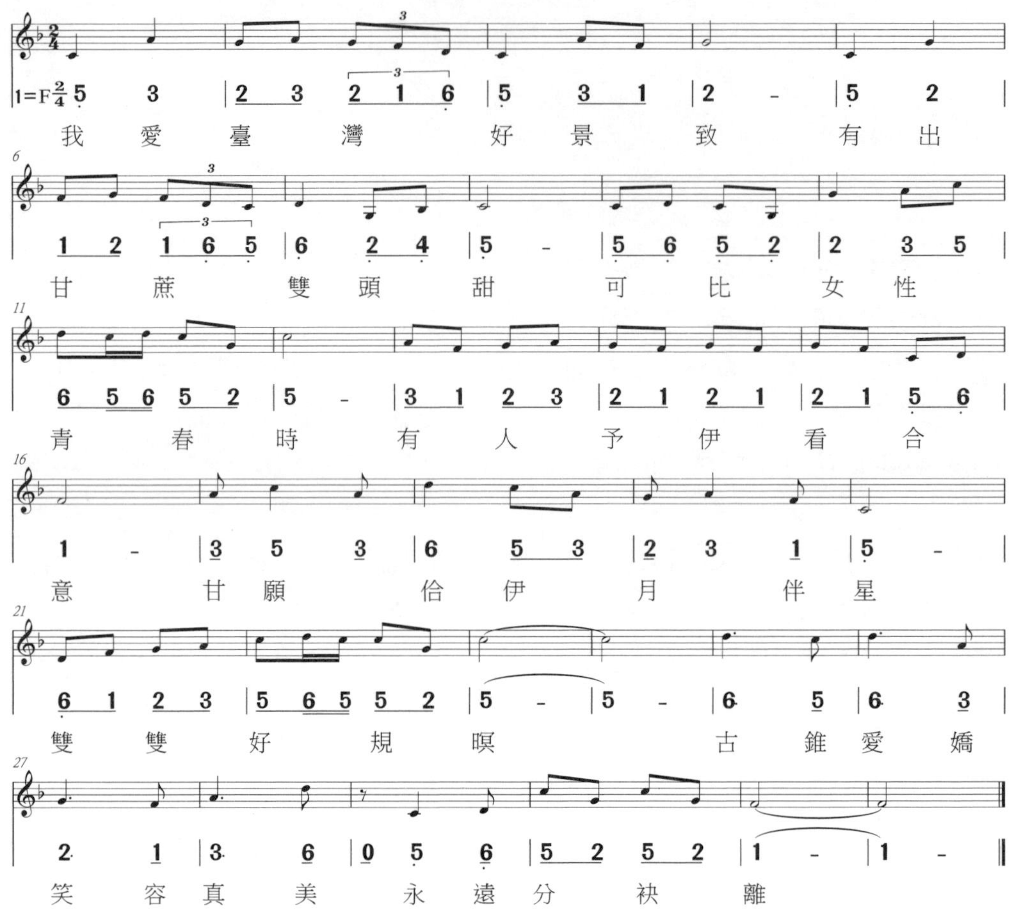

我愛臺灣　鄭志峯作詞　許石作曲

一、我愛臺灣　好景致　有出甘蔗　雙頭甜　可比女性青春時　有人予伊看合意
甘願佮伊月伴星　雙雙好規暝　古錐愛嬌笑容真美　永遠分袂離
二、我愛臺灣　心輕鬆　有出芎蕉　甜佮香　妹妹對人勢戲弄　肉白腰束掛吊人
感情對人真敢放　表現好花欉　看人肉攴含情不送　害人夜夜夢
三、我愛臺灣　妹溫純　有出椪柑　甜攴攴　椪柑像妹肥閣軟　害人想到睏袂光
若到臺灣毋知返　對人勢慰問　情感予人掛着心腸　永遠放袂斷

〈我愛臺灣〉這首歌，最早的演出紀錄是 1966 年許石舉辦的演唱會中，由陳春蘭演唱，後樂譜收錄於歌本中，似未有製作唱片。歌詞三段分別以「甘蔗」、「芎蕉」、「凸柑」（椪柑），將臺灣比擬作甜蜜、迷人而又豐盛飽滿的女性，表現極其特殊的臺灣風情。

第二段裡形容香蕉的「肉白腰小掛吊人」，當中「掛吊」(kuà-tiàu) 是民謠中常見的用詞，意指引人思念—就像將人的心懸掛起來一般，又常被寫作「吊刈」，比喻思念急切到心如刀割那樣，可說是臺灣歌謠裡特有的濃烈愛情描寫。這首歌不僅在歌頌臺灣豐富的物產，更以別出心裁的比擬，讚頌臺灣開放、親切的人文情調。

說起「我愛臺灣」這個歌名，師大音樂教授蕭而化以〈南都之夜〉曲調填詞的歌曲也是同名，歌詞「我愛臺灣風光好 / 唱個臺灣調……」，這首歌後來收錄在音樂課本，而成為當代音樂記憶。而〈南都之夜〉原名為「新臺灣建設歌」（我愛我的美麗島 / 衣食本無憂……），是 1946 年許石為讚嘆臺灣之美好而作曲。許石的創作生涯中，不時流露他強烈深刻的臺灣情懷，百轉千迴地歌頌臺灣，這類的歌謠，在長期戒嚴、強調中華文化的政治環境下，更顯珍貴。

感情的

烏來追情曲

鄭志峯 作詞
許　石 作曲

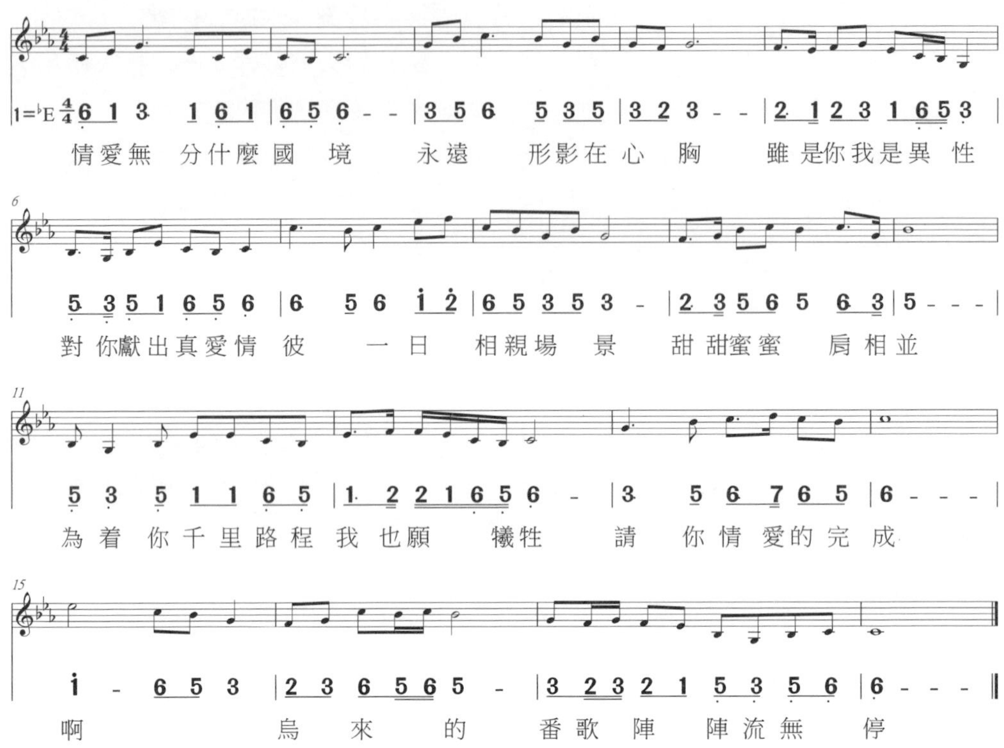

烏來追情曲　　鄭志峯作詞　許石作曲

一、情愛無分什麼國境　永遠形影在心胸　雖是你我是異性　對你獻出真愛情
彼一日　相親場景　甜甜蜜蜜肩相並　為着你千里路程　我也願犧牲
請你情愛的完成　啊～～烏來的番歌　陣陣流無停

二、為你這回專工閣來　無疑歡喜變悲哀　無端離開恁厝內　你的去處全毋知
用報紙　刊登數擺　為着圓滿咱情愛　我對你熱情存在　我無真不該
你是在東也在西　啊～～烏來的美景　使我真感慨

三、無仝種族愛情無限　你敢甘心佮我放　互相言語袂曉講　嘛會行入愛情網
你是我　心愛的人　永遠對你情意重　早一日返來成雙　達成咱希望
外久我也甘願等　啊～～烏來的夜景　引我心茫茫

烏來是臺北近郊的山區，以瀑布清溪溫泉與林業台車受歡迎，1967 年開設雲仙樂園與空中纜車後，更有原住民歌舞演出，提供具當地特色的原住民人文風景。

許石自 1962 年起與當地溫泉會館的演藝團體「烏來清流園」合作公演，這首〈烏來追想曲〉登錄於許石作曲集，以原住民語演唱，許石並親手編寫日語歌詞，製作唱片發表。鄭志峯作的臺語歌詞，寫出跨越不同語言族群的愛情故事，應是出自當時的真人實事故事，感人至深。這首歌流傳後，被改編為華語歌詞：「烏來山下小溪旁，有位俏姑娘…」，也深受原住民歡迎，原住民歌手多有翻唱。

學甲情調

鄭志峯 作詞
許 石 作曲

Moderato

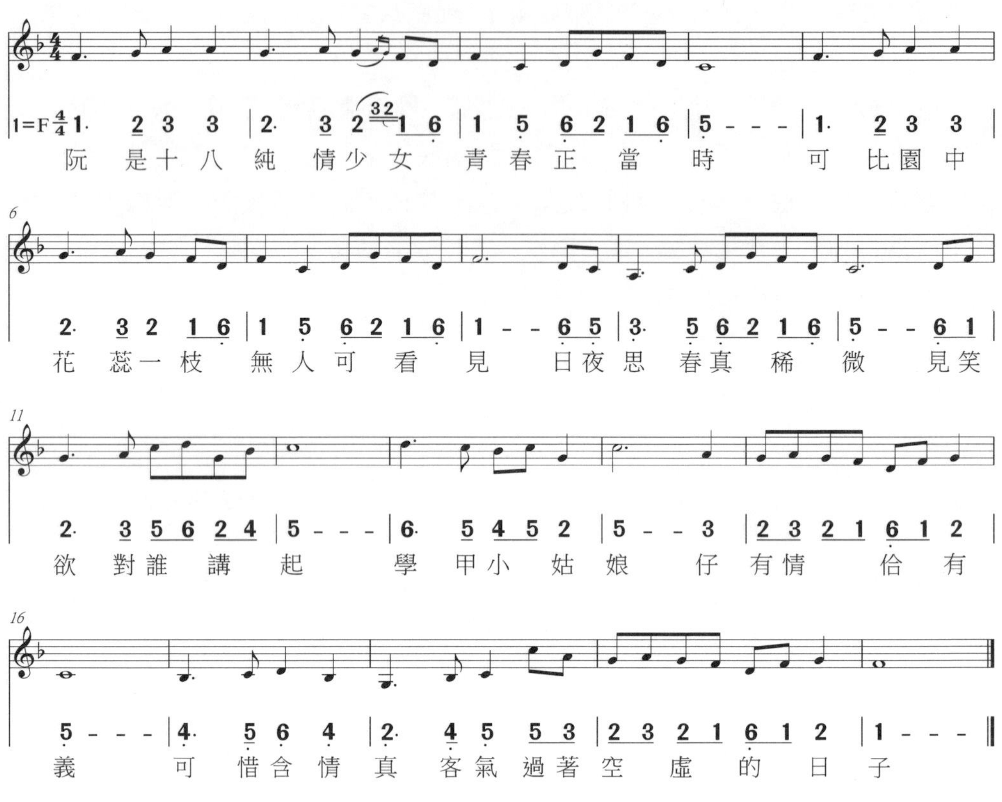

學甲情調 鄭志峯作詞 許石作曲

一、阮是十八　純情少女　青春正當時　可比園中花蕊一枝　無人可看見
　　日夜思春真稀微　見笑 (kiàn-siàu) 欲對誰講起　學甲小姑娘仔　有情佮有義
　　可惜含情真客氣　過著空虛的日子

二、春風吹來　百花真美　花蕊滿園開　空中鳥隻雙雙對對　相好塊相隨
　　阮是可比美花蕊　規暝無睏等露水　學甲小姑娘仔　喃念相安慰
　　心內含情有規堆　無人通講吐大氣

三、黃昏若到　日頭斜西　日紅照過來　舉頭有看春宵月眉　照落蔗園內
　　做人青春無兩擺　自嘆無人會理解　學甲小姑娘仔　純情佮真愛
　　茫茫過日真不該　郎君在東也在西

我愛龍船花

鄭志峯 作詞
許 石 作曲

Moderato

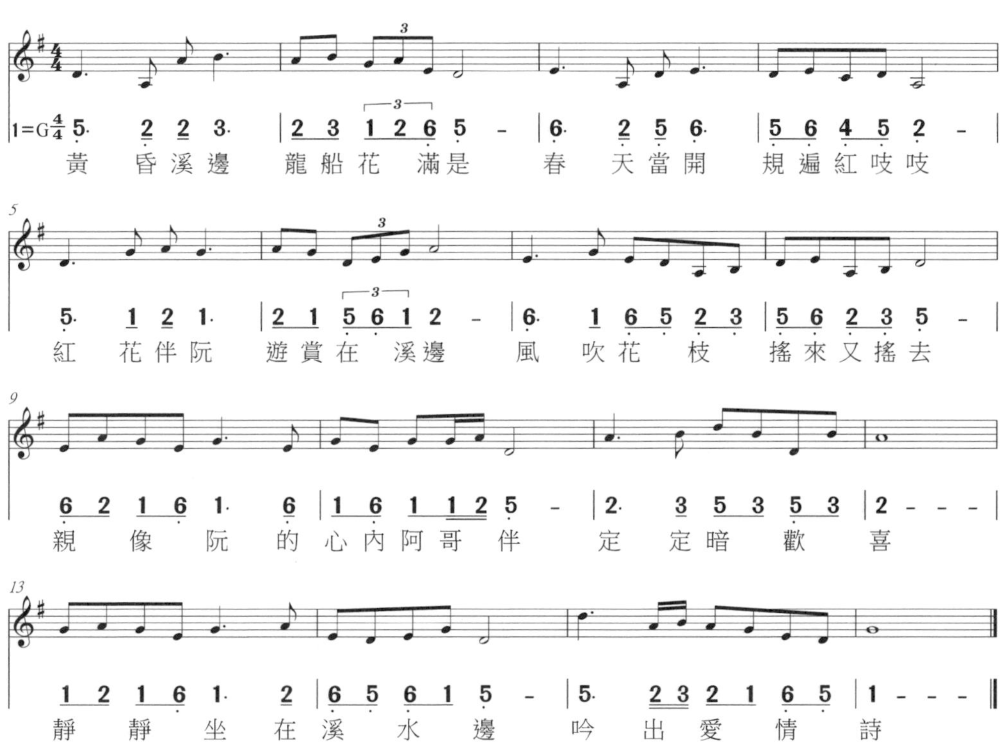

我愛龍船花　　鄭志峯作詞　許石作曲

一、黃昏溪邊　龍船花滿是　春天當開　規遍紅吱吱
　　紅花伴阮　遊賞在溪邊　風吹花枝　搖來又搖去
　　親像阮的　心內阿哥伴　定定暗歡喜　靜靜坐在溪水邊　吟出愛情詩

二、龍船花芯　溪邊開規排　等待阿哥　趕緊共阮採
　　滿腹情話　欲講予你知　希望阿哥　真情共阮愛
　　永遠相好　做陣賞月眉　愛情有存在　月娘對阮照過來　相好情意愛

三、暮色照著　龍船花欉影　月照溪水　看看妹伴兄
　　雙人談情　賞月慢慢行　一個心肝　永遠一個兄
　　希望阿哥　你咱有相疼　青春好運命　愛阮到尾好名聲　心愛有情兄

可愛的山地姑娘

輕快

鄭志峯　作詞
許　石　作曲

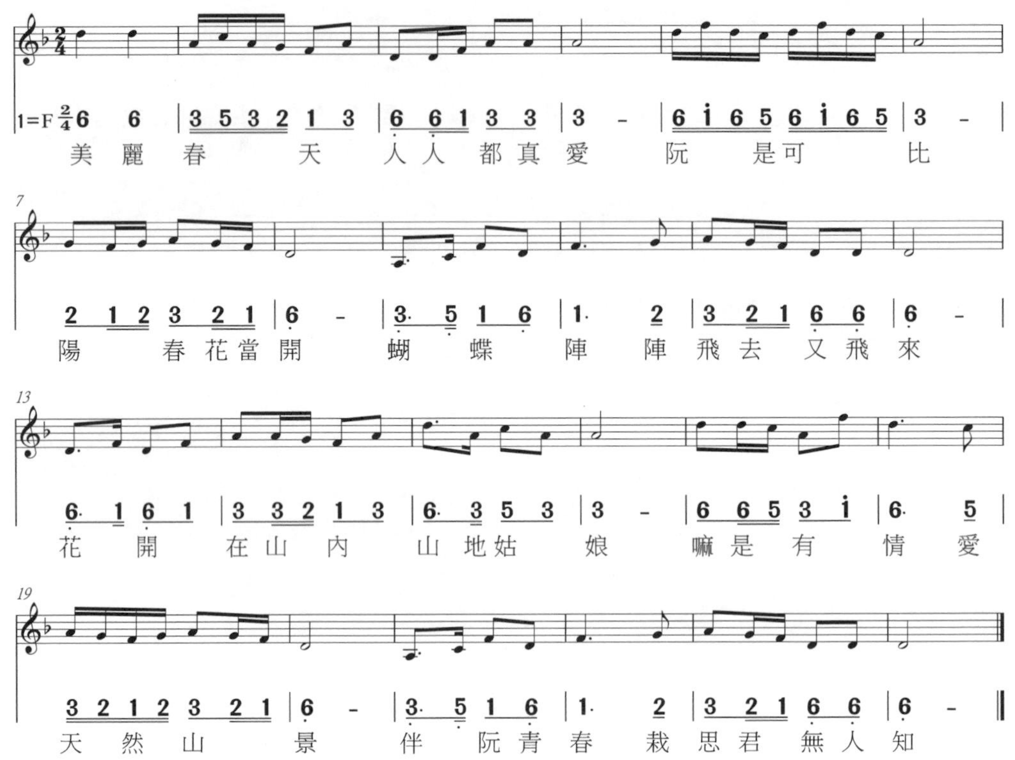

可愛的山地姑娘　鄭志峯作詞　許石作曲

一、美麗春天　人人都真愛　阮是可比　陽春花當開
蝴蝶陣陣飛去又飛來　花開在山內　山地姑娘　嘛是有情愛
天然山景　伴阮青春栽　思君無人知

二、冬天若到　落葉佮孤枝　春天若到　樹木滿山青
山花可比阮的青春時　無人通看見　山地姑娘　可愛無咧比
有情有愛　溫純山地女　思君過五更

三、月娘照落　可愛山花欉　山花風吹　陣陣也會香
可惜予阮思春夜夜夢　夢君入阮房　山地姑娘　感情嘛會放
蟲聲伴阮　孤枕夜夜空　心愛是誰人

秋夜嘆

Slow

鄭志峯　作詞
許　石　作曲

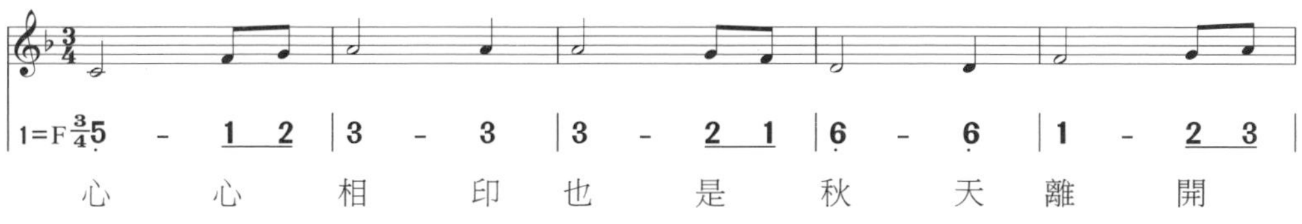

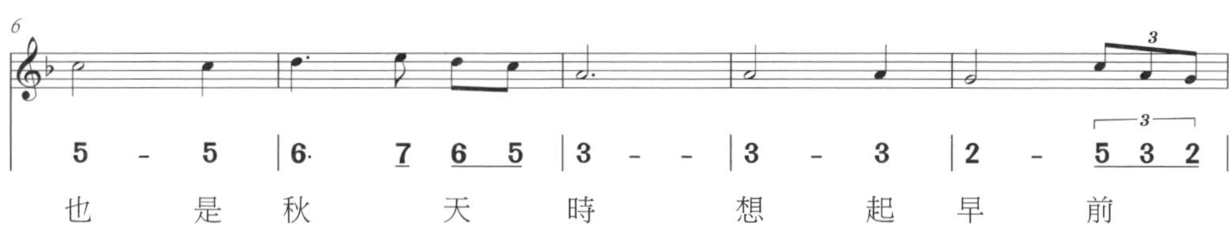

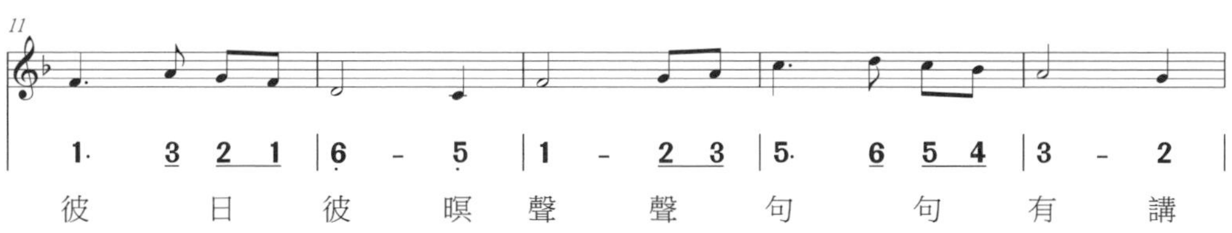

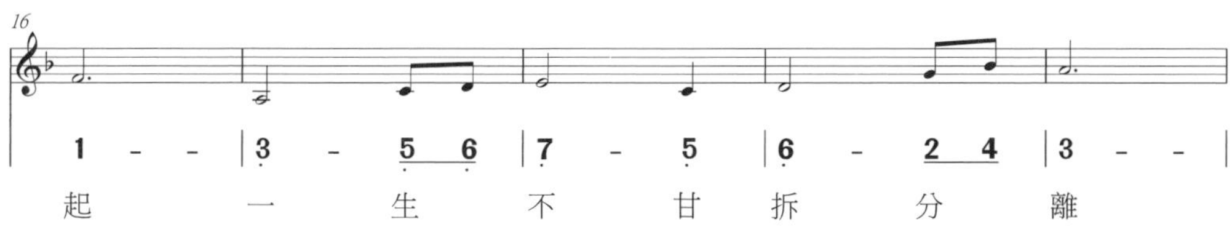

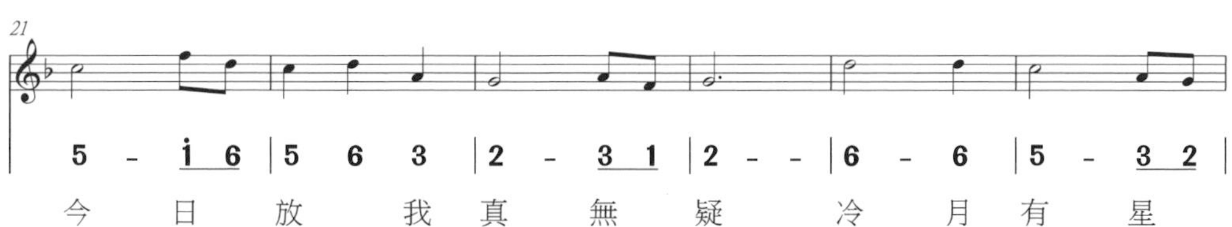

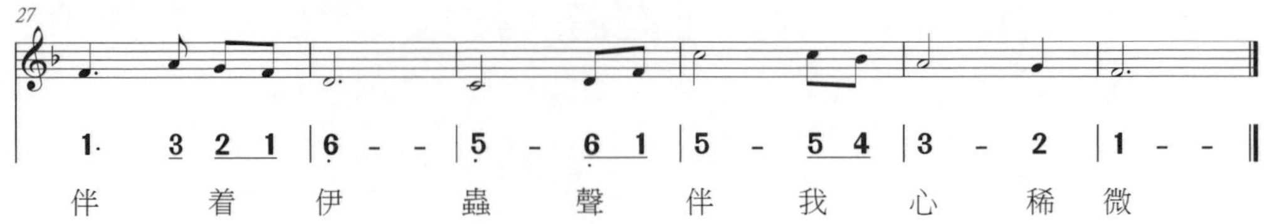

秋夜嘆　鄭志峯作詞　許石作曲

一、心心相印也是秋天　離開也是秋天時 想起早前彼日彼暝
聲聲句句有講起　一生不甘拆分離　今日放我真無疑
冷月有星伴着伊　蟲聲伴我心稀微

二、秋風涼冷吹入窗內　引我心肝袂清彩　早前互相有情有愛
歡喜可以秋菊開　雨渥菊花煞打歹　你來在東我在西
日思你去啥所在　夢中開聲叫袂來

三、孤守長暝秋夜嘆聲　目睭金金睏未成　望欲永遠相愛相疼
忍心放我做你行　月下暗暗叫你名　風送耳邊散無聽
你的心肝無扞 (huānn) 定　枉費打破幸福城

噫！鑼聲若響

林天來 作詞
許 石 作曲

Blues

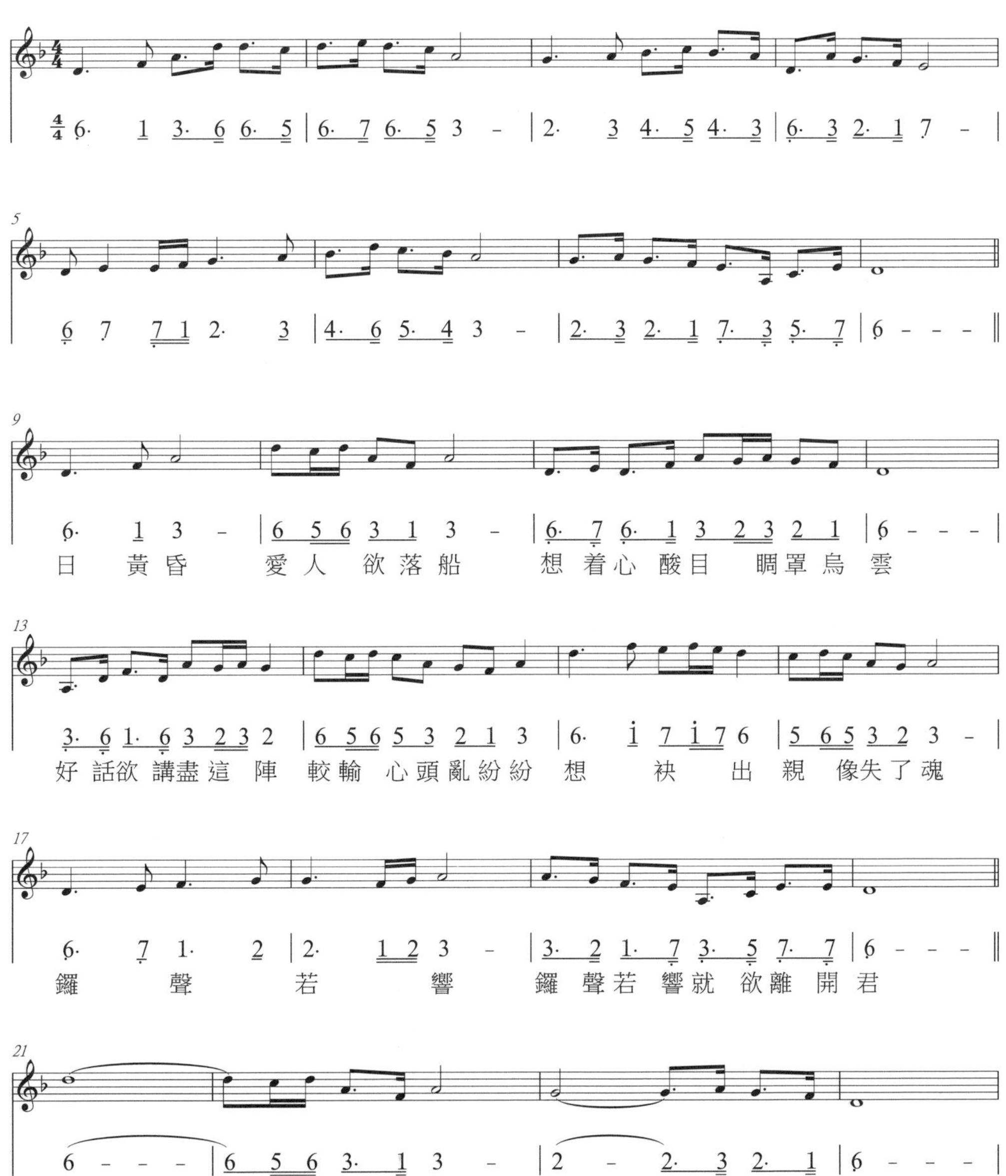

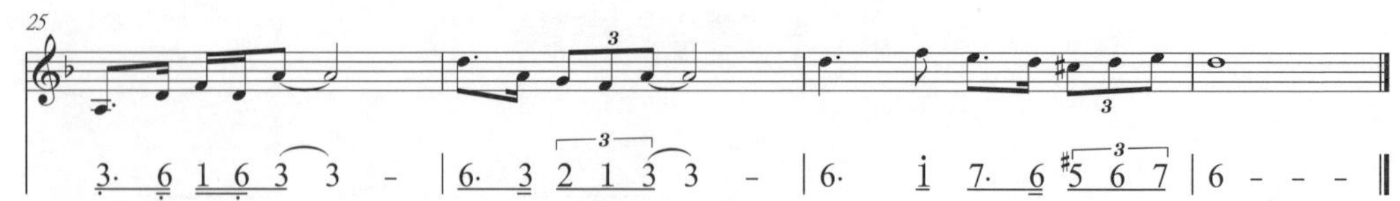

噫！鑼聲若響　　林天來作詞　許石作曲

一、日黃昏　愛人欲落船　想着心酸目睭罩烏雲
好話欲講盡這陣　較輸心頭亂紛紛　想袂出　親像失了魂
鑼聲若響　鑼聲若響就欲離開君

二、船燈青　愛人徛船墘　毋甘分離目睭盯着伊
好話欲講盡這時　較輸未講喉先滇　全無疑　那會按呢生
鑼聲若響　鑼聲若響就欲離開伊

三、錠離水　愛人船欲開　吐出大氣恨別嘴開開
一聲珍重相安慰　成功返來再做堆　情相累　心肝像針搣
鑼聲若響　鑼聲若響袂得再相隨

〈鑼聲若響〉是許石代表作之一，作詞者林天來作品不多，但場景動態、情感細膩，用詞更是別出心裁，構成這首經典的作品。

這首歌的創作背景與廣播電臺有關，1955 年左右，對作詞有興趣的書畫家林天來，帶著詩歌作品到正聲電臺找好友音樂家林禮涵，希望有人協助譜曲，林禮涵是當時歌壇主力編曲家，百忙中將作品轉交同在電臺主持節目的許石，許石從中挑出幾首歌，當中最成功的作品，就是〈噫！鑼聲若響〉。

歌詞從岸上的分離、愛人在船邊，到離港出發，細膩地表現戀愛在港邊分手的傷感情節，強烈的 Blues 節奏，就跟〈港邊惜別〉、〈港都夜雨〉等同時代歌曲一般，暗示了海景，更表現暗淡失落的情緒。

在早期歌本中，曲名為「噫！鑼聲若響」，後來在唱片製作中刪除了感嘆詞，而定名為〈鑼聲若響〉。關於「噫！」這個感嘆詞，在早期歌本中常有見到，如〈噫！人生〉、〈噫！黃昏時〉等等，表示強烈的悲傷與哀慟，根據早期唱片考訂應讀做「Ah」，是帶有氣音的「啊」。這個感嘆詞在創作歌謠中逐漸脫落，反映了語言上的遺失，也反映了臺灣人一種曾經存在、而今已不復被理解的心情。

鳳飛飛自 1982 年起鼓吹臺灣本土歌謠，收錄了〈鑼聲若響〉在專輯發表，並在電視節目上強力播送，再度捧紅了這首歌，也因此被視為與〈安平追想曲〉並列的許石代表作。

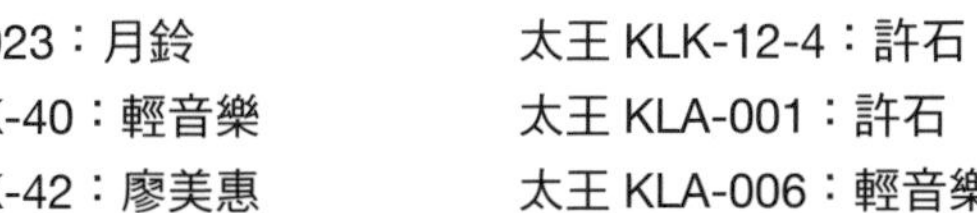
女王 Q2023：月鈴
大王 KLK-40：輕音樂
大王 KLK-42：廖美惠
太王 KLK-12-4：許石
太王 KLA-001：許石
太王 KLA-006：輕音樂

〈噫！鑼聲若響〉

延平北路的美小姐

林天來　作詞
許　石　作曲

Rumba

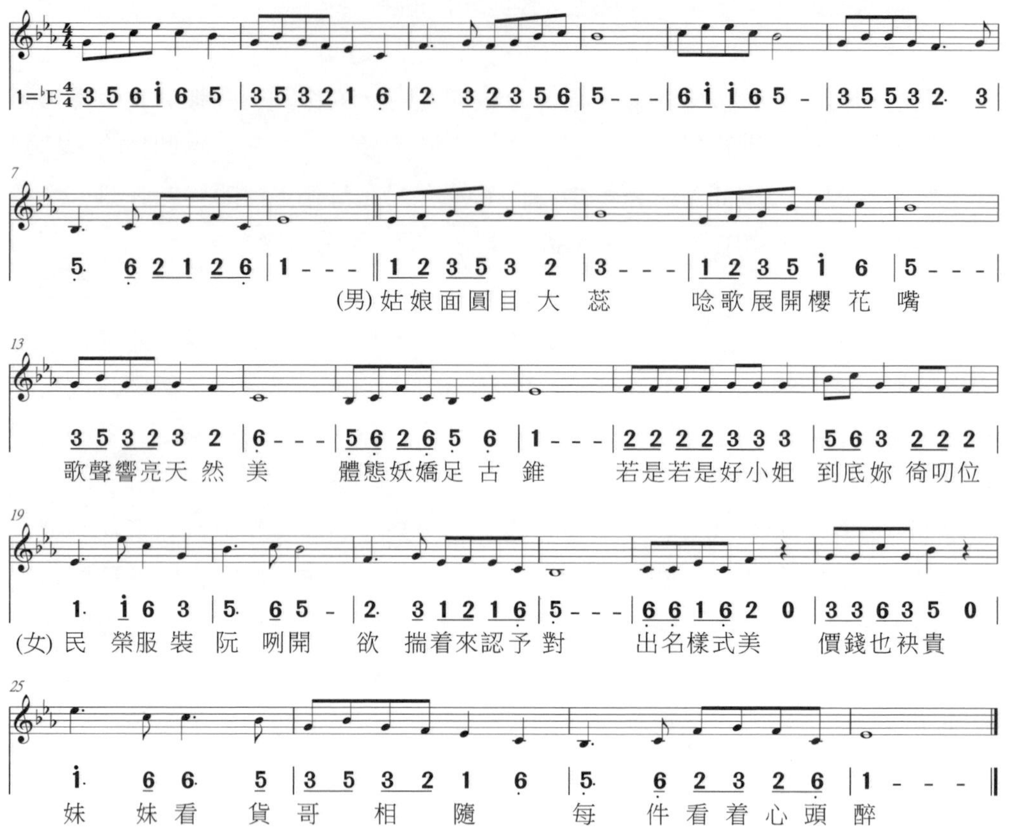

延平北路的美小姐　林天來作詞　許石作曲

一、(男) 姑娘面圓目大蕊　唸歌展開櫻花嘴

歌聲響亮天然美　體態妖嬌足古錐　若是若是好小姐　到底妳徛 (khià) 叨位

(女) 民榮服裝阮咧開　欲揣着來認予對

出名樣式美　價錢也袂貴　妹妹看貨哥相隨　每件看着心頭醉

二、(男) 白粉無抹唇無點　面趁心肝無人嫌

聲音又軟若玉燕　歌簿在心毋免掀　若是若是好小姐　恁現貨幾个便

(女) 無論老幼佮少年　花樣色水萬萬千

不但價錢廉　工足料無歛　哥哥妹妹同意見　雙龍服裝有人緣

三、(男) 臺北咽喉北門口　姑娘乖巧白泡泡

早起唱到日中晝　人人呵咾好句讀　若是若是好小姐　青蚊罩共阮包

(女) 欲挃愛人送定頭　民榮服裝提來湊

呢絨連皮包　每項都有齊　雙龍名香全省到　顧客無嫌為阮兜

這首表面是男女對唱的情歌，歌詞中卻有「置入性行銷」的廣告，廣告品牌是位於延平北路一段、歌詞中「臺北咽喉北門口」一帶「民榮服裝行」。許石在1950年代創作不少廣告歌，通常歌詞會詳述產品特色，這首歌將商行廣告融入在對唱情歌中，別具特色。

春宵小夜曲

Blues

林峯明　作詞
許　石　作曲

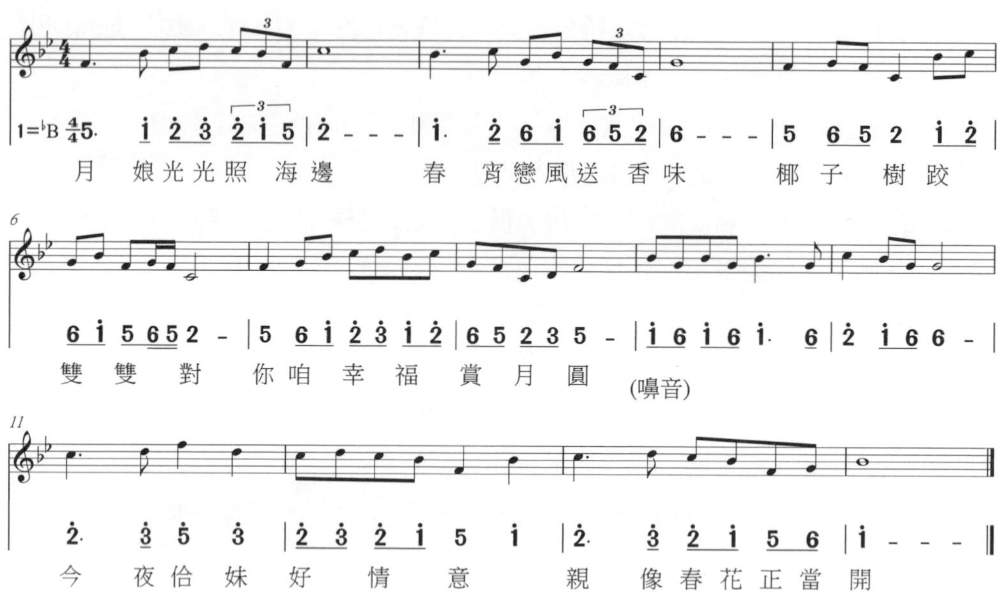

春宵小夜曲　林峯明作詞　許石作曲

一、月娘光光照海邊　春宵戀風送香味　椰子樹跤雙雙對　你咱幸福賞月圓
　　嗯～～今夜佮妹好情意　親像春花正當開

二、(女)月娘笑笑風微微　佮哥散步行海邊　看著海水青見見　月娘伴咱來相隨
　　嗯～～心肝只愛哥哥你　春情永遠袂分離

三、(男)更深夜靜月愈圓　咱是真情佮真意
　　(女)親愛哥哥有情義　千萬毋通來袂記
　　(合)嗯～～月娘照咱心花開　希望永遠結相隨

作詞者林峯明是鶯歌人，1955年間跟隨許石學習聲樂，至少有四首歌詞作品發表，由許石譜曲，其中以〈春宵小夜曲〉最為知名，女王唱片即有灌錄為蟲膠唱片，由陳世源編曲。

這首男女對唱歌曲緩慢抒情，中間的「嗯～」在許石出版樂譜裡特別註明是「鼻音」，意指帶鼻音的長音，配合夏威夷吉他的舒緩情調，情調迷人。1962年臺視開播後製作有臺語歌唱節目「寶島之歌」，常播出這首歌，據說相當的流行。

〈春宵小夜曲〉

女王 Q3056：許石、鍾瑛
大王 KLK-63：許石、鍾瑛
太王 KLA-025："

思念故鄉的妹妹

Slow Fox Trot

林峯明 作詞
許 石 作曲

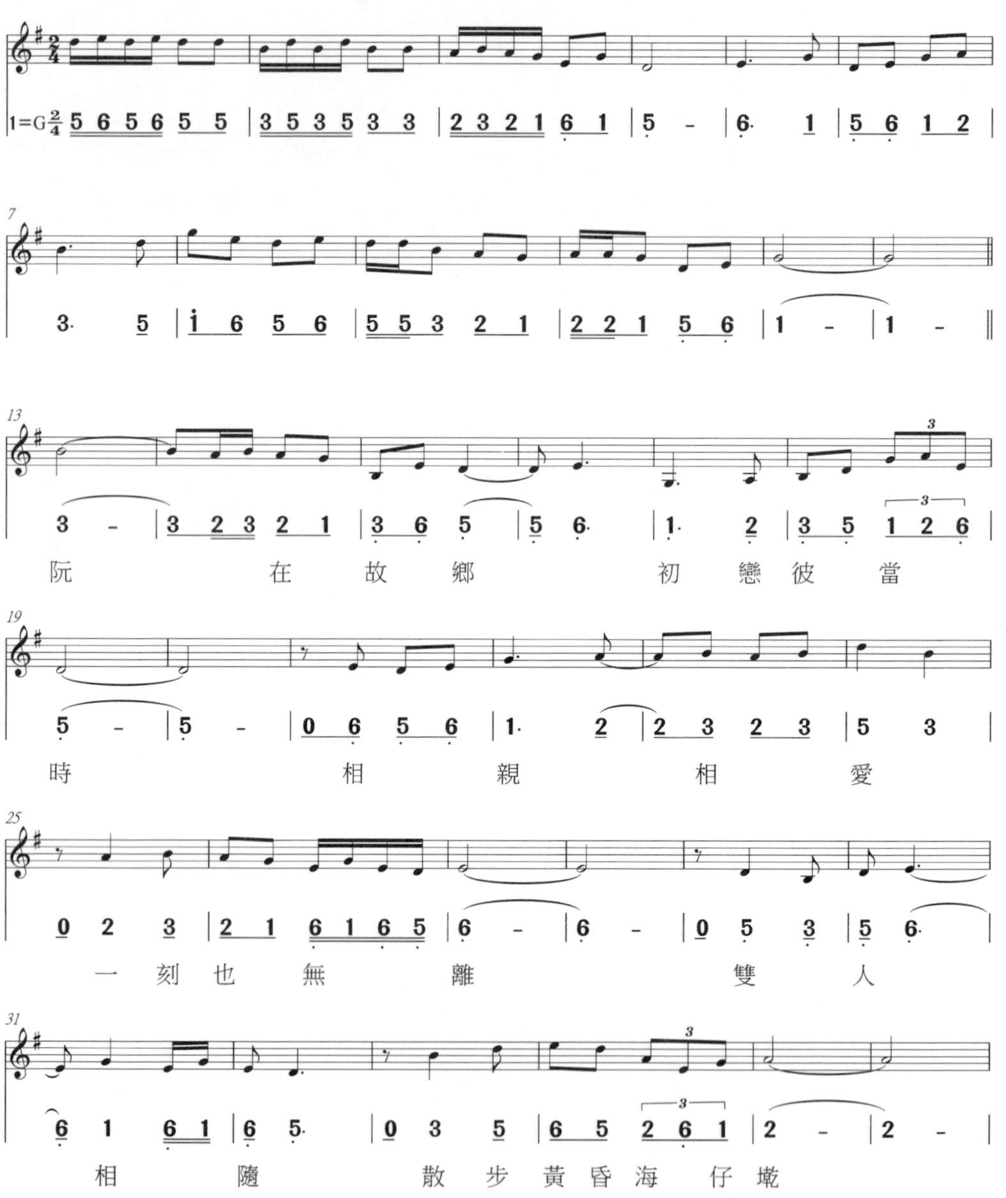

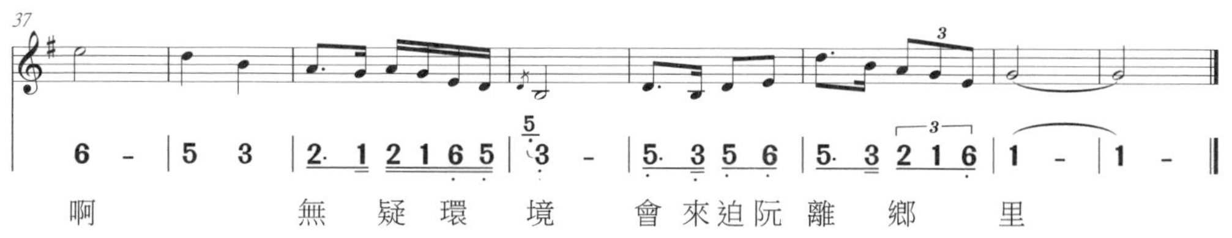

思念故鄉的妹妹

林峯明作詞　許石作曲

一、阮在故鄉　初戀彼當時　相親相愛　一刻也無離
　　雙人相隨　散步黃昏海仔墘
　　啊～～無疑環境　會來迫阮離鄉里
二、異鄉日頭　暫暫欲斜西　思念故鄉　悲傷流目屎
　　真情想妹　黃昏行到海墘仔來
　　啊～～海風冷冷　吹來加添阮悲哀
三、孤星伴月　照着船堵枋　想着情愛　怨嘆目睭紅
　　阮的心情　只有一項的希望
　　啊～～望欲早日　回鄉佮妹來成雙

〈思念故鄉的妹妹〉

大王 KLK-43：許石
太王 KLA-001：許石
太王 KLA-006：輕音樂

美麗寶島

Slowly Blues

林峯明 作詞
許 石 作曲

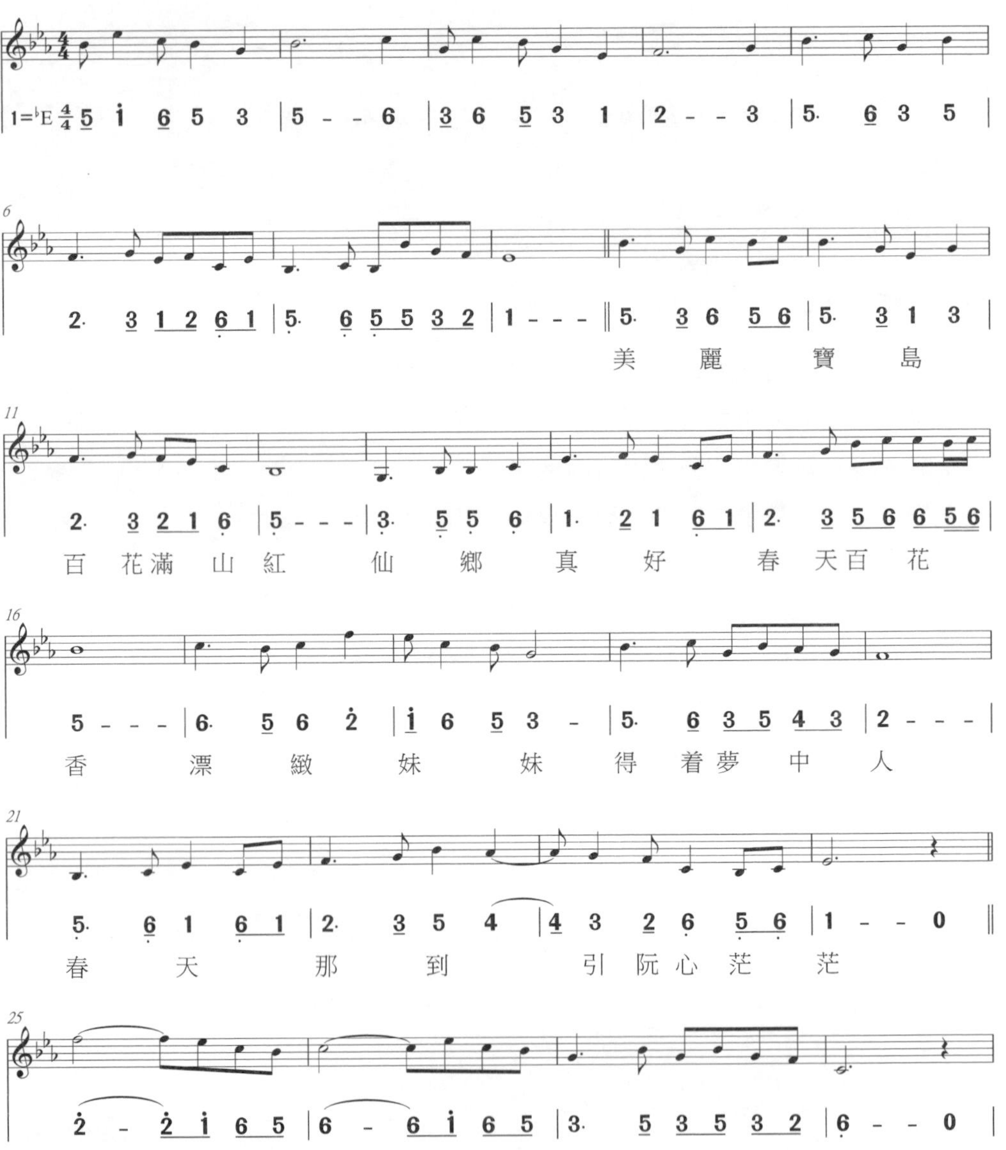

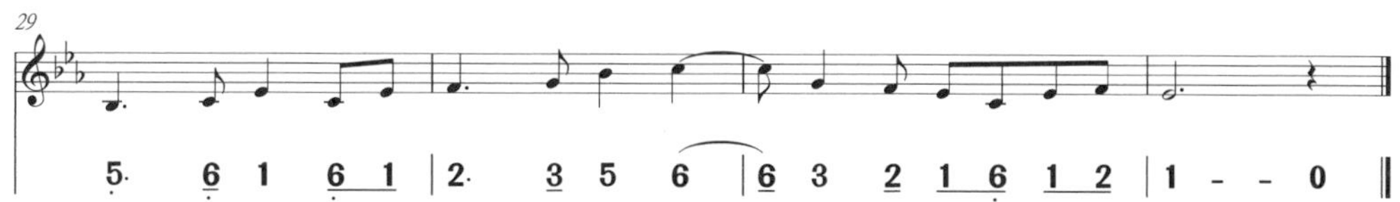

美麗寶島　　林峯明作詞　許石作曲

一、美麗寶島　百花滿山紅　仙鄉真好　春天百花香
　　漂緻妹妹　得着夢中人　春天那到　引阮心茫茫
二、美麗寶島　光景自然美　可愛百花　四季滿山開
　　妹妹伴哥　結成鴛鴦對　青春快樂　不時娶相隨
三、美麗寶島　椰樹長躼躼 (lò)　四邊清幽　逍遙好迌迌
　　相親相愛　妹妹伴哥哥　希望永遠　雙人情意好

籠中鳥

林峯明　作詞
許　石　作曲

Slow Waltz

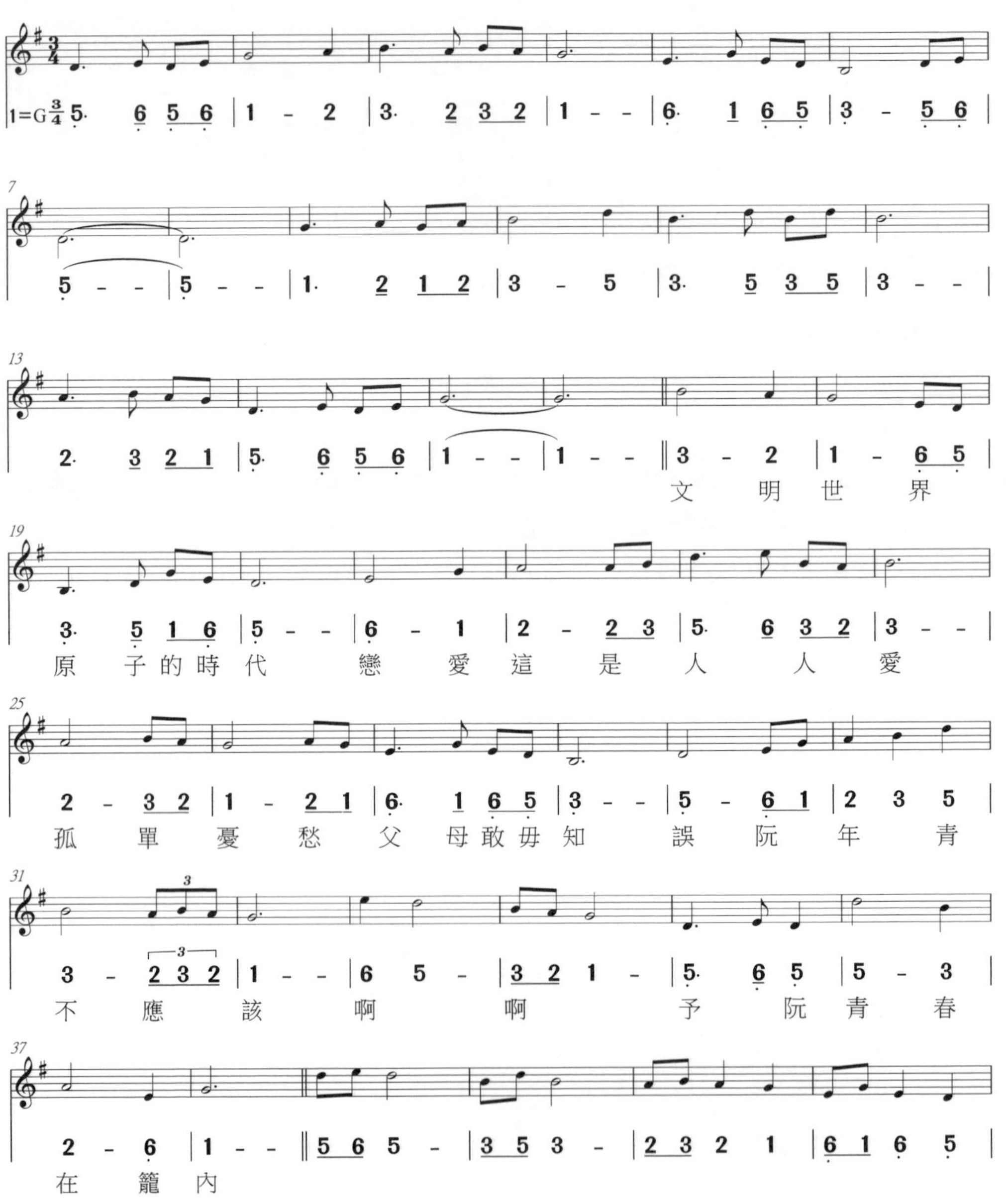

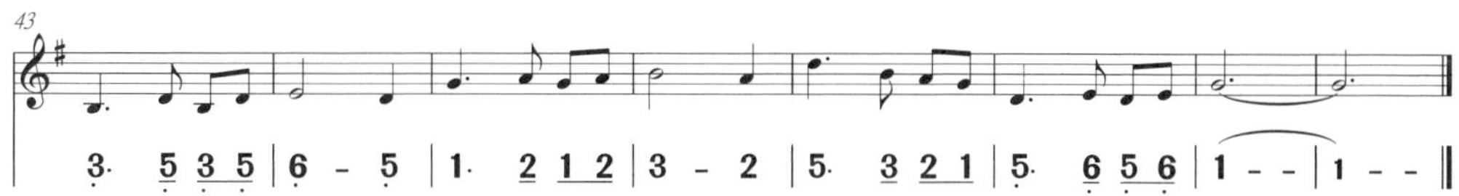

籠中鳥　林峯明作詞　許石作曲

一、文明世界　原子的時代　戀愛這是人人愛　孤單憂愁　父母敢毋知
誤阮年青不應該　啊　啊　予阮青春在籠內
(口白) 啊！什麼叫做戀　什麼叫做愛　予阮每日流著目屎過著無聊的日子
世間世間　只愛是　哥哥／妹妹　你一人　今日父母無理解着子兒的心肝
放阮青春孤單也是不應該了

二、誰人知阮　雙人的情愛　每日思君在心內　枉費着阮　春花正當開
阮的春期環境歹　啊　啊　籠中袂得走出來
(口白) 哥哥／妹妹　你的痛苦你的悲哀我也是知影　這也是環境所迫
但是我也毋是彼一款無情的人了　雖然父母毋知着咱的心情
哥哥 / 妹妹　你着毋通袂記阮才好呢

三、更深夜靜　毋驚冷風寒　籠中也是阮孤單　孤單思情　無人通做伴
傷心怨嘆在心肝　啊　啊　月娘斜西欲落山

〈籠中鳥〉

大王 KLK-41：輕音樂
大王 KLK-42：廖美惠

惜春詞

黃國隆 作詞
許 石 作曲

Waltz

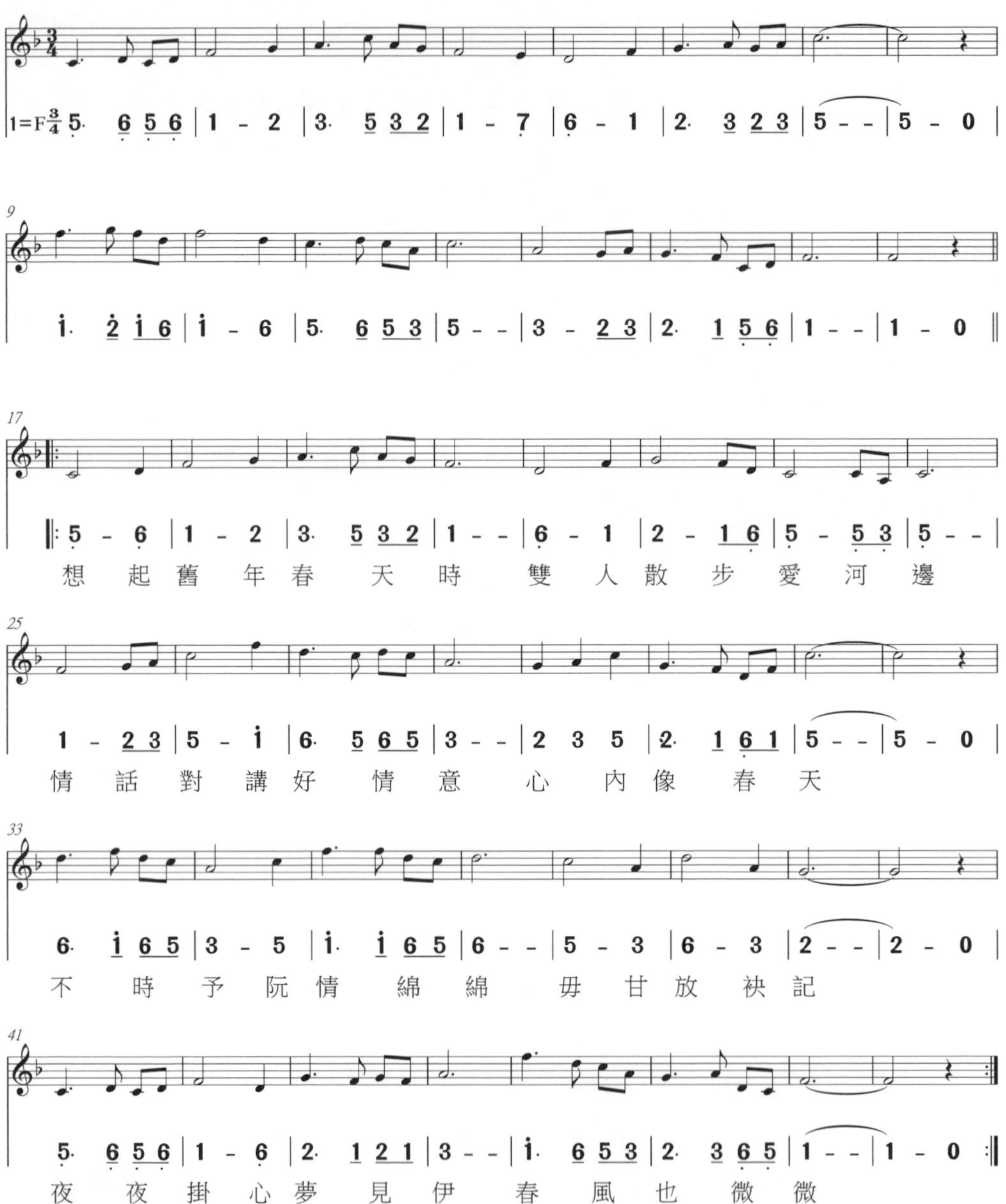

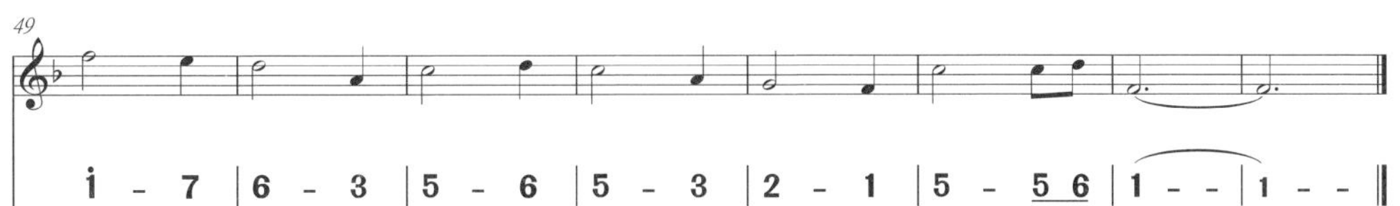

惜春詞　黃國隆作詞　許石作曲

一、想起舊年春天時　雙人散步愛河邊　情話對講好情意　心內像春天
　　不時予阮情綿綿　毋甘放袂記　夜夜掛心夢見伊　春風也微微

二、現在春去夏天來　日長暝短心悲哀　苦袂日頭緊斜西　月娘緊出來
　　佮君相親佮相愛　□□□□□　情話袂講天先知　日頭又出來

三、人愛團圓是春天　海鳥吟詩在海邊　好花欲開春天時　春去心悲哀
　　戀戀不捨唸情詩　夜鶯也哀啼　怨惜春去放袂離　悶悶在樹枝

南蠻情歌

Rumba

黃國隆　作詞
許　石　作曲

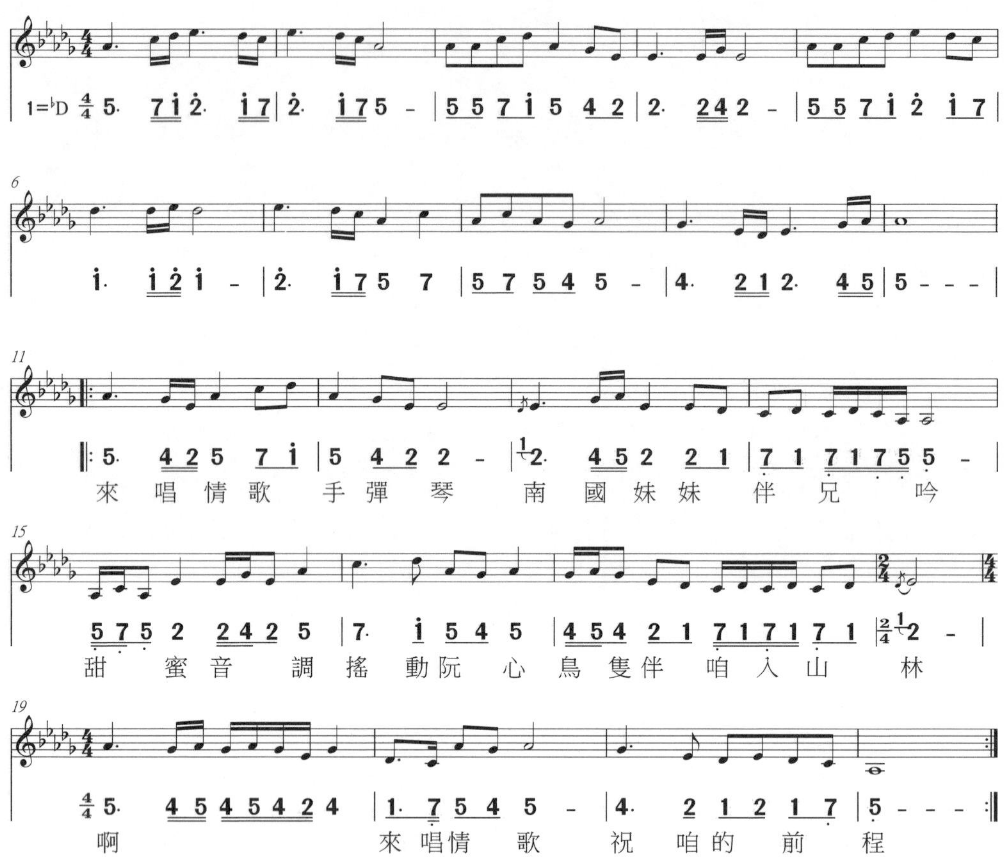

南蠻情歌　　黃國隆作詞　許石作曲

一、來唱情歌手彈琴　南國妹妹伴兄吟

　　甜蜜音調搖動阮心　鳥隻伴咱入山林　啊　來唱情歌　祝咱的前程

二、來聽南蠻愛情歌　歌聲予阮得快活

　　紅豆花開相思花　情話欲講寫在沙　啊　來聽情歌　休睏免拖磨

三、來看南國好光景　天頂無雲水清清

　　南風微微吹袂停　樹枝那搖表春情　啊　來看美麗　風景在眼前

Sing

南風吹著戀愛夢

黃國隆　作詞
許　石　作曲

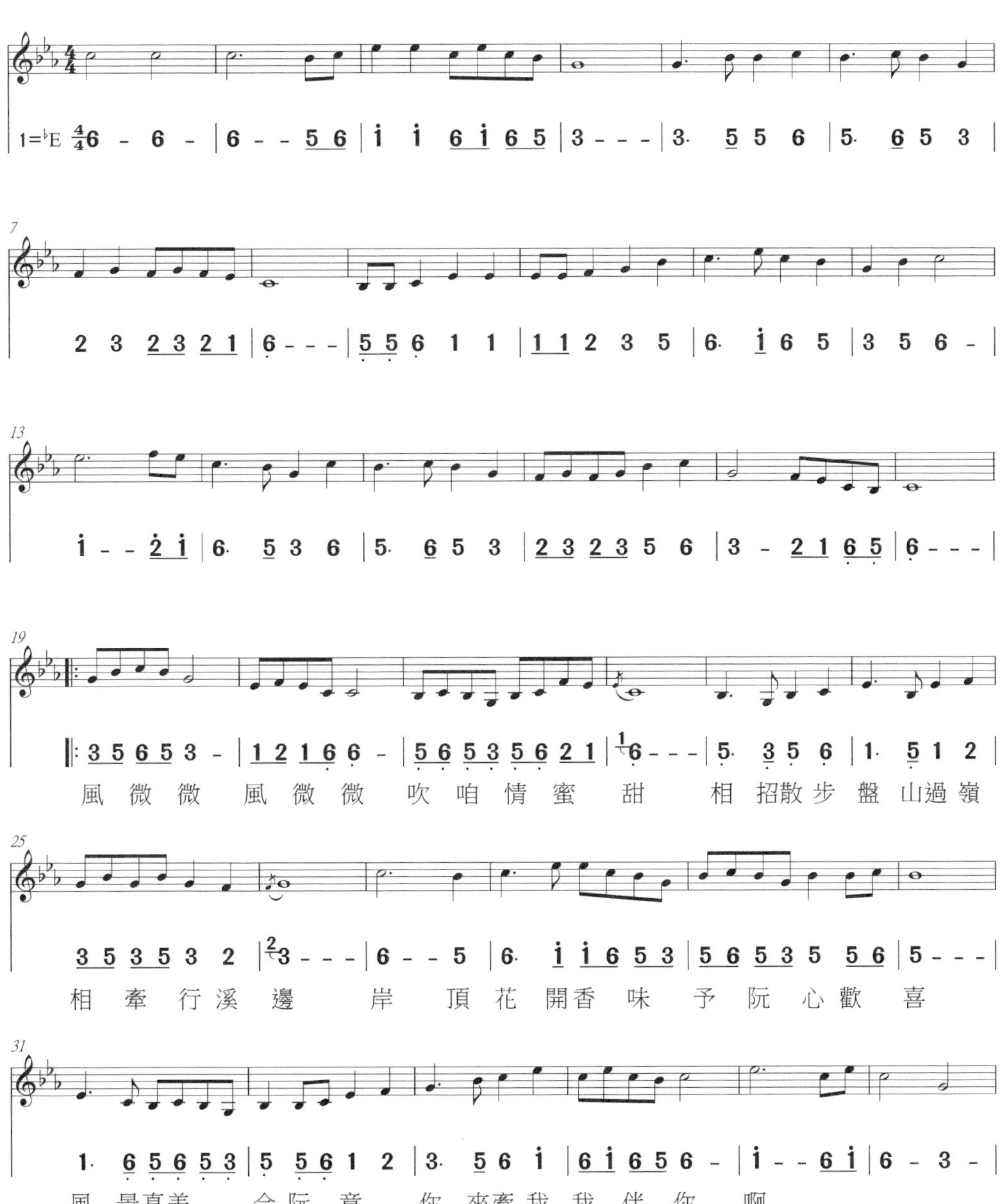

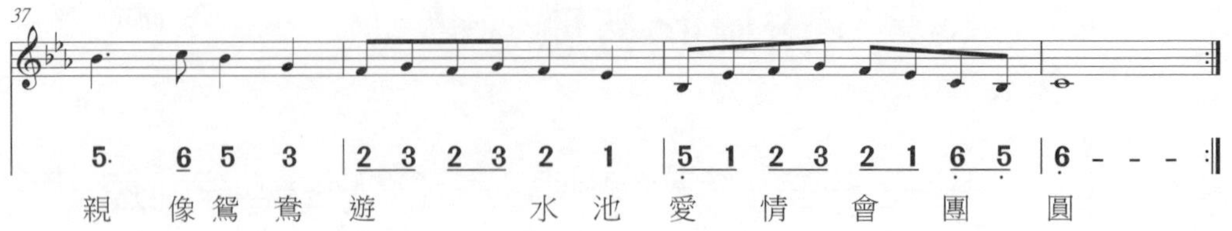

南風吹著戀愛夢　黃國隆作詞　許石作曲

一、風微微風微微　吹咱情甜蜜　相招散步盤山過嶺相牽行溪邊
岸頂花開香味　予阮心歡喜　風景真美合阮意　你來牽我我伴你
啊～～親像鴛鴦遊水池　愛情會團圓

二、花香味花香味　南風吹香味　雙人作陣南風做伴替阮訴相思
阿娘仔有情義　阿娘我愛你　月娘知影阮真情　孤星也知阮真意
啊～～南風替阮唸情詩　愛情好透年

三、戀愛夢戀愛夢　夢中你一人　有時歡喜有時生氣予阮目框紅
阿娘情來相送　阿娘你一人　予阮暝日做眠夢　醒來心肝也茫茫
啊～～希望南風送好夢　期待有一項

Blues

離別

黃國隆　作詞
許　石　作曲

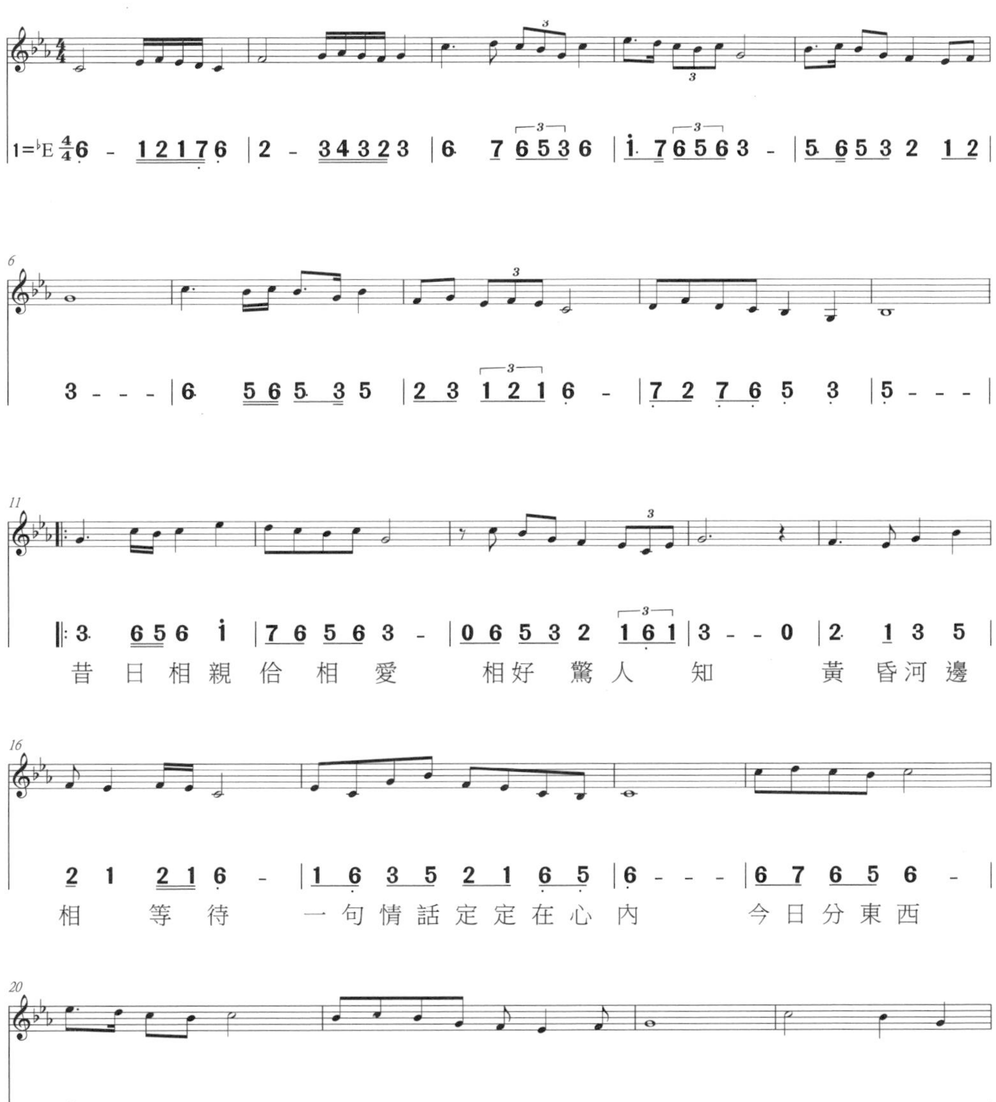

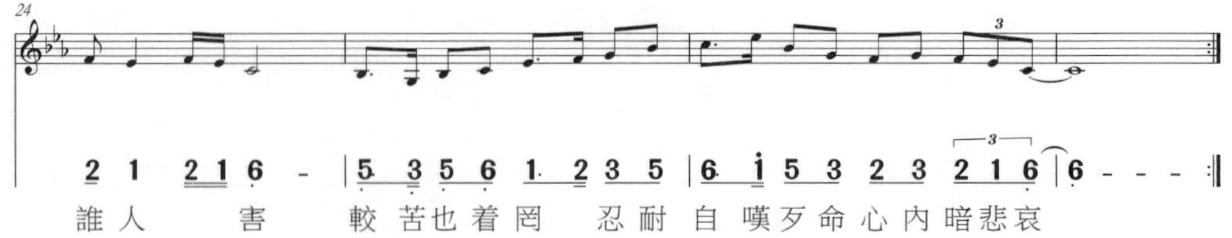

離別

黃國隆作詞　許石作曲

一、昔日相親佮相愛　相好驚人知　黃昏河邊相等待　一句情話定定在心內

今日分東西　暗暗流目屎　一聲交代閣再來

啊～～誰人害　較苦也着罔忍耐　自嘆歹命心內暗悲哀

二、想起離別的情話　那像小雨花　毋知何時通相會　心頭定定悶悶頭犁犁

阮是熱情花　啼哭失栽培　暝日予阮得怨切

啊～～愛人喂　好夢永遠是不回　胭脂花粉着用目屎洗

三、袂食袂睏目屎滴　對月空相思　希望會得再相見　拜託月娘共阮通知伊

講阮思念伊　不時都夢見　醒來孤單看日記

啊～～想彼時　愛情糖甘佮蜜甜　今日雙人變成拆分離

Tango

故鄉的鴛鴦河

黃國隆　作詞
許　石　作曲

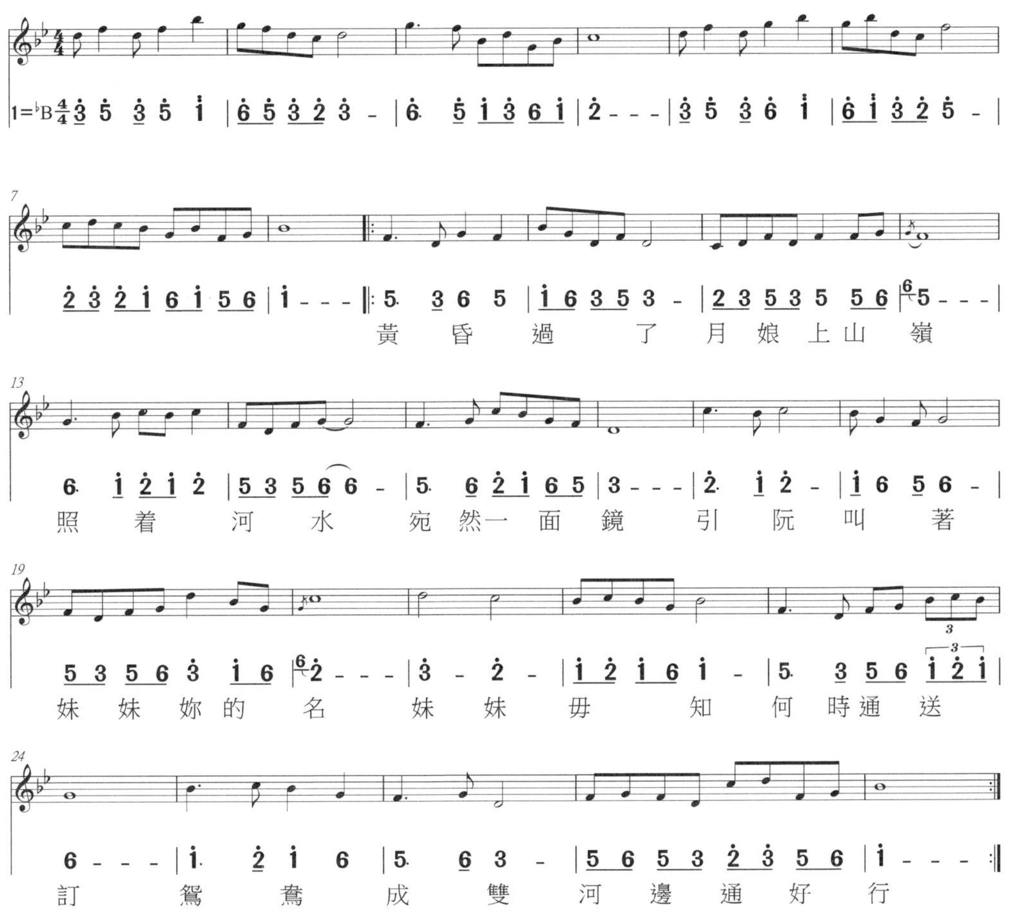

故鄉的鴛鴦河　　黃國隆作詞　許石作曲

一、(男) 黃昏過了　月娘上山嶺　照着河水　宛然一面鏡
引阮叫著　妹妹妳的名　妹妹毋知　何時通送訂
鴛鴦成雙　河邊通好行

二、(女) 阮應哥哥　放心毋免驚　一心一意　只愛搭心兄
毋通煩惱　何時通送訂　咱那定定　河邊雙人影
將來一定　結成好親情 (tsiânn)

三、(男) 聽見妹妹　答應阮一聲　予阮歡喜　心頭弄袂定
(女) 親愛哥哥　毋通雄拚拚　阮是決心佮兄結親成
(合) 雙人相好　做陣河邊行

我愛搭心兄

黃國隆　作詞
許　石　作曲

Mambo

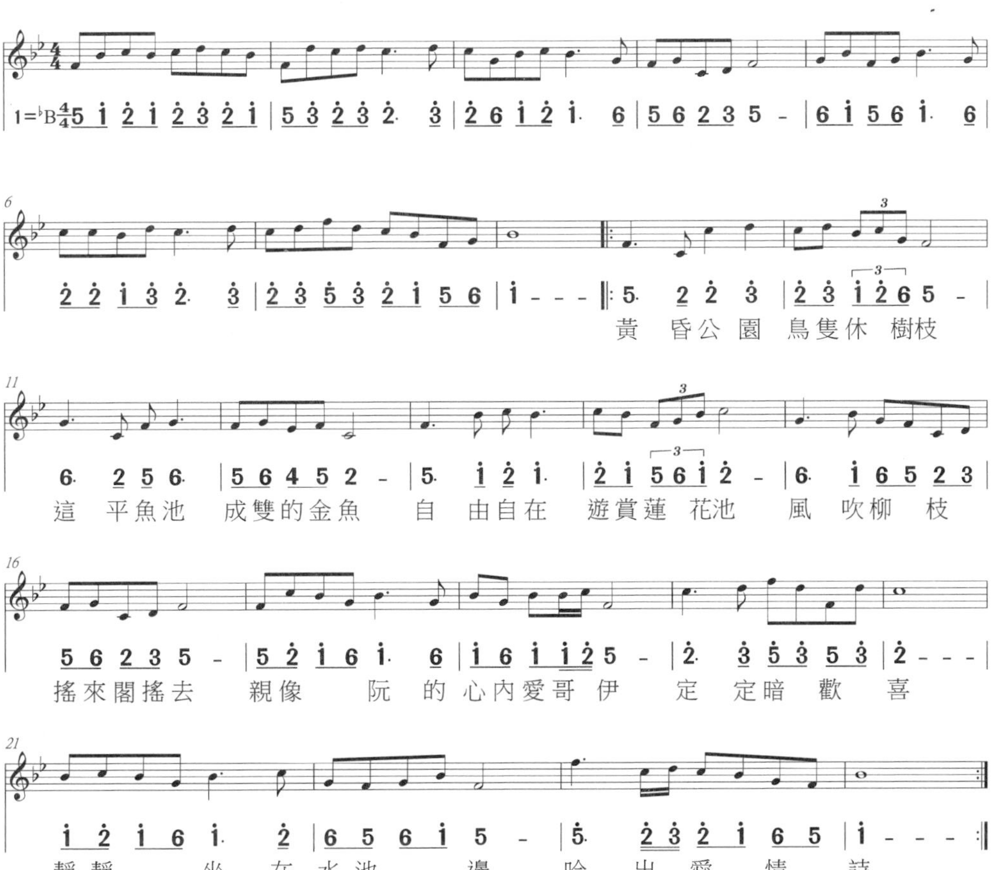

我愛搭心兄　　黃國隆作詞　許石作曲

一、黃昏公園　鳥隻休樹枝　這平魚池　成雙的金魚

自由自在　遊賞蓮花池　風吹柳枝　搖來閣搖去

親像阮的心內愛哥伊　定定暗歡喜　靜靜坐在水池邊　吟出愛情詩

二、東平月娘　漸漸見月眉　搭心哥哥　遠遠行過來

滿腹情話　欲講予你知　哥哥真情　毋通來變歹

永遠成雙做陣行規排　愛情有存在　千萬毋通分東西　相好合應該

三、美麗夜景　宛然山水鏡　月照魚池　看見雙人影

雙人談情　心肝會安定　一個心內　永遠一個兄

希望哥哥你咱相疼疼　青春好運命　有哥做伴心袂驚　我愛搭心兄

阿娘仔叫一聲

Rumba

黃國隆 作詞
許 石 作曲

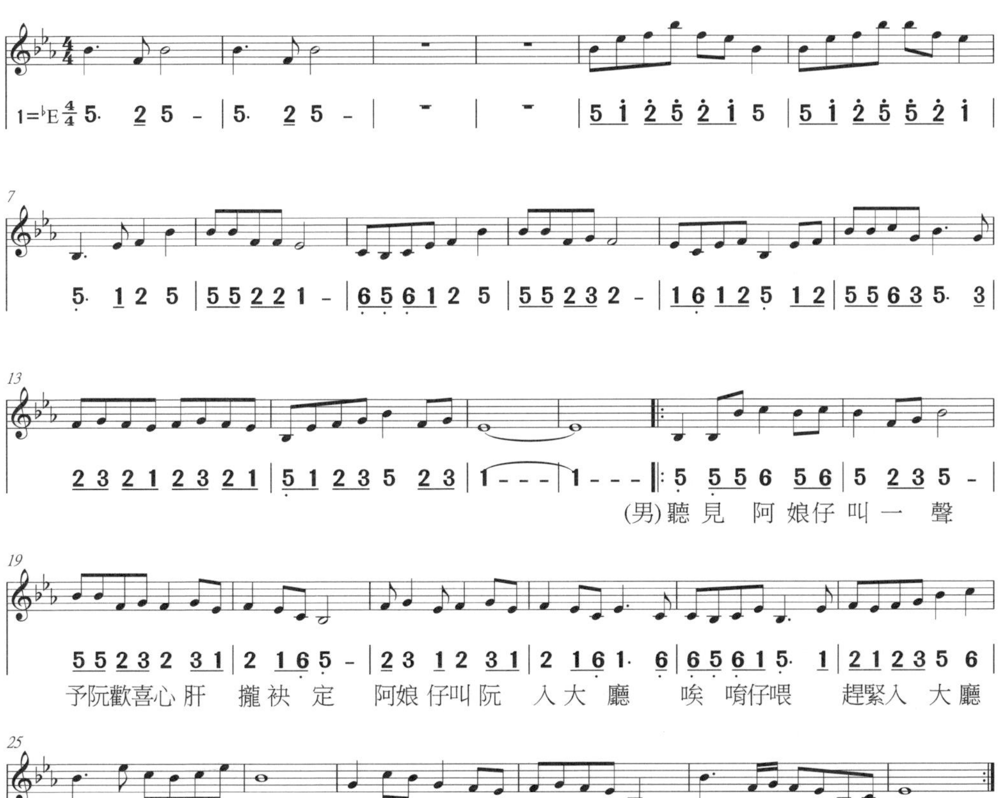

阿娘仔叫一聲　黃國隆作詞　許石作曲

一、(男) 聽見阿娘仔叫一聲　予阮歡喜心肝攏袂定
阿娘仔叫阮入大廳　哎唷仔喂　趕緊入大廳　哎唷哎唷仔喂
雙腳跪落叫一聲　阿娘仔的香名

二、(女) 看見阿君仔跪落地　驚阮展威頭殼格犁犁
阿君仔起來聽阮說　哎唷喂　搭心阿君喂　哎唷哎唷仔喂
愛欲阮美着插花　阿娘仔交陪

三、(男) 聽見阿娘仔好言語　可比春風吹來阮身邊
阿娘仔水粉佮胭脂　哎唷喂　省款你愛挃　哎唷哎唷仔喂
阮買花粉送予你　阿娘會歡喜

四、(女) 聽見阿君仔買花粉　(男) 愛情欲好錢銀是無論
阿娘仔永遠通青春　哎唷喂　不時笑吻吻　(女) 哎唷哎唷仔喂
(合) 雙人幸福好命運　阿娘仔牽阿君

菅仔埔阿娘　許丙丁作詞　許石作曲　顏華唱

一、菅仔埔的阿娘仔　面抹胭脂雙平紅
紅花插在大頭鬃　紙雨傘挾在腷下空 (keh-ē-khan)　番薯二頭十斤重
老酒麻油幾若項　送予親姆妳補冬

二、菅仔埔的阿娘仔　二枝大腳假細蹄
青的色褲大紅鞋　白腳帛沿路拖在 (teh) 齊　糯米二斗肥閹雞
欲送府城阮親家　順紲予你做冬至

三、菅仔埔的阿娘仔　面顱生來真正美
蒜頭的鼻酒鐘嘴　銀鳳釵格插雙平墜　褲腳甪 (lut) 到頂大腿
無轎無車騎水牛　菅仔埔阿娘真正美

許石曾在 1959 年的作曲十周年音樂會中，發表〈阿娘仔叫一聲〉這首歌，這場音樂會許石與黃國隆密切合作，在專刊中，黃國隆強調兩人合作創作歌謠的鄉土風味：「運用臺灣古典音調，並用胡絃、朔羅 (Solo)，這正充分底顯出古色古香的鄉土情調。」這場音樂會發表歌曲別具鄉土風格，許石音樂作品的鄉土音樂面貌也自此確立。

〈阿娘仔叫一聲〉似沒有錄音作品發表，不過在 1964 年許石製作的民謠唱片專輯裡，收錄了一首許丙丁作詞的〈菅仔埔阿娘〉，就是〈阿娘仔叫一聲〉改作而成。

〈菅仔埔阿娘〉的歌詞相當特別，「菅仔埔」是臺南市安南區的舊地名，顧名思義就是菅芒遍野的平地，安南區為臺江內海兩百年來淤積而成的浮覆地，而形成荒漠未開發的景觀。許丙丁的歌詞描述的，就是在這樣土地貧瘠的荒野裡生活、強悍健康有活力的女性。

許石的父母親是來自鹿耳門一帶遷到府城邊居住，以其家族背景，對「菅仔埔」的自然與人文景觀肯定也倍感親切。這首歌編寫灌錄後製作唱片發行，可能發表於 1964 年左右。

在許石、許丙丁合作的歌謠裡，時常描述這類樸實、活潑而堅強的女性，迥異於一般臺語歌中柔弱、執著於愛情的女性形象。

〈菅仔埔阿娘〉

太王 KLK-64：顏華（菅仔埔阿娘）
太王 KLA-005：許石（菅仔埔阿娘）

嘆秋風

黃國隆 作詞
許 石 作曲

Waltz

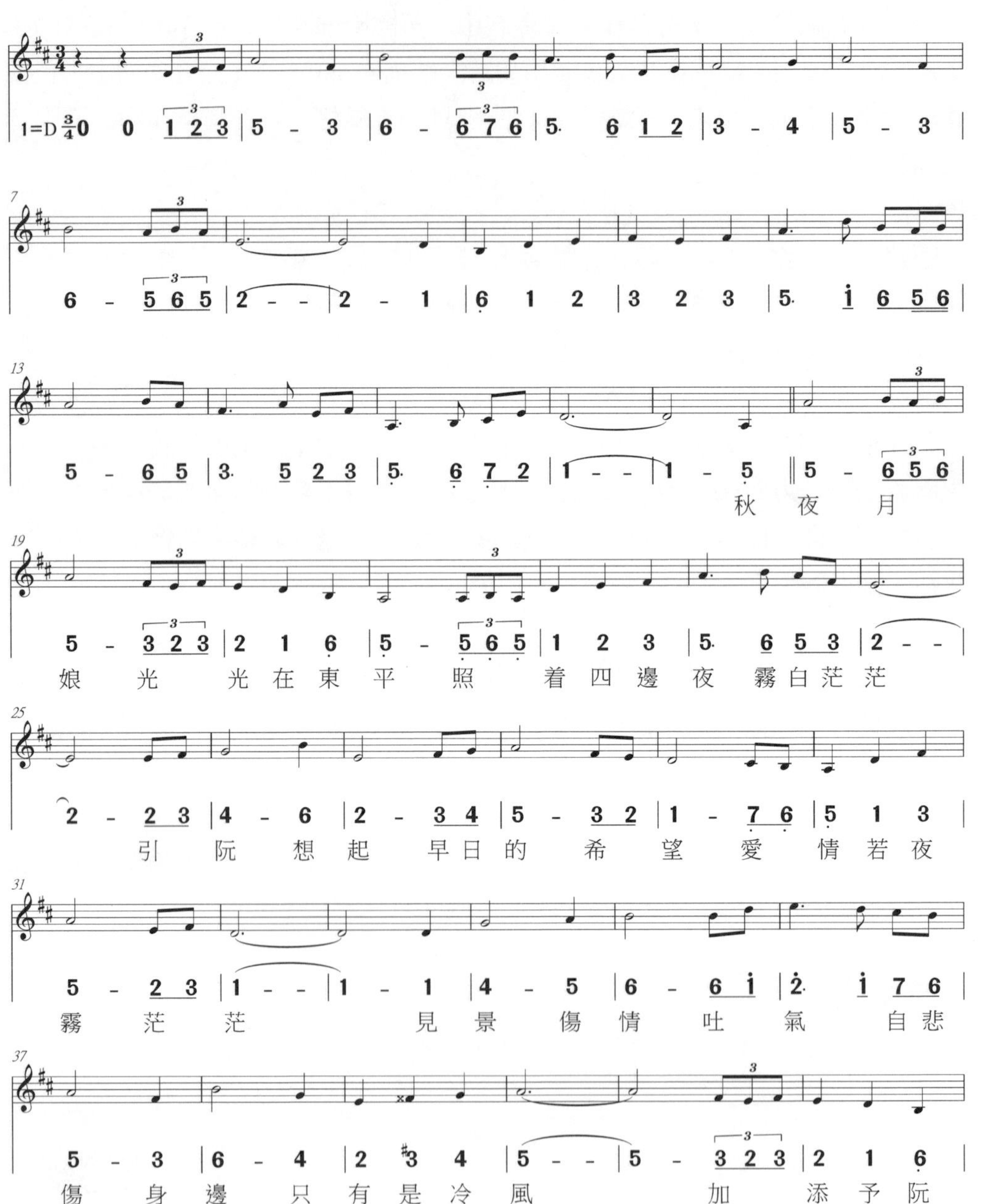

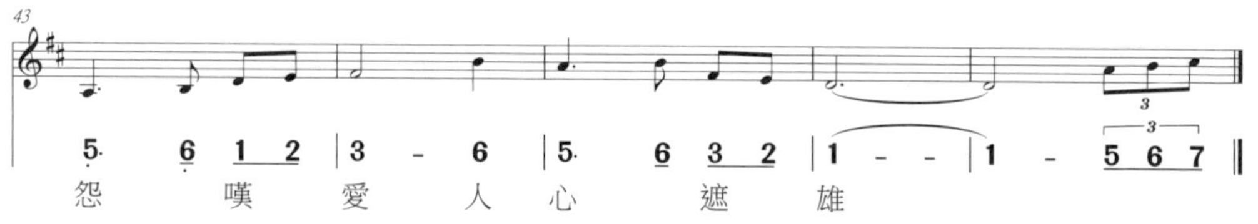

嘆秋風

黃國隆作詞　許石作曲

一、秋夜月娘　光光在東平　照着四邊　夜霧白茫茫

引阮想起　早日的希望　愛情若夜霧茫茫

見景傷情　吐氣自悲傷　身邊只有是冷風　加添予阮怨嘆　愛人心遮雄

二、桂花開透　秋風陣陣寒　愛人僥雄　放阮得孤單

予阮四界　揣無仝心肝　一山行了又一山

美滿愛情　今日來拆散　無情秋風鑽心肝　人生若無愛情　只好歸九泉

三、早前雙人　相牽愛情好　有時快樂　唱歌來相褒

春夏秋冬　四季好迌迌　厝邊頭尾人呵咾

無疑今日　情分遮呢薄　暝日為伊來煩惱　哪通苦守愛河　不時心槽槽

噫！黃昏時

Slow Blues

楊明德 作詞
許 石 作曲

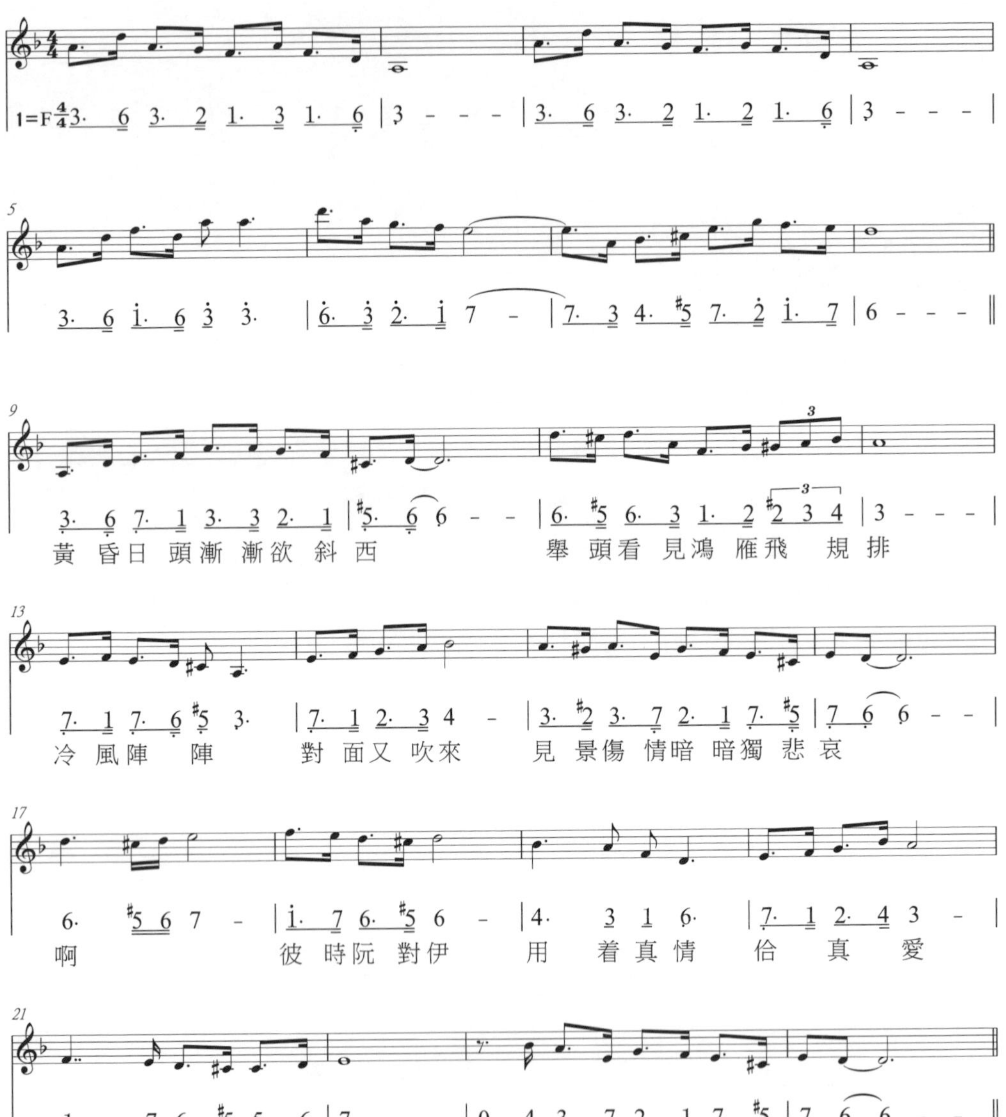

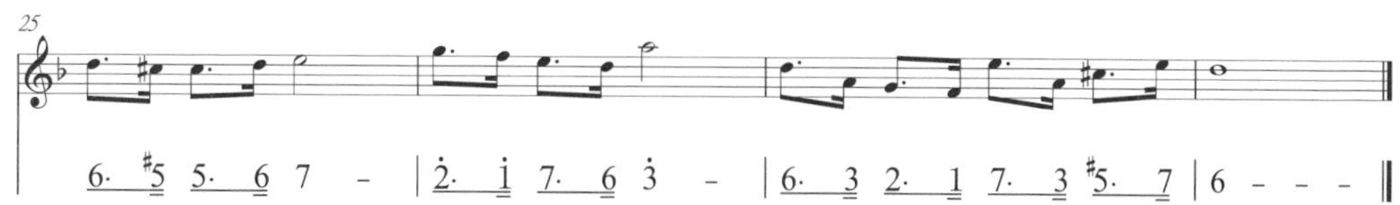

噫！黃昏時　　楊明德作詞　許石作曲

一、黃昏日頭　漸漸欲斜西　舉頭看見　鴻雁飛規排
冷風陣陣　對面又吹來　見景傷情　暗暗獨悲哀
啊～～彼時阮對伊　用着真情　佮真愛　怎樣到現在　伊那宛然攏毋知

二、日頭斜西　月娘欲出來　想起當初　初戀的時代
甜甜蜜蜜　雙人情意愛　無疑環境　迫阮分東西
啊～～彼時阮對伊　獻出真情　敢毋知　怎樣到現在　予阮孤單空悲哀

三、黃昏溪邊　杜蚓吼規坪　引阮傷心怨嘆遮苦命
彼日雙人　相招做陣行　猶原聽見溪水的流聲
啊～～彼時阮對伊　誠心誠意　共伊疼　怎樣到現在　變做枉費阮心情 (tsiânn)

〈噫！黃昏時〉

女王 Q2013：雅美（即「王雅美」，也在亞洲唱片灌錄歌曲）

黃昏時的公園內

Slow Waltz

楊明德 作詞
許 石 作曲

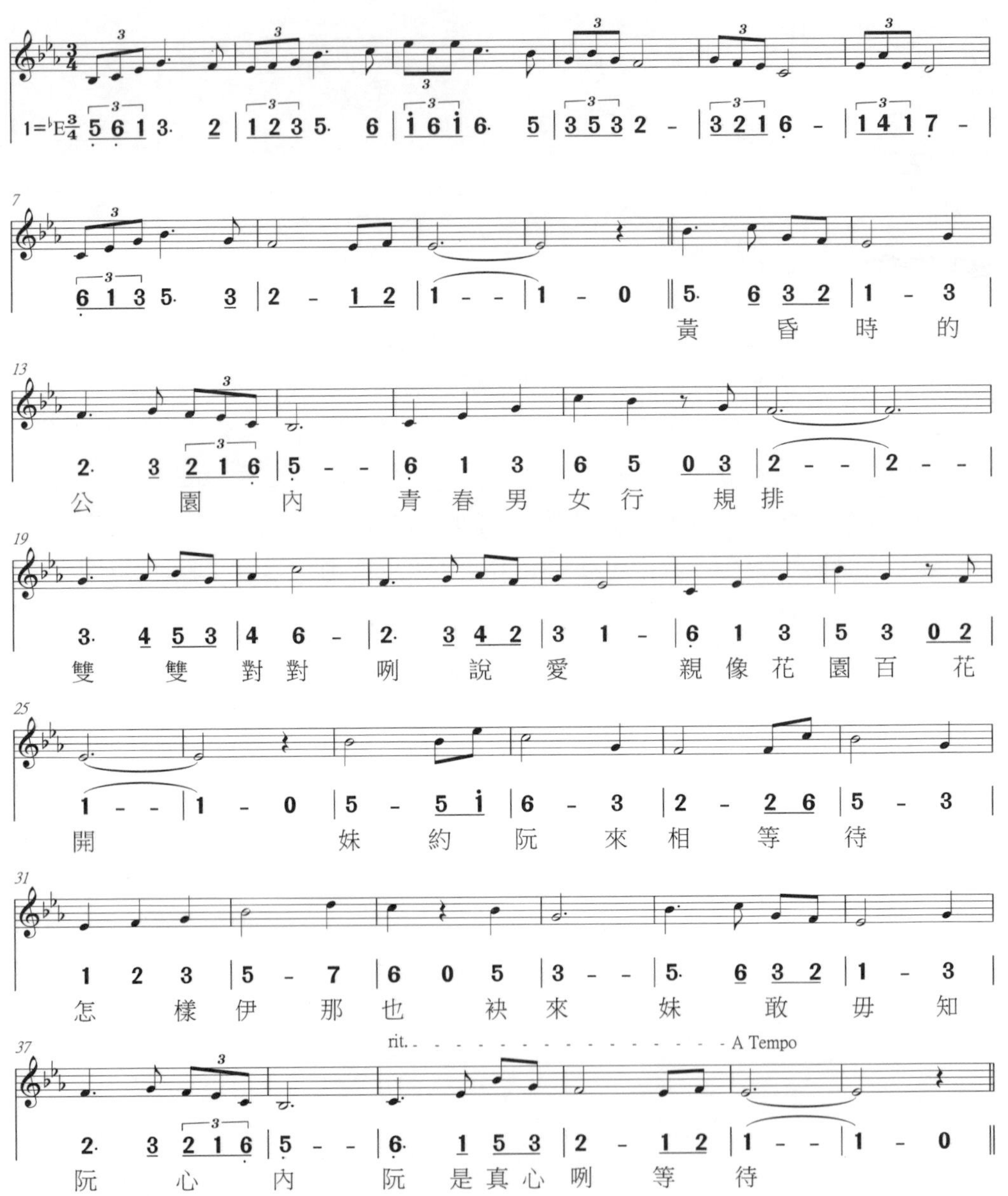

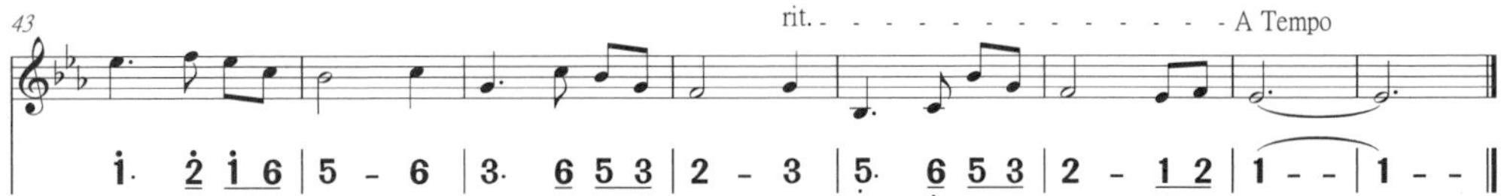

黃昏時的公園內　　楊明德作詞　許石作曲

一、(男) 黃昏時的公園內　青春男女行規排
雙雙對對咧說愛　親像花園百花開
妹約阮來相等待　怎樣伊那也袂來
妹敢毋知阮心內　阮是真心咧等待

二、(女) 檳榔開花清香味　聽着樹頂夜鶯啼
靜靜坐在水池邊　看見月影照水墘
等無哥哥心僥疑 (giâu-gî)　孤單無伴算天星
哥敢毋知阮心意　阮是真情來等伊

三、(女) 聽見哥哥的歌聲　引阮歡喜大步行
(男) 妹妹你着愛知影　咱的緣份天註定
(合) 你咱永遠愛相疼　途中風波咱毋驚
聽著幸福的鐘聲　雙人行入青春嶺

在 1960 年出品的曲譜集《李其灶歌選》中收錄這首歌，註明是鄭雪雲演唱，顯見當時有發行過唱片。

薄命花

楊明德　作詞
許　石　作曲

Tango

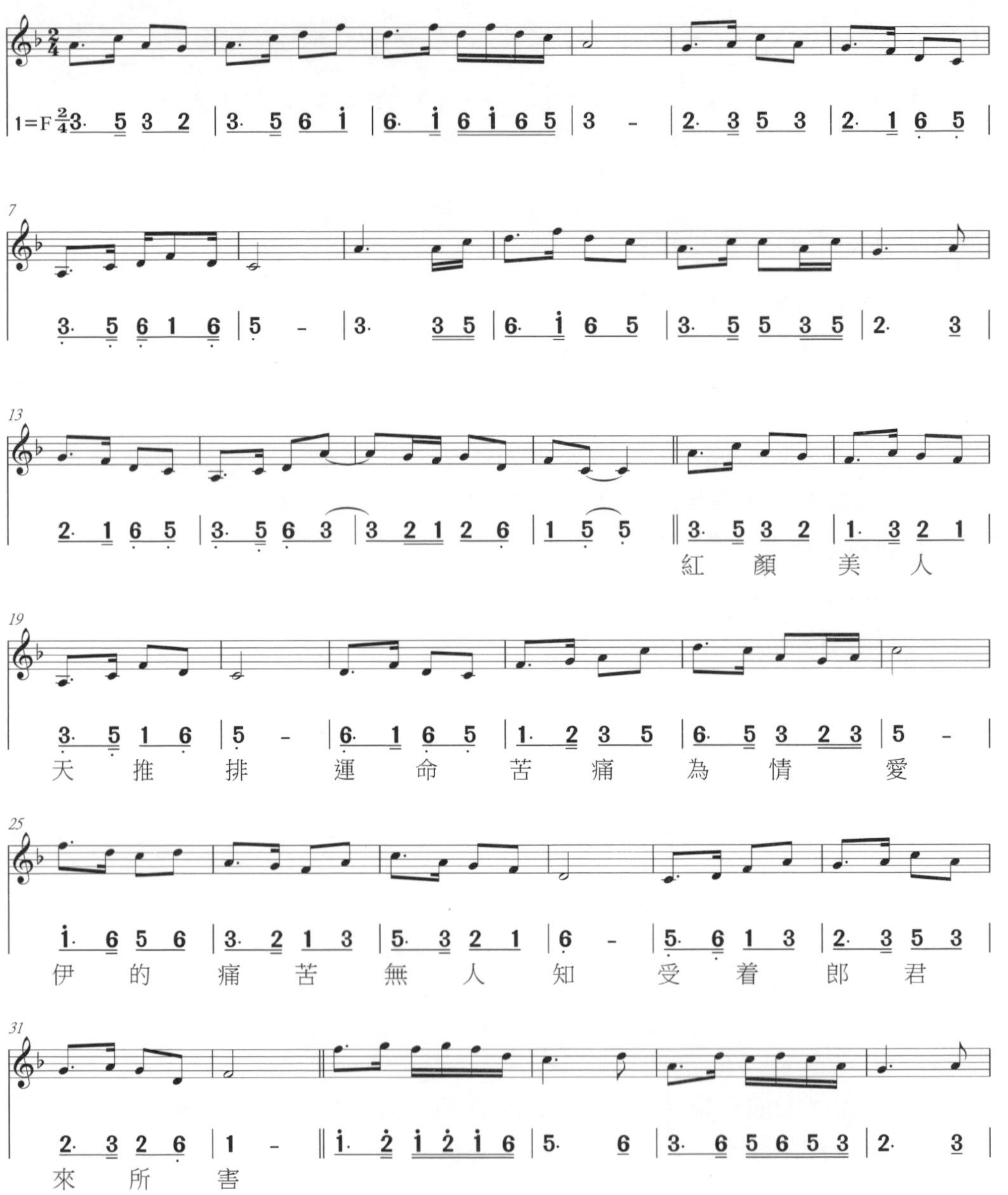

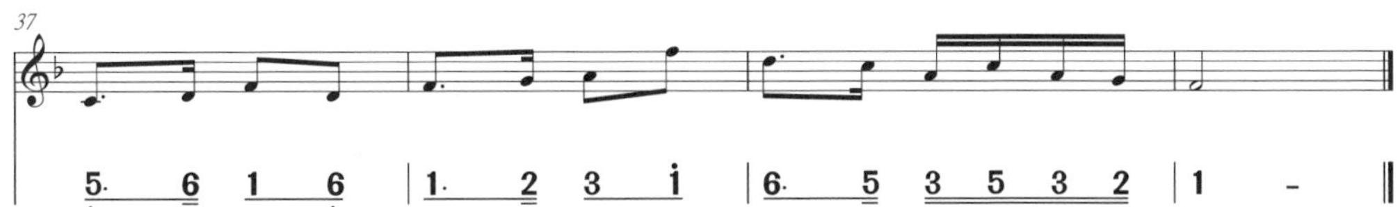

薄命花　　楊明德作詞　許石作曲

一、紅顏美人天推排　運命苦痛為情愛
　　伊的痛苦無人知　受着郎君來所害
二、紅顏美人真薄命　受着困難的環境
　　獻着伊的全心性　唸歌唱曲渡人生
三、紅顏美人真可憐　為着子兒的一身
　　每日忍耐來認真　流浪賣唱望出身

Fox Trot

青春望

張輝聰　作詞
許　石　作曲

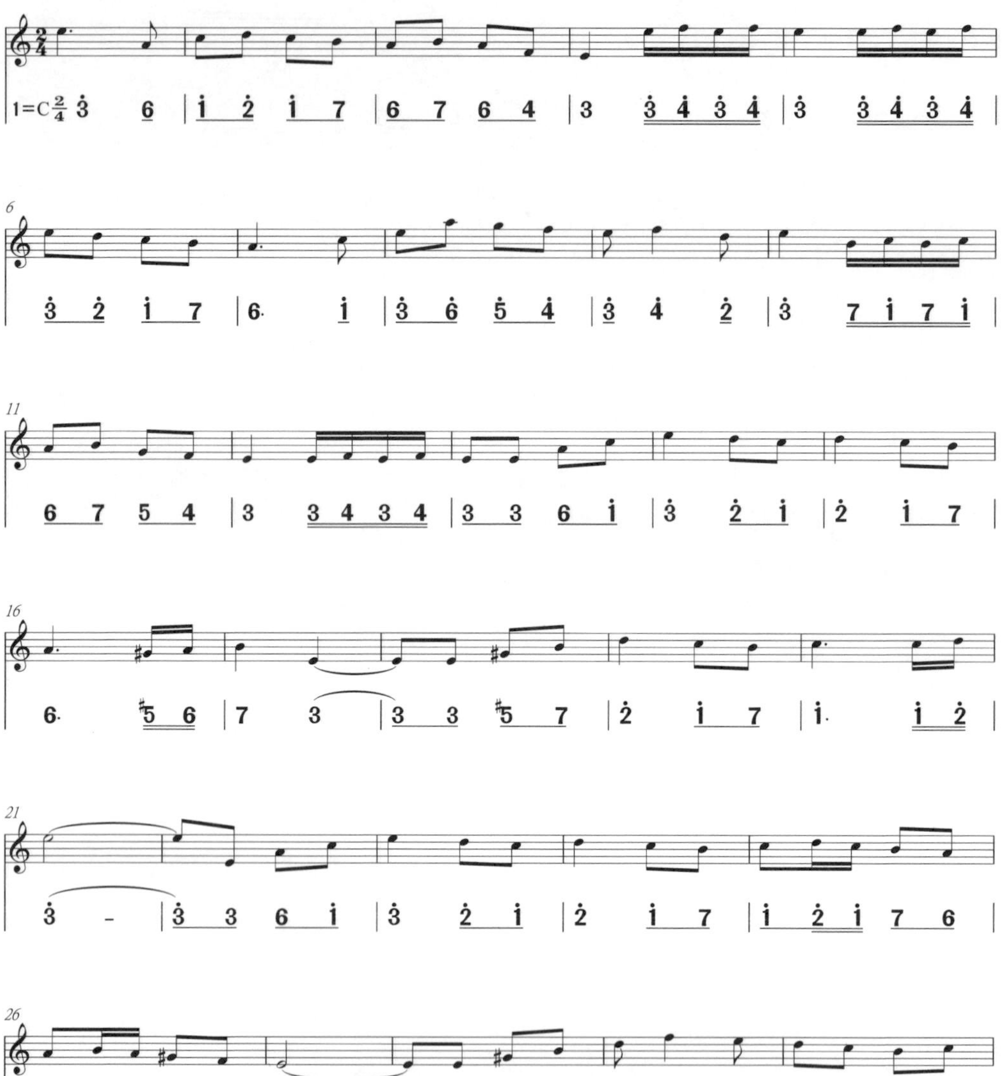

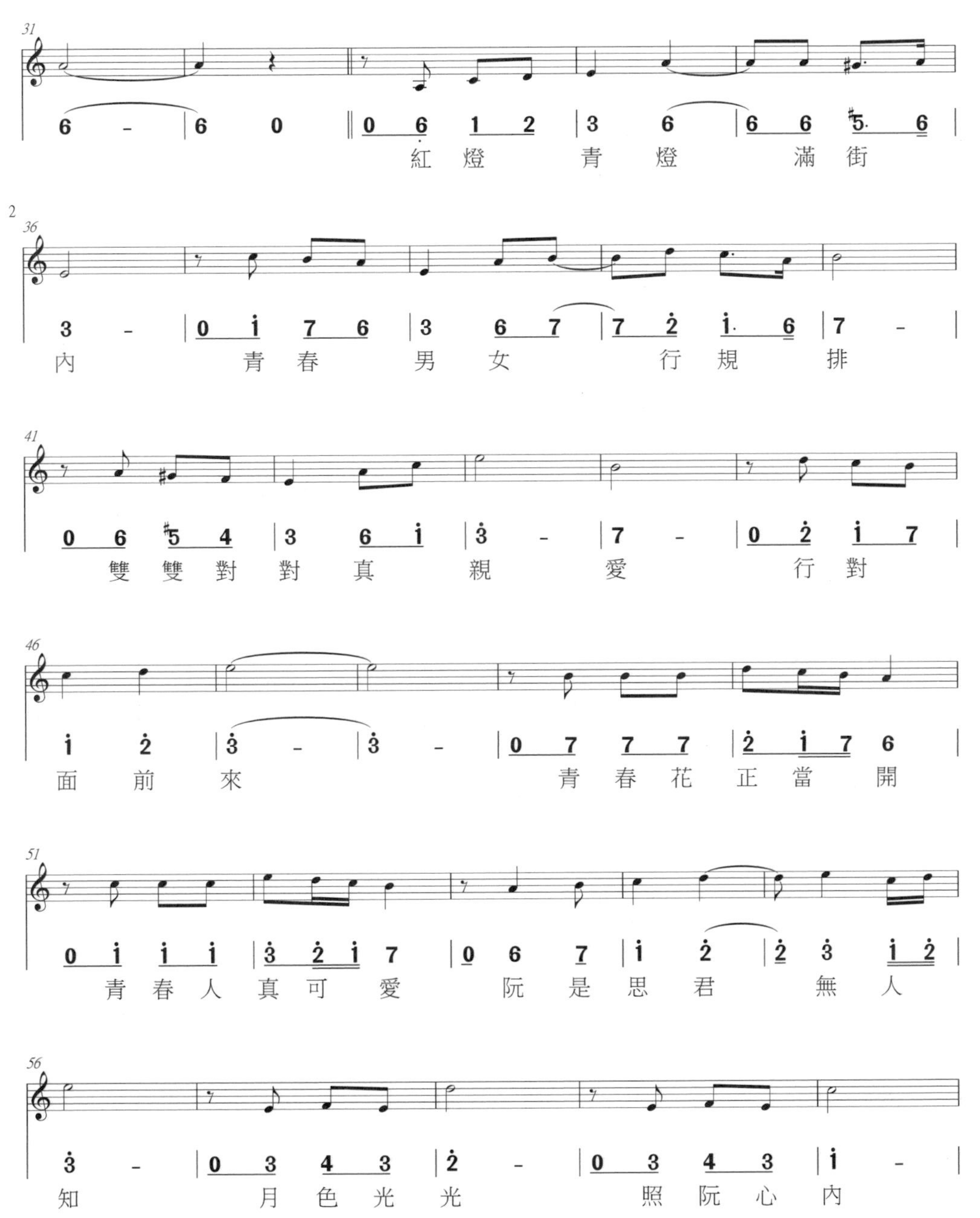
紅 燈 青 燈 滿 街
內 青 春 男 女 行 規 排
雙 雙 對 對 真 親 愛 行 對
面 前 來 青 春 花 正 當 開
青 春 人 真 可 愛 阮 是 思 君 無 人
知 月 色 光 光 照 阮 心 內

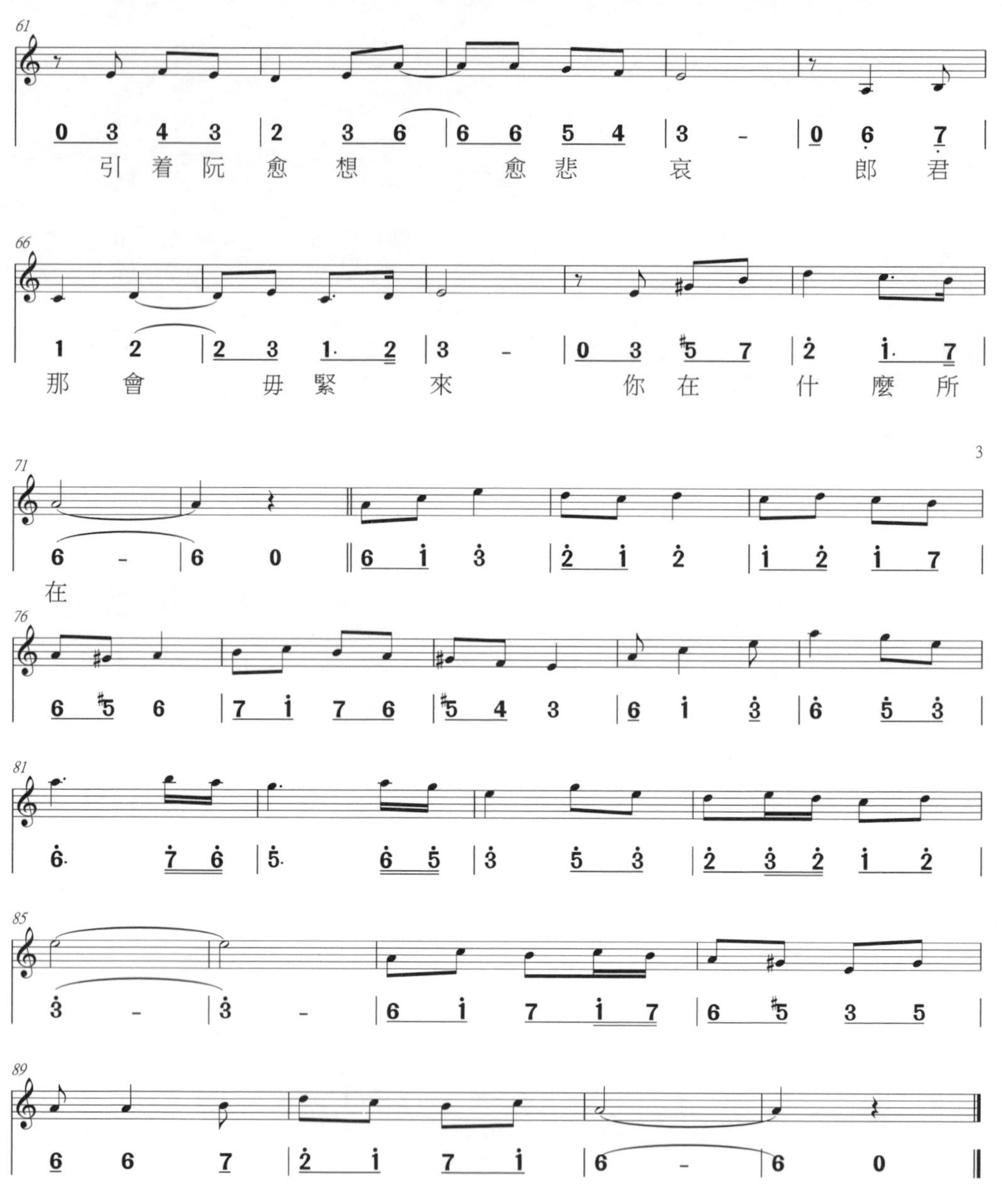
61
引着阮愈想 愈悲哀 郎君
66
那會 毋緊來 你在什麼所
71
在
3
76
81
85
89

青春望　張輝聰作詞　許石作曲

一、紅燈青燈滿街內　青春男女行規排　雙雙對對真親愛　行對面前來

青春花正當開　青春人　真可愛　阮是思君無人知

月色光光　照阮心內　引着阮愈想愈悲哀　郎君那會毋緊來　你在什麼所在

二、十九花開當青春　笑容迎接蝴蝶群　阮的青春無人問　想着亂紛紛

青春人青春望　青春望　望誰人　暝日期待心內人

誰人會知　阮心茫茫　孤星你着替阮幫忙　阮是每日咧思念　也是想伊一人

三、月圓花開青春暝　空思夢想過日子　望君尋春趁這時　盡心等待你

青春夢青春暝　青春來　青春去　郎君毋通來延遲

賞花莫待　花蕊離枝　若是早一日會團圓　阮的真情佮真意　更像蓮藕的絲

大王 KLK-47：惠玲

臺灣姑娘

泰華　作詞
許石　作曲

Drum solo.

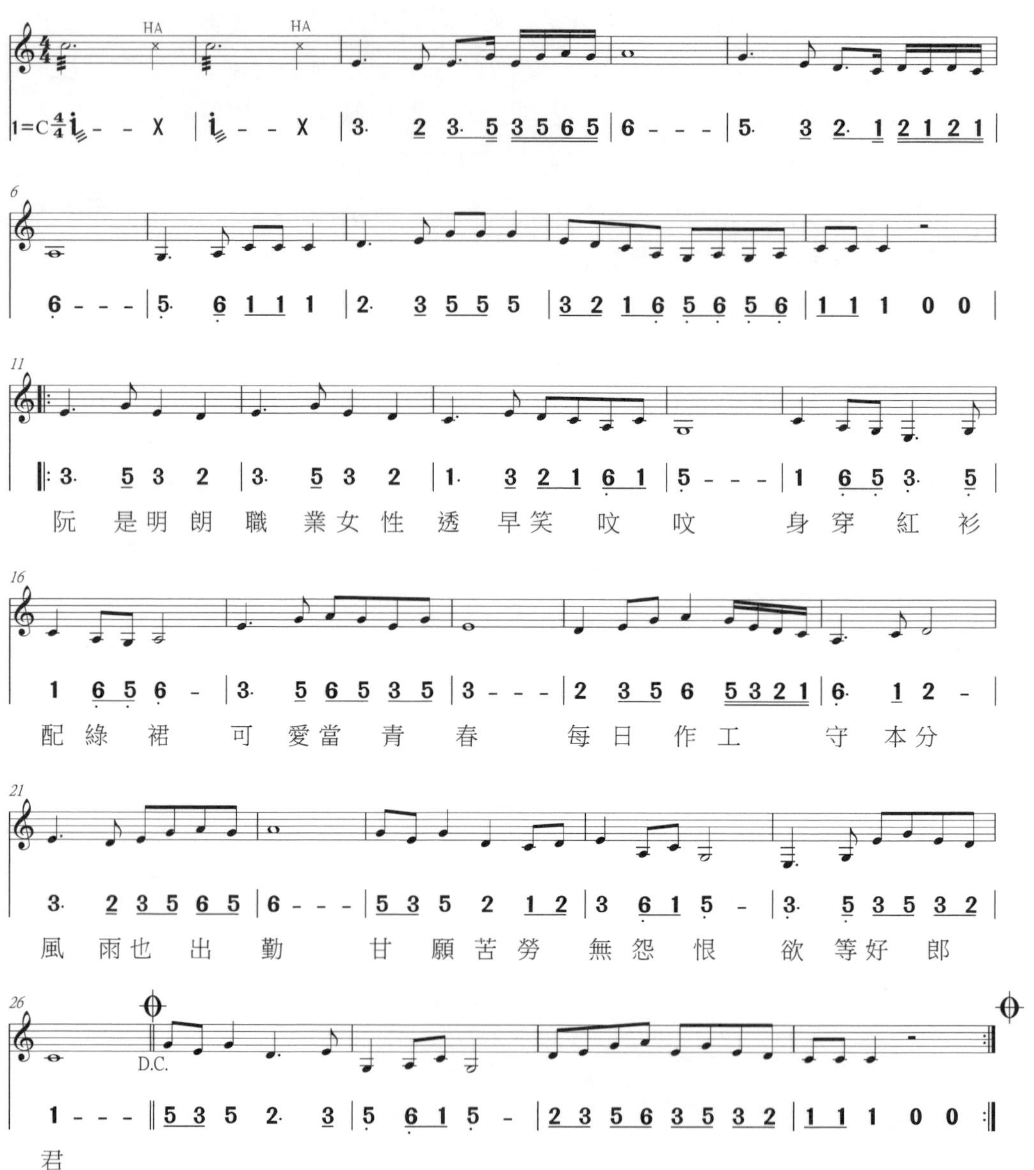

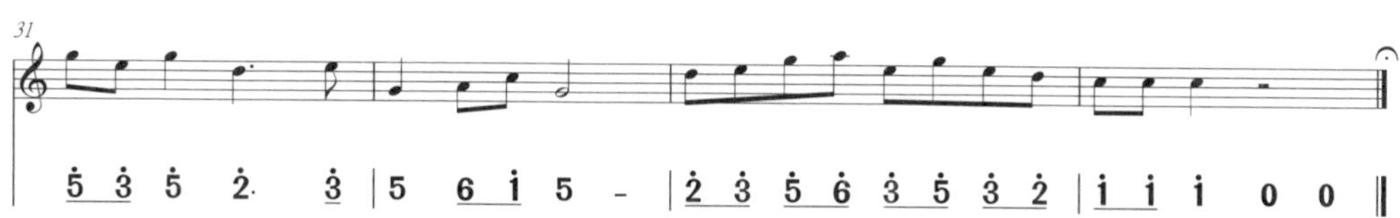

臺灣姑娘　　泰華作詞　許石作曲

一、阮是明朗　職業女性　透早笑吱吱
　　身穿紅衫配綠裙　可愛當青春　每日作工守本分　風雨也出勤
　　甘願勞苦無怨恨　欲等好郎君
二、阮是明朗　職業女性　像花當含蕊
　　毋驚野蜂亂追隨　毋敢亂亂開　自立自守花園位　真情來等伊
　　花望戀風甘露水　真心來做堆
三、阮是明朗　職業女性　活潑聰明性
　　雖是風霜心也清　希望求光明　毋管郎君啥環境　真情無嫌窮
　　熱心好夢毋驚冷　希望良緣成

這首歌在 1961 年前後即有唱片錄製，收錄在新創歌謠專輯中，1979 年許石三十周年音樂會中也特地演出，輕快活潑，表現「職業女性」潔身自愛的爽朗個性。

〈臺灣姑娘〉

大王 KLK-59 ：廖美惠
太王 KLE-104：許碧珠

天黑黑

曾淑美　作詞
許　石　作曲

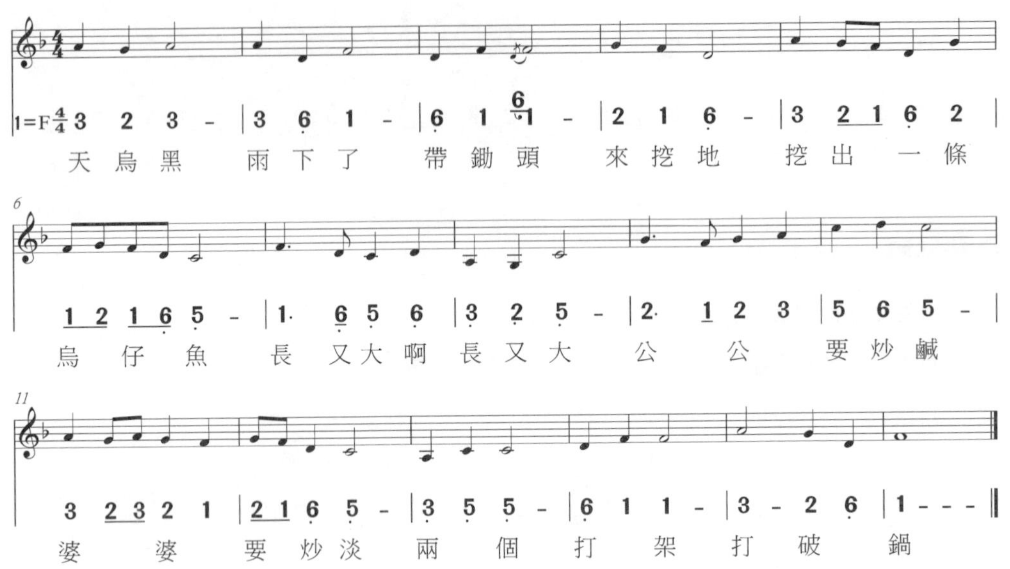

天黑黑（臺語）　許石編詞(＊黃裕元重建)　許石作曲

一、天烏烏　欲落雨　舉鋤頭來掘土　掘著一尾烏仔魚　長閣粗啊　長閣粗
　　阿公欲煮鹹　阿嬤欲煮汫　兩个相打挵破鼎

二、天烏烏　欲落雨　舉鋤頭來掘芋　掘著一群鮎仔魚　欲娶某啊　欲娶某
　　新娘叫放尿　扛轎的講毋宿　兩个相打挵破轎

三、天烏烏　欲落雨　舉鋤頭來掘芋　掘著一群冬娘仔魚　欲織布啊　欲織布
　　小尾个欲織白　大尾个欲織烏　兩个相打剎破褲

天烏黑（華語）　曾淑美作詞　許石作曲

一、天烏黑　雨下了　帶鋤頭來挖地　挖出一條烏仔魚　長又大啊　長又大
　　公公要炒鹹　婆婆要炒淡　兩個打架打破鍋

二、天烏黑　雨下了　帶鋤頭來挖地　挖出一群鮎仔魚　要成親啊　要成親
　　新娘說想玩　轎夫說不行　兩個打架撞破轎
三、天烏黑　雨下了　帶鋤頭來挖地　挖出一對冬娘魚　要織布啊　要織布
　　大魚要織白　小魚要織黑　兩人打架撕破布
四、天烏黑　雨更大　放學了快回家　收拾書包回家去　快回家啊　快回家
　　媽媽做好飯　爸爸門口等　大家高興把飯吃

歷來有多首以「天烏烏」為名的臺語童謠，日本時代就有類似主題的臺語創作童謠，1965 年幸福男聲合唱團演唱、林福裕創作的〈天黑黑〉，傳唱普及，最為社會大眾普遍熟悉。

許石製作的〈天黑黑欲落雨〉（又名「天黑黑」），是依照民間唸謠作曲，至少在 1964 年製作收錄於《臺語兒童歌謠集》，同年舉辦的音樂會有發表，後來再改編為華語版本兒歌〈天烏黑〉，收錄在華語童謠專輯中。

〈天烏黑〉由曾淑美作詞、林艷秀等演唱錄音。就樂譜與兩份歌詞比較可以發現，許石創作的歌譜顯然是以臺語歌詞為基礎做成旋律，臺語歌詞更加上「欲上轎才欲放尿」等俚語，串成情節。後來的華語歌詞是依臺語歌詞修編，有些拗口、故事語意也不流暢，我們以許石的手稿可以重建兩段歌詞，再依詞意重建第一段，便可大致拼湊出許石當時製作的臺語兒歌〈天黑黑欲落雨〉。

〈天黑黑〉

太王 KLA-104：林艷秀等唱（華語歌曲 - 天烏黑）

新娘新咚咚

許　石　編詞
許　石　作曲

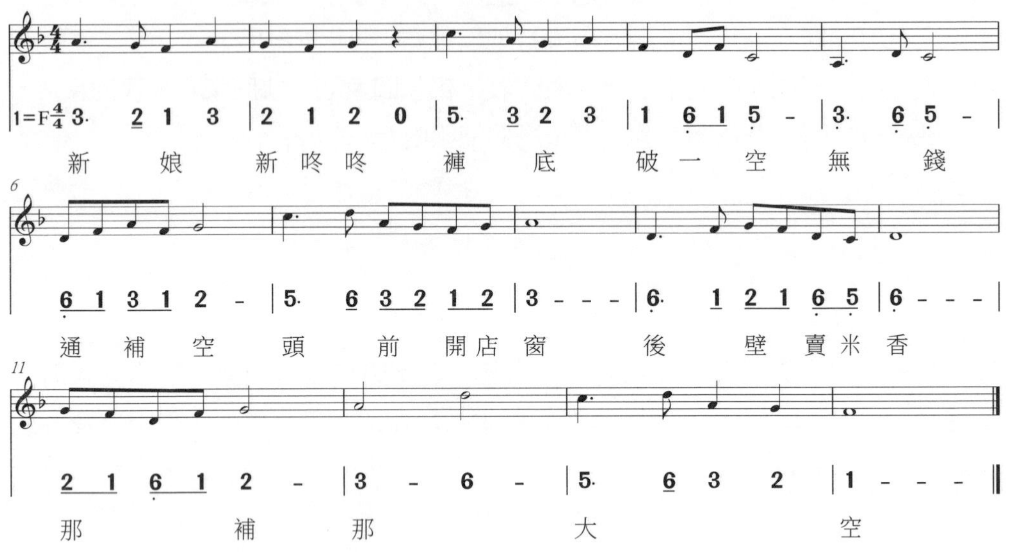

新娘新咚咚　許石編詞　許石作曲

一、新娘新咚咚　褲底破一空　無錢通補空　頭前開店窗
　　後壁賣米香　那補那大空

二、新娘新咚咚　歡喜欲嫁翁　點燈閣彩紅　鼓鈸弄珍咚
　　鑼鼓破一空　那打那大空

三、新娘毋通吼　紅轎在門口　新枕頭無油垢　新蚊罩無蚊吼
　　新被罩白泡泡　新皮鞋穿着𡳞𡳞 (uáinn-uáinn) 吼

許石創作好幾首兒歌作品，創作時顯然是以臺語童謠作為基礎，發展旋律與音樂，1964年更製作成兩張一套的「臺語兒童歌謠集」唱片，收錄〈天黑黑〉、〈新娘新咚咚〉等歌曲。現今普遍留存的錄音資料，是改編成華語歌曲的〈新娘真漂亮〉，收錄在大王童謠唱片專輯。1969年許石製作《人情悲劇：安平追想曲》專輯中，由他的女兒參與演唱一段，成為難得聽見，許石作曲製作的臺語兒歌錄音片段。

太王 KLA-008：碧霞、碧瑛、雅芳

我們是世界少年棒球王

鐸 音 作詞
許 石 作曲

雄壯活潑

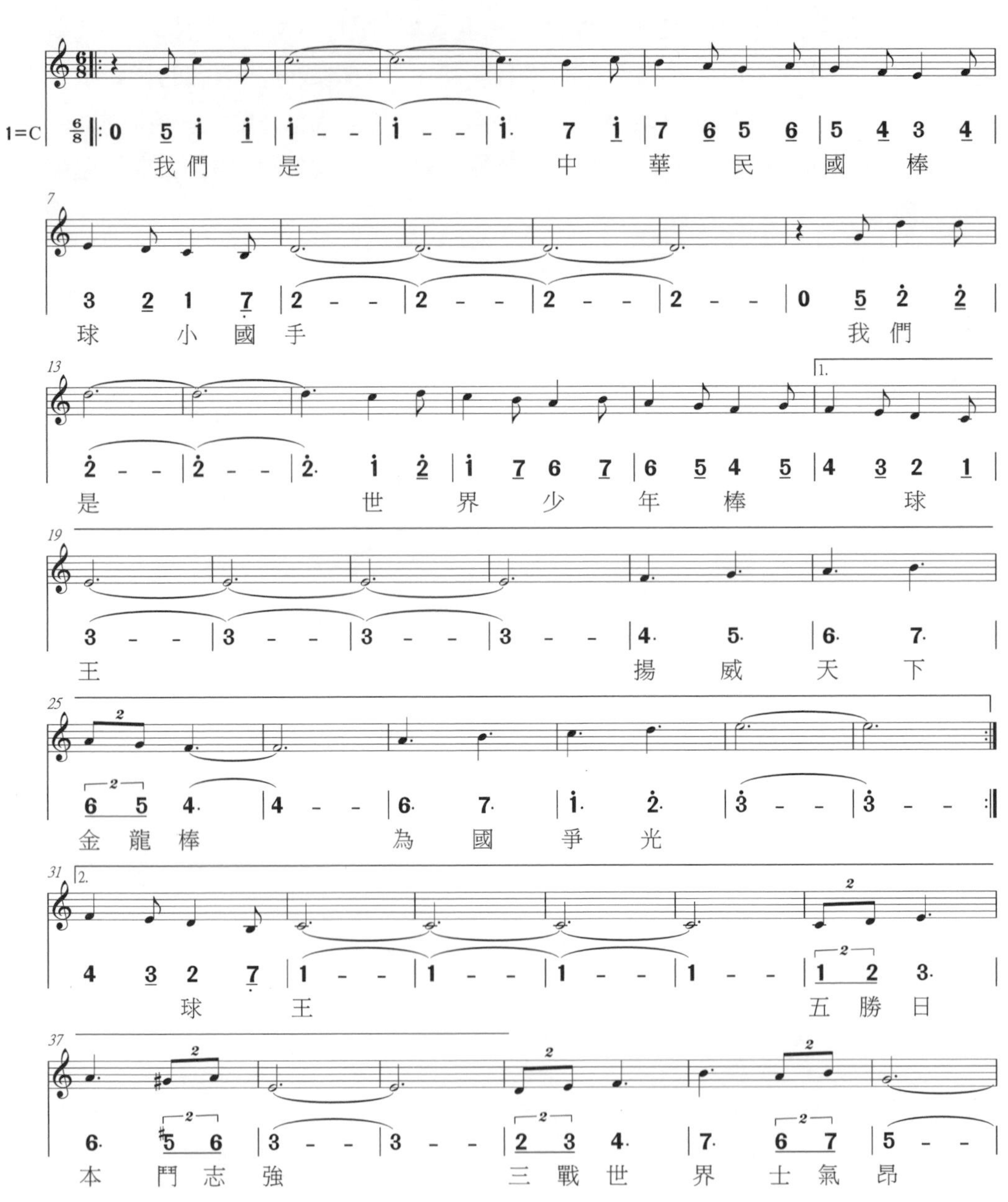

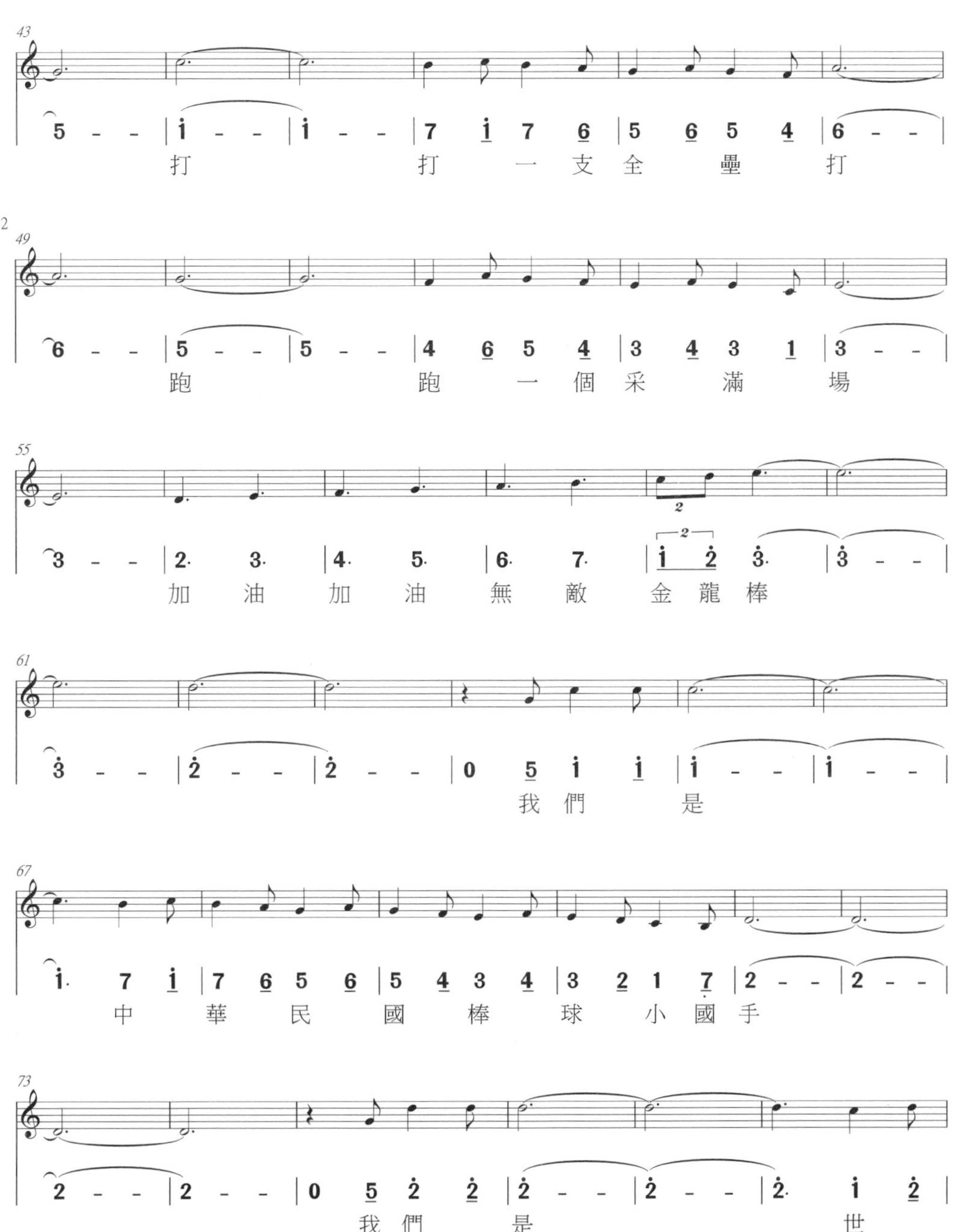
打 打 一 支 全 壘 打
跑 跑 一 個 采 滿 場
加 油 加 油 無 敵 金 龍 棒
我 們 是
中 華 民 國 棒 球 小 國 手
我 們 是 世

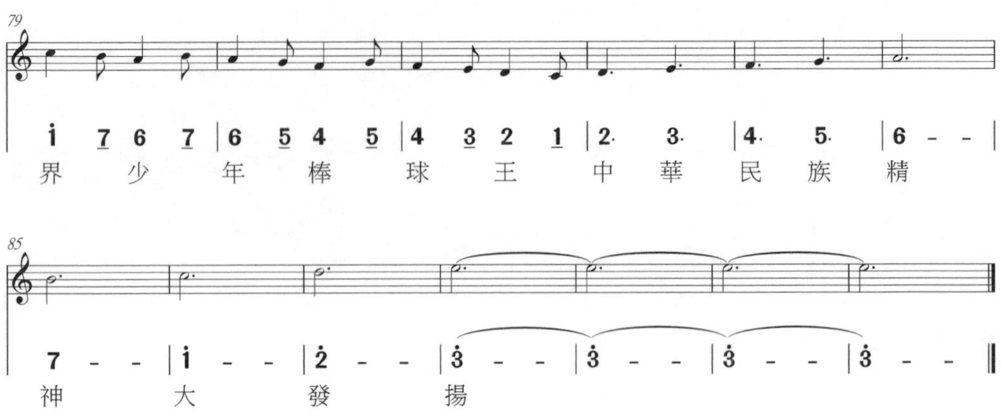

我們是世界少年棒球王（華語）　　鐸音（戴獨行）作詞　許石作曲

我們是　中華民國棒球小國手　我們是　世界少年棒球王

揚威天下金龍棒　為國爭光　球王

五勝日本鬥志強　三戰世界士氣昂　打　打一支全壘打　跑　跑一個采滿場

加油加油無敵金龍棒

我們是　中華民國棒球小國手　我們是　世界少年棒球王

中華民族精神大發揚

這首歌雄壯威，反映許石對棒球的熱情，也表現當時棒球小將們為國爭光，舉國歡騰的社會氣氛。

1969 年 8 月「金龍少棒隊」在美國威廉波特世界少棒賽中奪得冠軍，可說是當年度振奮人心的大事。熱愛棒球的許石同時也正籌備創作 20 周年音樂會，於是特別製作這首歌曲，在音樂會發表。

這首歌為華語歌曲，作詞戴獨行以筆名「鐸音」發表。戴是上海人（1928-1998），早期為攝影記者，曾因政治案件被捕入獄，1965 年至 1971 年間任《聯合報》影藝記者，撰寫「臺語影圈」專欄，與本土演藝圈來往密切，多次訪談許石、葉俊麟等歌壇要角，在報上為臺語歌界發聲。

參考：《臺語片時代》（臺北：國家電影資料館，1994），頁 256-257。

臺灣之夜

朝欽（許石） 作詞
許 石 作曲

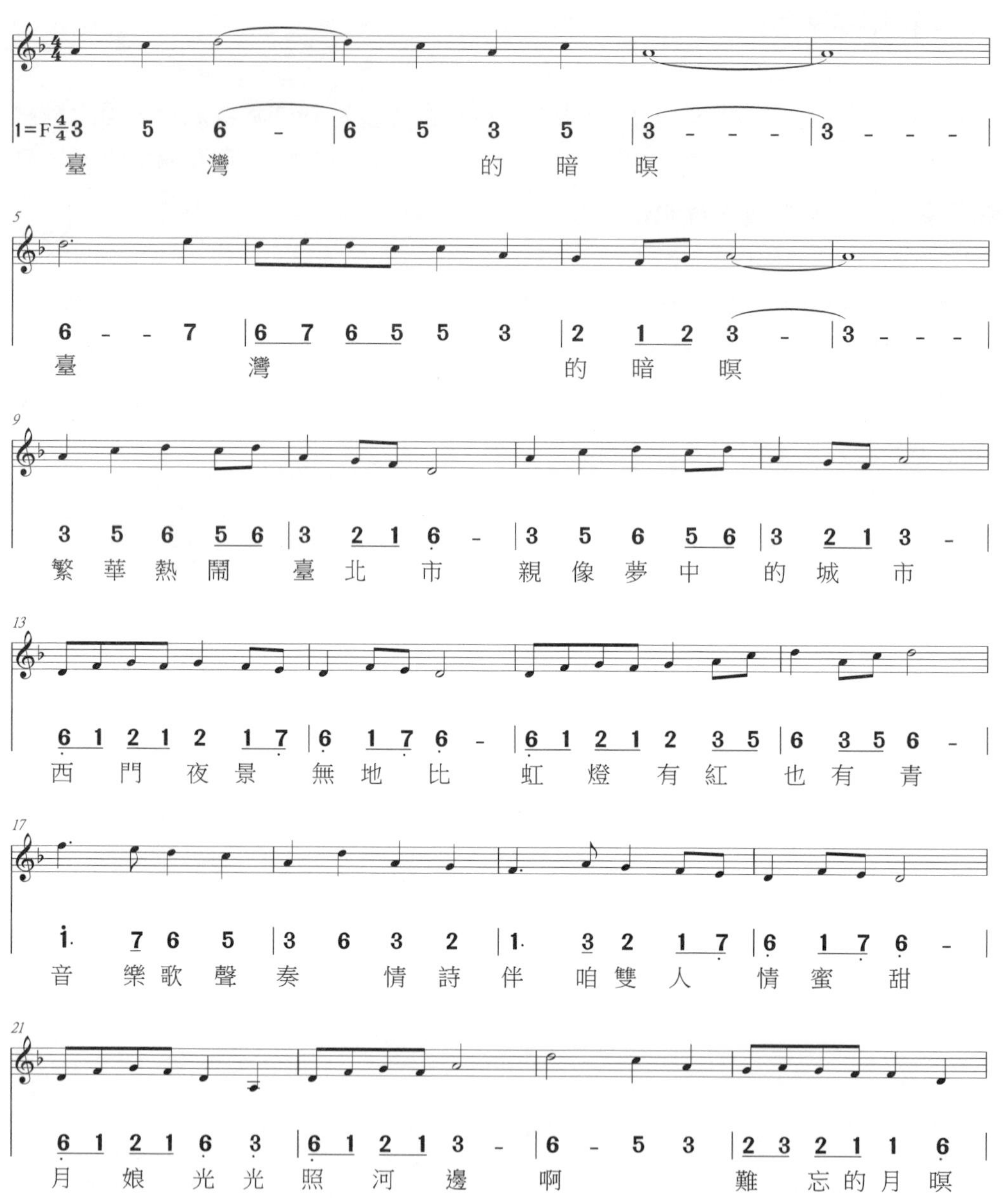

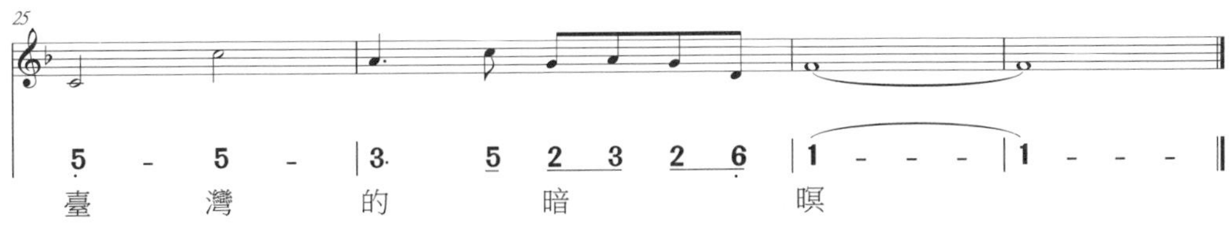

臺灣之夜　朝欽（許石）作詞　許石作曲

一、臺灣的暗暝　臺灣的暗暝

繁華熱鬧臺北市　親像夢中的城市　西門夜景無地比　虹燈有紅也有青

音樂歌聲奏情詩　伴咱雙人情蜜甜

月娘光光照河邊　啊　難忘的月暝　臺灣的暗暝　夢中的暗暝

二、臺灣的暗暝　臺灣的暗暝

臺中公園有出名　景色宛然山水鏡　青春男女做陣行　雙人唱出好歌聲

月娘照阮兩個影　池邊相好聽水聲

盡心欲愛搭心兄　啊　月娘也知影　臺灣的暗暝　夢中的暗暝

三、臺灣的暗暝　臺灣的暗暝

高雄火船行港內　港口美麗人人愛　月娘光光照過來　四面變成兩光彩

船螺若響心悲哀　愛人就欲分東西

你若盡心共阮愛　啊　早日緊返來　臺灣的暗暝　夢中的暗暝

快樂的青春　許石作編曲　鄭志峯作詞　林淑惠唱

一、快樂的青春　快樂的青春

雙雙有你着有阮　咱擔歡喜心未悶　透早迌迌到黃昏　談情說愛笑吺吺

可比雙雁結成羣　歡喜下日欲結婚

消滅過去的痛恨　啊　阮的郎君　情愛真溫純

二、快樂青春時　快樂青春時

雙雙談情笑微微　此後有我着有你　可比月亮伴天星　無煩無惱真歡喜

你我雙人真蜜甜　互相現出真情意

咱的相愛無塊比　啊　阮真愛你　望欲通團圓

三、青春無二擺　青春無二擺

天賜良緣結恩愛　情投意合笑咳咳　逍遙好景真自在　並肩談情真爽快

半途毋通情變稞 (bái)　你我熱情有存在

可比蝴蝶伴花開　啊　郎君阮愛　幸福望將來

這首歌堪稱是許石後期作品中的代表作，臺語歌名為「臺灣的暗暝」，由許石自己作詞作曲，約發表於 1967 年左右。旋律輕快流暢，歌詞第一段描寫臺北的西門夜市，第二段是臺中公園，第三段提到高雄港的景色，又加入愛情的甜蜜與別離情節，詞與曲相得益彰，展現許石以歌謠描寫臺灣特色情懷的功力。

在許石文獻中有一份以「臺灣之夜」為名的電視節目計劃，規劃以這首歌作為節目主題曲。該計畫似未獲電視臺採用，但從中可見他對這首的重視。

在許石後來製作的唱片中，同曲由鄭志峯作詞改編為〈快樂的青春〉，林淑惠演唱，收錄於太王商標唱片編號 KLA-025 中，成為一首青春洋溢的愛情歌謠。

〈臺灣之夜〉

太王 KLA-001：太王合唱團
太王 KLA025：林淑惠

臺灣好地方

朝　欽　作詞
許　石　作曲

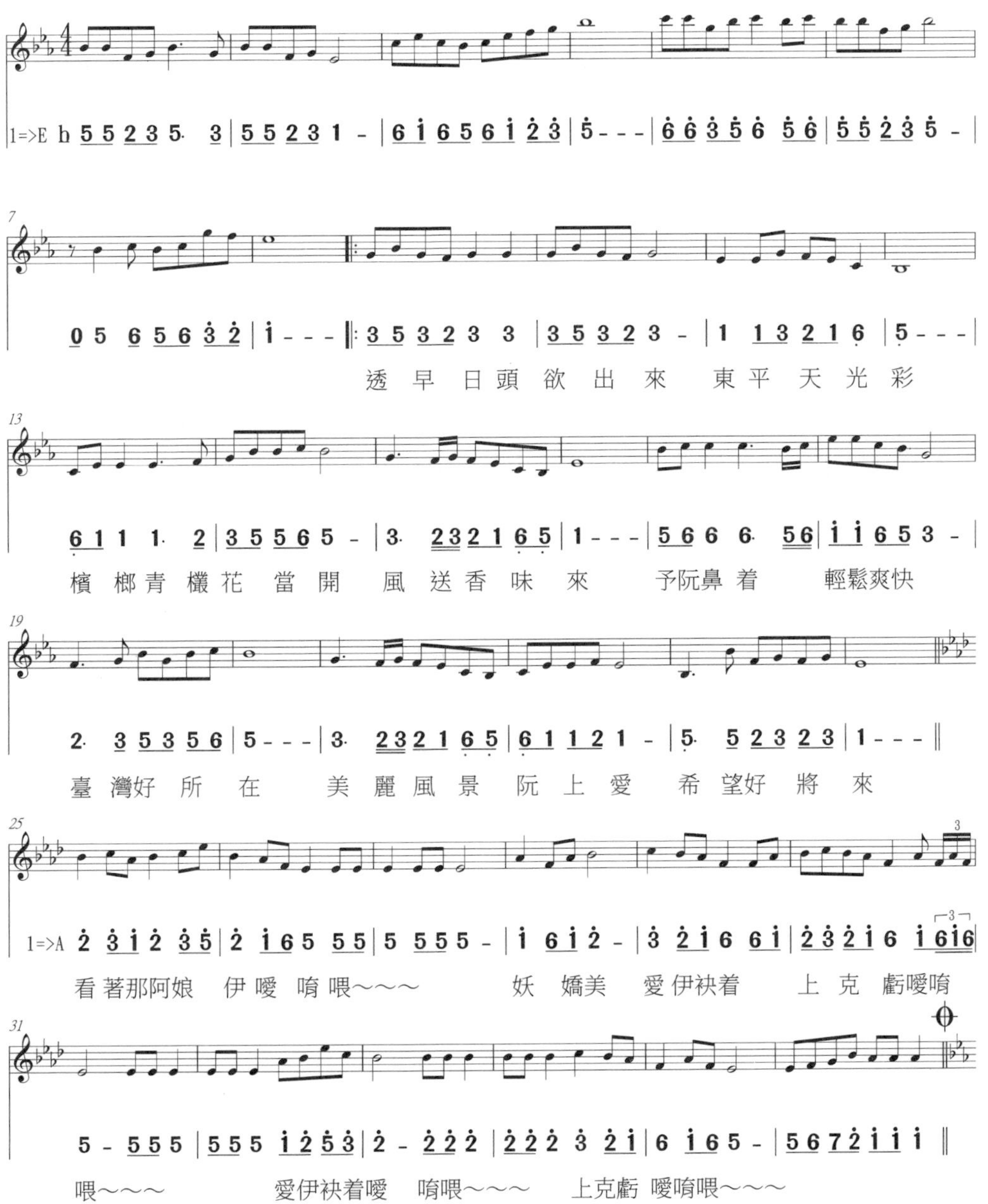

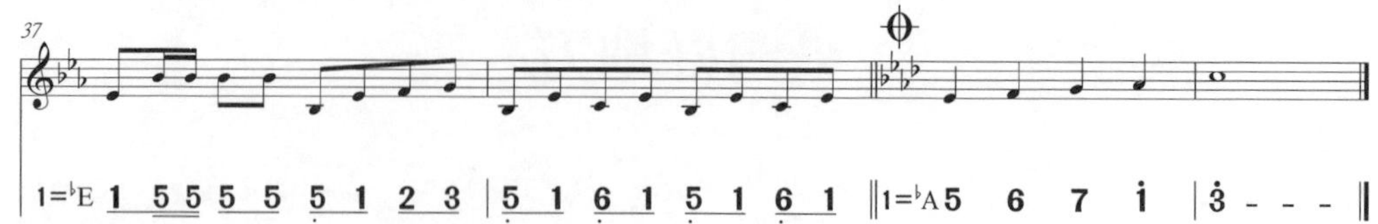

臺灣好地方　朝欽（許石）作詞　許石作曲

一、透早日頭欲出來　東平天光彩　檳榔青欉花當開　風送香味來
予阮鼻着　輕鬆爽快　臺灣好所在　美麗風景阮上愛　希望好將來
看着那阿娘伊噯唷喂～～～妖嬌美　愛伊袂着　上克虧
噯唷喂～～～～愛伊袂着噯唷喂～～～上克虧噯唷喂～～～

二、南風陣陣吹入來　吹着芎蕉香　芎蕉真香阮上愛　火船載規載
載到日本　趁着錢財　載回臺灣來　予阮建設好家內　臺灣好所在
看着那阿娘伊噯唷喂～～～肉真白　有話毋講　使目尾
噯唷喂～～～～有話毋講噯唷喂～～～使目尾噯唷喂～～～

三、黃昏日頭欲斜西　鴨咪仔行規排　生着鴨蛋笑咳咳　趕緊報恁知
予阮看着　輕鬆爽快　臺灣好所在　溫暖環境阮上愛　咱有好將來
看着那阿娘伊噯唷喂～～～真古錐　紅衫配着　綠裙美
噯唷喂～～～～紅衫配着噯唷喂～～～綠裙美噯唷喂～～～

臺語歌名為「臺灣好所在」，作詞登錄為「朝欽」，實為許石作詞，最早在1966年演唱會發表，由許石親自演唱，不過似無錄音製作成唱片。

三段歌詞，分別描述天亮時的檳榔花香、滿船運往日本的香蕉香、盛產了鴨蛋的鴨群，表現臺灣物產豐盛的地景。唱及身穿鮮艷紅綠色「阿娘仔」，心中的愛意與心酸交融，愛情浪漫情懷與熱帶風情，可說是近代臺灣特色歌謠最主要色調。每段歌曲後半段轉調後，為類似「思想起」的民謠調，強烈表現以本土歌謠為本的許石創作風格。

我愛蔣經國先生

許　石　作詞
許　石　作曲

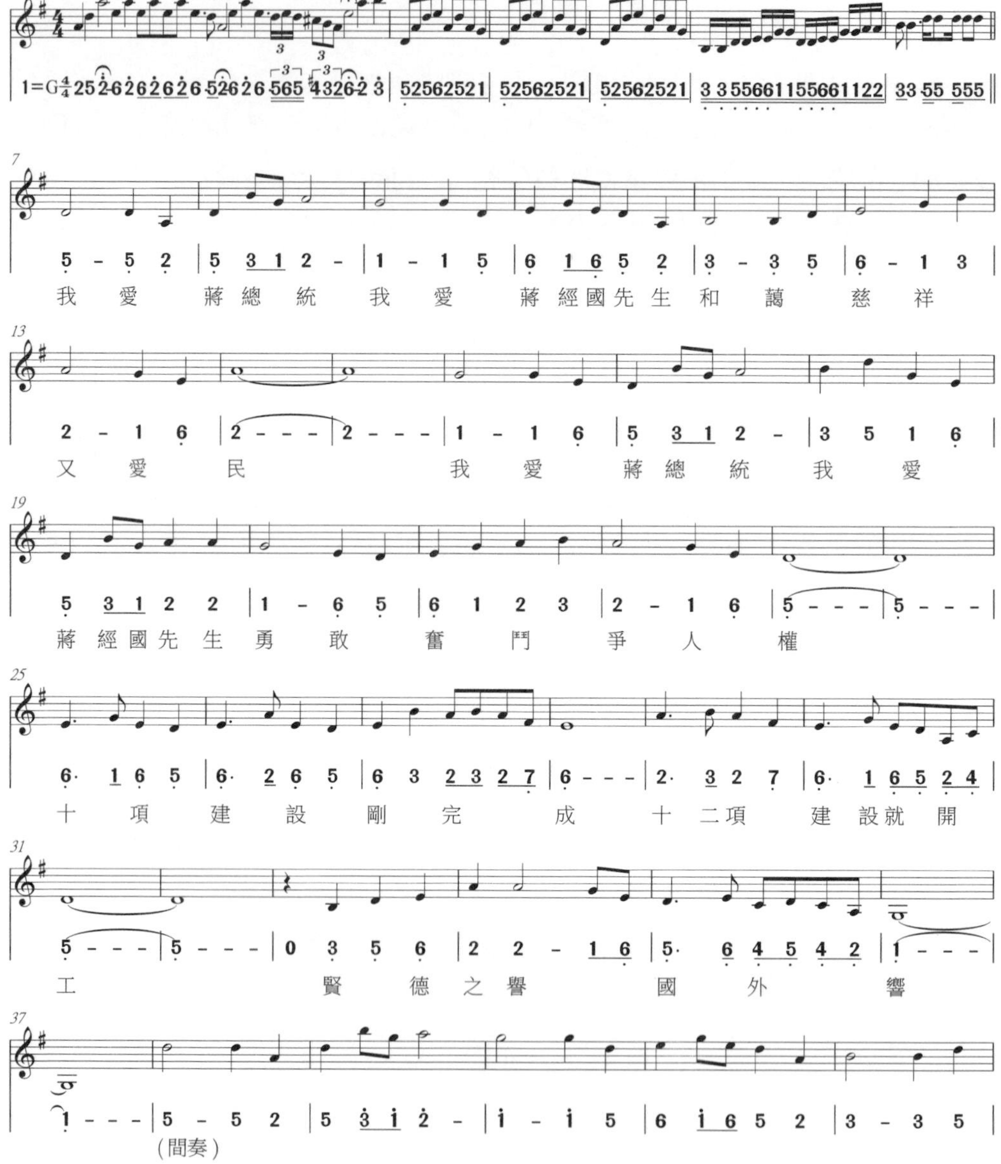

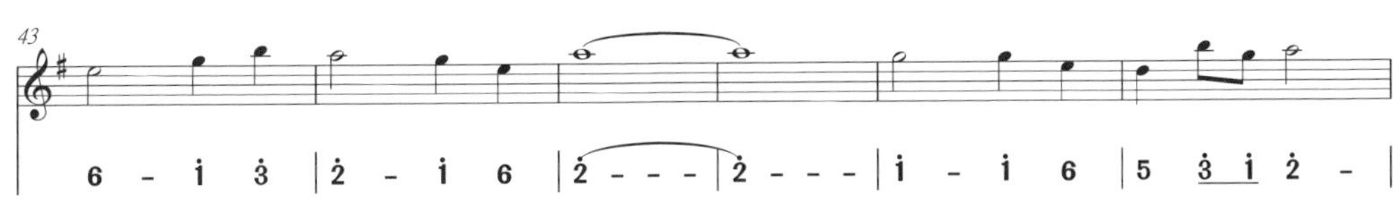

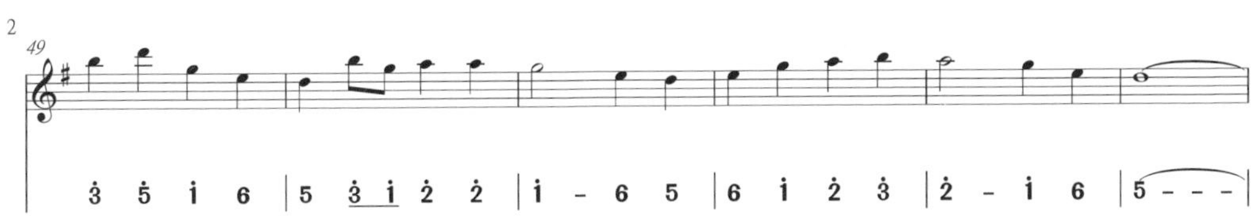

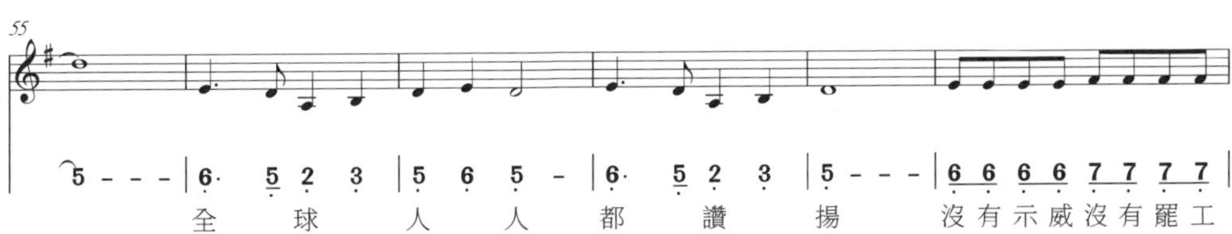
全球人人都讚揚
沒有示威沒有罷工

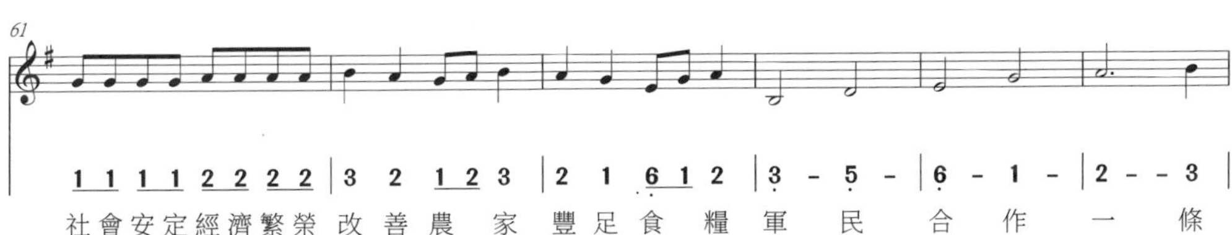
社會安定經濟繁榮改善農家豐足食糧軍民合作一條

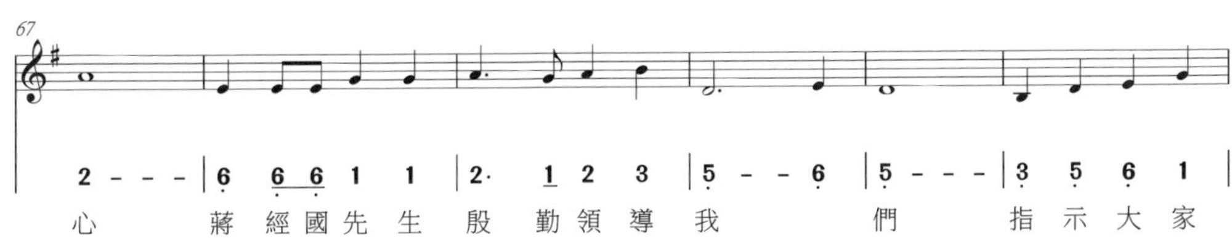
心蔣經國先生殷勤領導我們指示大家

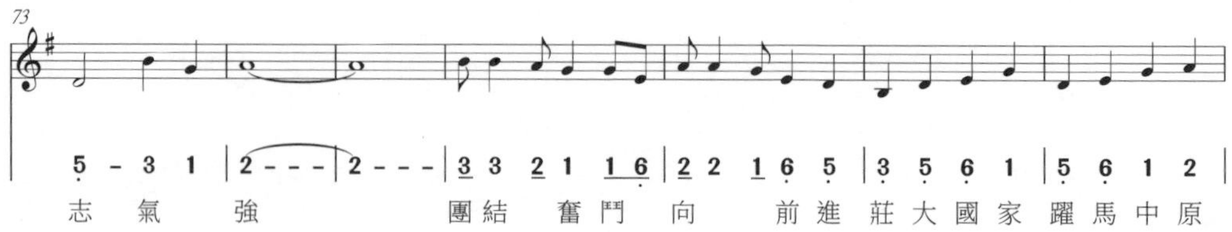

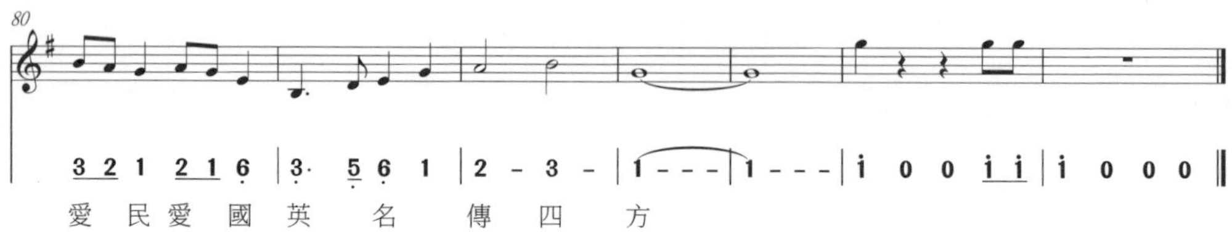

我愛蔣經國先生 許石作詞作曲

我愛蔣總統　我愛蔣經國先生　和藹慈祥又愛民

我愛蔣總統　我愛蔣經國先生　勇敢奮鬥爭人權

十項建設剛完成　十二項建設就開工　賢德之譽國外響

全球人人都讚揚　沒有示威沒有罷工社會安定繁榮改善農家豐足糧食

軍民合作一條心　蔣經國先生殷勤領導我們　指示大家志氣強

團結奮鬥向前進　壯大國家　躍馬中原　愛民愛國　英名傳四方

這首歌發表於 1979 年的許石作曲三十週年發表會，為許石極罕見由自己作詞的華語歌曲，由此曲可以看出，許石這時已經熟悉華語，也坦率展現他擁護當時總統蔣經國先生的政治態度。

蔣經國在 1978 年 5 月 20 日起就任中華民國第 6 任總統，作為蔣介石之子、中國國民黨黨主席，且長期擔任行政院長，接任總統前即長期作為政府領導中樞，他發起十大建設，以及四處下鄉、親民愛民的形象，受到社會廣泛擁護。此曲帶有強烈的本地民謠風格，又參雜行進曲風，節奏豐富多變，是融會許石長年採編歌謠心得的獨到作品。

熱戀之愛

朝欽　作詞
許石　作曲

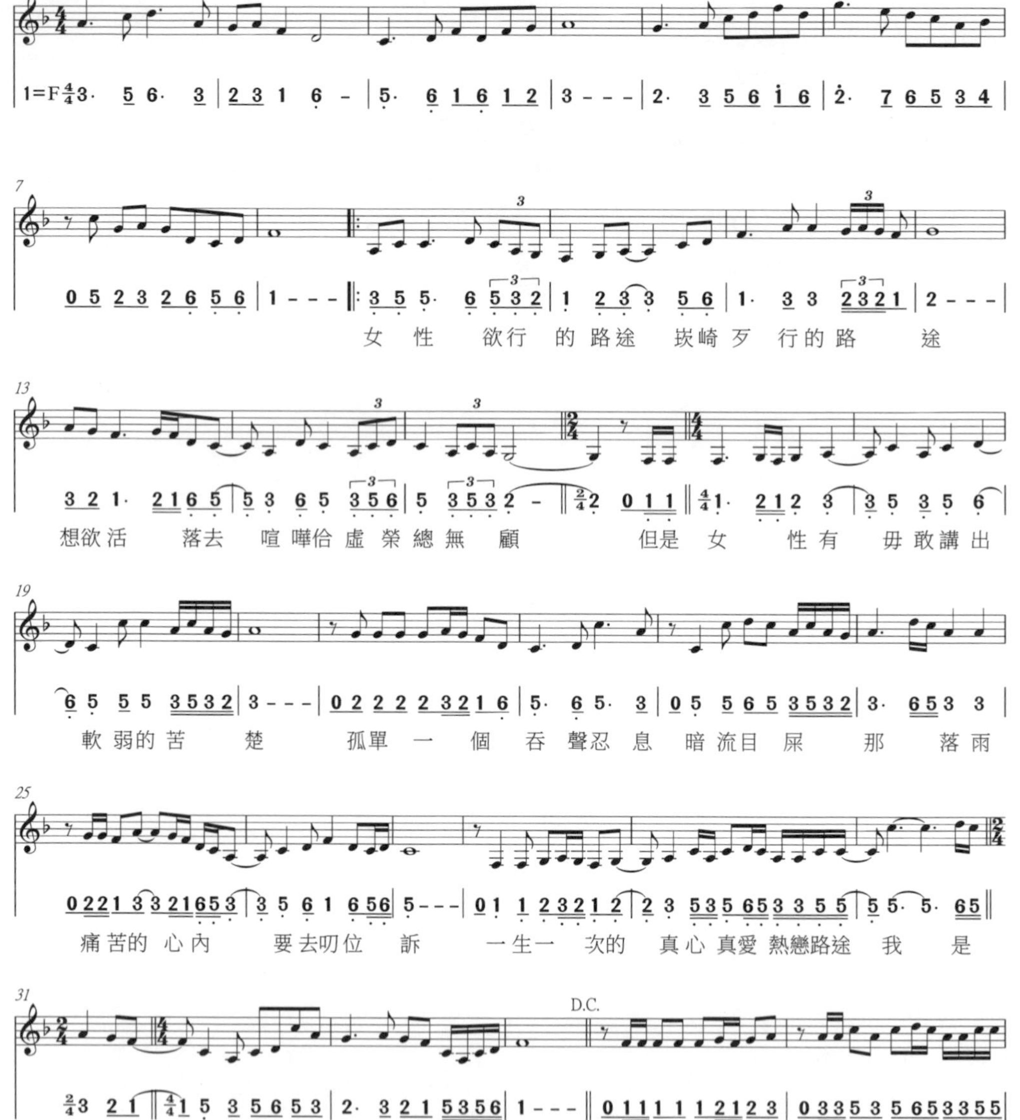

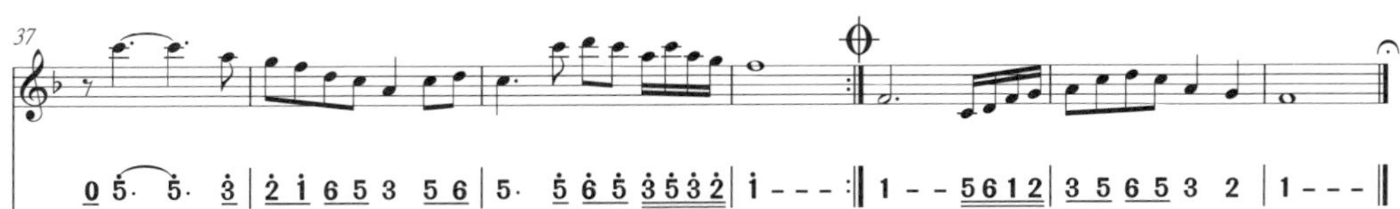

熱戀之愛　　朝欽(許石)作詞　許石作曲

一、女性欲行的路途　崁崎歹行的路途　想欲活落去　喧嘩佮虛榮總無顧
　　但是女性　有毋敢講出軟弱的苦楚　孤單一個吞聲忍息　暗流目屎若落雨
　　痛苦的心內　欲去叨位訴　一生一次的真心真愛　熱戀路途
　　我是愛你　愛你永遠在我的身邊來疼惜

二、女性願望愛春夢　夢去未來真輕鬆　美滿在夢中　醒來佮現實都悲傷
　　但是女性　有毋敢講出心內的希望　希望一個知己的人　每日相隨來疼痛
　　心愛的情人　毋通共我放　一生一次的實情實意　戀愛情人
　　我是愛你　望你永遠在我的身邊來疼痛

歌女嘆

葉俊麟　作詞
許　石　作曲

Andantino

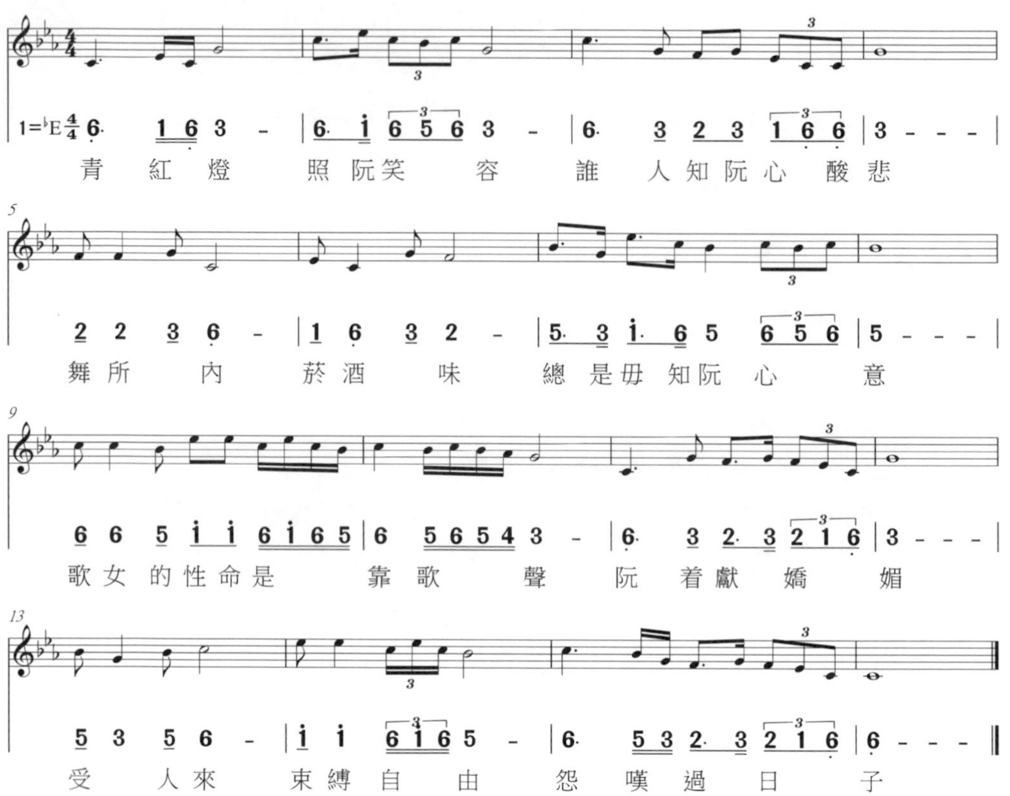

歌女嘆　　葉俊麟作詞　許石作曲

一、青紅燈　照阮笑容　誰人知阮　心酸悲
　　舞所內　菸酒味　總是毋知阮心意
　　歌女的性命是　靠歌聲　阮着獻嬌媚
　　受人來　束縛自由　怨嘆過日子

二、音樂聲　帶著溫柔　安慰着阮心空虛
　　暗淡的　舞池內　冷淡笑聲動哀悲
　　軟弱的女性是　阮名字　恨命莫怨天
　　連珠淚　猶原毋敢　露出目睭墘

三、靠歌聲　離開故鄉　期待溫暖　青春時
　　誰人料　就來試　黑暗社會酸苦味
　　開踮在舞所的　苦命花　露水何時滴
　　幫助伊　添枝接葉　出頭的日子

難忘的安平港

許 石 作曲

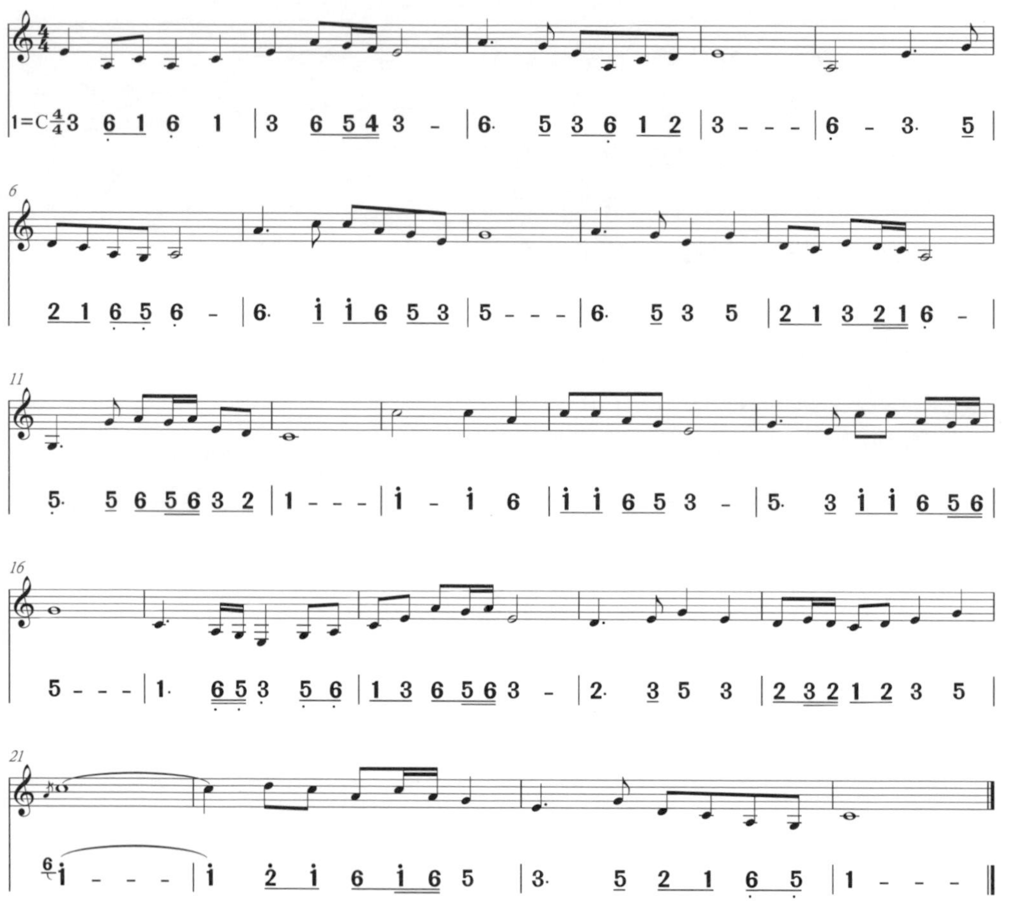

秋風冷

許　石　作曲

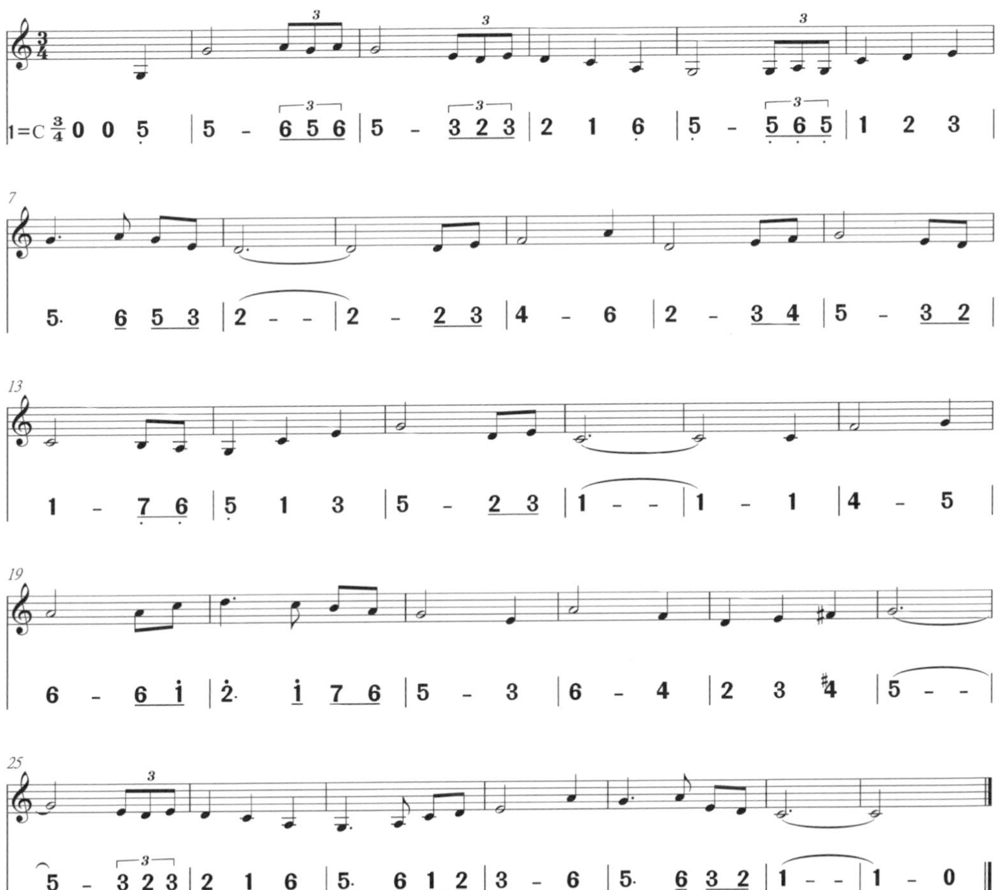

青春歌

許　石　作曲

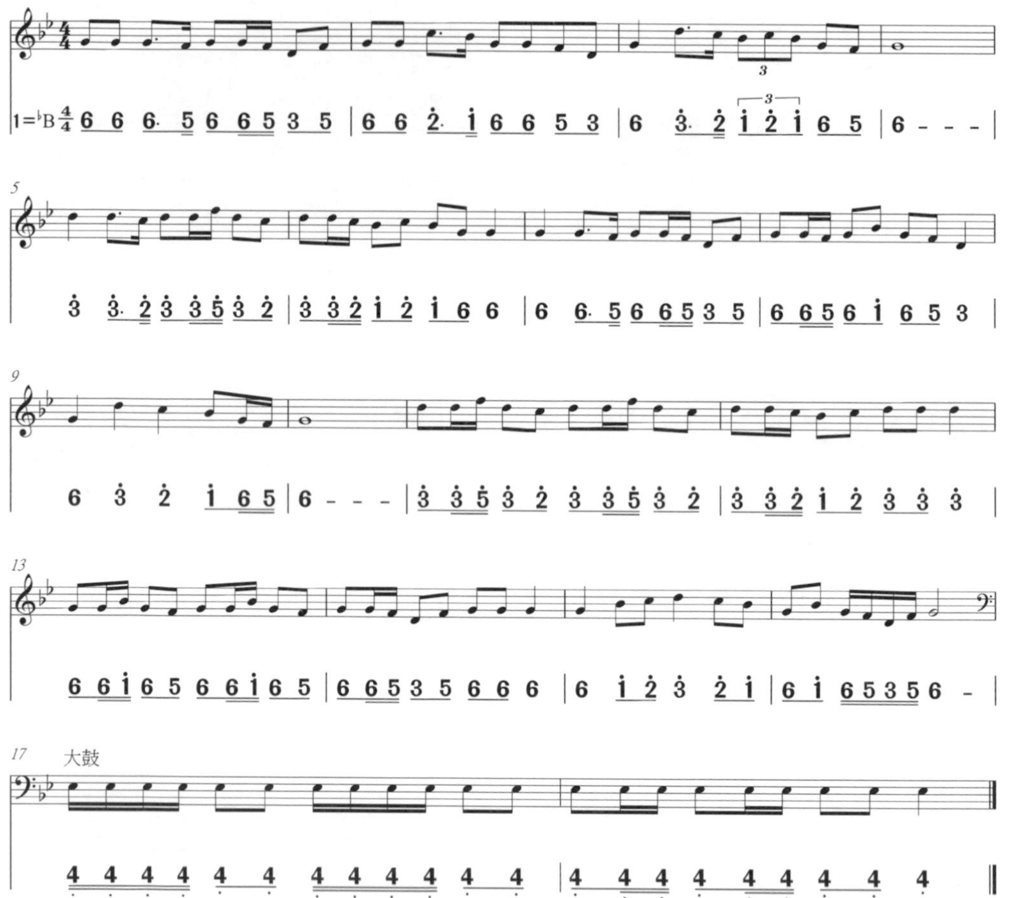

山地戀

許　石　作曲

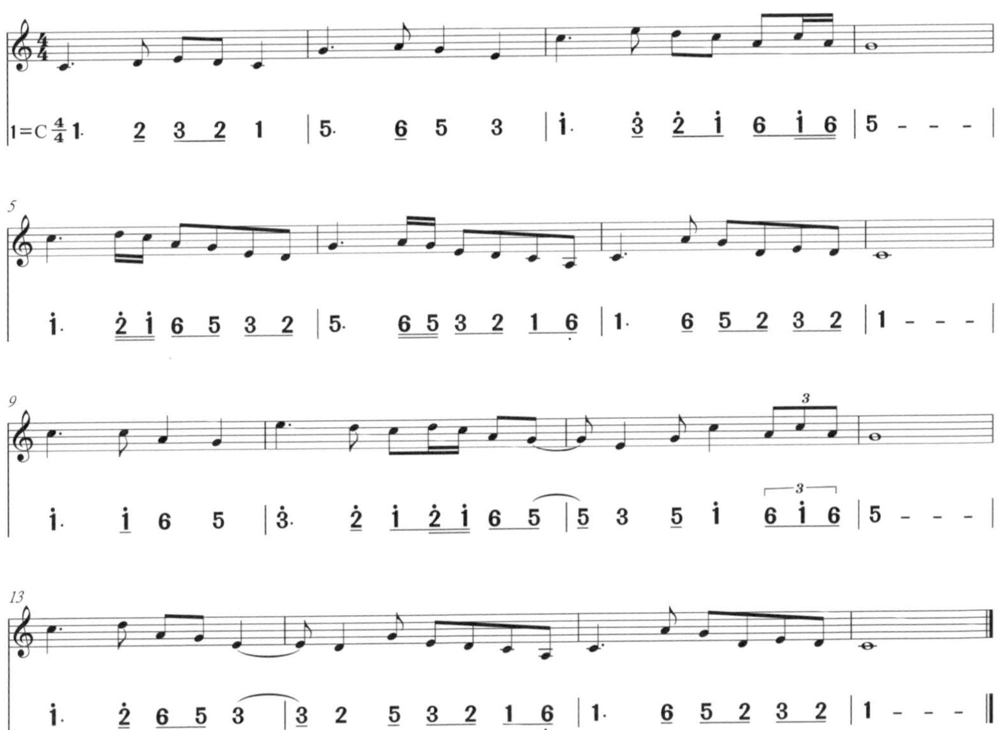

思念河邊

許　石　作曲

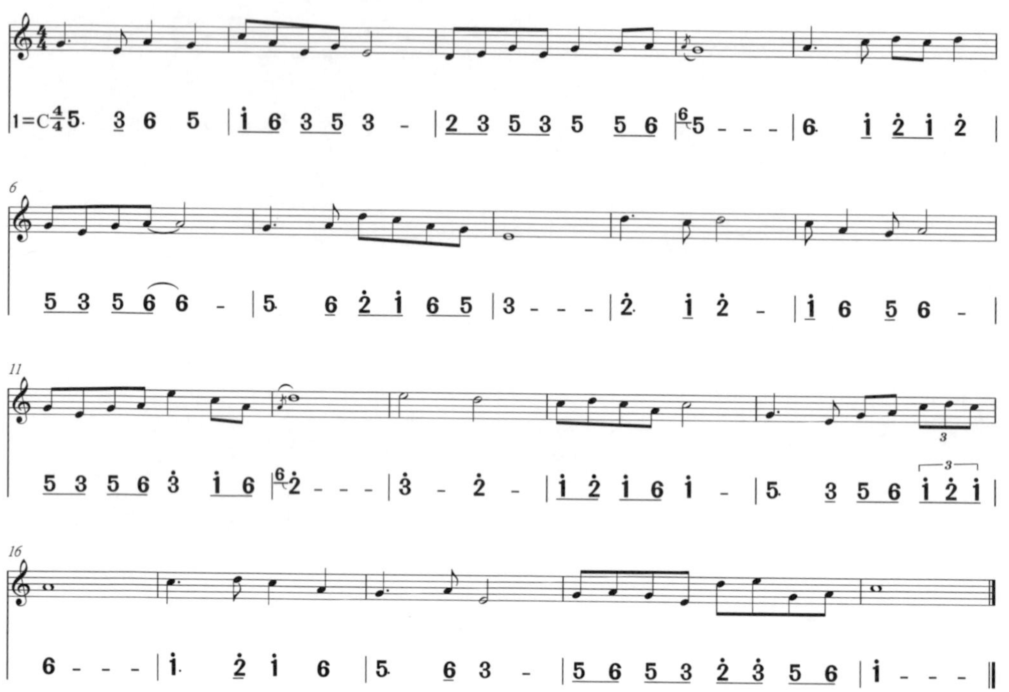

雨中花

許　石　作曲

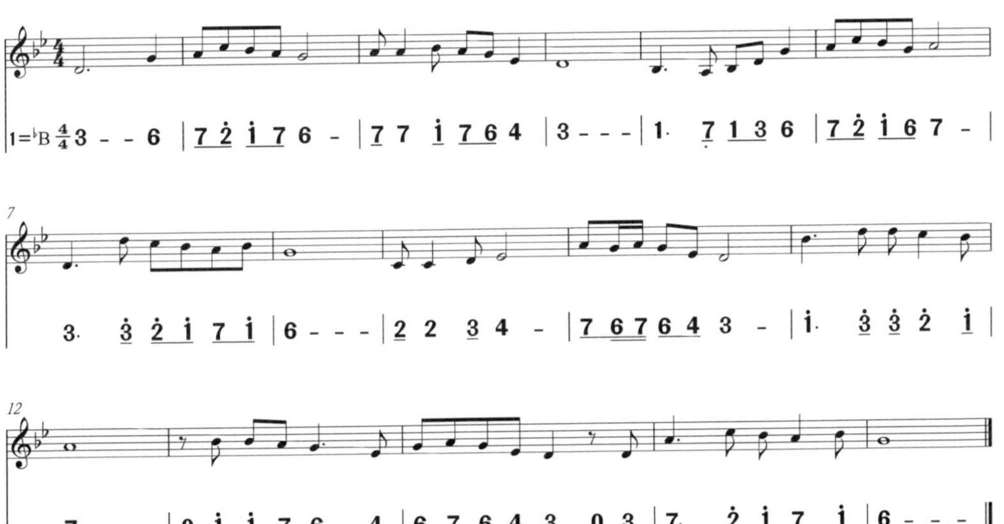

民謠採編

本篇收入歷年許石民謠節目冊及唱片收錄之許石採編民謠作品，以許石所註明的資訊為準加以分類，大致類別有「地方歌謠」（如恆春、宜蘭、南部、農家）、「車鼓歌謠」、「族群歌謠」（有客家、潮州等）、「南管」、「藝旦歌」、「歌仔調」、「哭調」、「創作名曲」、「原住民歌謠」，依序臚列。

思想起

許　石　採編
許丙丁　作詞

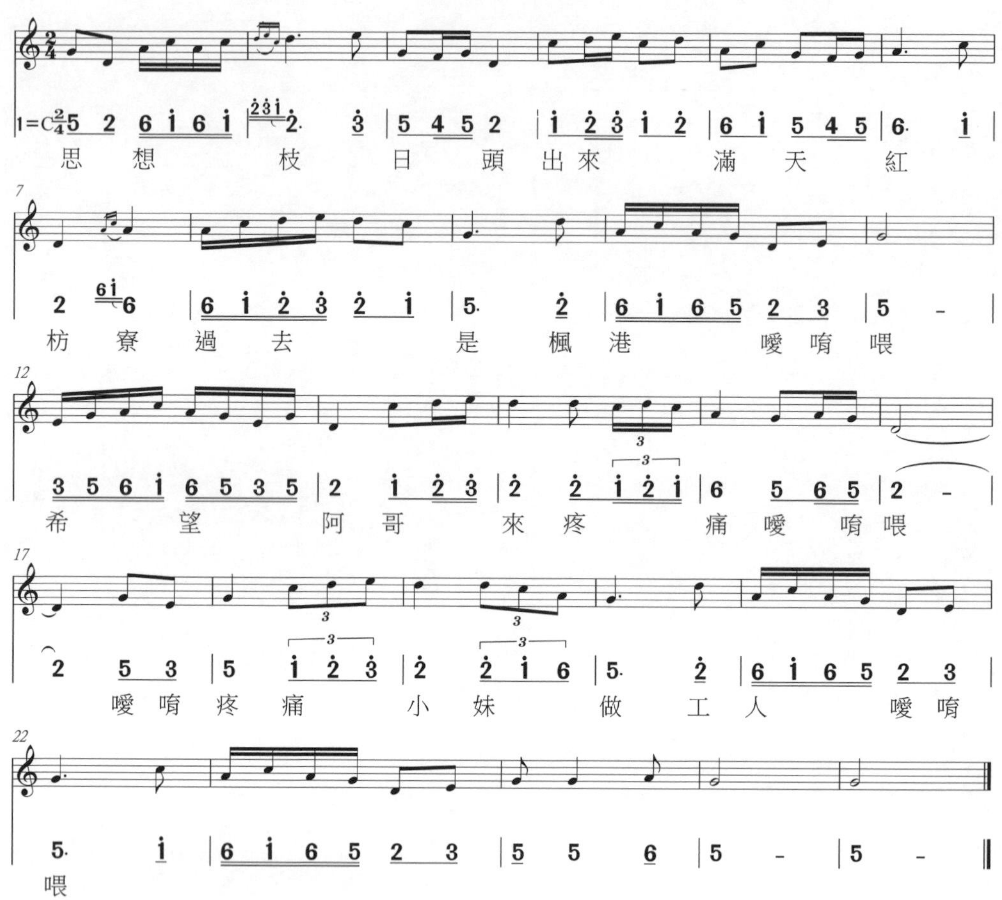

思想起　　許石編曲　許丙丁作詞

一、(女) 思想枝　日頭出來　滿天紅　枋寮過去是楓港　噯唷喂
　　希望阿哥來疼痛　噯唷喂　噯唷　疼痛小妹做工人　噯唷喂
二、(男) 思想枝　四重溪底　全全石　梅花那當開會落葉　噯唷喂
　　小妹想君袂得着　噯唷喂　噯唷　較慘拖命吃傷藥　噯唷喂
三、(女) 思想枝　恆春大路　透溫泉　燈台對面馬鞍山　噯唷喂
　　阿哥返去妹無伴　噯唷喂　噯唷　親像轆鑽刺心肝　噯唷喂
四、(男) 思想枝　綠竹開花　連葉青　大某娶了娶細姨　噯唷喂
　　細姨娶來人人愛　噯唷喂　噯唷　放捨大某上可憐　噯唷喂
五、思想枝　恆春過了是車城　花言那巧語毋愛聽　噯唷喂
　　阿妹講話若有影　噯唷喂　刀槍做路也敢行　噯唷喂

「恆春民謠思想起」堪稱是臺灣最知名的本土民謠。在許石 1950 年代的手稿中有名為「士双枝」的譜，後編曲發表為〈思想起〉，由許丙丁填詞、劉福助等演唱，成為流行歌版〈思想起〉的經典之作。據書面資料，該版本的〈思想起〉在 1960 年 2 月起民謠巡演中開始演出，並收錄唱片發行。

在許石撰寫的日語「思想起」說明中，強調這是別具南方氣息、性感豪放的甜蜜旋律，是男女戀愛互動情話的歌謠，特別用於男女之間的「歌合戰」，用臺灣話講就是「相褒」。由這些線索來看，許石認知的〈思想起〉，是流傳自甜蜜熱情、活潑開朗的山歌文化。

許石的〈思想起〉並非最早的流行歌版本，1950 年左右張邱東松編作的歌本裡就收錄，名為「恆春調」，1957 年亞洲唱片出品的流行歌製作中，收錄陳達儒作詞的〈思想起〉，由謝騰輝主持的「鼓霸大樂隊」編曲演出、藍茜主唱。藍

茜是 1980 年代知名歌手伊能靜的母親，就流行歌業來看，也算是〈思想起〉的原唱者之一。不過以許丙丁作詞、許石編曲製作的版本普遍流傳，〈思想起〉成為臺灣民謠的代表，許石絕對厥功甚偉。

〈思想起〉的採譜與發展，最知名的莫過於民歌手陳達的故事。陳達 (1906-1981) 出身恒春西南郊的沙尾村，平時打零工也彈月琴走唱，據文夏所述，1949 年間他與許石去恆春就曾向陳達採譜。1967 年民族音樂學者許常惠組成民歌採集隊，採訪到 62 歲的陳達，興奮地發表，強調是「原味的思想起」，引起知識界矚目。而後「民歌運動」抬頭，陳達成為象徵臺灣鄉土音樂的代表人物，灌錄唱片、到臺北西餐廳演唱，也曾為雲門舞集配音演唱，但晚年貧病交加，1981 年在楓港遭遇車禍過世，華語歌曲作詞家賴西安、製作人蘇來作成歌曲〈月琴〉，由張清芳演唱來紀念他。

陳達迅速猛烈地彈著月琴、滄桑的歌聲、闡述地方故事，讓「思想起」蒙上一層陰鬱、哀傷的氣氛，也在新生代臺灣社會豎立了悲傷苦悶的形象，這樣的面貌與許石等流行音樂家改編的〈思想起〉大相逕庭。

〈思想起〉

大王 KLK-60：合唱、劉福助主唱

太王 KLA-013：〃

太王 KLK-68：蔡德修、林楓（日語）

太王 KLE-104：許碧珠（日語）

耕農歌

許　石　編曲
鄭志峯　作詞

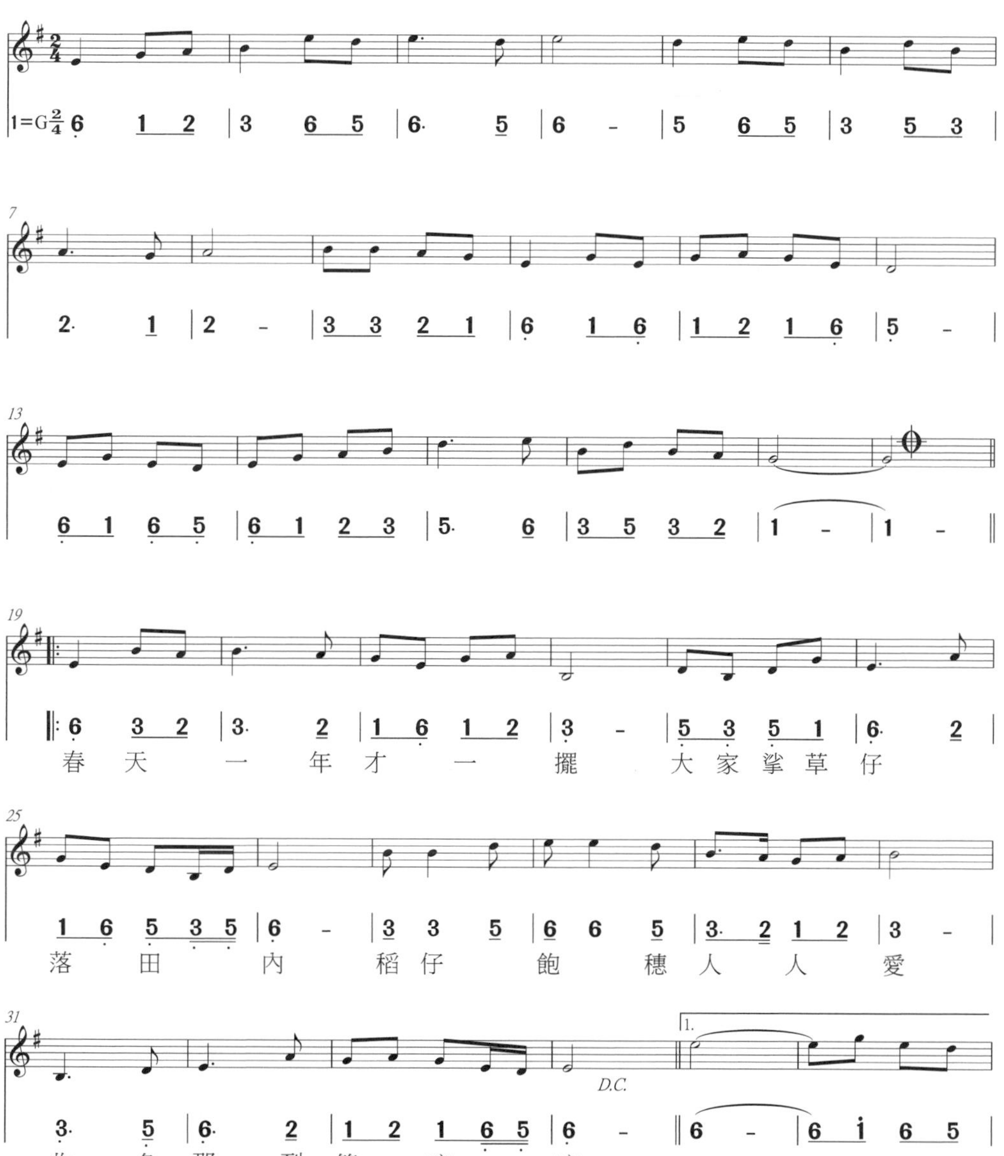

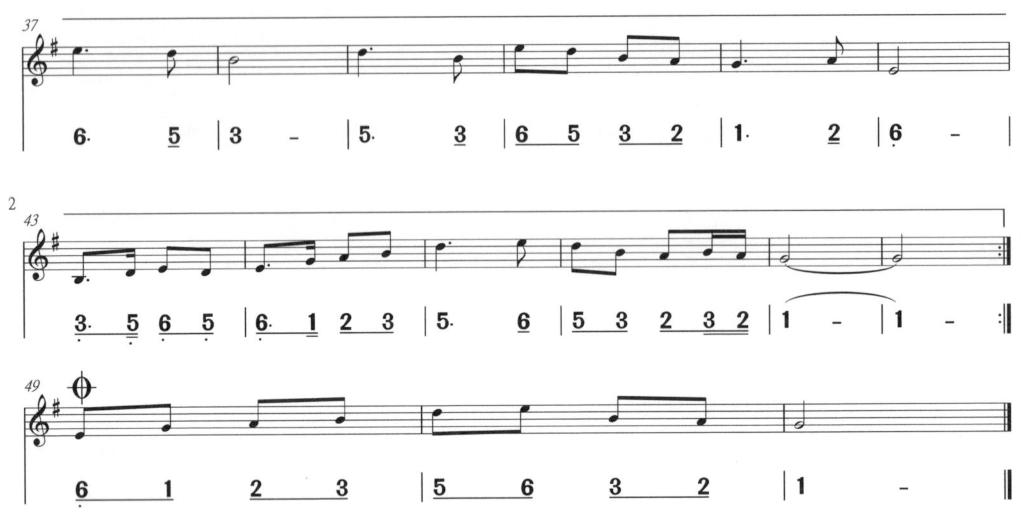

耕農歌　　許石編曲　鄭志峯作詞

一、春天一年才一擺　大家挲草仔落田內
　　稻仔飽穗人人愛　收冬那到笑咳咳

二、春天過了夏天時　稻仔大欉仔青見見
　　臺灣出名蓬萊米　一年收成有兩期

三、夏天過了是白露　水牛赤牛仔滿山埔
　　頂坵下坵相照顧　秋天着欲犁田土

四、秋天過了是入冬　歡喜稻仔遮大欉
　　這冬收成有向望　每期豐收心輕鬆

恆春知名民謠，常被稱為「恆春調」，因為歌詞開頭常常是「來去臺東⋯⋯」，所以又稱為「臺東調」，而在恆春當地又被稱為「平埔調」。最早是由滿州國民學校校長曾辛得採編、楊雲萍改詞，發表為華語歌曲〈耕農歌〉（一年容易又春天，翻土播種忙田邊⋯⋯），許石在 1957 年準備吳晉淮歸國音樂會時，將這首歌搬上舞臺演出，在他的手稿中名為「恆春調」。1959 年許石在他舉辦創作 10 周年音樂會中，發表創作歌曲〈思情怨〉，也就是後來的〈三聲無奈〉，就是根據「恆春調」發展改編而成。1964 年許石製作鄉土民謠專輯時，又以鄭志峯填的臺語歌詞，灌錄成臺語版的〈耕農歌〉。

除了〈耕農歌〉還有延伸發展的〈三聲無奈〉之外，同一曲調在 1969 年又經過郭大誠的改編，由麗娜演唱成〈青蚵仔嫂〉，又大為流行。經過詞曲作家的巧手修改，發展好幾首大家都耳熟能詳的歌謠，「恆春耕農歌」無疑是最能穿透時空、最變化多端的臺灣歌謠。

〈耕農歌〉

太王 KLK-64：顏華、葉子興

三聲無奈

Swing

黃國隆 作詞
許 石 採編

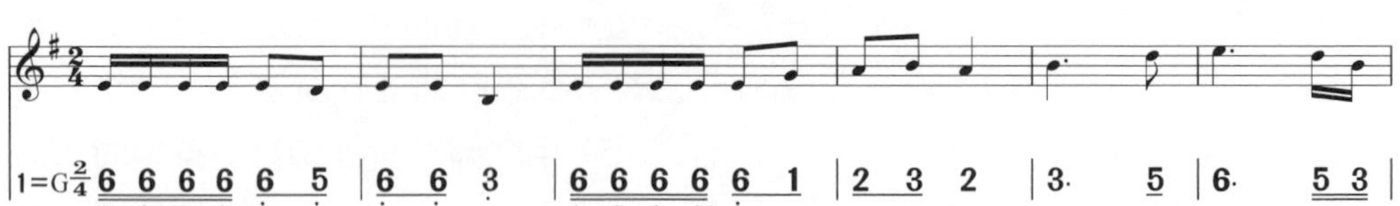

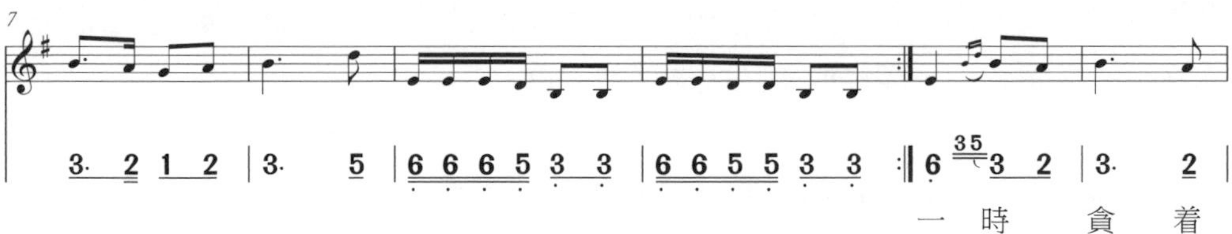

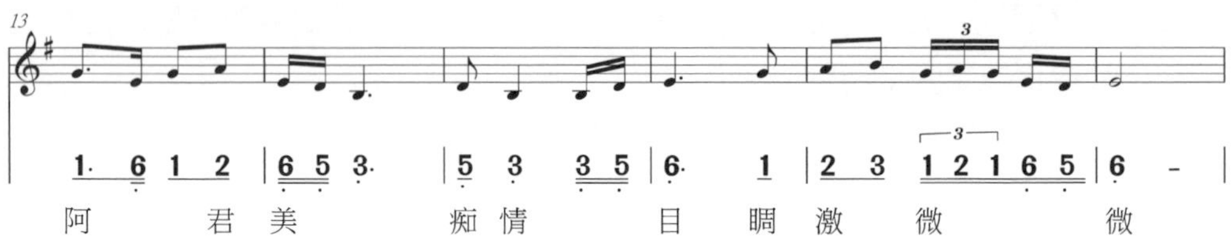

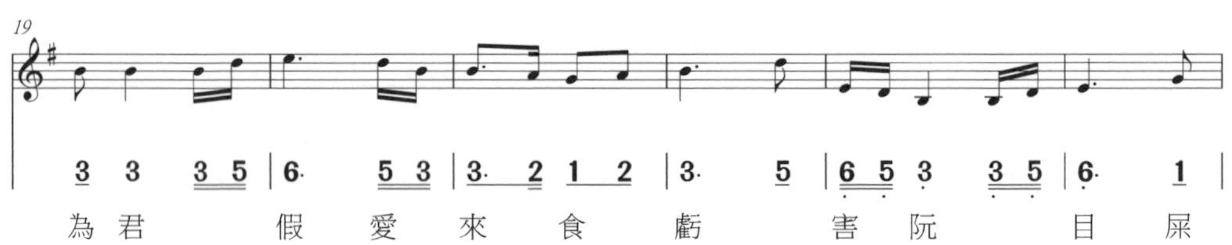

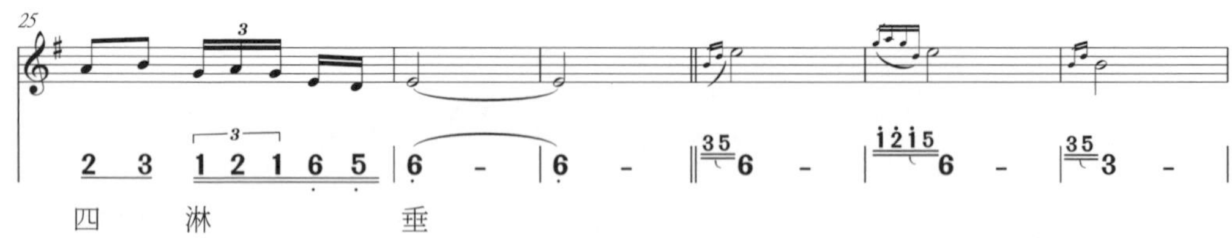

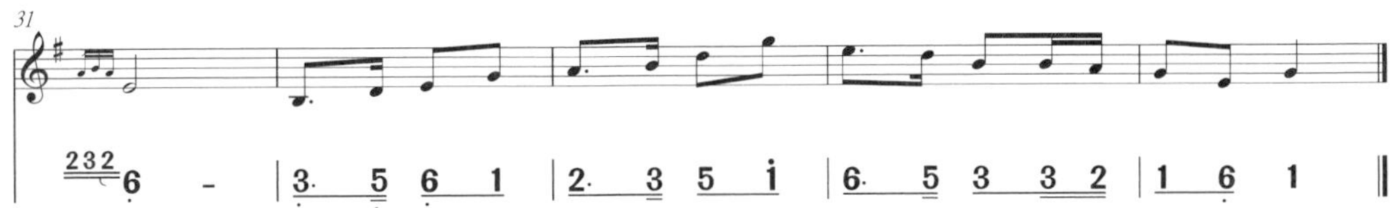

恩情怨（又名「三聲無奈」）　　許石作編曲　黃國隆作詞

一、一時貪着阿君美　癡情目睭激微微

為君假愛來食虧　害阮目屎四淋垂

二、二更過了月斜西　想阮那會命遮歹

花開全望阿君採　無疑僥雄不應該

三、三聲無奈哭歹代　月娘敢知阮悲哀

失戀怨嘆流目屎　好花變成相思栽

在 1959 年「許石作曲十周年音樂會特刊」中，〈思情怨〉作為「新曲發表」，由許石作曲、黃國隆作詞、麗珠演唱。

這首戲劇性的歌曲，到 1966 年歌名改為〈三聲無奈〉，由許石的學生林秀珠以「丁玲」為名灌錄，蔚為流行。林秀珠音聲宏亮、咬字清晰，加上唱片公司老闆一廣播員阿丁動用人脈、全臺民營廣播強力放送，讓這首歌紅遍全臺，就連原作者許石的也改以「三聲無奈」稱之。

〈三聲無奈〉的曲調可說是變奏自恆春民謠，一般稱為「恆春調」、「臺東調」或「平埔調」，最早將該調採集發表的歌曲，是滿州國民學校校長曾辛得發表的〈耕農歌〉，許石便借用此譜，改編成〈思情怨〉，後來以〈三聲無奈〉流行時，唱片公司登載為林金波作詞、黃國隆作曲。

以「一、二、三」開頭的三段歌詞，哭調的氣氛，加上「倫巴」的混搭節拍，讓這首歌充滿強烈的聲音記憶效果，舞臺效果十足。1970 年代各地夜總會舞臺演出中，倪賓、楊小萍演唱這首歌，混搭上哭調仔、跪倒在地的強烈動作，各地演出博得滿堂喝采。

太王 KLA-001：許石（歌名「三聲無奈」）
太王 KLA-006：輕音樂

丟丟咚

快板

許　石　編曲
許丙丁　作詞

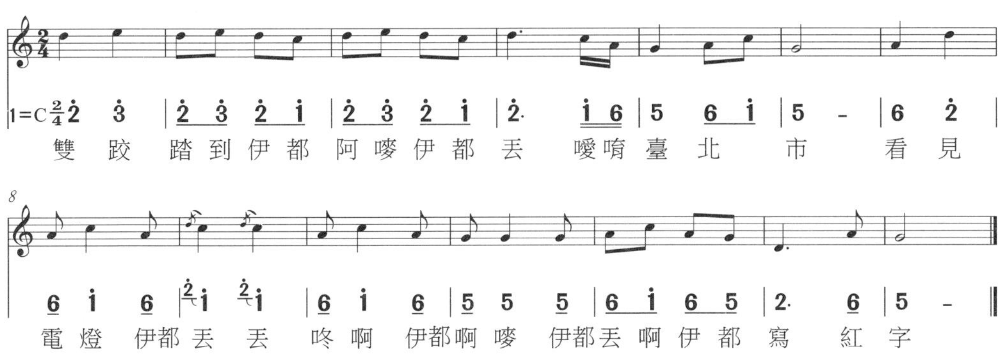

丟丟咚　　許石編曲　許丙丁作詞　劉福助唱

一、雙跤踏到伊都　阿嘜伊都丟　嘜唷臺北市

看見電燈伊都　丟丟咚啊伊都啊嘜伊都丟啊伊都　寫紅字

二、人地生疏伊都　阿嘜伊都丟　嘜唷來閣去

險予黑頭仔伊都　丟丟咚啊伊都啊嘜伊都丟啊伊都　撞半死

三、借問公園伊都　阿嘜伊都丟 嘜唷對叨去

問着客人伊都　丟丟咚啊伊都啊嘜伊都丟啊伊都　捱毋知

四、拖車走來伊都　阿嘜伊都丟 嘜唷拖我去

去到公園伊都　丟丟咚啊伊都啊嘜伊都丟啊伊都　摸無錢

五、車夫開嘴伊都　阿嘜伊都丟 嘜唷嘨與鄙

腰包無錢伊都　丟丟咚啊伊都啊嘜伊都丟啊伊都　坐卜死

六、拖車大哥伊都　阿嘜伊都丟 嘜唷免受氣

明年還你伊都　丟丟咚啊伊都啊嘜伊都丟啊伊都　毋佮利

〈丟丟咚〉是很早就獲得採集曲譜的民謠，1943 年呂泉生依據戲劇家宋非我所唱歌謠，採譜改編為合唱曲〈丟丟銅仔〉，樂譜發表在《臺灣文藝》雜誌上，註明為「宜蘭民謠」，歌詞是後來普遍熟知的「火車行到⋯磅空內⋯磅空的水⋯滴落來」，當時還作為厚生演劇社「閹雞」一劇的插曲演唱。

歌名與歌詞中的「丟丟咚仔」（tiú-tiú-tâng-a）有許多說法，有語言文獻支持的有兩種。一說是來自賭博時擲銅錢—「丟銅仔」的意思，也有一說，「丟」是過年前打掃家裡、抖平棉被的動作，所以與過年歡樂的氣氛有關。

這首歌在戰後初期更傳唱開來，受大眾歡迎。許石將這首歌採編，請許丙丁編寫歌詞，描述一位鄉下人初到臺北遊覽，搭拖車到公園身上卻沒帶錢的趣味故事，1960 年起在民謠演唱會中由劉福助演出發表。

同曲在之後也被製作成不同歌曲版本，合眾唱片製作吳晉淮錄音演唱的〈丟丟銅〉，幸福唱片出品的幸福男聲合唱團的〈丟丟銅仔〉，歌詞各有千秋。

〈丟丟咚〉

大王 KLK-60：劉福助
太王 KLA-013：劉福助
太王 KLK-69：林楓（日語）

一隻鳥仔

輕快

許　石　採編
鄭志峯　作詞

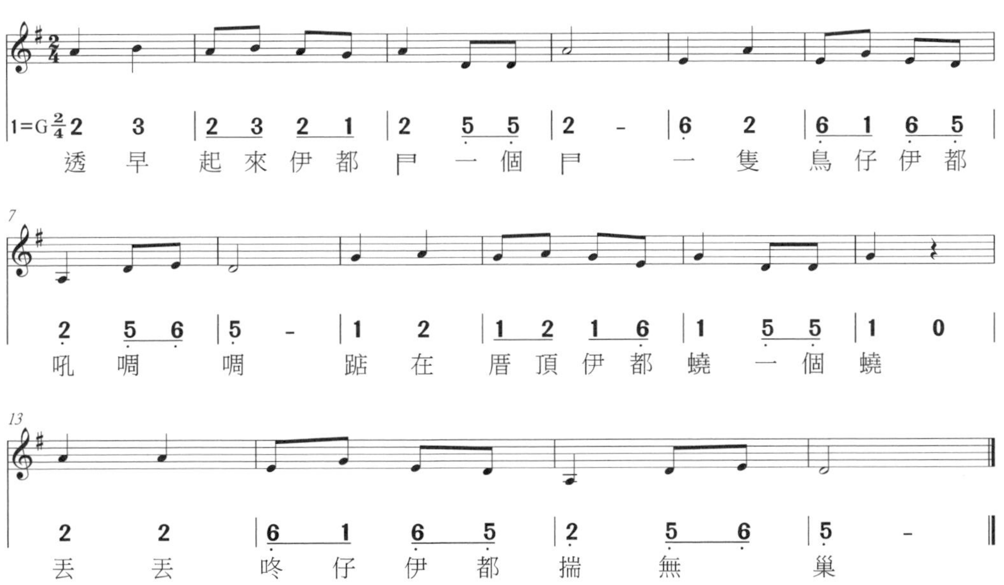

一隻鳥仔　　許石編曲　鄭志峯作詞　許碧桂、許碧芸、許碧珠、石錦秀唱

一、透早起來伊都戶 (uáinn) 一個戶　一隻鳥仔伊都吼啁啁

　　跍在厝頂伊都蹺 (ngiauh) 一個蹺　丟丟咚仔伊都揣無巢

二、日頭落山伊都呱 (kuah) 一個呱　一隻水雞仔伊都吼呱呱

　　跍在田底伊都蹺一個蹺　丟丟咚仔伊都揣無伴

三、雞母揣囝伊都咯 (kok) 一個咯　一隻雞仔伊都吼啁啁

　　跍在草埔伊都蹺一個蹺　丟丟咚仔伊都揣無母

四、鴨咪仔 (ah-bî-á) 泅水伊都嚨一個嚨　一隻鴨仔伊都吼咪咪

　　跍在水溝伊都蹺一個蹺　丟丟咚仔伊都揣無伴

說到民謠「一隻鳥仔」，被傳唱者有兩首詞曲相當不同的同名歌曲。許石製作的〈一隻鳥仔〉曲調是從宜蘭民謠「丟丟咚」發展而來，搭配動態活潑的鄉土歌詞，是專給兒童唱的童謠。另外由幸福男聲合唱團演唱的同名歌曲〈一隻鳥仔〉，曲調則與南部民謠「六月田水」相近，之後又被稱為〈一隻鳥仔哮救救〉，是略顯緩慢哀傷的歌謠。

許石編唱的〈一隻鳥仔〉唱片註明為「宜蘭童謠」，1960 年左右由她的三位女兒主唱，當年才七八歲，稚趣橫生，歌詞中帶有雞、鴨活動的壯聲詞，是一首表現臺語巧妙趣味的歌謠。

〈一隻鳥仔〉

太王 KLK-56：輕音樂
大王 KLK-57：許碧桂、許碧芸、許碧珠、石錦秀
太王 KLK-68：林楓（日語）

雨公公

許 石 採編
鄭志峯 作詞

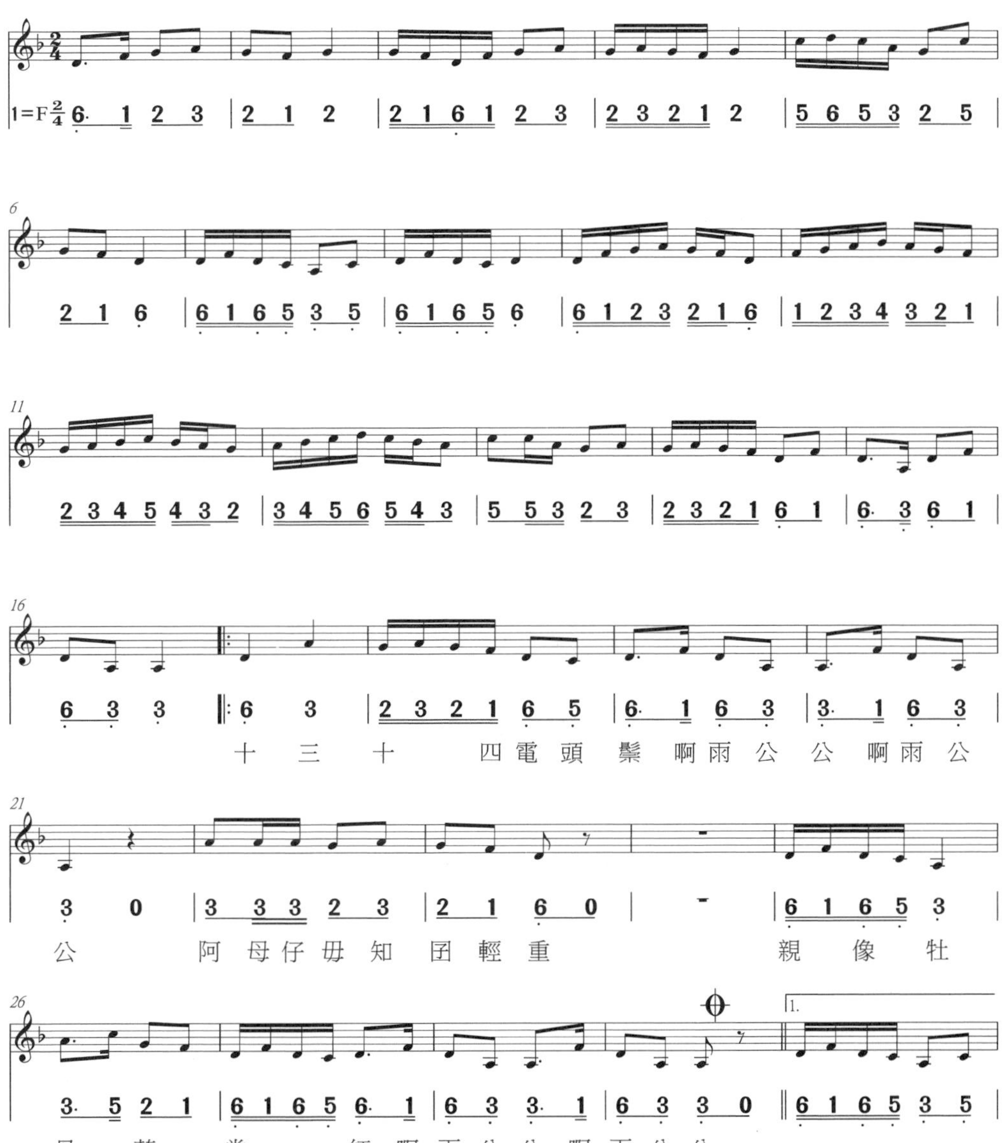

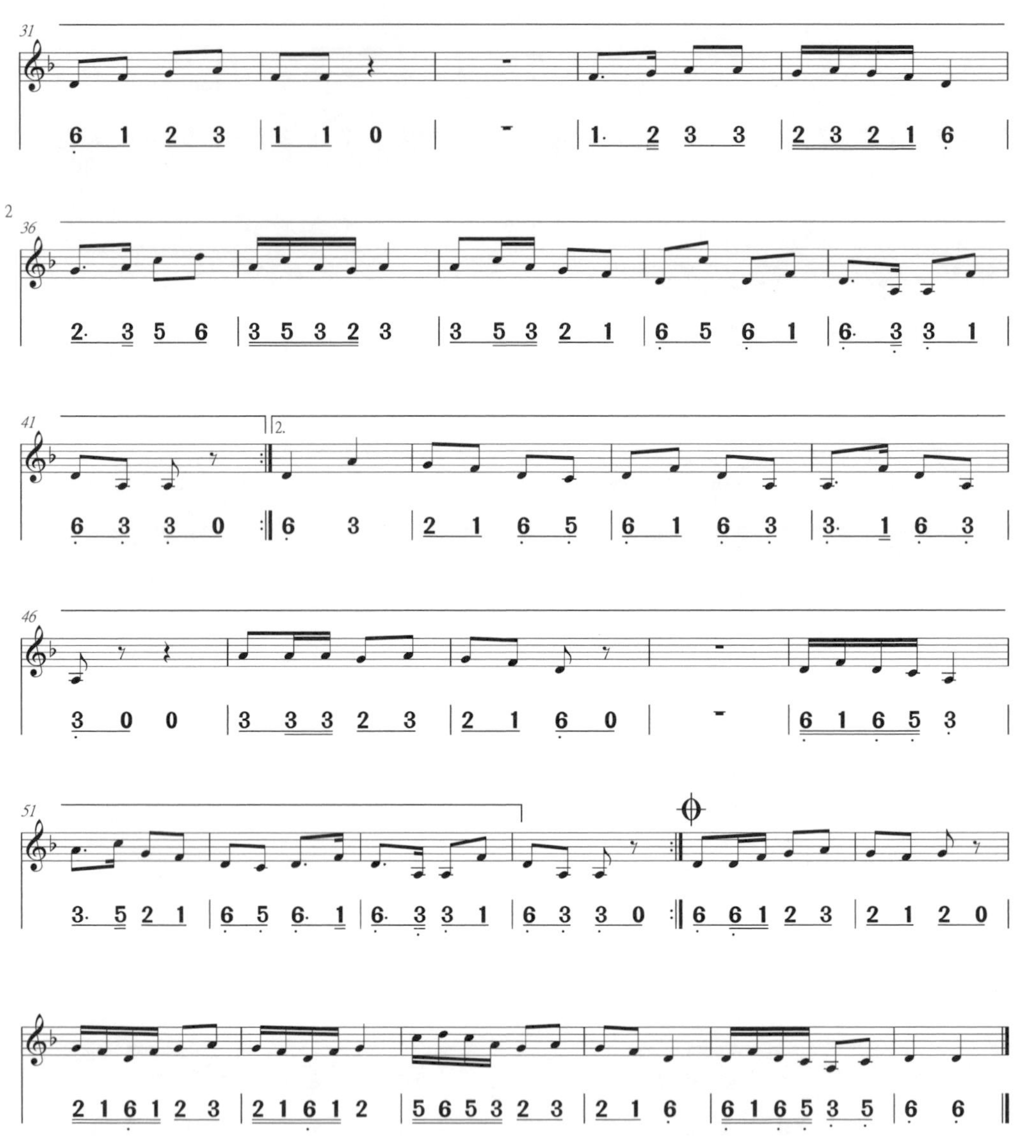

雨公公　許石編曲　鄭志峯作詞　楊金花唱

一、十三十四　電頭鬃　啊雨公公啊雨公公
　　阿母仔毋知囝輕重　親像牡丹花當紅　啊雨公公啊雨公公
二、十五十六　轉大人　啊雨公公啊雨公公
　　阿母仔毋知囝輕重　睏着會寒佮會凍　啊雨公公啊雨公公
三、十七十八　當活動　啊雨公公啊雨公公
　　阿母仔毋知囝輕重　也無共囝早嫁尪　啊雨公公啊雨公公
四、十九二十　半內行　啊雨公公啊雨公公
　　阿母仔毋知囝輕重　親成趕緊共阮放　啊雨公公啊雨公公

唱片註明為「宜蘭民謠」。此曲歌名一般寫作「五工工」，與「雨公公」臺語同音，為「工尺譜」的唱譜，是每句歌詞加上的音階，歌詞表現女性的成長經驗，以趣味的聲音表現當中的曖昧情調。「五工工」曲調也在歌仔戲界常被使用。

〈雨公公〉

大王 KLK-57：楊金花

六月茉莉

許 石 採編
許丙丁 作詞

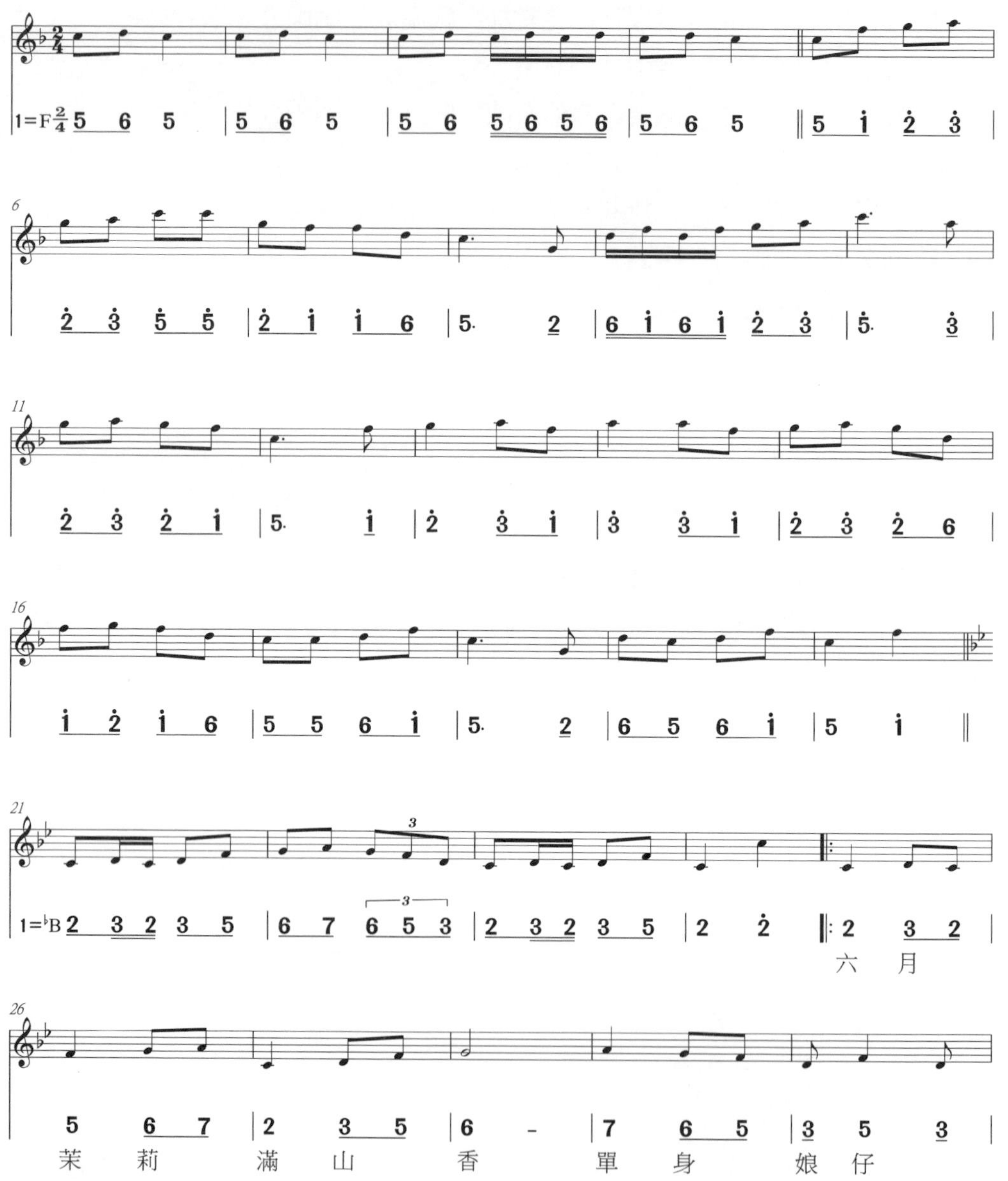

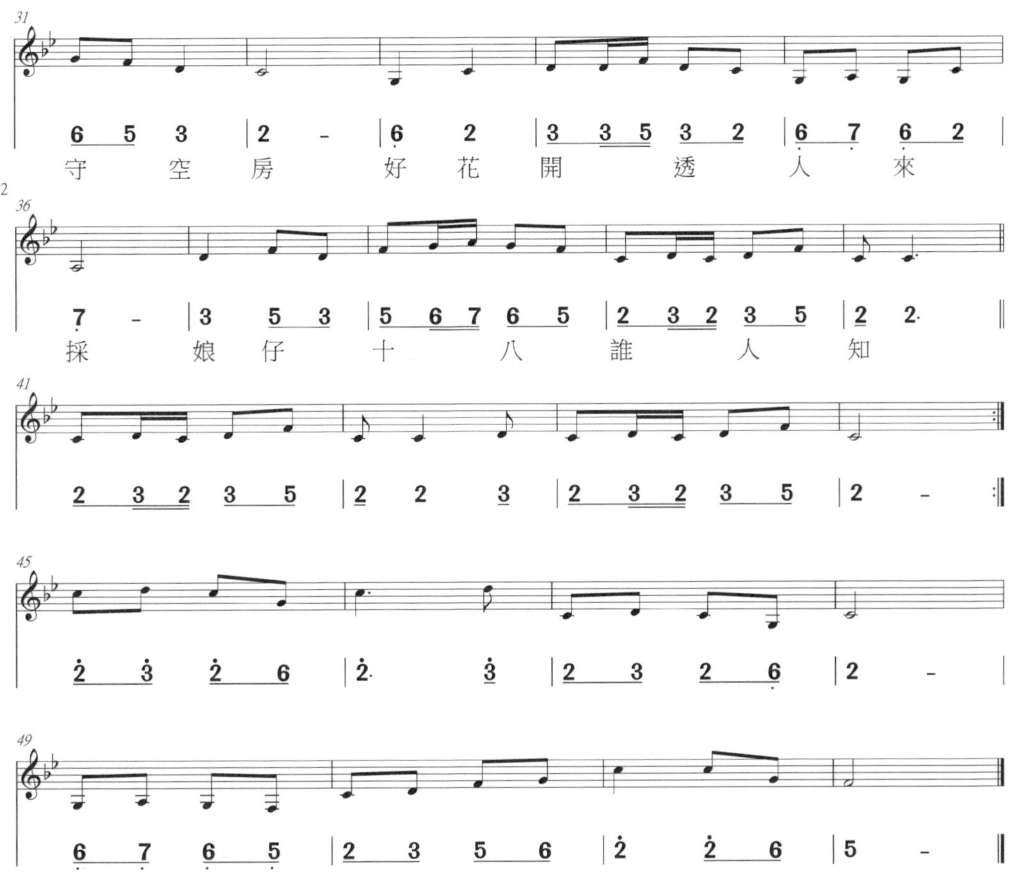

六月茉莉　許石編曲　許丙丁作詞

一、六月茉莉滿山香　單身娘仔守空房　好花開透人來採　娘仔十八誰人知

二、六月茉莉香透天　單身娘仔看天星　好花也着好花盆　娘仔何時見親君

三、六月茉莉透暝香　單身娘仔睏空房　好花若謝會無香　娘仔規暝心茫茫

四、六月茉莉真正香　單身娘仔勢眠夢　好花開透等下冬
　　娘仔親情 (tsiânn) 何時放

五、六月茉莉滿山香　挽花也着惜花叢　親像野蝶無情義　挽過一欉過一欉

六、一欉茉莉栽落土　目睭金金人咧顧　是你憨獃 (khám-tai) 無變步
　　袂曉跳牆過來挖

七、六欉茉莉分六路　一欉較美搬落壺　日時欲挽人看顧　暝時欲挽人放鈷*

〈六月茉莉〉在許石製作唱片中註明為「北部民謠」，為當時許石採譜、請許丙丁填詞，由朱艷華等合唱演出。

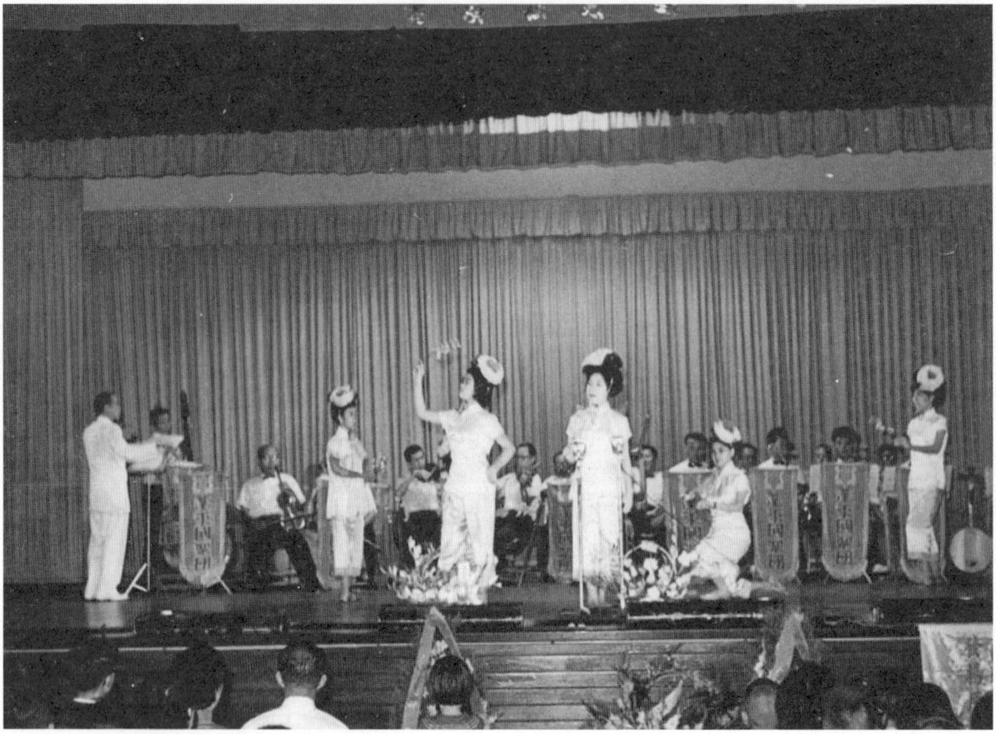

* 放鉛：指施放會讓人受傷、阻人侵入的障礙物。

〈六月茉莉〉

大王 KLK-60：合唱
太王 KLA-013："
太王 KLK-69：林楓 (日語)

卜卦調

快板

許　石　採編
許丙丁　作詞

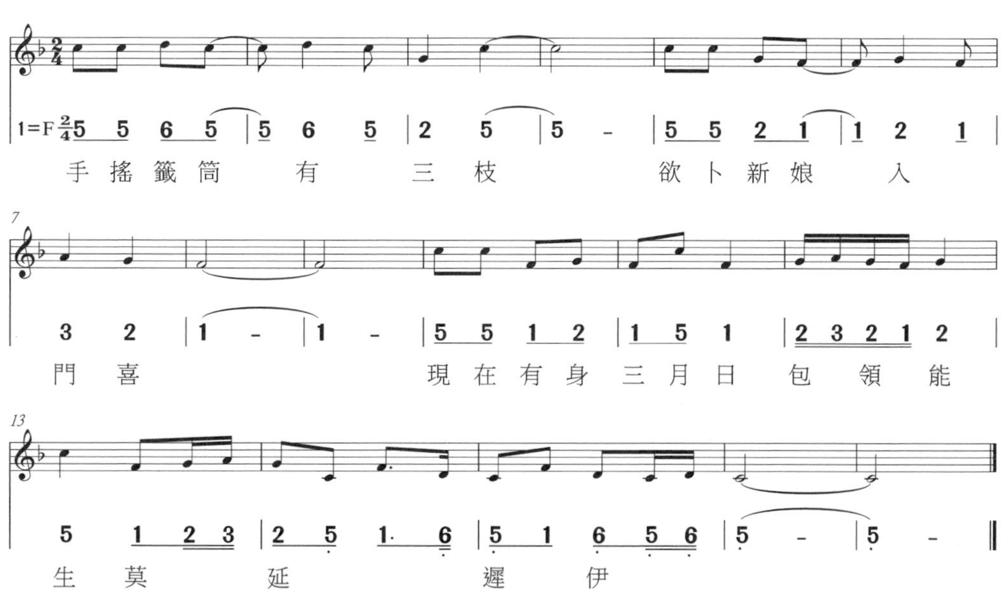

卜卦調　許石編曲　許丙丁作詞

一、手搖籤筒有三枝　欲卜新娘入門喜
　　現在有身三月日喔　包領能生莫延遲啊　伊

二、頭枝五娘陳三兄　甘願為奴來掃廳
　　婚姻雖然能成晟喔　一心歡喜一心驚啊　伊

三、二枝關公扶劉備　欲問仙祖做生理
　　你若添香二百四喔　明年一定大趁錢啊　伊

四、三枝田嬰飛落網　這運財利有較空
　　仙祖壇前來投下 (tâu-hē)* 喔　議員當選有希望啊　伊

* 向神明投訴或下願。

〈卜卦調〉許石採譜附記為「南部民謠」，在1957年許石為吳晉淮歸國音樂會使用的手稿中歌名為〈乞食歌〉，註記是作為歌舞伴奏使用，經許丙丁填詞才改為〈卜卦調〉。後來許石也曾說過，這首是臺南當地的乞丐歌調採譜而來。

由於語言富有韻律性，臺灣歌謠也特別生活化，特殊職業者會有特定的歌謠，「乞食調」可算是生活歌謠中相當特殊的一支，當中不只一個調，除了〈卜卦調〉之外，「有量啊頭家啊…」那首〈乞食調〉也很普及流傳，廣泛運用在歌仔戲裡面。

許丙丁在〈卜卦調〉裡編寫一些詼諧的算命先情節，最後一段提到「議員當選有希望」，也可說是自己擔任兩屆市議員、後來參選失利的寫照。

由於曲調輕鬆有趣，許石發表「卜卦調」後很快就出現改編歌曲。1962年四海唱片發行的《四海歌曲精華(第二集)》中，收錄了〈傻瓜與野丫頭〉，表現農村放牛姑娘與庄家郎的活潑對唱，由莊奴填寫華語歌曲、周藍萍編曲，紫薇、王菲合唱，這首歌發表後大受歡迎，也是資深歌手謝雷、張琪的招牌經典歌曲。〈卜卦調〉後來也改編成不少臺語流行歌，黃敏、文鶯父女合唱的〈相命仙〉，南星唱片製作的〈田莊姑娘〉，由林峰、方瑞娥男女對唱，都是帶有相褒情調的改編歌謠。

太王 KLK-60：劉福助
太王 KLA-013："
太王 KLA-022：許碧娜
太王 KLK-69：林楓（日語）

〈卜卦調〉

六月田水

許　石　編曲
鄭志峯　作詞

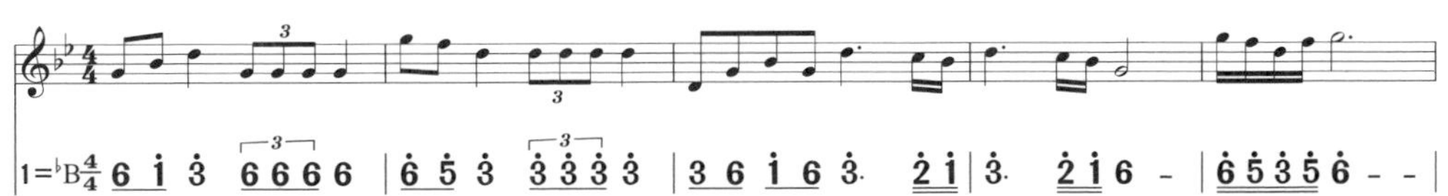

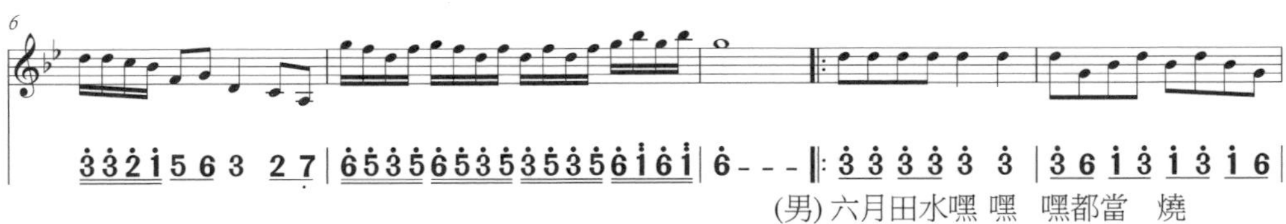

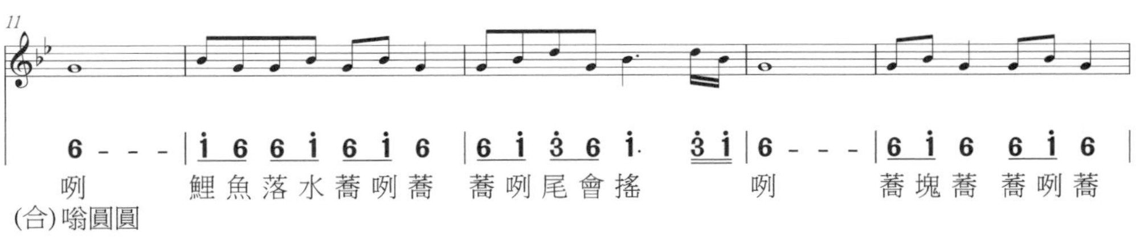

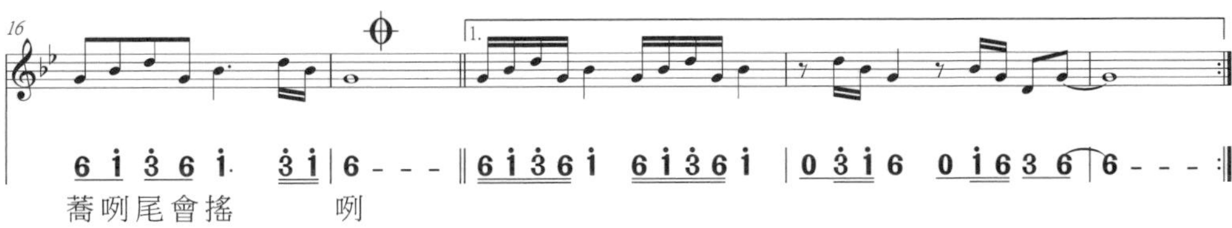

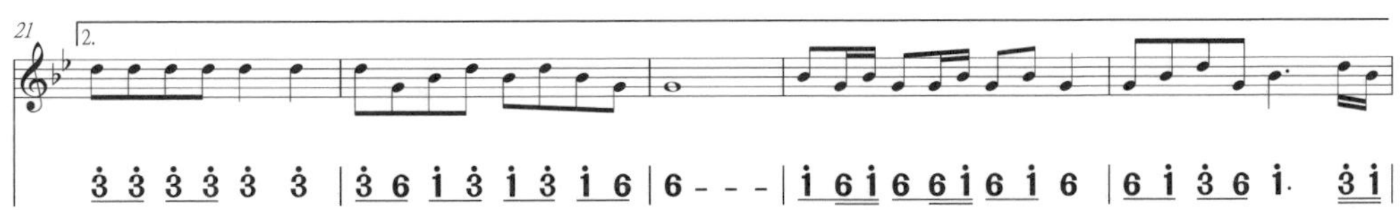

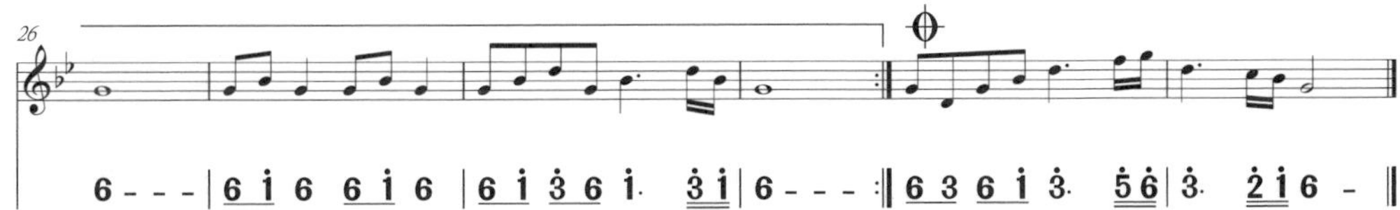

六月田水

許石編曲　鄭志峯作詞　許石、大王合唱團唱

一、(男) 六月田水　嘿嘿嘿都當塊燒咧　(合) 嗡圓圓
(男) 鯉魚落水蕎 (giôh) 塊蕎　　蕎塊尾會搖咧
(合) 蕎塊蕎　蕎塊蕎　蕎塊尾會搖咧

二、(男) 六月算來　嘿嘿嘿都赤日頭咧　(合) 嗡圓圓
(男) 每日着愛　蕎塊蕎　蕎塊巡田頭咧
(合) 蕎塊蕎　蕎塊蕎　蕎塊巡田頭咧

三、(男) 六月算來　嘿嘿嘿都汗那流咧　(合) 嗡圓圓
(男) 稻仔播了　蕎塊蕎　蕎塊着挲草咧
(合) 蕎塊蕎　蕎塊蕎　蕎塊着挲草咧

四、(男) 六月每日　嘿嘿嘿都拚無停咧　(合) 嗡圓圓
(男) 希望今年　蕎塊蕎　蕎塊好收成咧
(合) 蕎塊蕎　蕎塊蕎　蕎塊好收成咧

許石唱片中註明為「農家民謠」，是嘉義地區相當具代表性的民間歌謠，歌詞敘述六月盛夏時節農人下田的感受，炙熱的陽光、反覆的勞動，忠實呈現農人的生活面貌。

該曲調在地方社會也發展出「一隻鳥仔嚎救救」等詞，還有其他以「一隻鳥仔」開頭的歌謠，這兩首的曲調其實是相當接近。1943 年呂泉生加以採譜改編為合唱曲〈六月田水〉，作為「厚生演劇團」戲劇「閹雞」的串場演出，許石製作的〈六月田水〉，可能是來自呂泉生編寫的合唱曲。

〈六月田水〉

大王 KLK-57：許石、大王合唱團

海口調

許 石 採編
鄭志峯 作詞

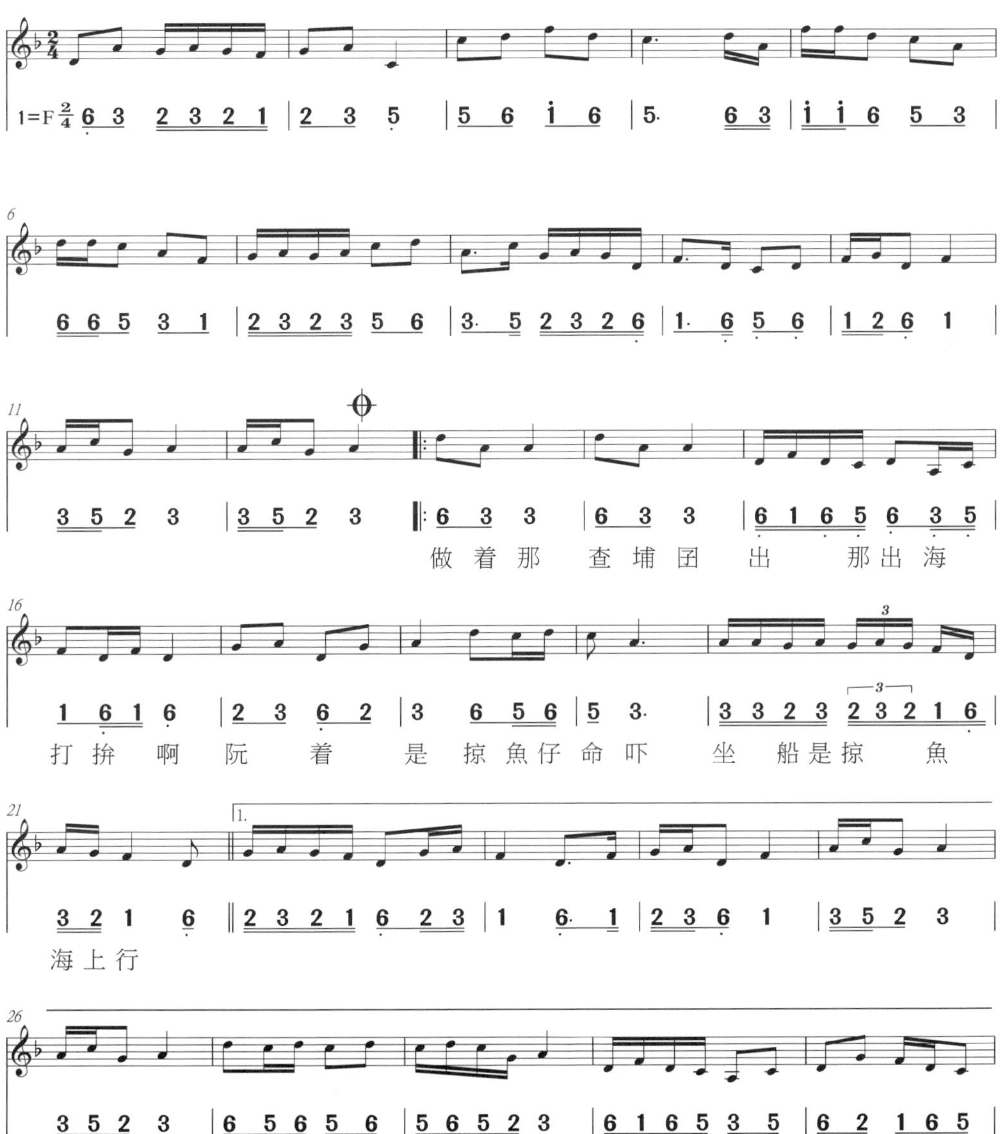

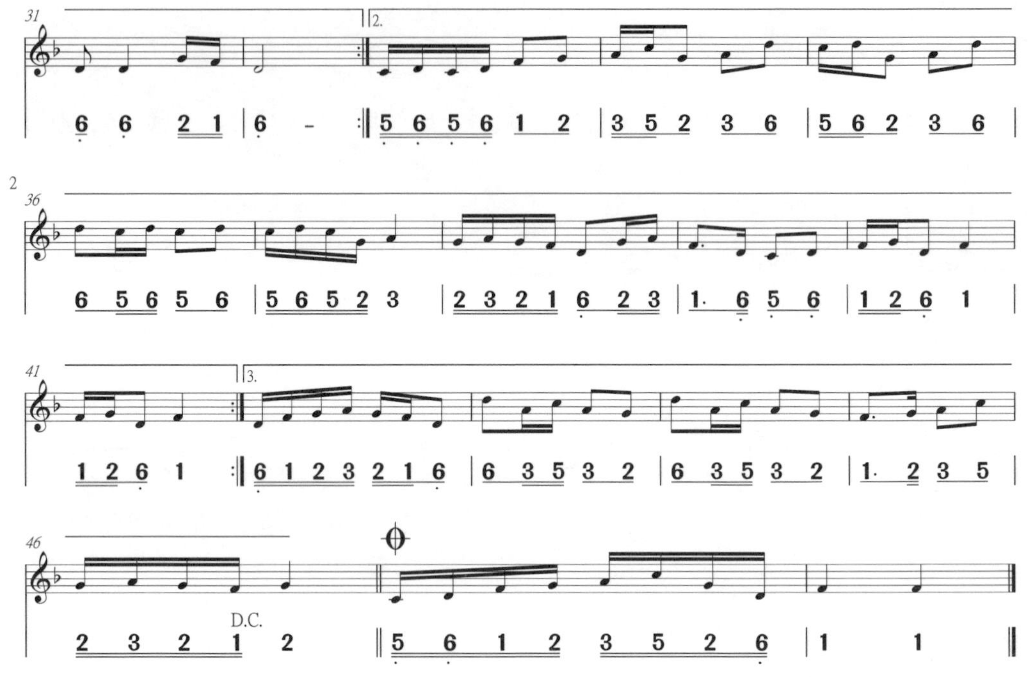

海口調　　許石採編　鄭志峯作詞　曾鵬烈唱

一、做着那　查埔囝　出那出海打拚啊
　　阮着是掠魚仔命吓　坐船是掠魚海上行吓
二、黃昏那　日頭紅　海那海面茫茫啊
　　阮着是掠魚仔人吓　掠着是大魚心輕鬆吓
三、天氣那　歹啊　　毋那毋敢出海啊
　　恐驚遇到風颱吓　飲酒是快樂笑咳咳吓
四、天氣那　清和　　波那波浪靜啊
　　出海是相招相報吓　看着是海面平波波吓

許石註明這首歌為「南鯤鯓民謠」，在唱片解說當中，許石清楚表明，這首歌是他前往南鯤鯓代天府參拜時採集而來，編曲演唱後成為「最新的臺灣民謠」，這首歌也就成為許石採集歌謠中有較完整地緣紀錄的一首。

歌詞裡描述樂天快活的漁村男性，天氣好時就出海去捕魚，天氣不好就放鬆喝酒。

〈海口調〉

太王 KLK-64：曾鵬烈

牛犁歌

許　石　採編
許丙丁　作詞

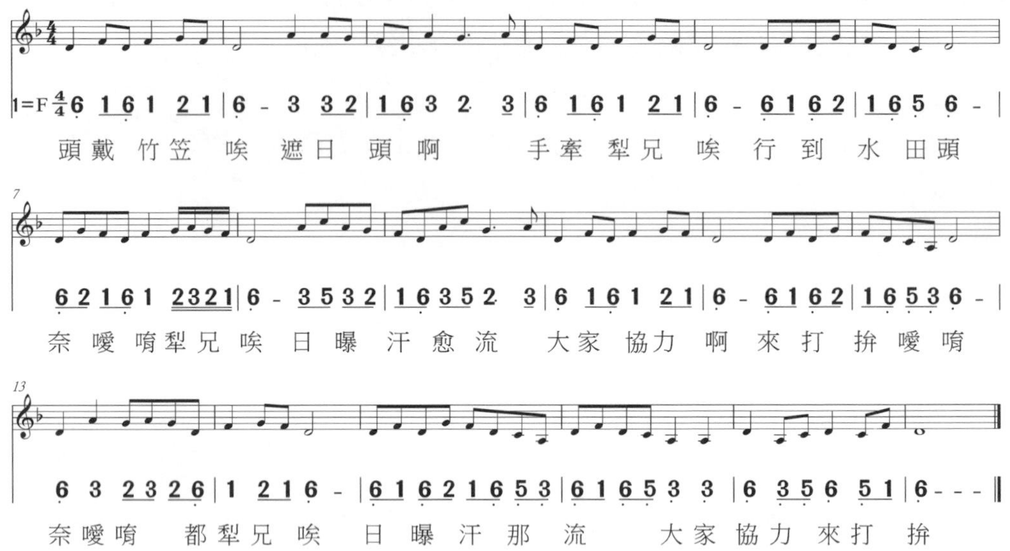

牛犁歌　許石編曲　許丙丁作詞

一、頭戴那竹笠啊喂　遮日頭啊　手牽那犁兄喂　行到水田頭
　奈嗳唷啊犁兄啊喂　日曝汗那流　大家那協力啊　來打拚嗳唷喂
　奈嗳唷伊都犁兄啊喂　日曝汗那流　大家協力來打拚

二、跤踏那水車啊喂　在水門啊　手牽那犁妹啊　透早天未光
　奈嗳唷啊犁妹啊喂　水冷透心腸　大家那協力啊　來打拚嗳唷喂
　奈嗳唷伊都犁妹啊喂　水冷透心腸　大家協力來打拚

三、手舉那牛犁啊喂　欲犁田啊　我勸犁兄唉　毋通叫艱苦
　奈嗳唷啊犁兄啊喂　為着是增產　大家那協力啊　來打拚嗳唷喂
　奈嗳唷伊都犁兄啊喂　為着是增產　大家協力來打拚

這首歌許石採譜附記為「農家民謠」，經許石採譜邊曲成為具有爵士風味的音樂，時興的曼波節奏，帶有「啊嗚」的吆喝聲。在日語說明中許石特別提到，臺灣人在催趕牛起步時會喊「AU」，停步會喊「HYU」，跟曼波裡的吆喝聲很貼近。

關於這首歌的來歷有許多說法，有說是臺灣平埔原住民的歌謠，發展為車鼓小戲，也就成為「牛犁歌」，至今臺南的「牛犁歌陣」仍唱這個調，許石應是就此採譜成〈牛犁歌〉。在歌仔戲中也常用此調，稱為「送哥調」，日本時代汪思明灌錄的唱片「英台送哥」就此調演唱，凡出現類似送別場面時就常唱到。這個曲調也流傳到東南亞華人社會，在新加坡稱為「十二蓮花」，是描述女性苦情的悲傷歌謠。

由於許石、許丙丁的採集改編，臺灣社會也就普遍稱之是〈牛犁歌〉，是農村辛勤歡樂生活的代表民謠。

〈牛犁歌〉

大王 KLK-60：朱艷華、劉福助
太王 KLA-013："
太王 KLK-69：林楓（日語）

病子歌

許　石　採編

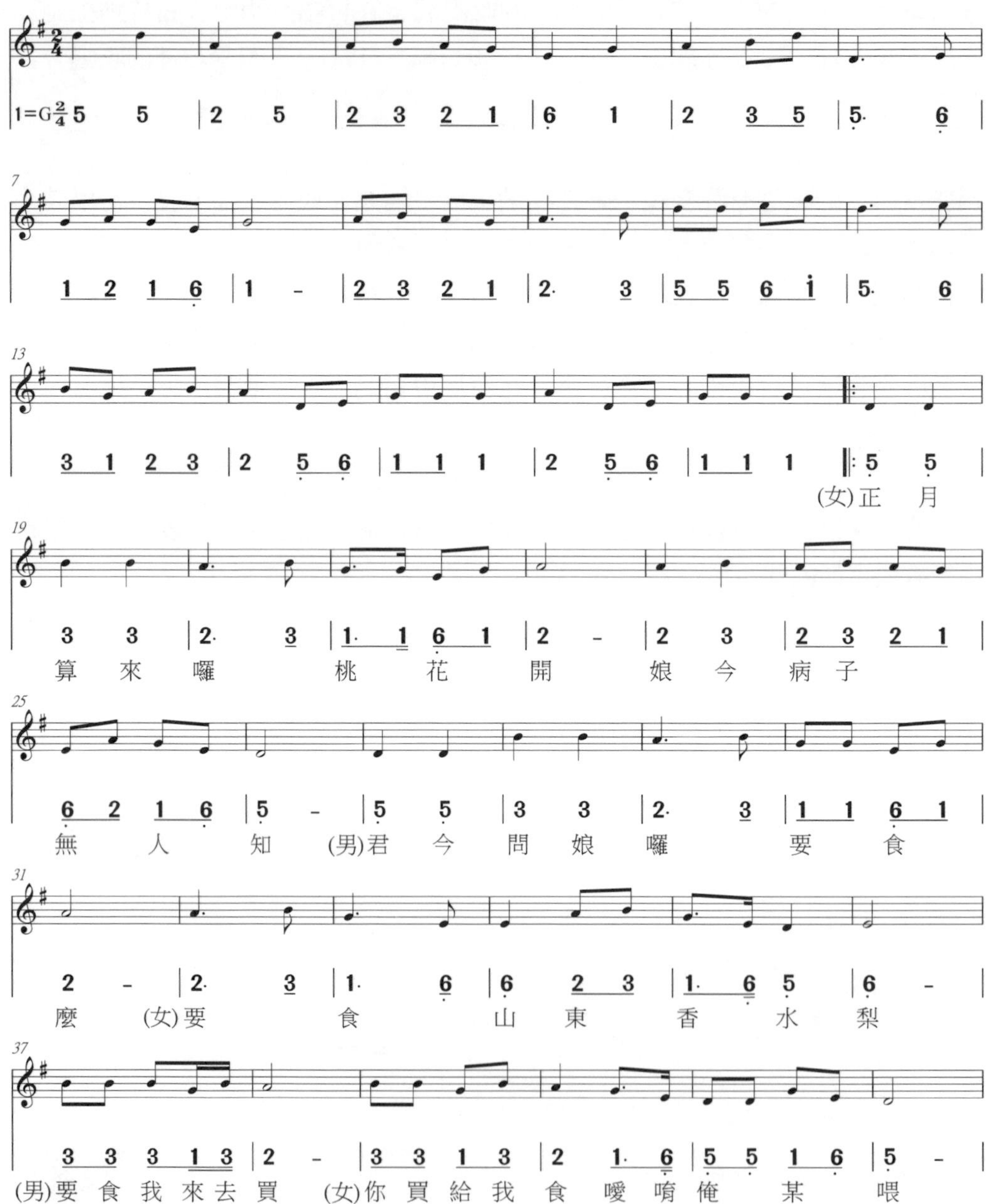
1=G 2/4
(女)正　月
算　來　囉　桃　花　開　娘　今　病　子
無　人　知　(男)君　今　問　娘　囉　要　食
麼　(女)要　食　山　東　香　水　梨
(男)要　食　我　來　去　買　(女)你　買　給　我　食　噯　唷　俺　某　喂

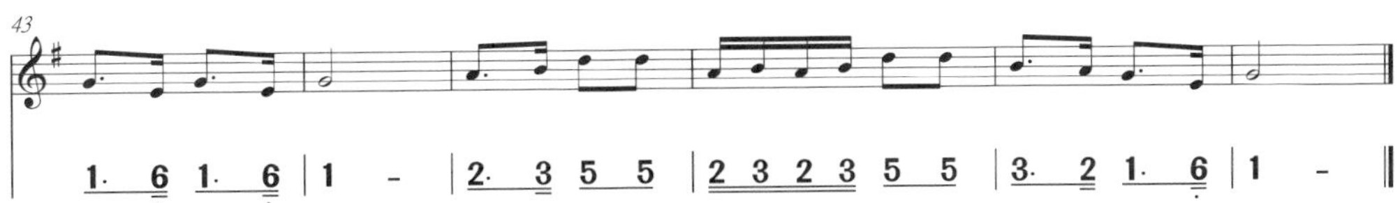

「病子」或寫作「病囝」，指婦女懷孕而身體不舒服，在臺灣各地普遍有「病子歌」的民謠文化，基本上就是老婆懷孕十個月的過程中，夫妻互動對唱，特別是愛吃什麼的有趣對話。這樣的互動詞句發展成的歌謠，各地又有所不同。

在早期歌本、日本時代唱片裡就有「病子歌」，多是男女的四句聯對唱，也就是「相褒」，至於許石所編唱的〈病子歌〉，許石註明之為「臺南民謠」，據其所述是出自車鼓陣的民謠，在臺灣近代流行歌中，發展成為〈病子歌〉的固定版本，又名為〈十月懷胎〉。

〈病子歌〉

大王 KLK-67：劉福助、王美惠

草螟弄雞公

許 石 採編

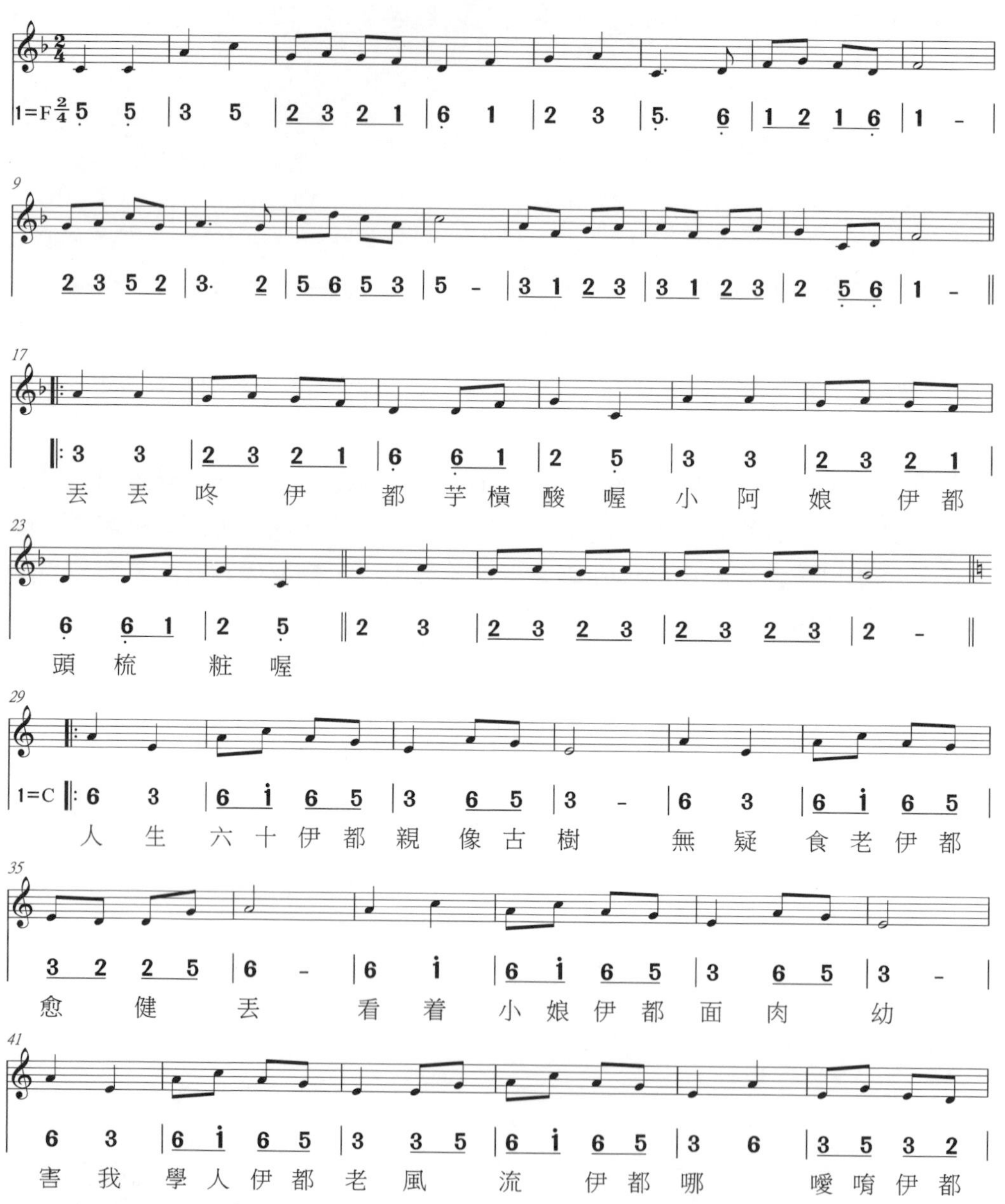
1=F 2/4
丟 丟 咚 伊 都 芋 橫 酸 喔 小 阿 娘 伊 都
頭 梳 粧 喔
1=C
人 生 六 十 伊 都 親 像 古 樹 無 疑 食 老 伊 都
愈 健 丟 看 着 小 娘 伊 都 面 肉 幼
害 我 學 人 伊 都 老 風 流 伊 都 哪 噯 唷 伊 都

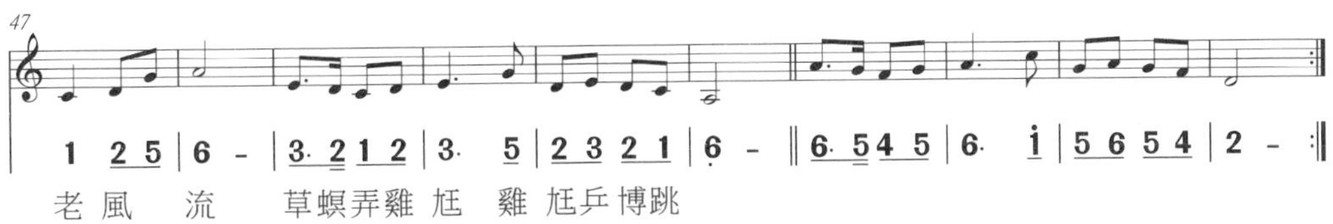

臺灣民謠〈草螟弄雞公〉，是出自車鼓的歌曲，也是男女相褒的歌謠。許石將這首歌採編收錄唱片專輯中，在其出版作品註明為「南部民謠」。節奏變化靈活，演唱時每一段開頭都以「丟丟咚伊都芋橫酸喔」開頭唱兩句，接著再展開這一段的旋律，演間每句以「…喔」收尾，保留民謠演唱的口語感和趣味風格。

這些獨特的演唱方式，在臺灣傳統車鼓陣演出中仍可以聽得見，可說是忠實地將臺灣本地歌謠唱唸風格，以近代流行歌的方式表現出來。

〈草螟弄雞公〉

大王 KLK-66：許石、廖美惠

桃花過渡

許　石　採編

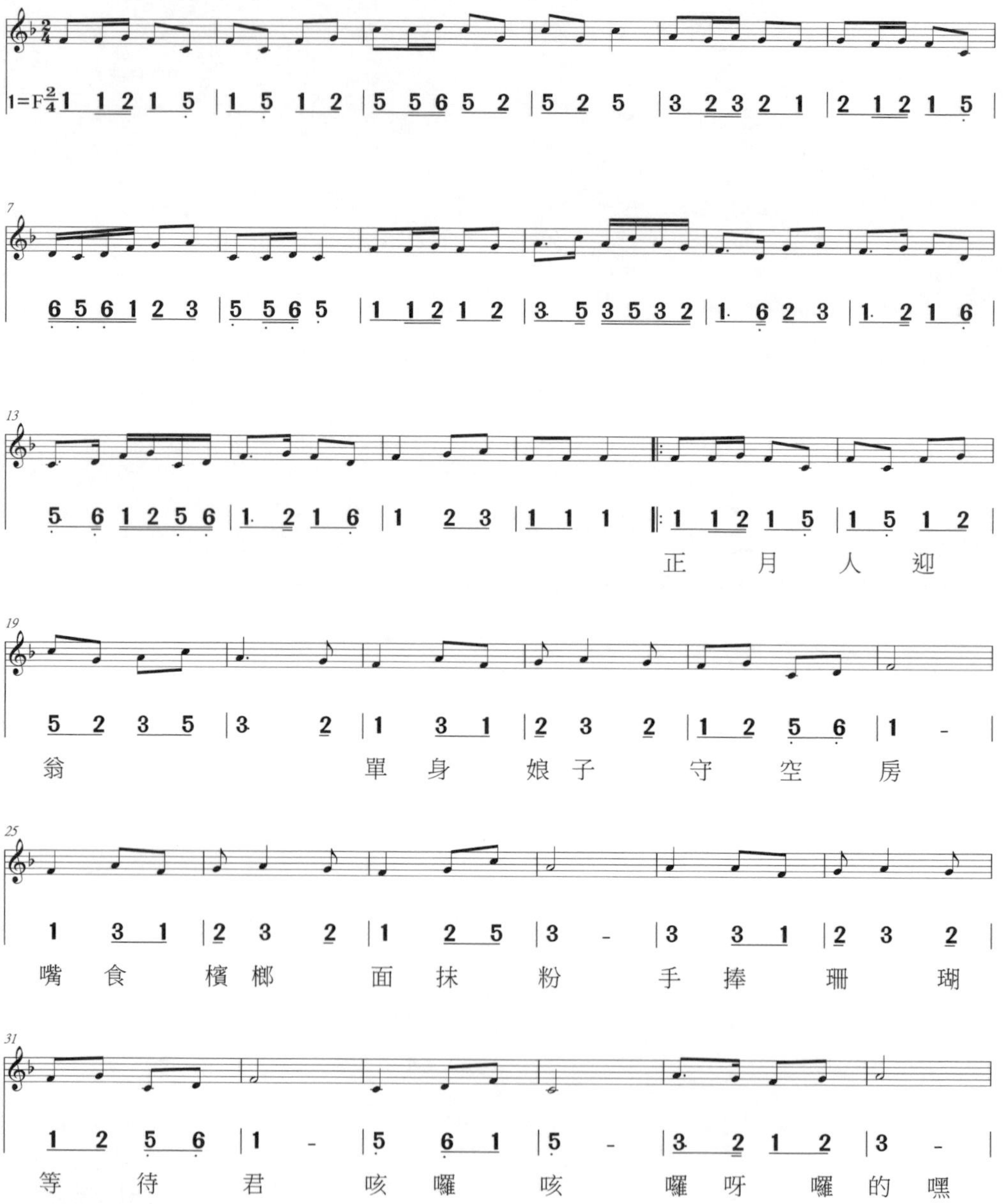

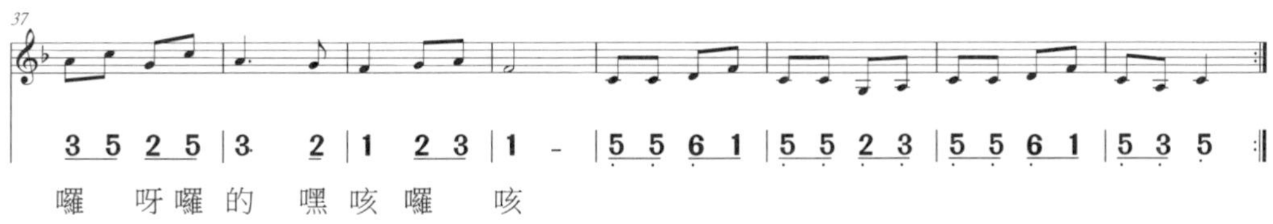

這首在臺灣出自車鼓陣的民謠，更早起源於南管戲「桃花搭渡」演出，主要劇情是名曰「桃花」的年輕女孩要搭船渡河，與撐船伯相識，兩人以月令開頭對唱。由於是男女對唱，活潑互虧，對唱歌詞與動作由演出者自由發揮，特別能展現鄉土小戲的曖昧互動，還有鄉土語言的靈活性，而深受社會大眾喜愛。

「桃花過渡」在日本時代即有多種唱片、歌本傳世，不過也常被認為是低俗的鄉土風俗，而遭知識分子貶抑，甚至被政府查禁。許石製作的版本由呂訴上修整歌詞，由劉福助、王美惠合唱演出，1960 年發表公演，該歌詞也成為最通俗傳唱的版本，特別是後面一段的唱詞「咳囉咳 囉呀囉的嘿……」唱來隨興活潑，最能表現許石製作民謠的輕鬆訴求。

〈桃花過渡〉

大王 KLK-66：劉福助、王美惠

月月按

許　石　採編

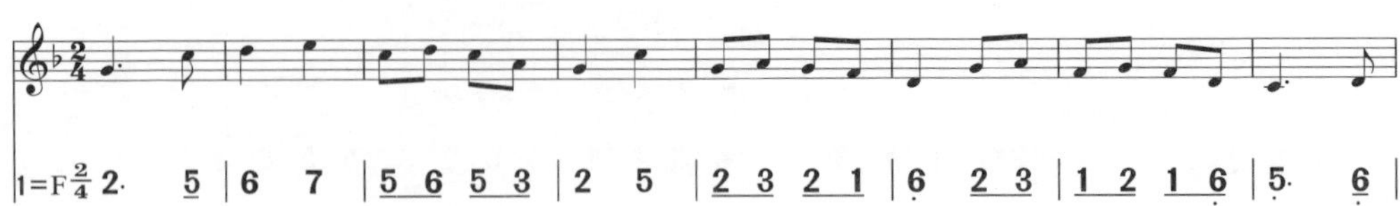

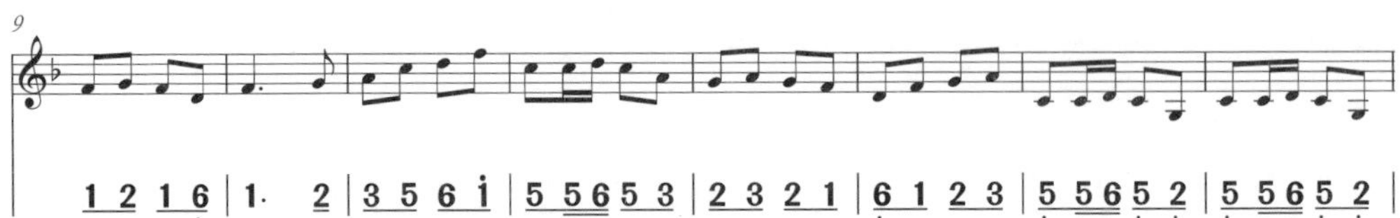

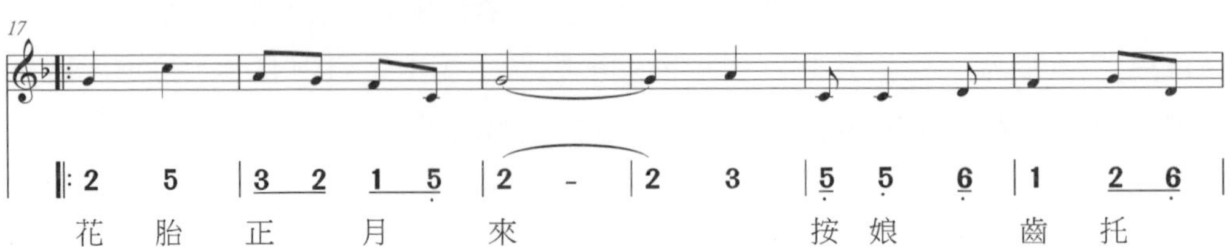

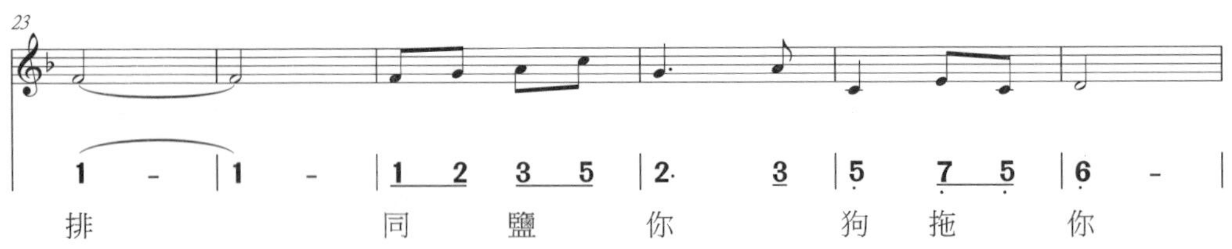

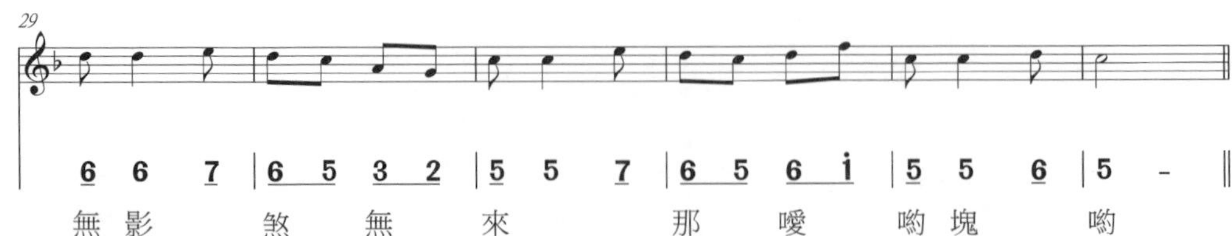

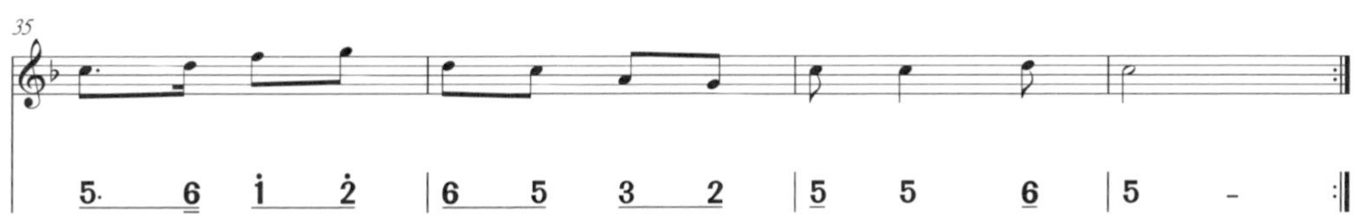

「按」（àn）是延後的意思，指答應了什麼卻又延緩。「月月按」這首歌，是描述一個女性在抱怨她的男友或丈夫，總是答應了她某些東西、卻又總是食言，情節趣味的歌謠。

早期歌仔冊裡就有「十二按歌」，連唱12段，每個月都有一樣東西或事情食言，有「金手指」、「剪綢衫」、「看瞑戲」、「金耳鉤」……等等，但都沒有實現，所以罵男人是「斬頭」、「早死」、「路傍」、「夭壽」，反映男女愛情中無奈又有趣的互動情節。

許石編寫這首歌，收錄在民謠專輯中，註明「北部車鼓調民謠」、「又名十二月花胎」，詞曲顯然也脫胎自前述民謠，段落間的配樂也穿插了「桃花過渡」，暗示這首歌是源自車鼓民謠的背景。朱豔華在這首歌裡聲音特別柔軟細膩，咒罵男人是「同鹽」、「路傍」、「狗拖」、「雞歸」…怒罵之間，卻又添些許曖昧互虧的感情意味。

參考：《新刊廿四送哥》，廈門：惠文堂，1914。出自國立臺灣大學「歌仔冊與唸歌數位典藏館」。

〈月月按〉

大王 KLK-66：朱豔華

賞花歌

許　石　採編
鄭志峯　作詞

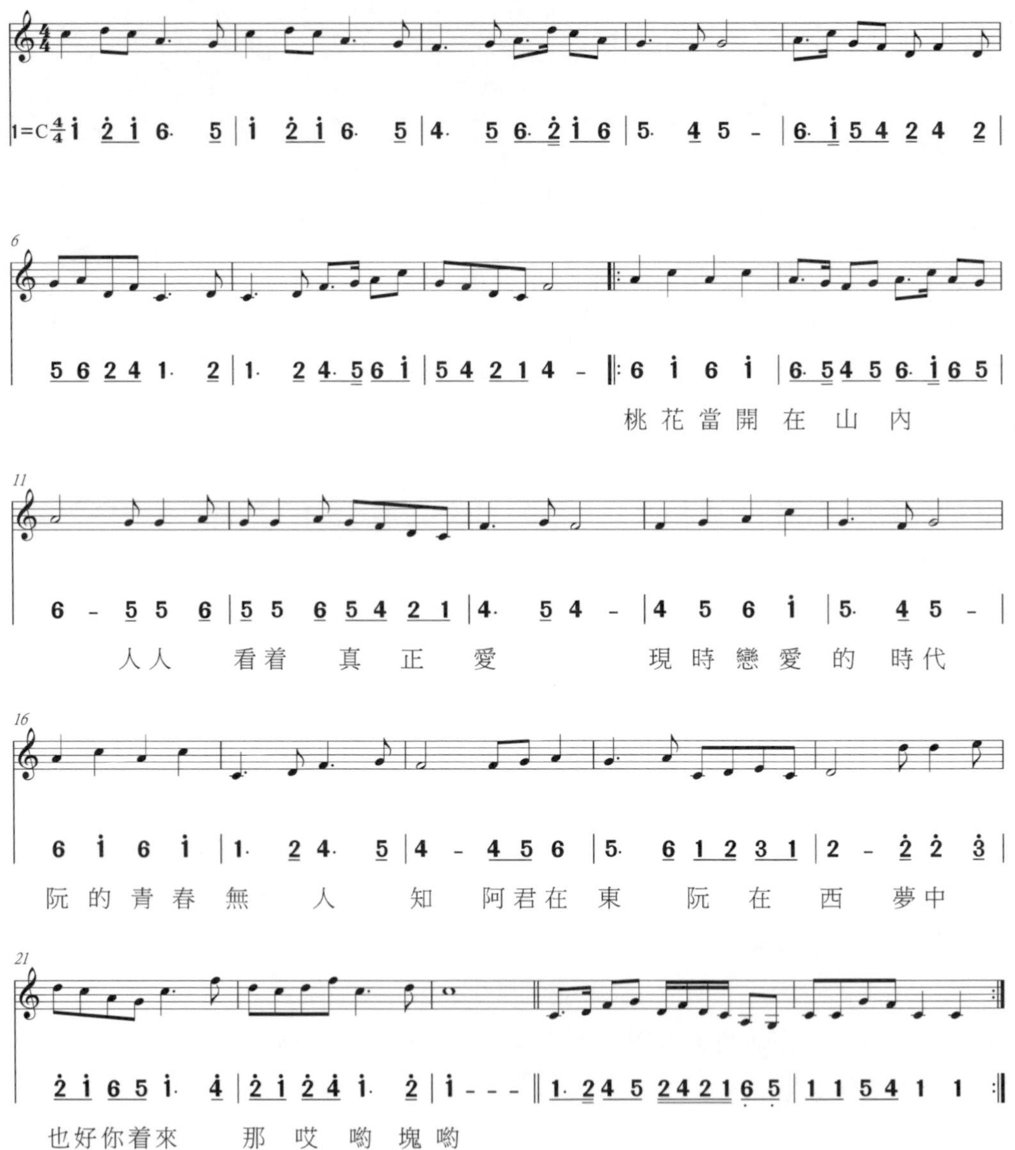

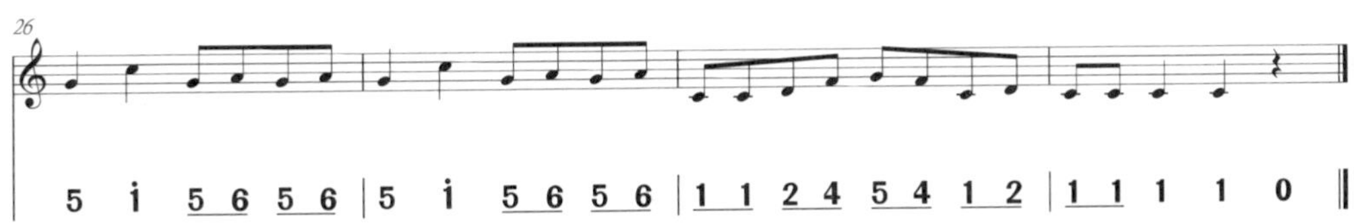

賞花歌　　許石編曲　鄭志峯作詞　顏華、大王合唱團唱

一、桃花當開在山內　人人看着真正愛　現時戀愛的時代　阮的青春無人知
　　阿君在東阮在西　夢中也好你着來　那哎喲塊喲

二、夏蘭當開清香味　人人看着真合意　孤枕稀微難過更　怨嘆阮的青春時
　　夜夜無人在身邊　阿君欲來等何時　那哎喲塊喲

三、菊花有青也有紅　每夜無伴在西窗　阮有物件欲相送　阿君袂曉來遮捧
　　有情阿君你才通　毋通誤阮一世人　那哎喲塊喲

四、冬竹孤欉在半山　冷風鑽入阮心肝　孤床獨枕會畏寒　自嘆青春欲按怎
　　誰人予阮來引線　決心佮君你做伴　那哎喲塊喲

在演出冊中收錄歌詞寫作「賣花歌」一作詞鄭志峯，究其歌詞歌名應為「賞花歌」。曲調為一般稱為「留傘調」的歌仔戲調，所謂「留傘調」是陳三五娘中「益春留傘」劇情常用的歌調，1930年代唱片業就有收錄成唱片，曲名〈益春留傘〉。呂泉生採編另作一詞〈農村酒歌〉（眾仙會合見面三杯酒…），許石則以另一詞編曲製作為〈賞花歌〉。

〈賞花歌〉

大王 KLK-58：顏華、大王合唱團

花開處處紅

許　石　採編
周添旺　作詞

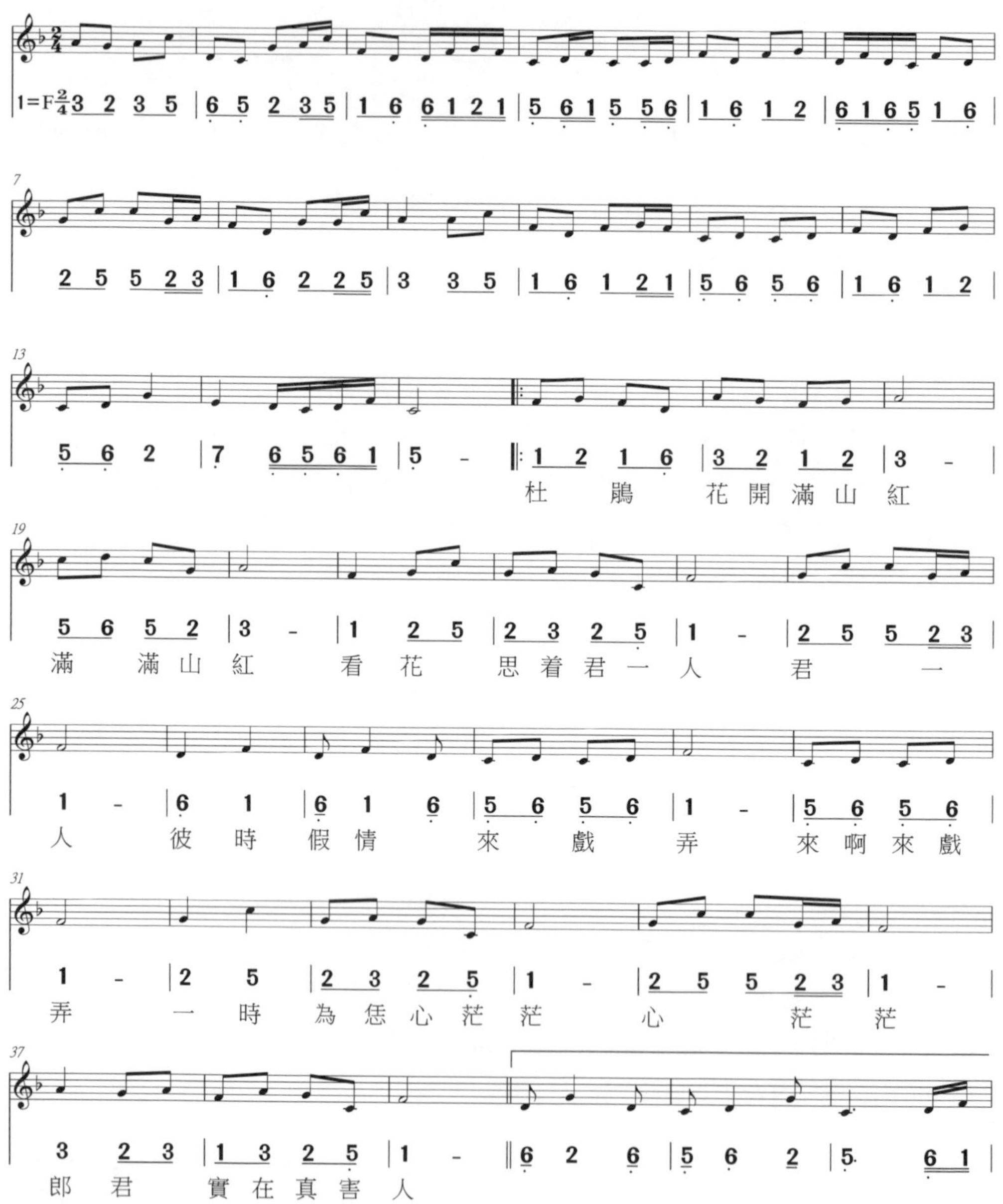

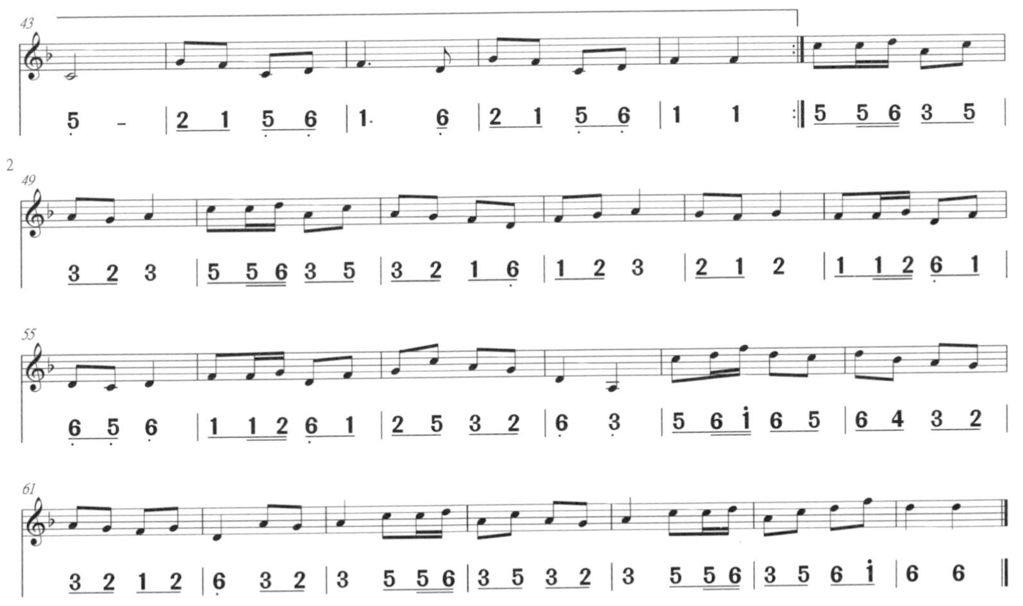

花開處處紅　許石編曲　周添旺作詞　顏華唱

一、杜鵑花開滿山紅　滿滿山紅　看花思着君一人　君一人
　　彼時假情來戲弄　來啊來戲弄　一時為伝心茫茫
　心茫茫　郎君實在真害人
二、玫瑰花美處處紅　處處處紅　花美本是袂清香　袂清香
　　生美阿君情無重　情啊情無重　迎新棄舊毋是人
　毋是人　害阮不時茹絮夢 (jû-sù-bāng)
三、桃花當開粒粒紅　粒粒粒紅　愛情當好心輕鬆　心輕鬆
　　無疑今日將阮放　將啊將阮放　放阮日日空希望
　空希望　何時會得結同房
四、花謝滿地處處紅　處處處紅　一冬希望過一冬　過一冬
　　看破毋敢再希望　再啊再希望　有心對阮來疼痛
　來疼痛　世間閣揣有別人

許石註明為「車鼓民謠」，一般被稱為「點燈紅」，又寫作「點燈籠」等等，是得自南管戲曲的歌謠，原來是月令歌詞的小曲，在臺灣流傳久遠，1914 年歷史上第一批臺灣藝人錄音中，就收錄了「點燈紅」戲曲，而成為最早一張臺語演唱的唱片。

周添旺將這個小曲重填新詞，以杜鵑、玫瑰、桃花，表現小曲中「紅」的意象，加入仿如民間七字唸謠的愛情詩歌，為這首小曲增添更豐富的當代意味。

〈花開處處紅〉

大王 KLK-58：顏華

車鼓調

許 石 採編
鄭志峯 作詞

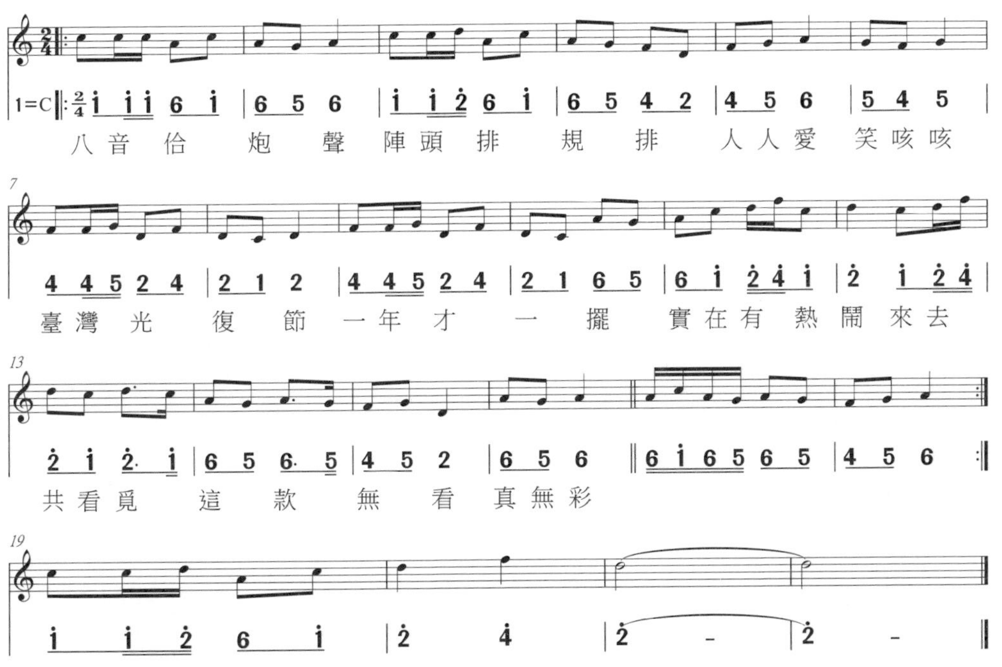

車鼓調 鄭志峯作詞 許石作編曲 顏華唱

一、八音佮炮聲　陣頭排規排　人人愛　笑咳咳　臺灣光復節　一年才一擺
　　實在有鬧熱　來去共看覓　這款無看真無彩

二、彼個查埔人　親像青仔欉　毋成猴　想戲弄　看人激彼款　可比採花蜂
　　若去交着新　舊的着來放　予阮看着心袂鬆

三、鬧熱人真多　行來佮行去　痴哥面　使目箭　彼款痴哥瀾　鬧煞嚨嚨滴
　　予阮看了後　彼個阮合意　毋過徛在電柱邊

四、心愛彼個人　若是在身邊　心輕鬆　笑微微　你是我心內　明朗的月光
　　你是我心內　船上的羅經　佮伊見面等何時

五、看了心輕鬆　相思青春夢　阮心愛　彼個人　每日咧思念　墜落愛情網
　　夜夜思念伊　敢會變成空　愛情熱度是無限

六、心內真歡喜　阿哥生做美　阮思念　彼個伊　拜託月娘姊　講阮塊愛伊
　　阮的青春時　無人通可比　臺灣光復好日子　歡喜佮兄通團圓

許石手稿中很早就有「車鼓調」的採譜，又寫作「斜鼓調」，在 1964 年之後製作的民謠專輯中，製作為歌曲唱片。歌詞從臺灣光復日的慶祝做為背景，表現女性在公眾場合中穿梭，想起心中愛人的開懷模樣，人物描寫生動活潑。

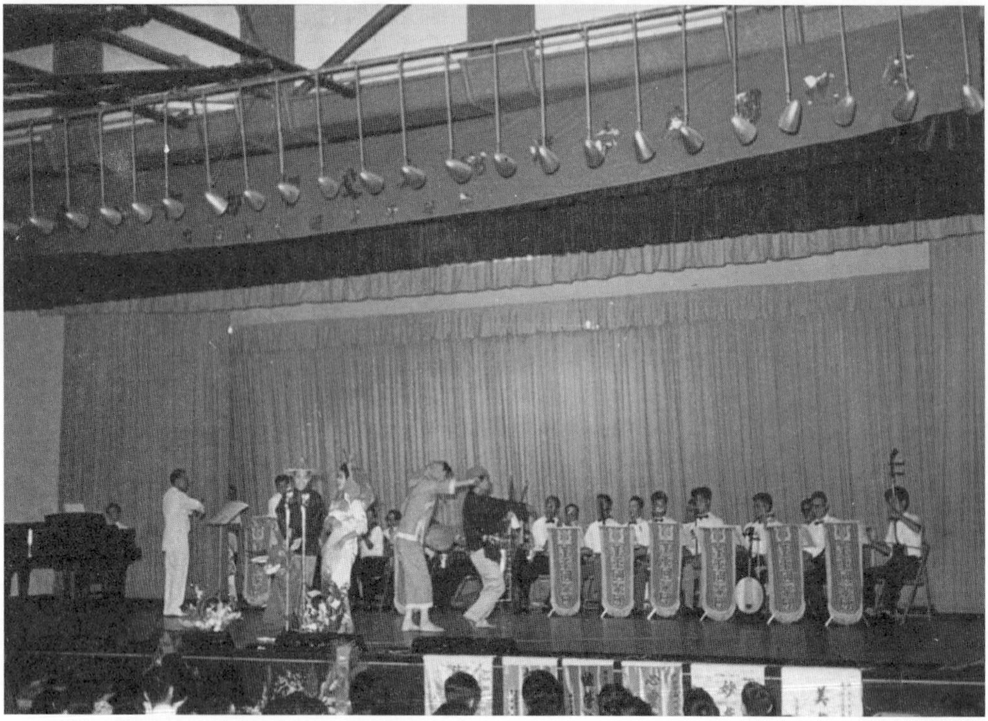

〈車鼓調〉

太王 KLK-64：顏華

挽茶褒歌

許 石 採編

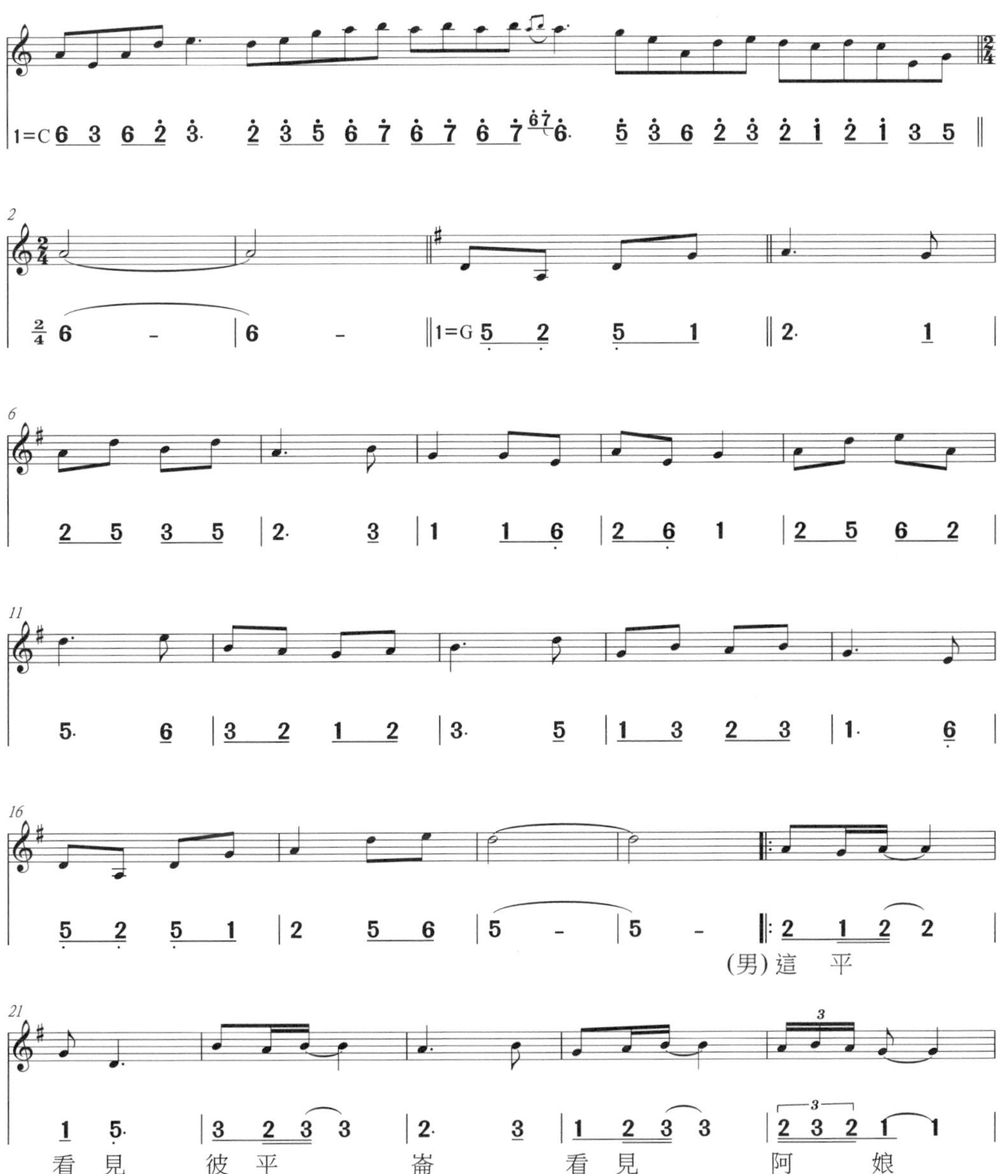

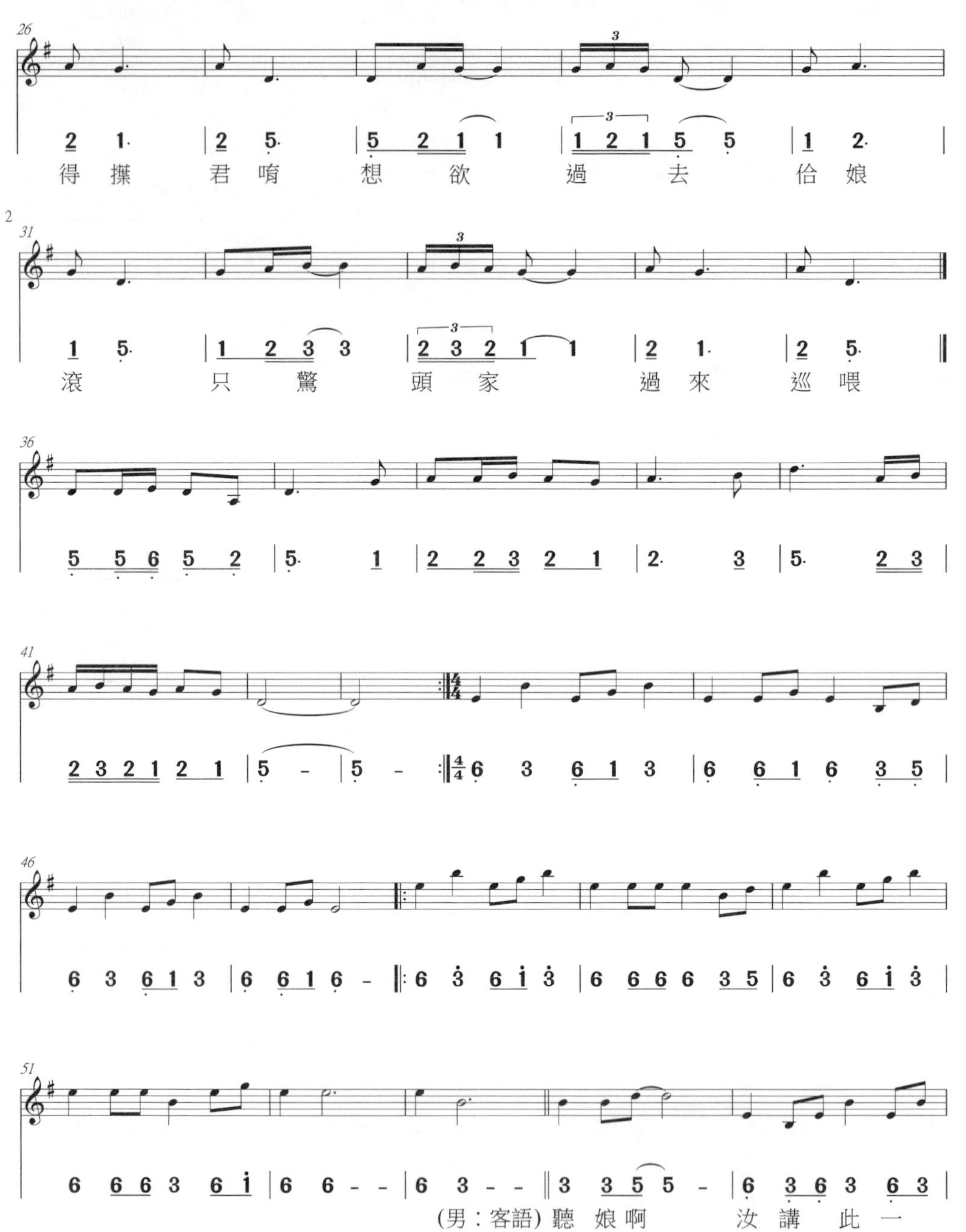
得 擛 君 喑 想 欲 過 去 佮 娘
滾 只 驚 頭 家 過 來 巡 喂
(男：客語) 聽 娘 啊 汝 講 此 一

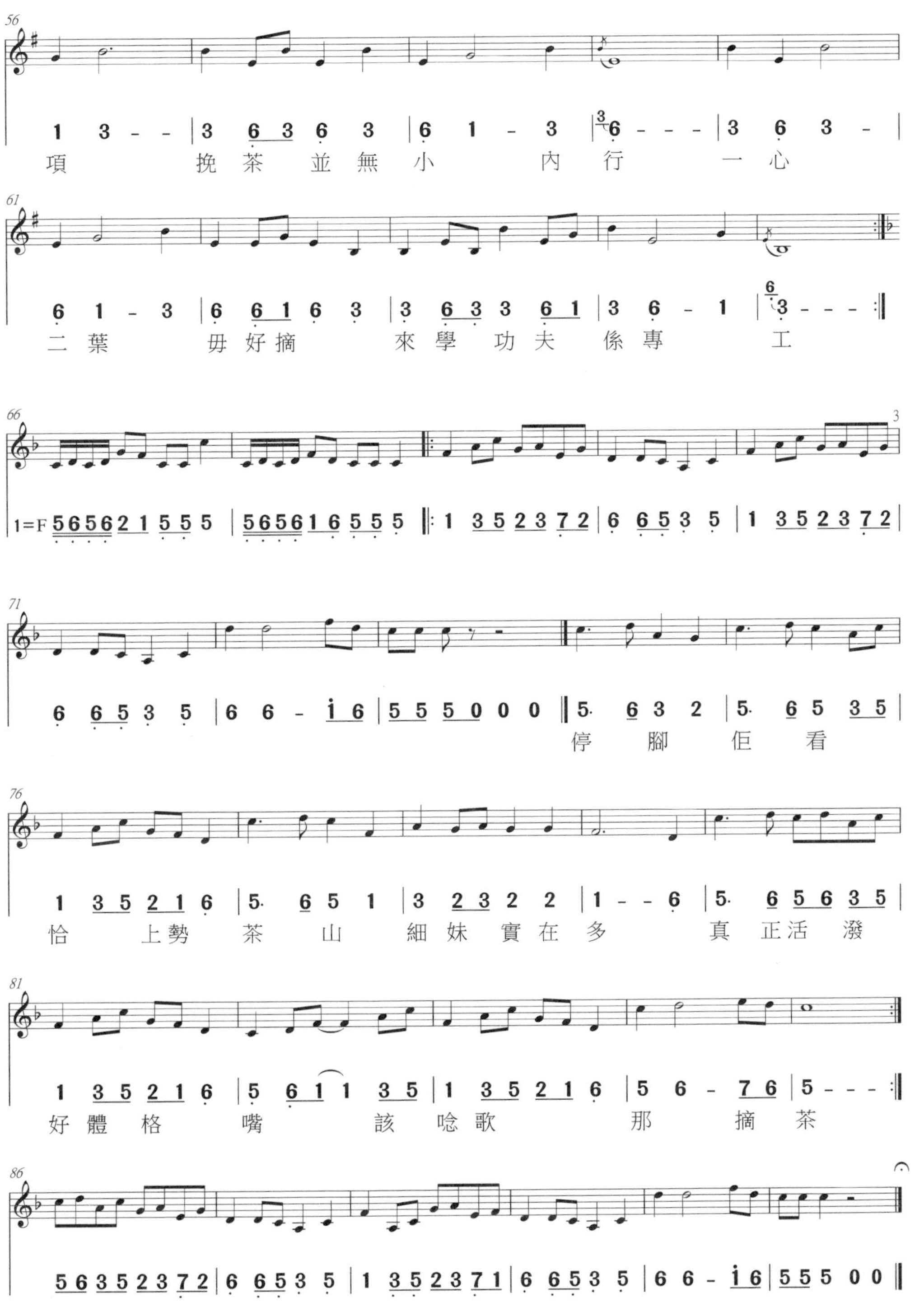
項 挽茶 並無小 內 行 一心
二葉 毋好摘 來學 功夫 係專 工
1=F
停 腳 佢 看
恰 上勢 茶 山 細妹 實在 多 真 正活 潑
好體格 嘴 該 唸歌 那 摘 茶

〈挽茶褒歌〉基本上是綜合了山歌文化大成的一首歌曲。在許石 1960 年製作的民謠專輯中，註明為「北部茶山民謠」，王美惠、林鐘伶等多名女歌手以臺語為主、搭上客家話，交叉演唱的串連成的山歌組曲，由劉福助主唱、對唱，前後共用三個山歌調，全首長達近 11 分鐘。

「褒歌」是相當普遍的俗民文化，也可說是山歌的主要精神，許石自山歌演唱中相當普遍的旋律，拼貼成三大段的歌曲，將茶山上男女對唱的情節改編成舞臺演出，同譜在呂訴上撰寫的《臺灣電影戲劇史》（1960 年 8 月出版）也有刊登。

〈挽茶褒歌〉

大王 KLK-66：劉福助等合唱

客人調

Fox Trot

許 石 採編

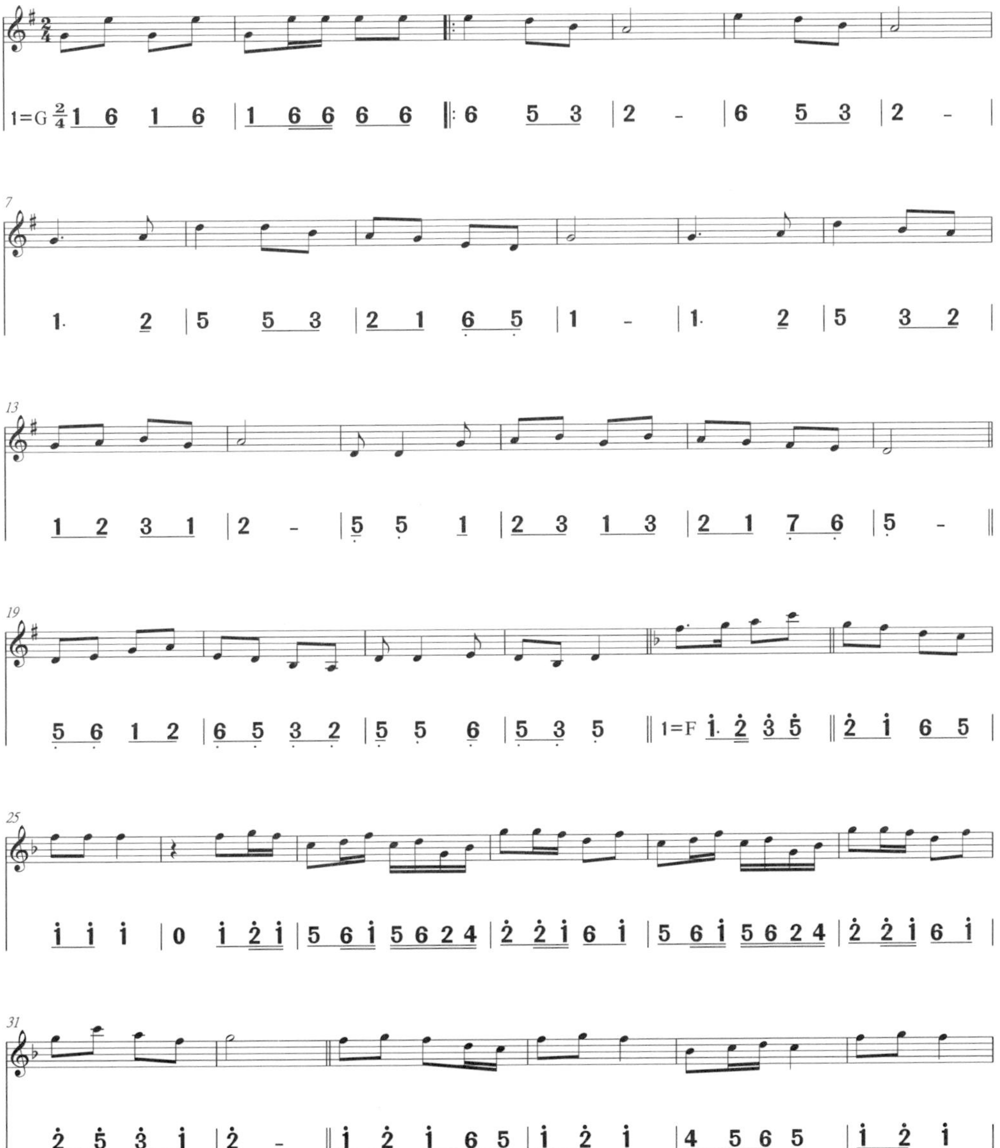

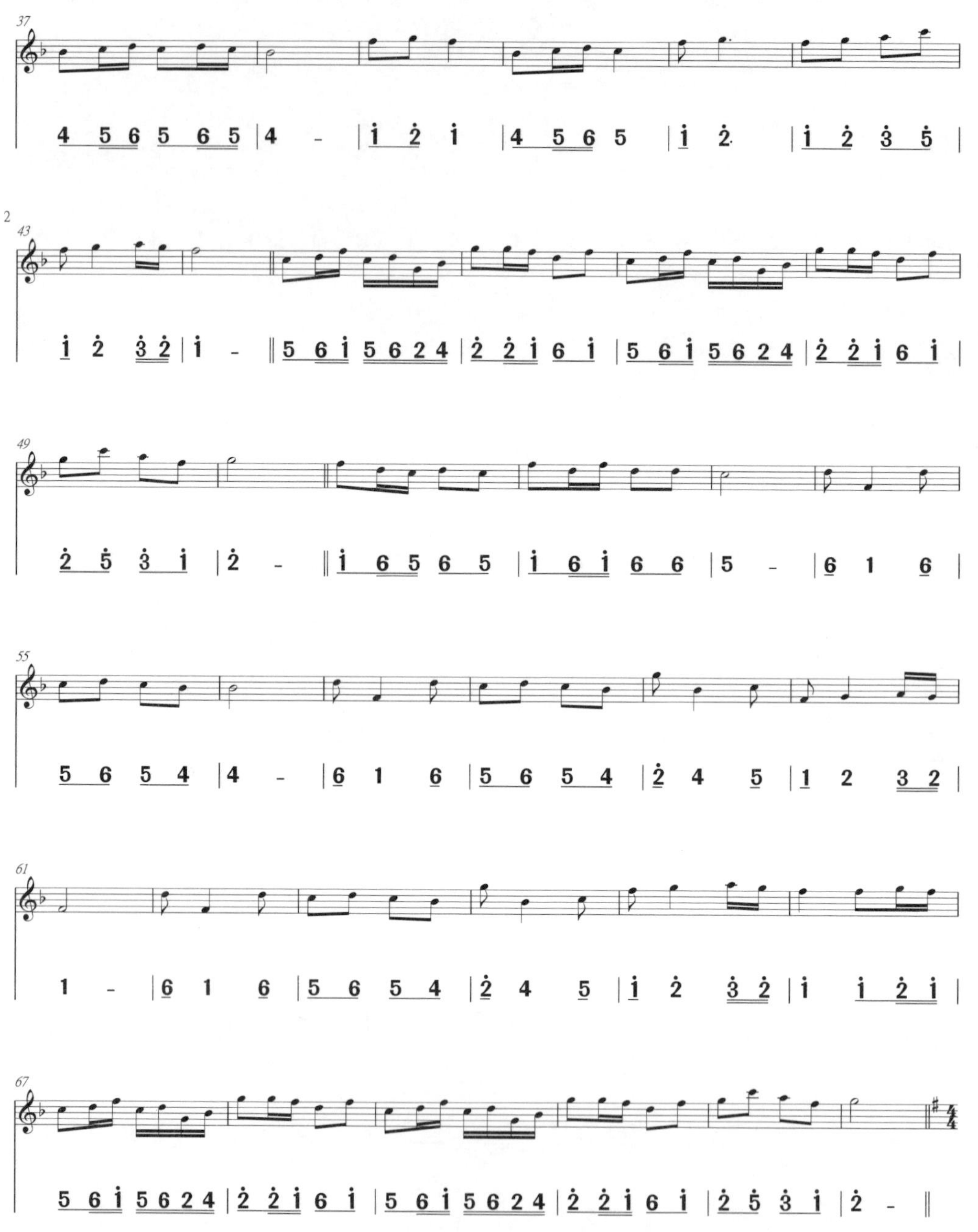

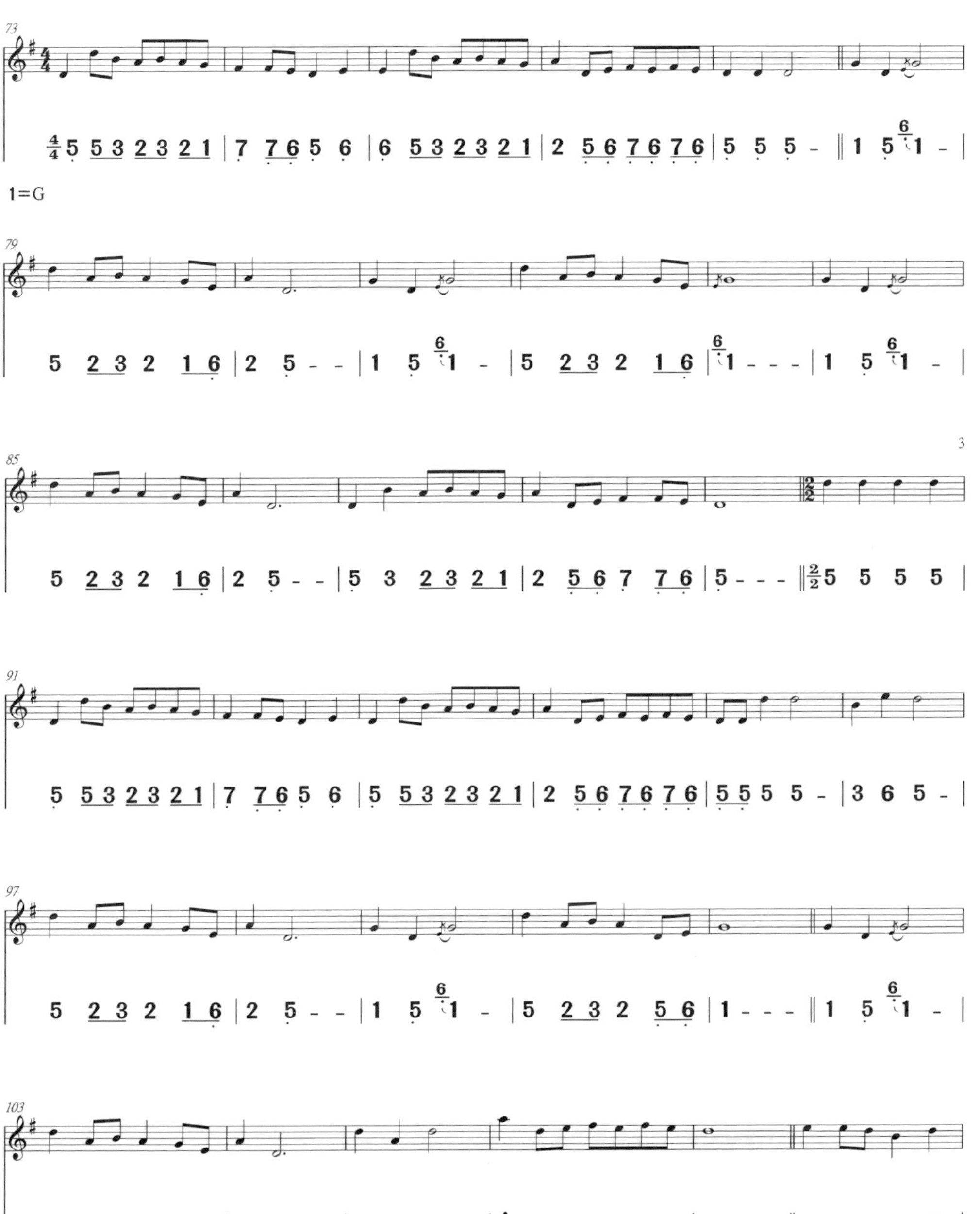
73
4/4 5 5 3 2 3 2 1 | 7 7 6 5 6 | 6 5 3 2 3 2 1 | 2 5 6 7 6 7 6 | 5 5 5 - ‖ 1 5 6 1 - |
1=G
79
5 2 3 2 1 6 | 2 5 - - | 1 5 6 1 - | 5 2 3 2 1 6 | 6 1 - - - | 1 5 6 1 - |
85
3
5 2 3 2 1 6 | 2 5 - - | 5 3 2 3 2 1 | 2 5 6 7 7 6 | 5 - - - ‖ 2/2 5 5 5 5 |
91
5 5 3 2 3 2 1 | 7 7 6 5 6 | 5 5 3 2 3 2 1 | 2 5 6 7 6 7 6 | 5 5 5 5 - | 3 6 5 - |
97
5 2 3 2 1 6 | 2 5 - - | 1 5 6 1 - | 5 2 3 2 5 6 | 1 - - - ‖ 1 5 6 1 - |
103
5 2 3 2 1 6 | 2 5 - - | 5 2 5 - | 2 5 6 7 6 7 6 | 5 - - - ‖ 6 6 5 3 5 |

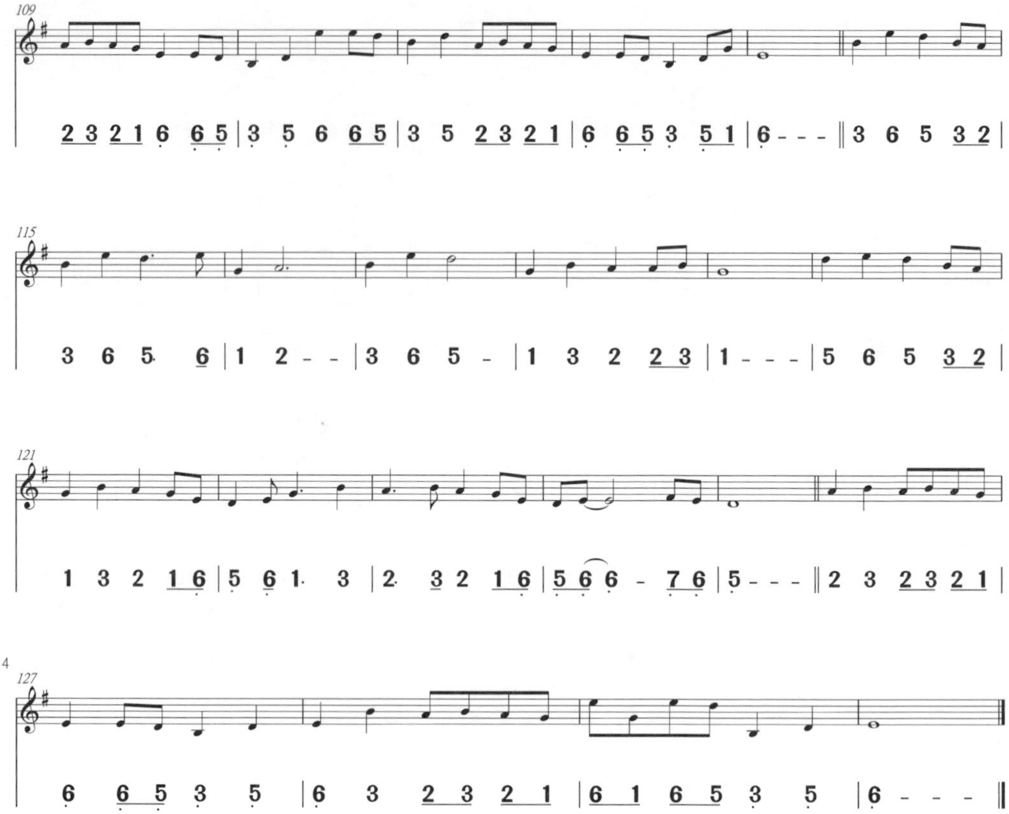

109

2 3 2 1 6 6 5 | 3 5 6 6 5 | 3 5 2 3 2 1 | 6 6 5 3 5 1 | 6 - - - ‖ 3 6 5 3 2 |

115

3 6 5. 6 | 1 2 - - | 3 6 5 - | 1 3 2 2 3 | 1 - - - | 5 6 5 3 2 |

121

1 3 2 1 6 | 5 6 1. 3 | 2. 3 2 1 6 | 5 6 6 - 7 6 | 5 - - - ‖ 2 3 2 3 2 1 |

4

127

6 6 5 3 5 | 6 3 2 3 2 1 | 6 1 6 5 3 5 | 6 - - - ‖

這首歌是串聯多首客家歌謠接連而成，包括開頭演奏的「開金扇」，後面有「平板仔」等等，其中有兩個調由林金伶演唱，唱片中歌手名為「鍾伶」。許石採編的客家歌謠是以集錦的方式製作演出，這首客家歌謠組曲，也成為他日後發表的「臺灣鄉土交響曲」第二樂章客家音樂主題的原型。

〈客人調〉

大王 KLK-60：鍾伶
太王 KLA-013："

採茶歌

許　石　採編

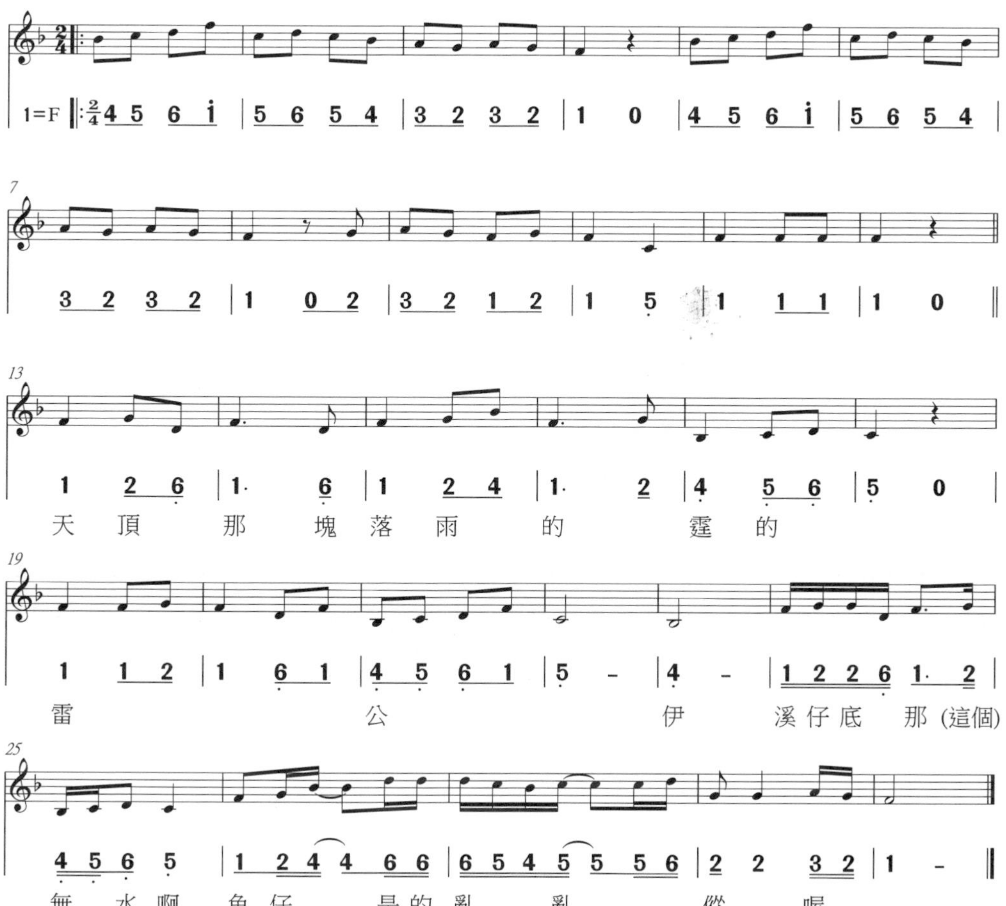

採茶歌　許石作詞編曲　張美雲唱

一、天頂那塊　落雨的　霆的雷公伊
　　溪仔底那　無水啊　魚仔是的亂亂從囉
二、大隻那塊　水牛仔的　細條河伊
　　大漢那　阿娘仔　細這個漢那抱咧
三、愛着那這咧　阿娘仔的　毋共講伊
　　拜託那　媒人婆仔　共阮這個漢那講囉
四、是你那塊 阿娘仔的　毋捌抱哩伊
　　細粒那　干樂仔　較是勢遨 (gâu-gô) 咧

知名客家歌謠〈採茶歌〉，又名「天公落水」。收錄在許石製作的《臺灣鄉土民謠全集》唱片中，由張美雲以臺語版現場演唱，1961 年 3 月於國泰戲院現場演唱錄音。後來張淑美、陳芬蘭等臺語歌手有翻唱灌錄，均登錄為「許石作詞」，可見許石在這首歌採編為流行歌過程的關鍵角色。

〈採茶歌〉

大王 KLK-59：張美雲 (國泰戲院 1961 年 3 月現場演唱錄音)
太王 KLA-024：張美雲 想
太王 KLK-69：林楓（日語）

潮州調

許 石 採編

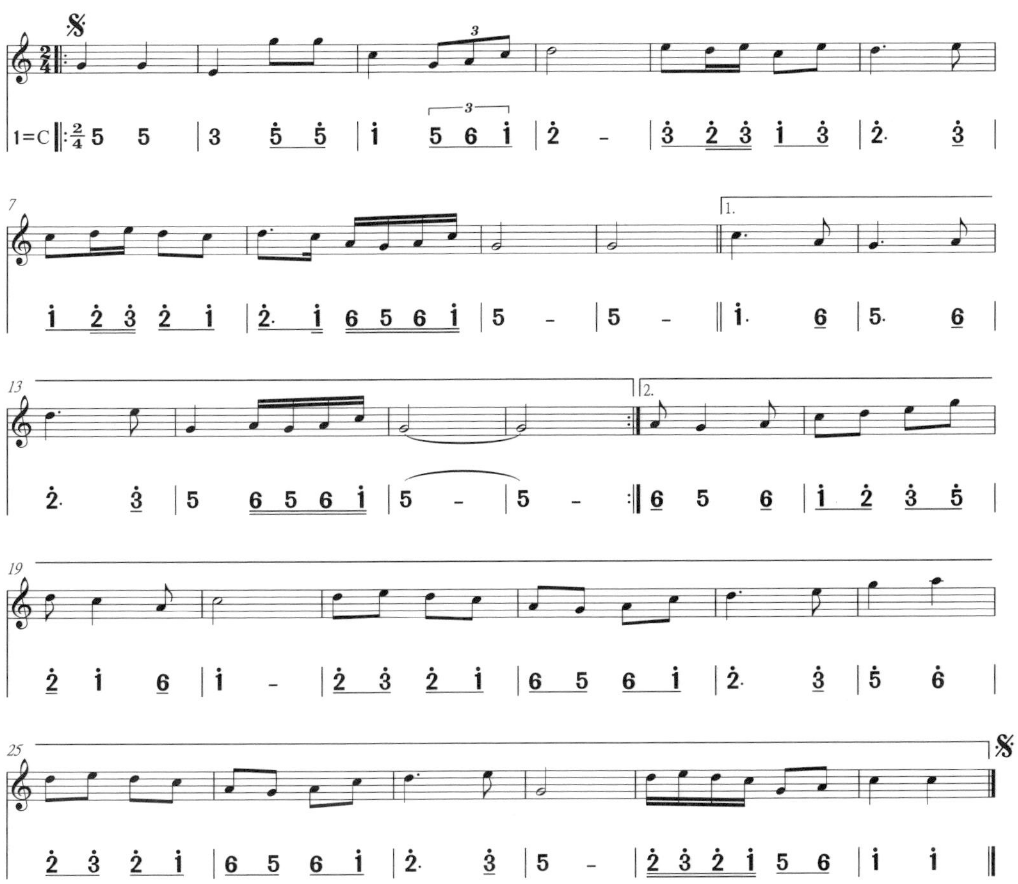

許石註明為「枋寮民謠」，應是採自枋寮的歌謠，稱為〈潮洲調〉，所指可能是潮洲人慣用的曲調。臺灣漢人入墾過程中，來自廣東省潮洲府一又稱潮汕地區的「潮洲人」是相當特殊的一群，潮洲人屬粵籍，語言又與漳泉語略通，於是自然融入漳泉移民之中，語言腔調與飲食習慣則成為臺灣本土社會的一部分。枋寮鄰近的小鎮潮州，也集居許多早期來自廣東潮州府的人。許石採編〈潮洲調〉，顯然是有意地為這一類特殊歌謠文化，留上一筆紀錄。在許石作曲集中有一首〈臺灣是南海之寶島〉，是取材此調填詞製作。

〈潮洲調〉
〈臺灣是南海之寶島〉

大王 KLK-60：中西合奏
太王 KLA-013："

短相思

許　石　採編
鄭志峯　作詞

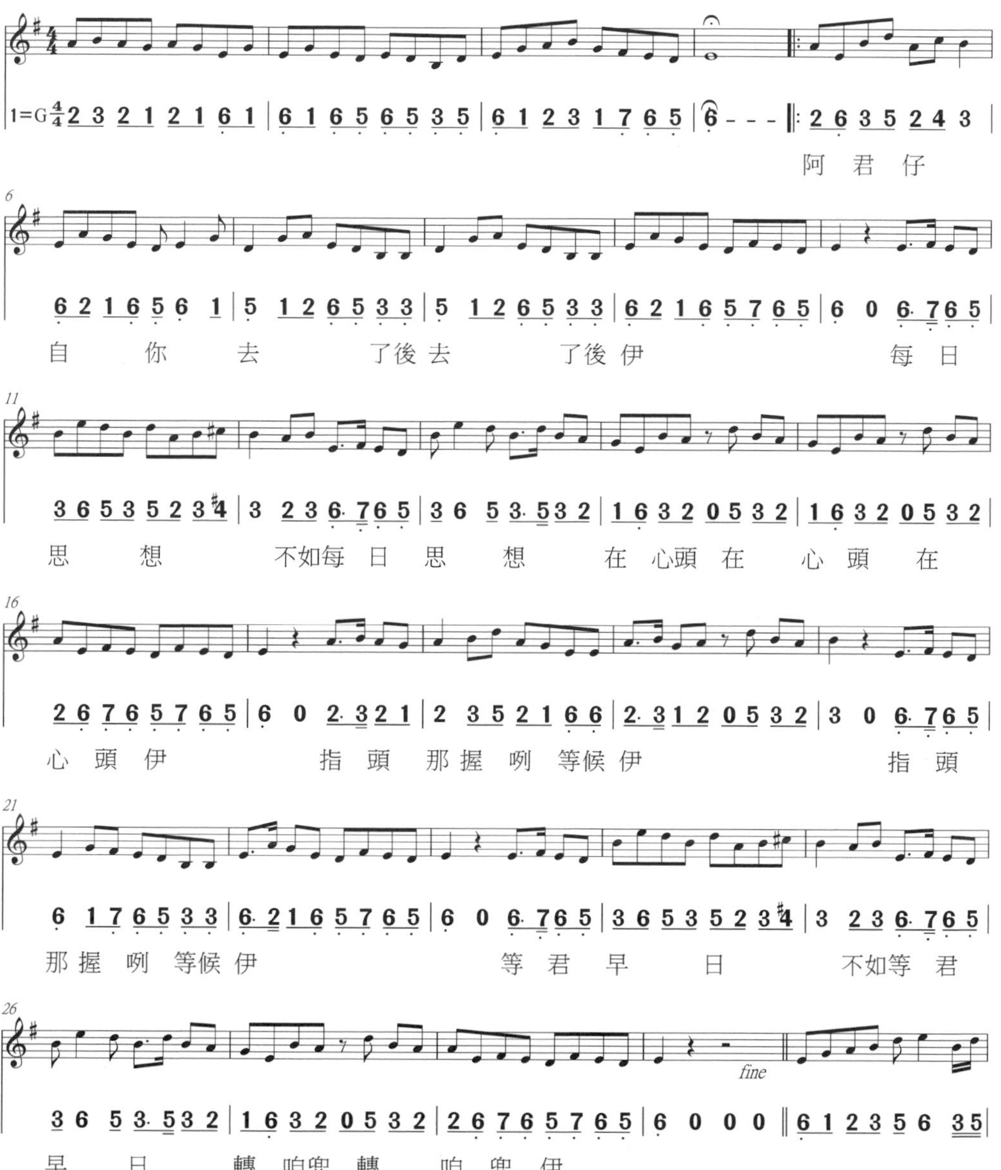

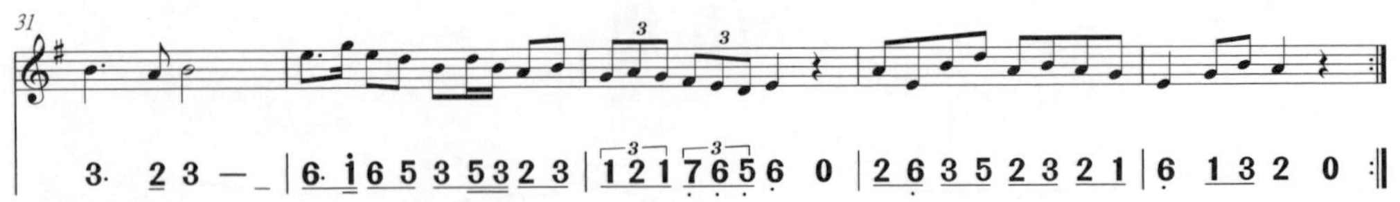

短相思　　許石編曲　鄭志峯作詞　顏華唱

一、阿君仔　自你去了後　　去了後啊　伊

　　每日思想　不如每日思想　在心頭　在心頭　在心頭啊　伊

　　指頭那握咧等候啊　伊　　指頭那握咧等候啊　伊

　　等君早日　不如等君早日　轉咱兜　轉咱兜啊　伊

二、天光啊　等到日黃昏時　　日黃昏時啊　伊

　　望神指點　不如望神指點　阮郎君　阮郎君　阮郎君啊　伊

　　千萬毋通放捨阮啊　伊　　千萬毋通放捨阮啊　伊

　　才袂誤阮　不如才袂誤阮　的青春　的青春啊　伊

三、一更啊　等到五更　　五更時啊　伊

　　目睭金金　不如目睭金金　睏袂去　睏袂去　睏袂去啊　伊

　　你咱離開情不離啊　伊　　你咱離開情不離啊　伊

　　阿君欲返　不如阿君欲返　算日子　算日子啊　伊

這首歌許石註明為「南管民謠」。「短相思」為南管的一種曲牌，當中又有許多首具類似唱韻、旋律概念的歌曲，曲式和順溫柔。許石運用了「短相思」曲牌的慣用旋律，歌詞則由鄭志峯配上表現女性等待心情的三段四句連，在音樂與歌詞上，表現出南管「短相思」音樂特色，製作成一首新曲，發表時間約在1960 年前後。

南管曲可說是臺灣傳統歌謠的重要根源之一，不過標榜以南管曲改編的知名流行歌卻不多，最知名者就屬 1971 年隨黃俊雄電視布袋戲推出的歌曲〈相思燈〉（自古紅顏多薄命⋯），是黃俊雄作詞、莊啟勝音樂採編，西卿演唱。就其旋律可知，〈相思燈〉顯然與許石發表的〈短相思〉有所關聯，而黃俊雄自 1963 年就曾與許石合作演出，以兩人熟識的淵源，〈短想思〉可說是〈相思燈〉的先聲。

〈短相思〉

大王 KLK-58：顏華

五更鼓

許 石 採編

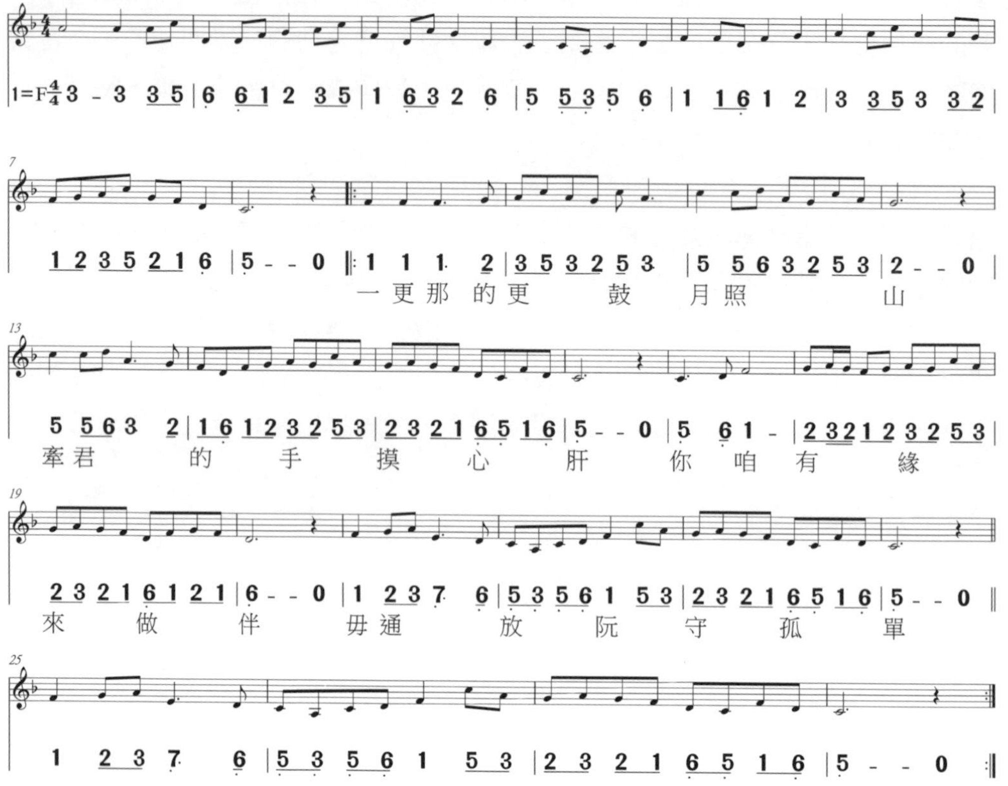

〈五更鼓〉是臺灣相當具代表性的民謠，流傳自中國華南，歌詞表現男女共度良宵歷程，曲韻纏綿，在酒樓特別受歡迎。許石編曲發表註明為「古前煙花街民謠」、「五十年前的月旦歌」，其中「月旦」是指「藝旦」，也就是早期在茶肆酒樓陪侍、演出的女子。

〈五更鼓〉在臺灣流行化甚早，1932 年古倫美亞唱片公司即採編製作為爵士音樂，許石改編為男女對唱，歌聲格外柔軟，更顯此曲歡場互動的本色。

〈五更鼓〉

大王 KLK-67：許石、廖美惠

鬧五更

慢板

許　石　採編
許丙丁　作詞

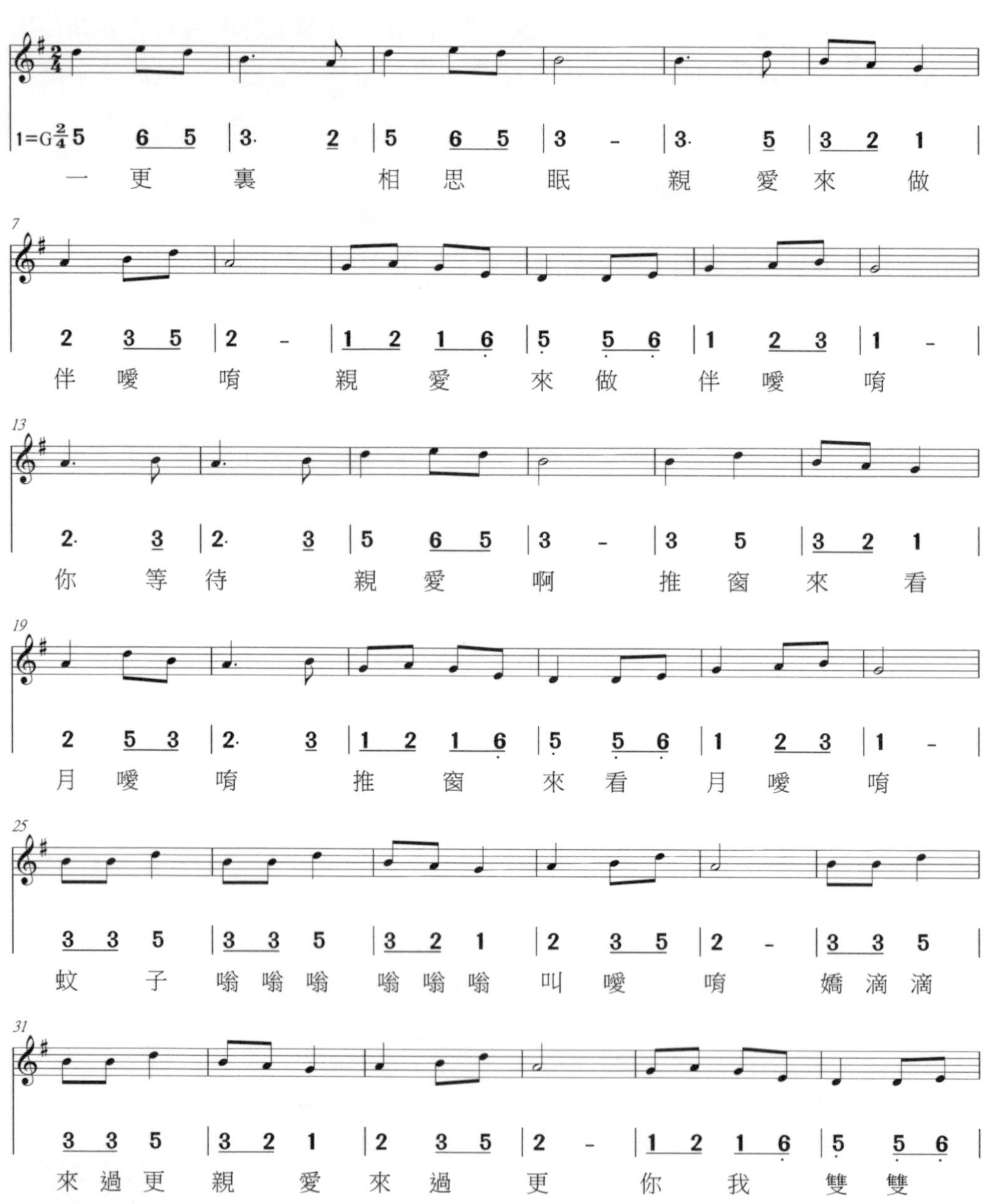

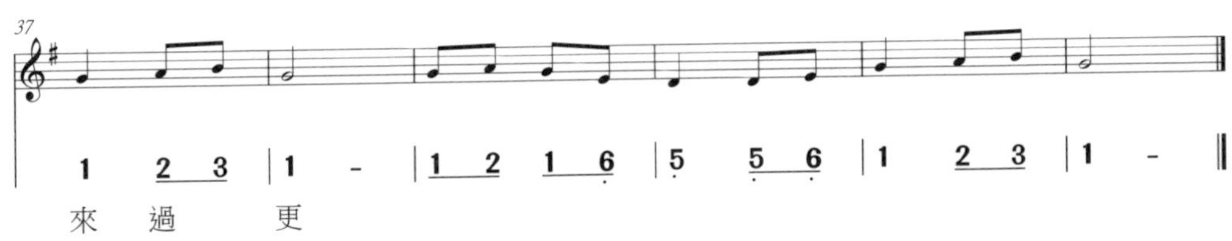

鬧五更 許石編曲　許丙丁作詞

一、一更裏都相思眠　親愛來做伴噯唷　親愛來做伴噯唷
　　你等待親愛啊　推窗來看月噯唷　推窗來看月噯唷
　　蚊仔嗡嗡嗡　嗡嗡叫那噯唷　嬌滴滴來過更　親愛的來過更　你我雙雙來過更

二、二更裏都相思眠　親愛來作伴噯唷　親愛來作伴噯唷
　　你等待親愛啊　推窗來看月噯唷　推窗來看月噯唷
　　老鼠啁啁啁　啁啁叫那噯唷　嬌滴滴來過更　親愛的來過更　你我雙雙來過更

三、三更裏都相思眠　親愛來作伴噯唷　親愛來作伴噯唷
　　你等待親愛啊　推窗來看月噯唷　推窗來看月噯唷
　　貓仔喵喵喵　喵喵叫那噯唷　嬌滴滴來過更　親愛的來過更　你我雙雙來過更

四、四更裏都相思眠　親愛來作伴噯唷　親愛來作伴噯唷
　　你等待親愛啊　推窗來看月噯唷　推窗來看月噯唷
　　狗仔汪汪汪　汪汪叫那噯唷　嬌滴滴來過更　親愛的來過更　你我雙雙來過更

五、五更裏都相思眠　親愛來作伴噯唷　親愛來作伴噯唷
　　你等待親愛啊　推窗來看月噯唷　推窗來看月噯唷
　　雞仔嘓嘓嘓　嘓嘓叫那噯唷　嬌滴滴來過更　親愛的來過更　你我雙雙來過更

〈鬧五更〉為民間戲曲，許石採譜附記為「月旦調」，就是藝旦歌謠。五段歌詞均相近，描述兩人相伴過夜的浪漫情調，中間只有蚊子、老鼠、貓、狗、雞的聲音有所不同，暗喻著男女夜晚調情的過程。

這首民謠乃傳自中國湖南花鼓戲，1926 年日蓄發行的臺灣唱片中，就收錄有小曲〈鬧五更〉（日蓄鷹標 F93），藝旦阿椪以上海話演唱，呈現當時藝旦界流行唱中國上海小曲的聲音風景。戰爭時期特別風行的時局歌曲中，如臺語歌曲〈南京夜曲〉唱片，就在間奏特別加入這段民謠，表現中國華南風情。該旋律眾人也熟悉，在戰後有以太湖優美風景入歌者，而稱之為〈太湖船〉。

說到〈太湖船〉，是臺灣眾所熟悉的歌謠。1960 年左右林福裕填詞的〈太湖船〉（山清水明幽靜靜　湖心飄來風一陣　呀心呀心呀靜呀靜），收入歷史課本、廣為周知。至於戲曲本色的「鬧五更」，仍傳唱在客家社區，屬對唱情歌，歌詞與調情動態，仍是十分豐富而有趣。

〈鬧五更〉

大王 KLK-60：顏華、劉福助
太王 KLA-013："
太王 KLK-69：林楓（日語）

嘆烟花

許　石　採編
周添旺　作詞

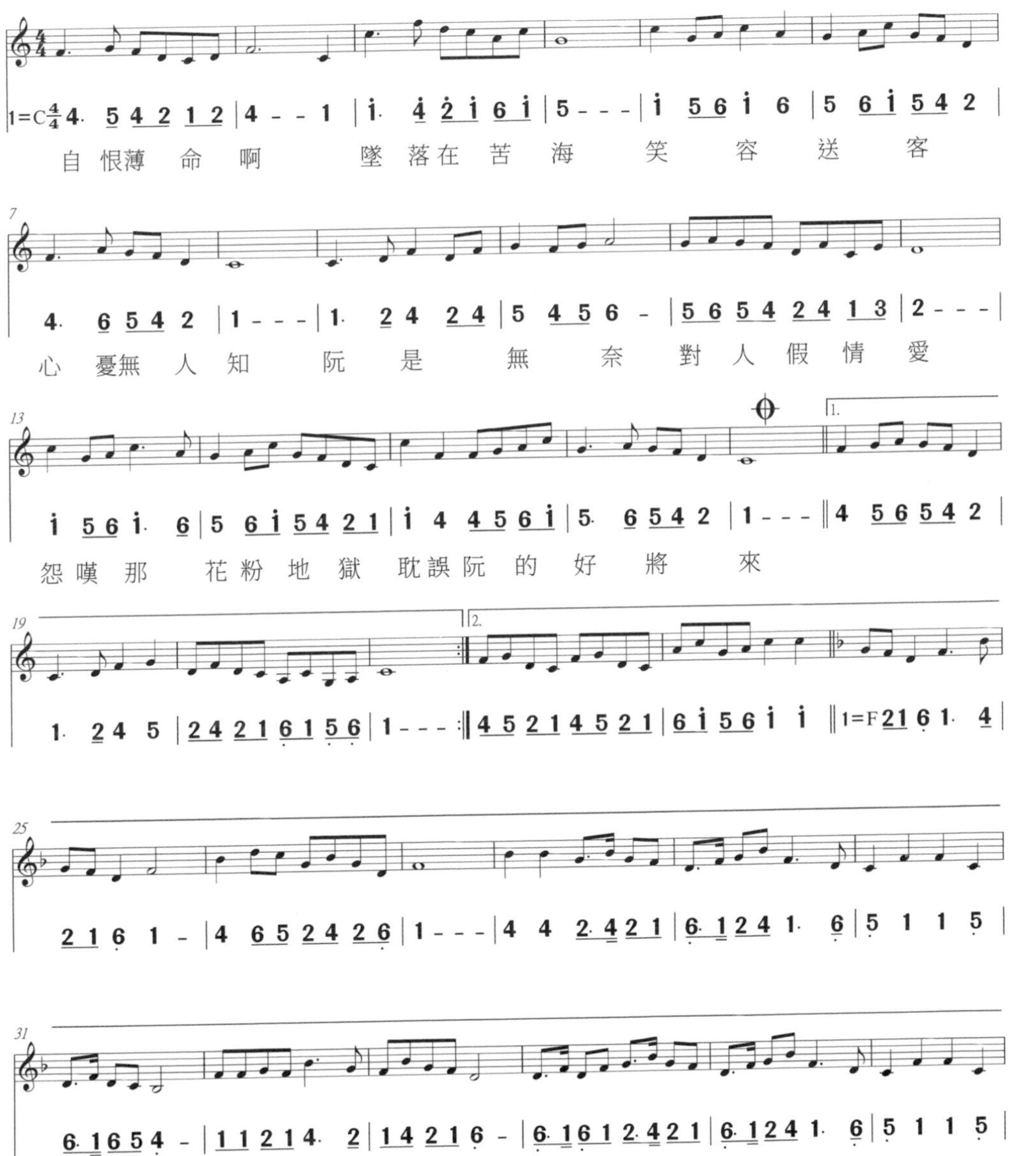

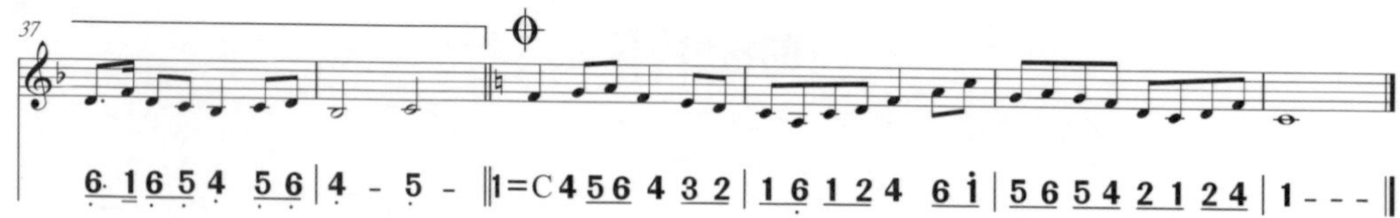

嘆烟花　　許石編曲　周添旺作詞　顏華唱

一、自恨薄命啊　墜落在苦海　　笑容送客　心憂無人知
　　阮是無奈　　對人假情愛　　怨嘆那　花粉地獄耽誤阮的好將來
二、每日暗嘆啊　不幸的環境　　忍受苦情　也是為家庭
　　揣無知己　了解阮心性　　可恨那　黃金萬能滅阮光明的一生
三、茫茫前途啊　望神着庇佑　　終身有人　為阮來主張
　　會得夜夜　毋免心憂愁　　希望啊　早日予阮脫離苦海身自由

「嘆烟花」是早期相當知名的藝旦曲，這首曲傳自中國華南，以上海腔的華語演唱，1926 年臺灣唱片業發展初期就有錄音，1930 年代有改編為〈新嘆烟花〉等臺語歌。許石採編的〈嘆烟花〉仍保留藝旦曲的情調，由顏華以柔軟哀傷的聲調演唱，表現煙花女性接待客人、期待重獲自由的心情。

〈嘆烟花〉

大王 KLK-58：顏華

臺灣好風光

許　石　採編作詞

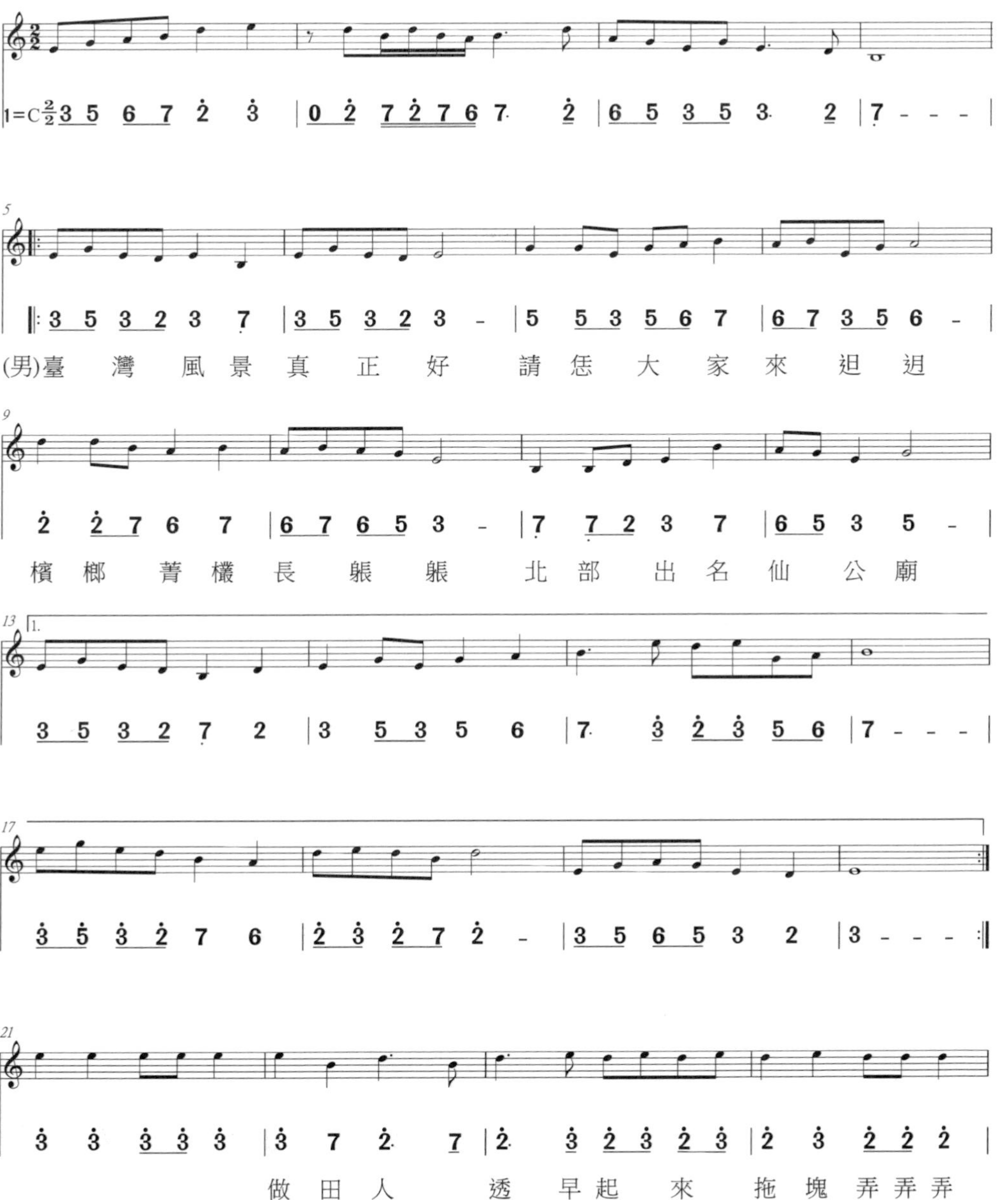

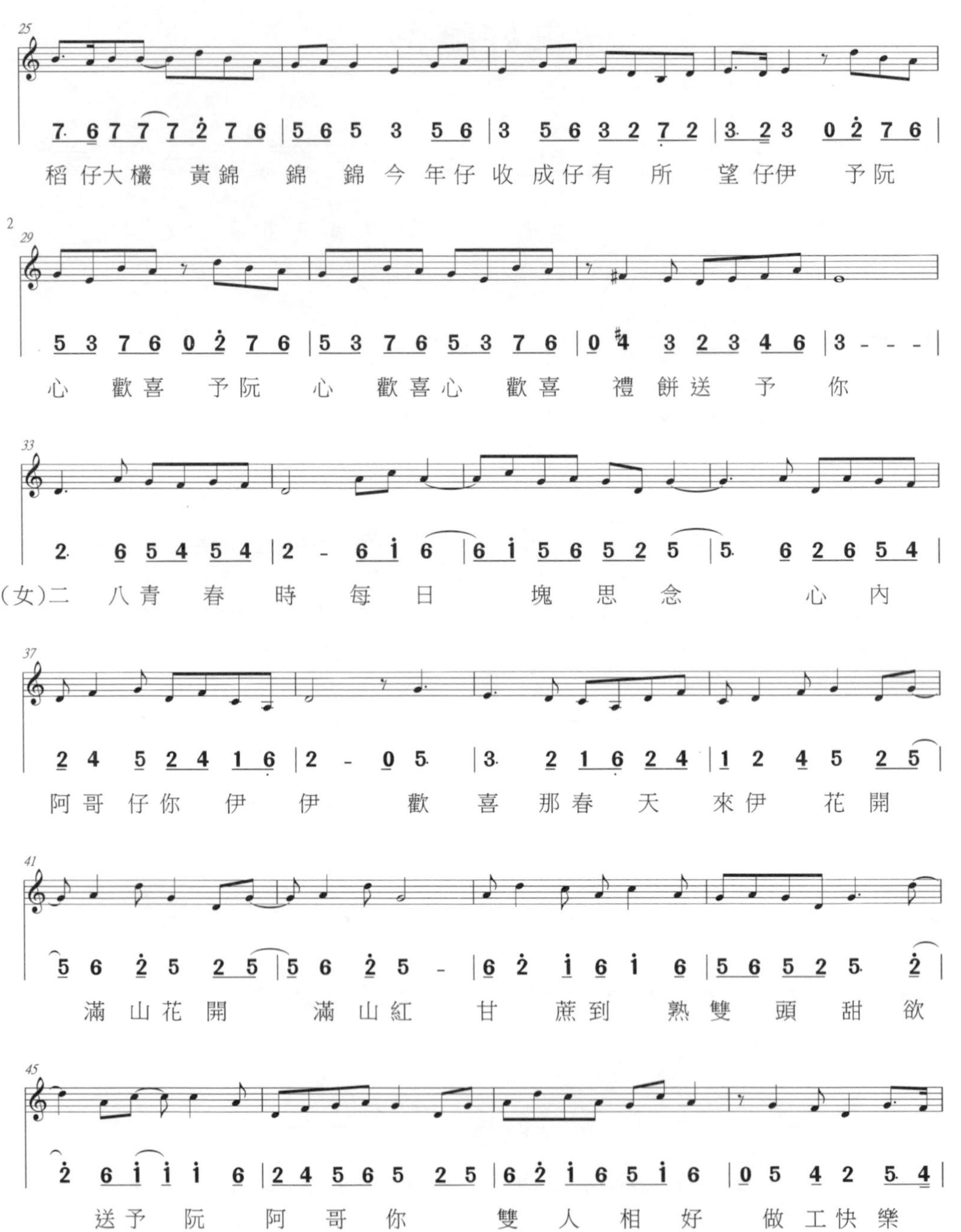

稻仔大欉 黃錦 錦 錦今年仔收成仔有 所 望仔伊 予阮
心 歡喜 予阮 心 歡喜心 歡喜 禮餅送 予 你
(女)二 八青 春 時 每 日 塊 思 念 心 內
阿哥仔你 伊 伊 歡 喜那春 天 來伊 花開
滿 山花開 滿 山紅 甘 蔗到 熟雙 頭 甜 欲
送予 阮 阿 哥 你 雙 人 相 好 做工快樂

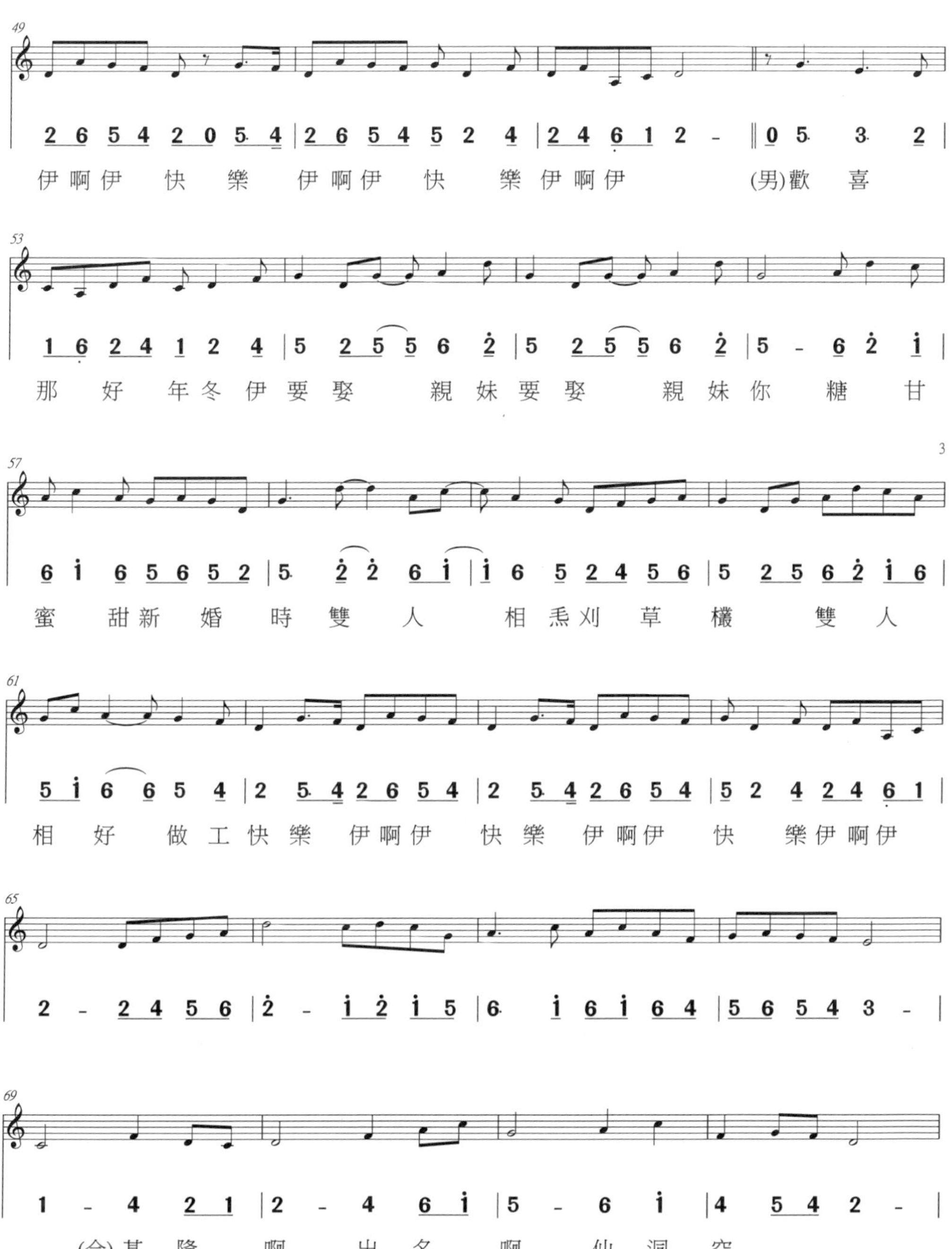
伊啊伊 快 樂 伊啊伊 快 樂伊啊伊 (男)歡 喜
那 好 年冬伊要娶 親妹要娶 親妹你 糖 甘
蜜 甜新 婚 時 雙 人 相 悉刈 草 欉 雙 人
相 好 做工快樂 伊啊伊 快樂 伊啊伊 快 樂伊啊伊
(合)基 隆 啊 出 名 啊 仙 洞 空

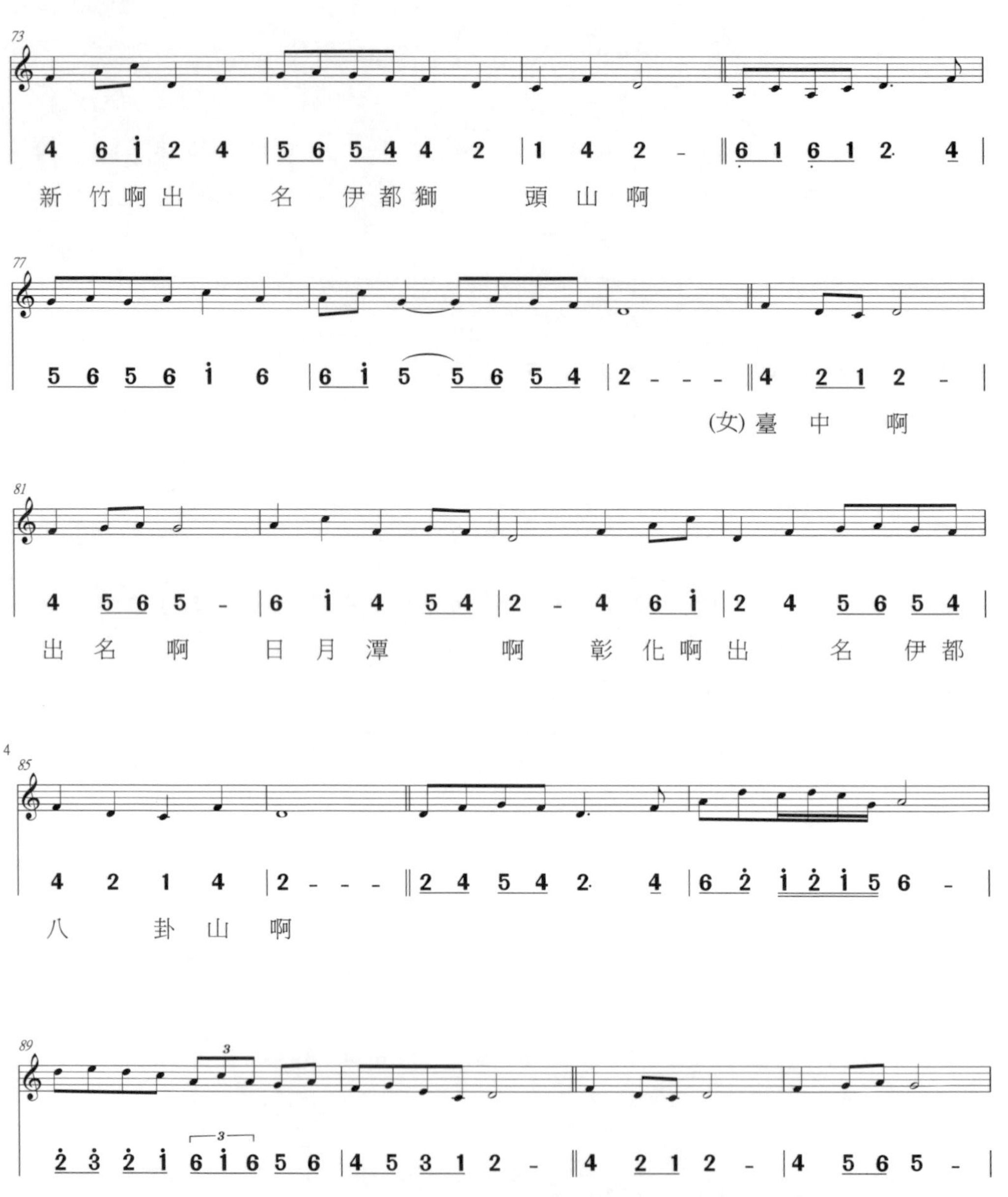
新 竹 啊 出 名 伊 都 獅 頭 山 啊
(女) 臺 中 啊
出 名 啊 日 月 潭 啊 彰 化 啊 出 名 伊 都
八 卦 山 啊
(男) 臺 南 啊 出 名 啊

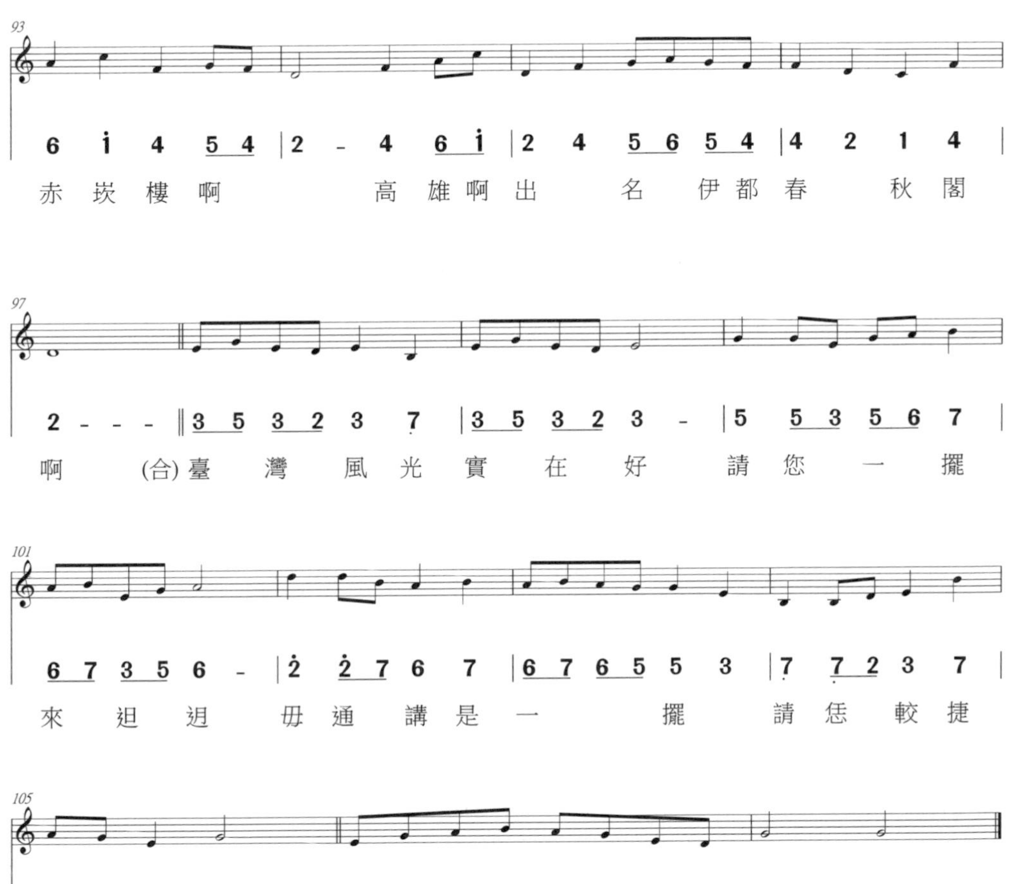
93
赤崁樓啊 高雄啊出 名 伊都春 秋閣
97
啊 (合)臺 灣 風光實 在 好 請您 一 擺
101
來 迌 迌 毋通 講是一 擺 請恁 較捷
105
來 迌 迌

臺灣好風光　許石作詞編曲　許石、顏華唱

〔南光調〕

(男) 臺灣風景真正好　請恁大家來迌迌　檳榔菁欉長躼躼 (lò-lò)　北部出名仙公廟

(女) 臺灣美麗的寶島　四季果子免驚無　也有鳳梨佮楊桃　臺中出名香芎蕉

〔緊疊仔／走路調〕

(男) 做田人透早起來　拖塊弄弄弄

稻仔大欉黃錦錦錦　今年仔收成仔有所望啊伊

予阮心歡喜　予阮心歡喜　心歡喜　禮餅送予你

〔將水〕

(女) 二八青春時　每日塊思念　心內阿哥仔你

歡喜那春天來　花開滿山花開　滿山紅

甘蔗到熟雙頭甜 欲送予阮阿哥你

雙人相好　做工快樂啊伊啊伊　快樂啊伊啊伊　快樂啊伊啊伊

(男) 歡喜好年冬伊　欲娶親妹　欲娶親妹你

糖甘蜜甜新婚時　雙人相𤆬刈稻欉伊

雙人相好　做工快樂啊伊啊伊　快樂啊伊啊伊　快樂啊伊啊伊

〔管甫送：管甫共妹〕

(合) 基隆出名仙洞空　新竹出名獅頭山 (女) 臺中出名日月潭　彰化出名八卦山

(男) 臺南出名赤崁樓　高雄出名春秋閣

〔南光調〕

(合) 臺灣風光實在好　請恁一擺來迌迌　毋通講是一擺　請恁較捷 (tsiap) 來迌迌

此曲於 1960 年即製作錄音，而列為《臺灣鄉土民謠全集》第一張第一首，算是許石首度發表自己作詞的作品。歌詞描述臺灣的風光明媚、物產富饒，穿插愛情對唱，並提到基隆、新竹等各地知名風景區，最後一段意思是說「臺灣風光實在好，請您來玩一次看看，不要說只是一次喔，請要時常來玩⋯ 」親切自然，呈現溫暖和善的人文情調。

許石註明音樂出為「白字戲仔民謠」，「白字戲」是中國閩南粵東一帶對地方劇種的稱呼，泛指用本地通用的白話說唱的戲曲。在臺北泉州人聚落，白字戲通常是指「九甲戲」(也寫作高甲戲、交加戲)，是以南管音樂為主，並揉合了本地歌仔的地方劇種。許石約於 1960 年編成此曲，應是取材自當時仍熱鬧巡迴的九甲戲班。

這首組曲式的歌謠突破流行歌的長度架構，串連演出長度近 10 分鐘，主要以「南光調」為主，「南光調」出自 1950 年代知名的「南光歌劇團」。緊接其後的「緊疊仔」、「將水」等調，快慢變幻豐富，男性寫意、女性抒情，對答表現愛情的戲劇張力，緊接又放緩，採用經典九甲戲「管甫送」裡的一段感人旋律，歌詠臺灣南北名勝，最後再回到「南光調」收尾，歌詞或曲調配搭流暢，堪列許石編唱民謠的代表性傑作。

〈臺灣好風光〉

大王 KLK-57：許石、顏華

農村快樂

許 石 採編
鄭志峯 作詞

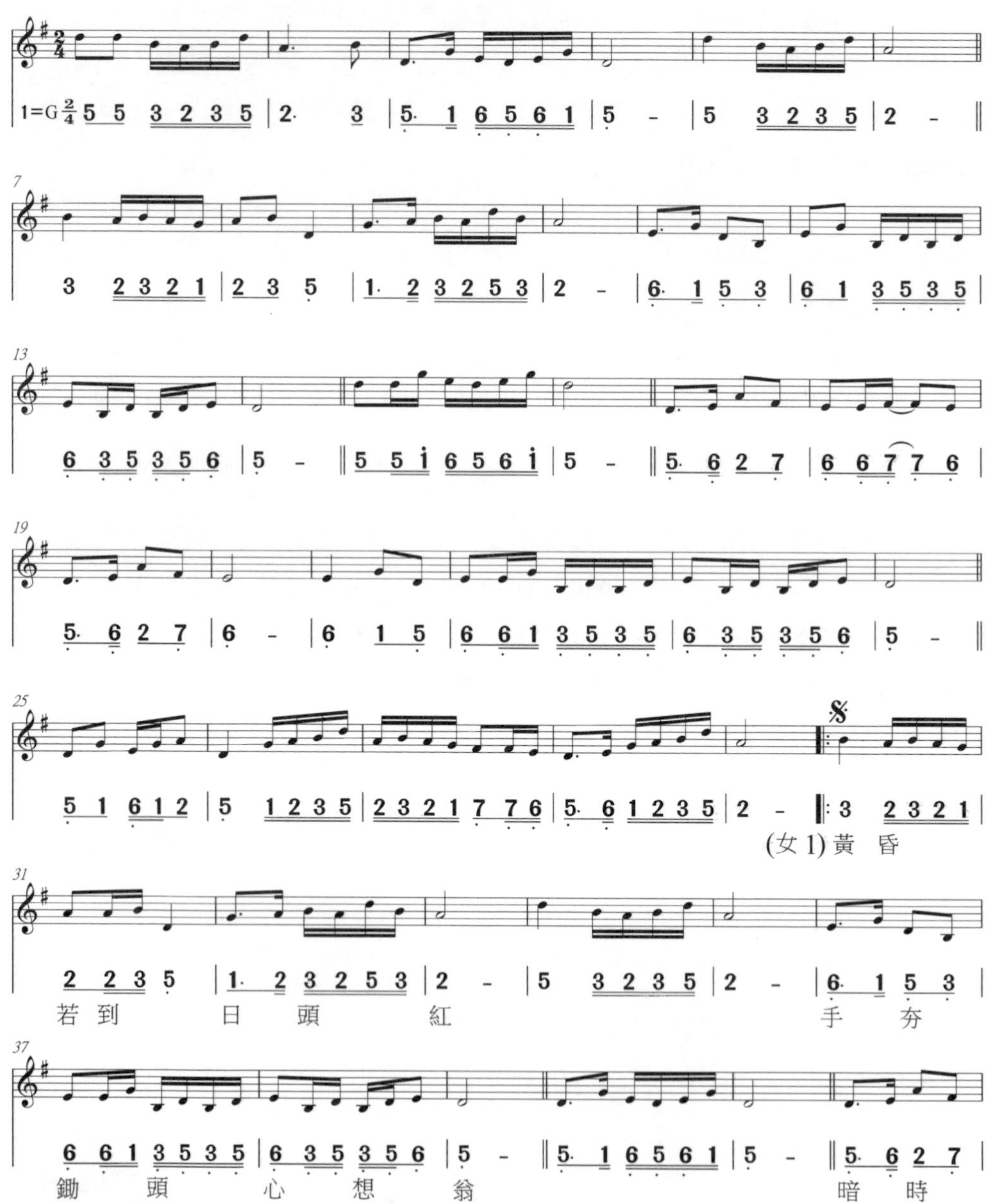

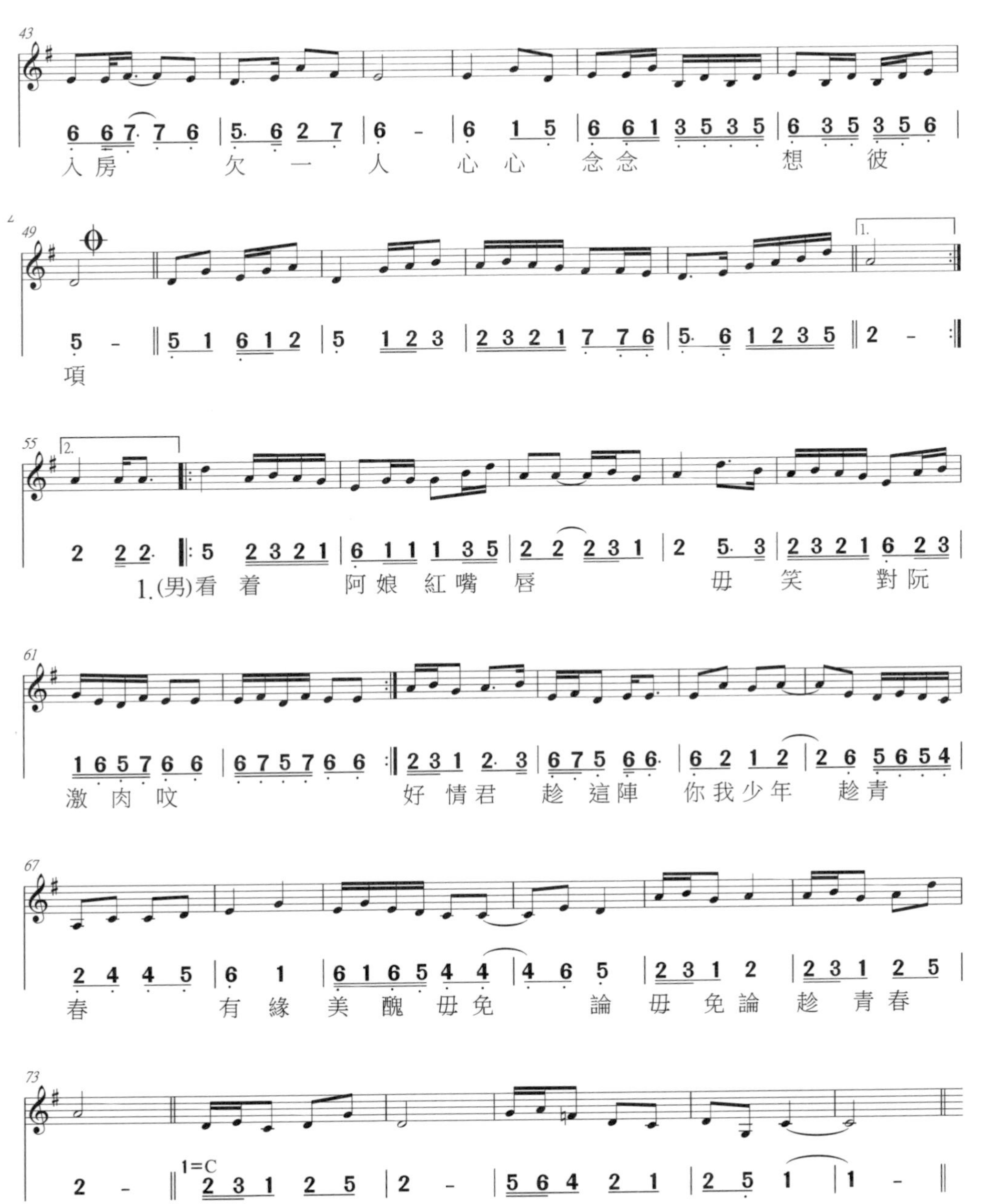
入房 欠一人 心心 念念 想彼
項
1.(男)看着 阿娘紅嘴唇 毋笑 對阮
激肉叹 好情君 趁這陣 你我少年 趁青
春 有緣美醜毋免 論毋免論 趁青春
1=C

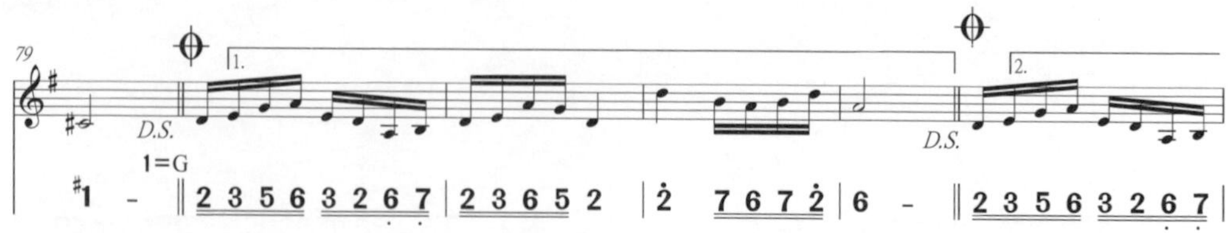

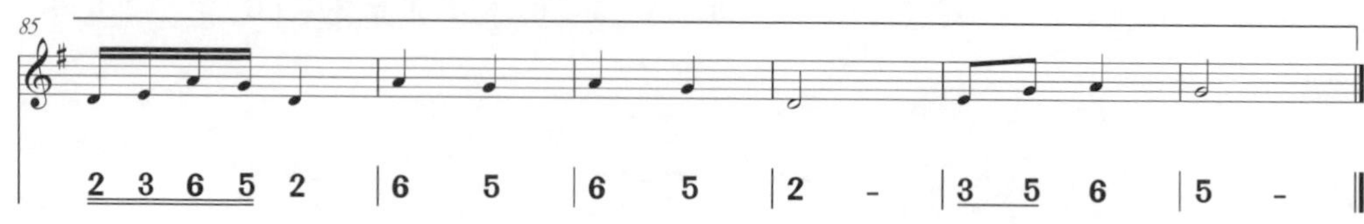

農村快樂　　許石編曲　鄭志峯作詞　王景輝、顏華、楊金花、陳美秀唱

〔西樂都馬〕

一、(女1) 黃昏若到日頭紅　手夯 (giâ) 鋤頭心想翁

暗時入房欠一人　心心念念想彼項

二、(女2) 毋通痴情帶彼重　世間無情查埔人

交着新的舊的放　親像花園採花蜂

三、(女3) 世間查埔真濟款　目睭扒金才通戀

欲交阿君着愛選 到時才袂帶憔煩

〔串調〕

1.(男) 看着阿娘紅嘴唇喔　毋笑看阮激肉㕭

2.　若欲風流趁這陣喔　欲交像我好情君

好情君　趁這陣　你我少年趁青春　有緣美醜毋免論　毋免論　趁青春

〔西樂都馬〕

四、(女1) 阿君講話真好聽 (男) 實在敢有影

(女2) 阮也毋是風流子 (男) 咱來做陣行

(女3) 亂交查埔歹名聲 (合) 咱着來揣有情兄

五、(男) 阿娘生做真正美 (女) 阿君啊踮叨位

(男) 目睭重巡鮐魚嘴 (女) 毋通用嘴美

(男) 肉白腰細真古錐　看着阿娘心全 (tsiâu) 開

註明為「都馬民謠」，也就是知名的歌仔戲調「都馬調」。「都馬調」據說是源自 1947 年來臺演出的廈門「都馬劇團」，因旋律動聽而廣泛流傳，成為戰後歌仔戲班常用曲調之一。〈農村快樂〉一曲歌詞描述男女情愛糾葛，是以鄉村情歌唸謠編寫而成，展現臺灣鄉野農村的人文風情。本曲使用曲調以「西樂都馬」（一般稱「都馬調」）為主，之間樂風一轉，以「串調仔」演出男性的對答歌詞，表現相褒答唱的民謠趣味。

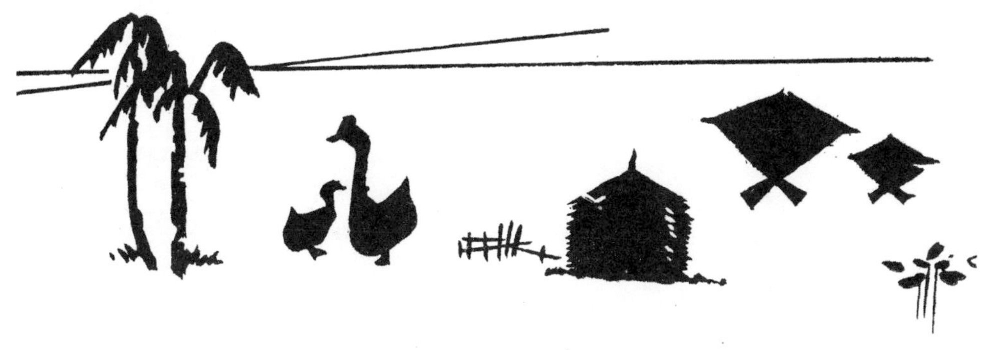

〈農村快樂〉

大王 KLK-58：王景輝、顏華、楊金花、陳美秀

拋彩茶歌

許　石　採編
許丙丁　作詞

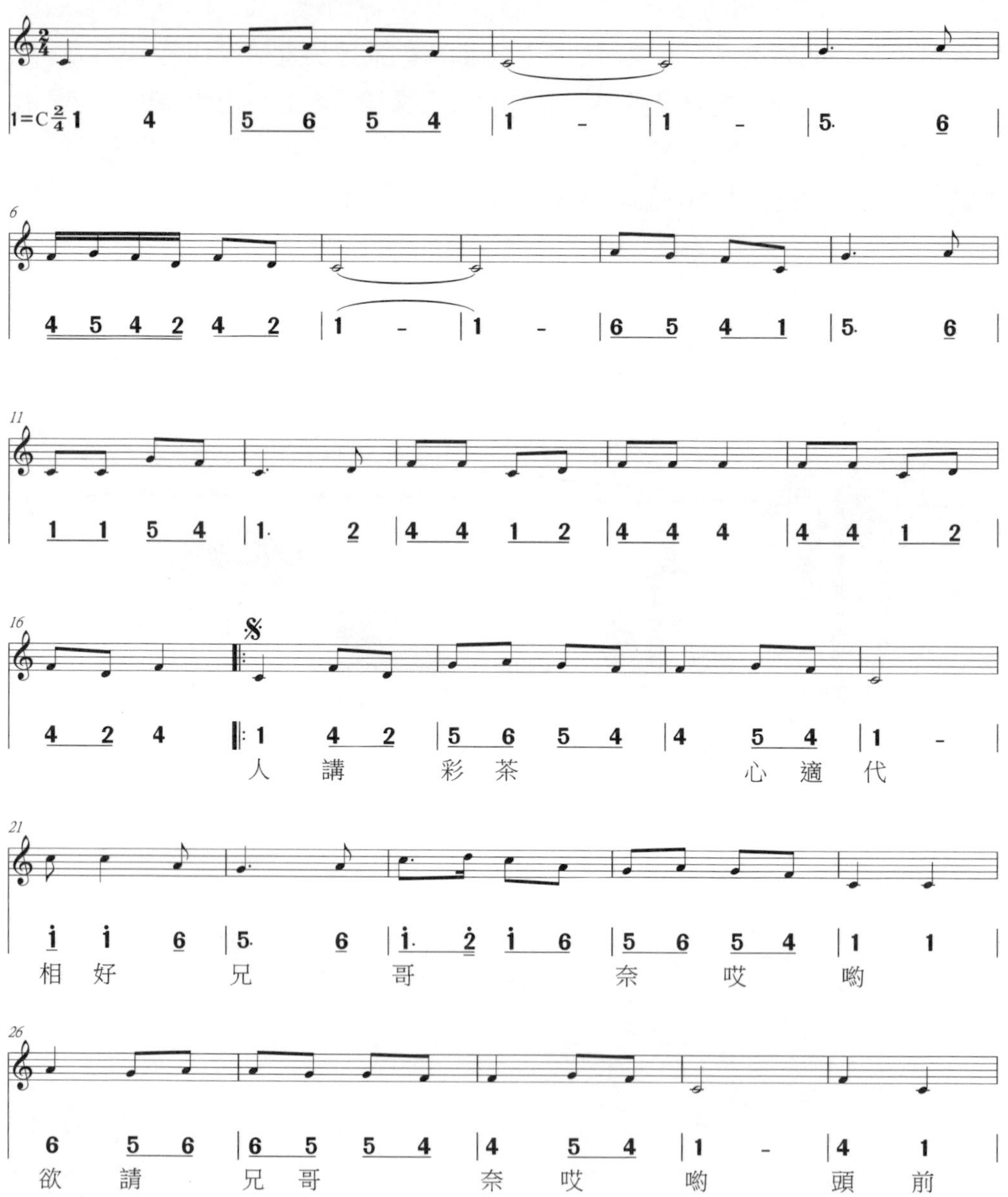

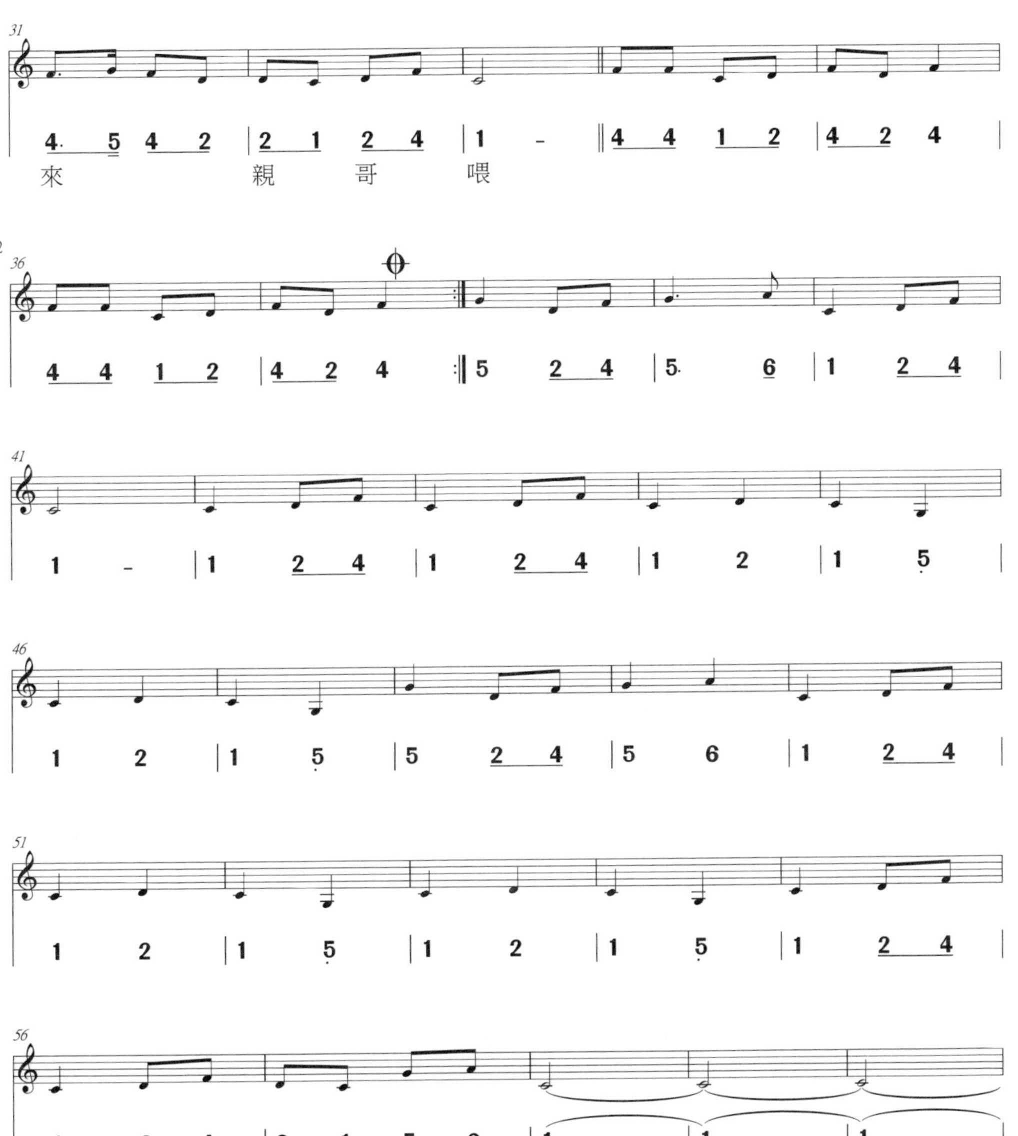
來 親 哥 喂

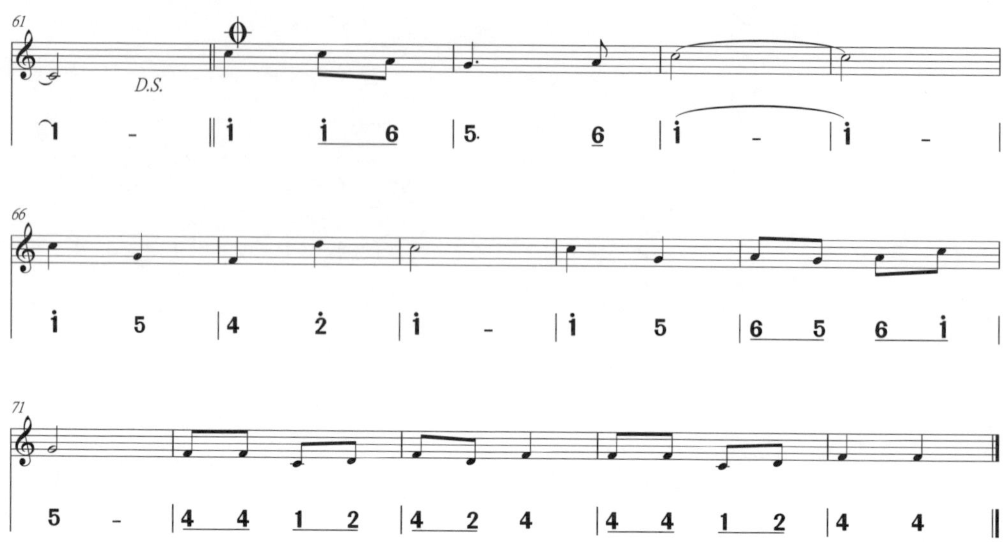

抛彩茶歌 (hàinn-tshái-tê)　許石編曲　許丙丁作詞

一、人講彩茶啊伊都心適代　相好兄哥　奈唷喂
　　欲請兄哥　伊都奈唷喂　頭前來啦親哥仔喂
二、一口檳榔啊伊都攏總請　心肝兄哥　奈唷喂
　　誠心欲請　伊都奈唷喂　搭心兄啦親哥仔喂
三、菁仔好食啊伊都着對破　相好兄哥　奈唷喂
　　小妹欲請　伊都柰唷喂　城內外啦親哥仔喂
四、大兄小弟啊伊都做前來　心肝兄哥　奈唷喂
　　小妹檳榔　伊都奈唷喂　相款待啦親哥仔喂
五、檳榔好食啊伊都包荖葉　相好兄哥　奈唷喂
　　佮哥相好　伊都奈唷喂　袂得着啦親哥仔喂
六、一口檳榔啊伊都雙頭包　心肝兄哥　奈唷喂
　　彩茶戲了　伊都奈唷喂　來阮兜啦親哥仔喂

〈抛彩茶歌〉為許石民謠節目常見歌曲，改編自民間戲曲而成，目前所見最早錄音乃出自許石「臺灣鄉土民謠全集」第一集。

「抛彩茶」又寫作「抛採茶」，「採茶」是 1910 年代從臺灣鄉村盛行到都市的鄉土小戲，兩三人即可成戲，所以又稱「三腳採茶」。而「抛」一般讀做 phau，依其動作又較常讀成「幌 (hàinn) 彩茶」，是採茶戲中即興而活潑的一類，演員小旦手持一只長布繩綁住的小藍子、裡頭放一杯茶，邊唱邊向觀眾抛出，觀眾取了茶、要放一樣隨身東西在籃子裡，小旦收回後、就以這樣東西為題唱一段，如扇子、手帕、鑰匙、鈔票…等等，歌詞裡常故作曖昧，能跟觀眾互動者最受歡迎，所以演員需要相當的即興、語言能力與活潑性格。

抛彩茶可說是綜合語言與戲劇的本土藝術展演，早期學者專家採編諸多情歌四句連，就藉由這樣的演出傳唱，至今已近乎失傳。

許石編作的〈抛彩茶歌〉是取自「抛彩茶」演出中常使用的曲調，許丙丁將「抛彩茶」的演出情境加以修整改詞，用「檳榔菁仔」作為主題，所以歌詞變化較少，也少了即興的趣味，不過從這首歌，可以聽到當時許石將傳統民間藝術加以舞臺化、現代化的努力。

〈抛彩茶歌〉的旋律對流行歌迷也不陌生，1964 年由葉俊麟改編作詞、黃西田演唱為〈風流做田人〉，收入雷虎唱片公司的創業專輯作品，走紅市街。〈風流做田人〉以活潑有趣的恰恰音樂串場，變奏豐富，以一名熱情可愛的鄉村青年為主角，堪稱當時音樂製作上的傑作，也成為黃西田的成名曲之一。

〈抛彩茶歌〉

大王 KLK-57：楊金花、陳美
太王 KLK-68：林楓（日語）

想思

許 石 採編

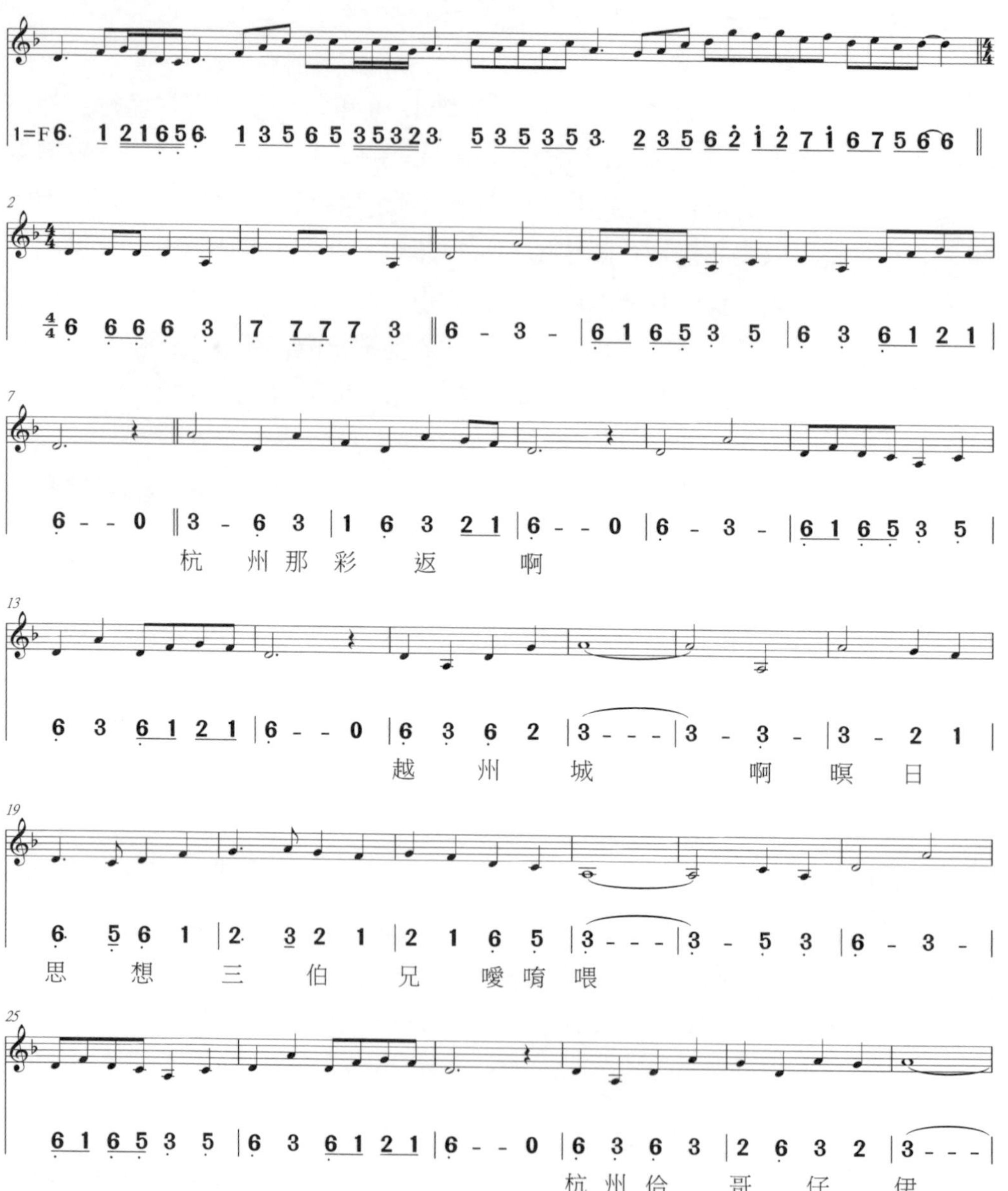

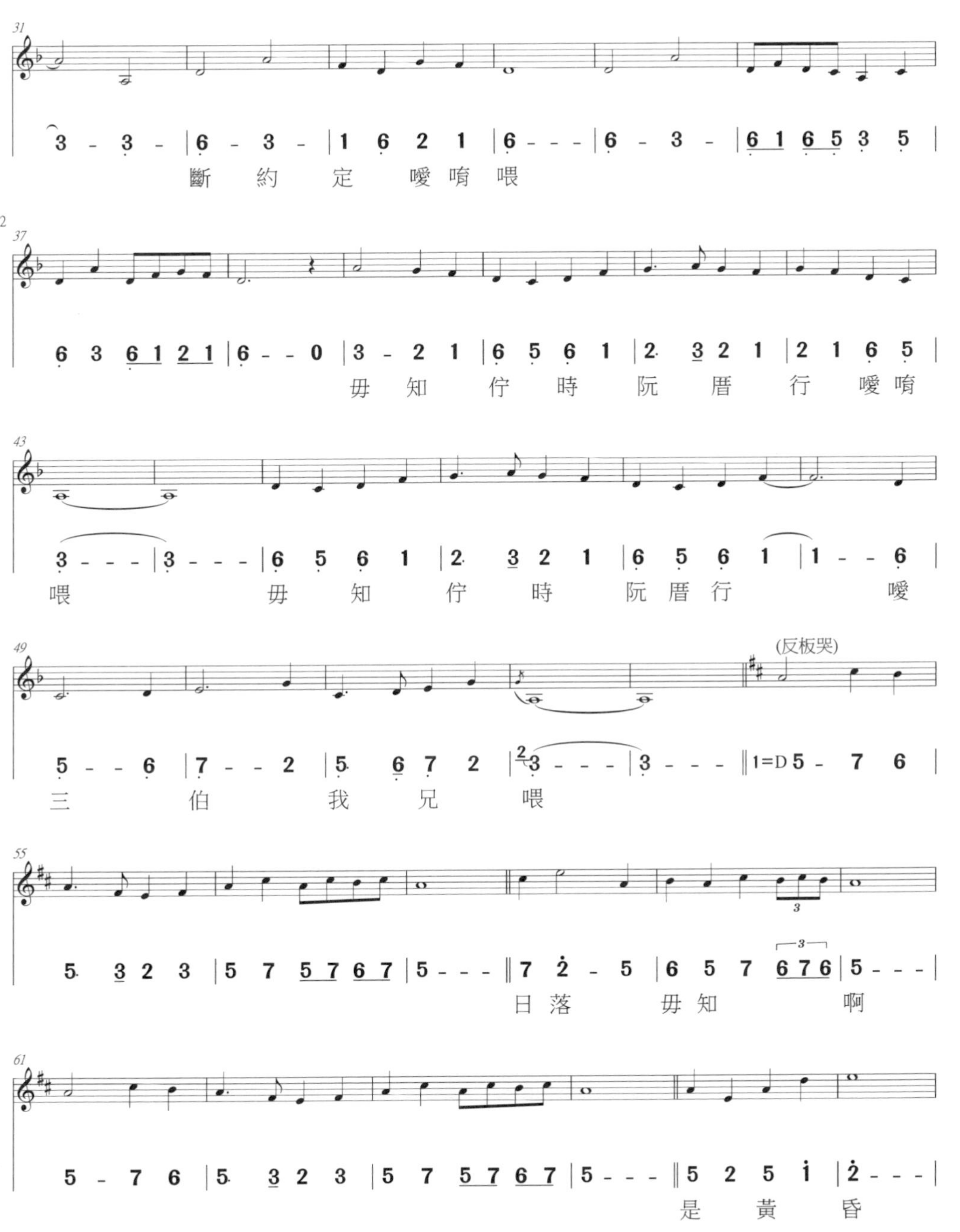
斷 約 定 嗳唷 喂
毋 知 佇 時 阮 厝 行 嗳唷
喂 毋 知 佇 時 阮 厝 行 嗳
三 伯 我 兄 喂
(反板哭)
1=D
日 落 毋 知 啊
是 黃 昏

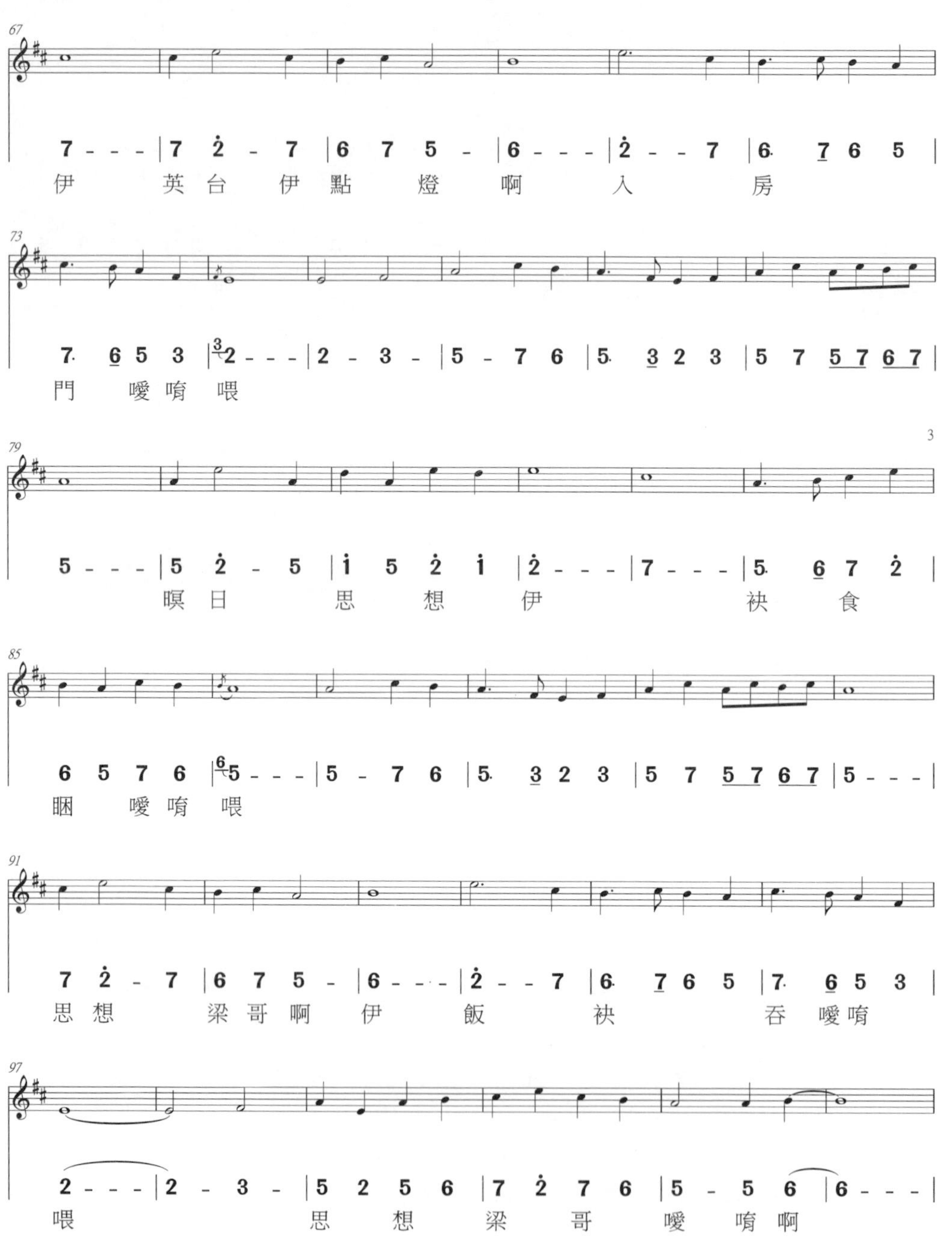
伊 英台 伊 點 燈 啊 入 房
門 噯 唷 喂
暝 日 思 想 伊 袂 食
睏 噯 唷 喂
思 想 梁 哥 啊 伊 飯 袂 吞 噯 唷
喂 思 想 梁 哥 噯 唷 啊

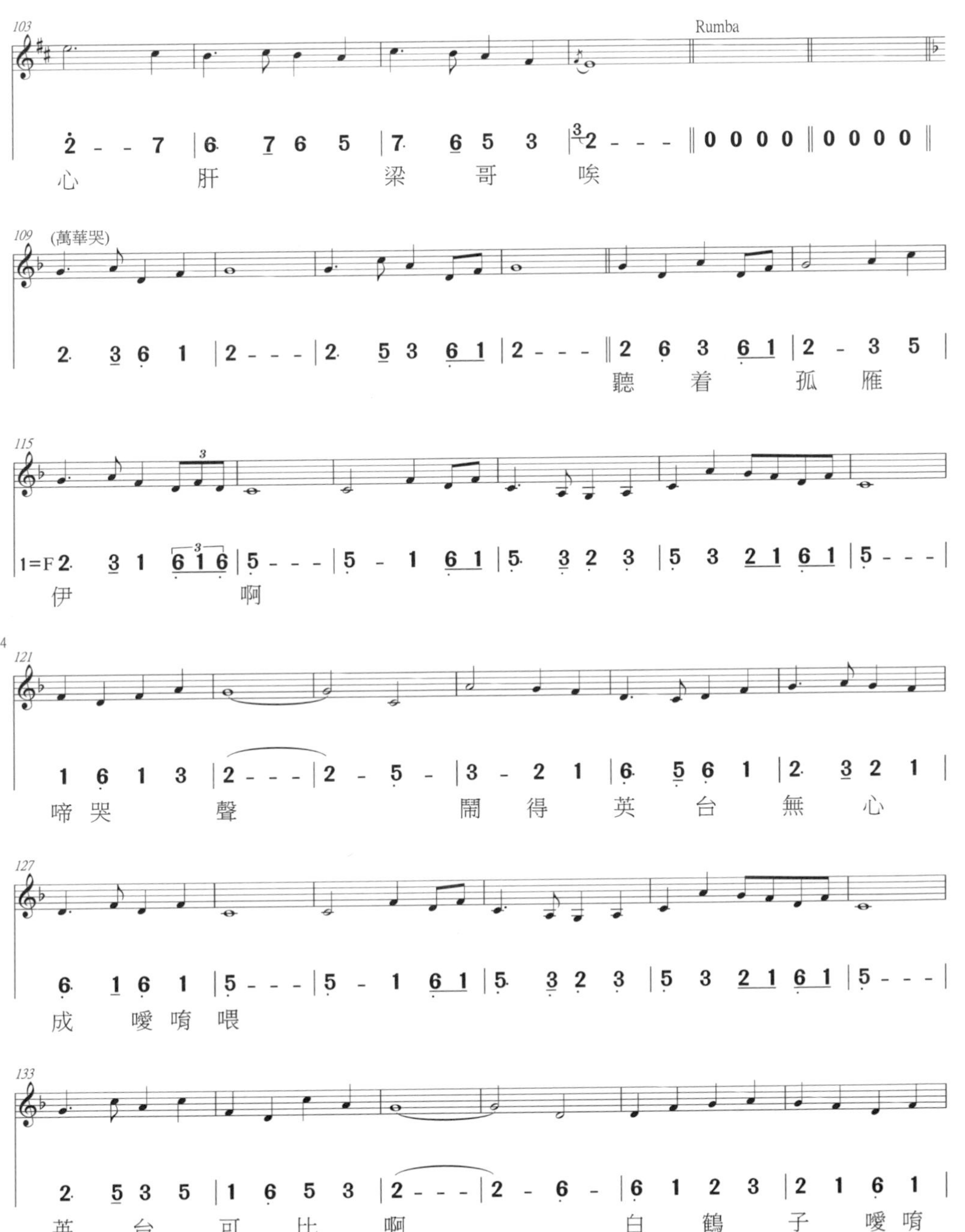
Rumba
心 肝 梁 哥 唉
(萬華哭)
聽着 孤雁
1=F
伊 啊
啼哭 聲 鬧得英台無心
成 噯唷喂
英台可比啊 白鶴子噯唷

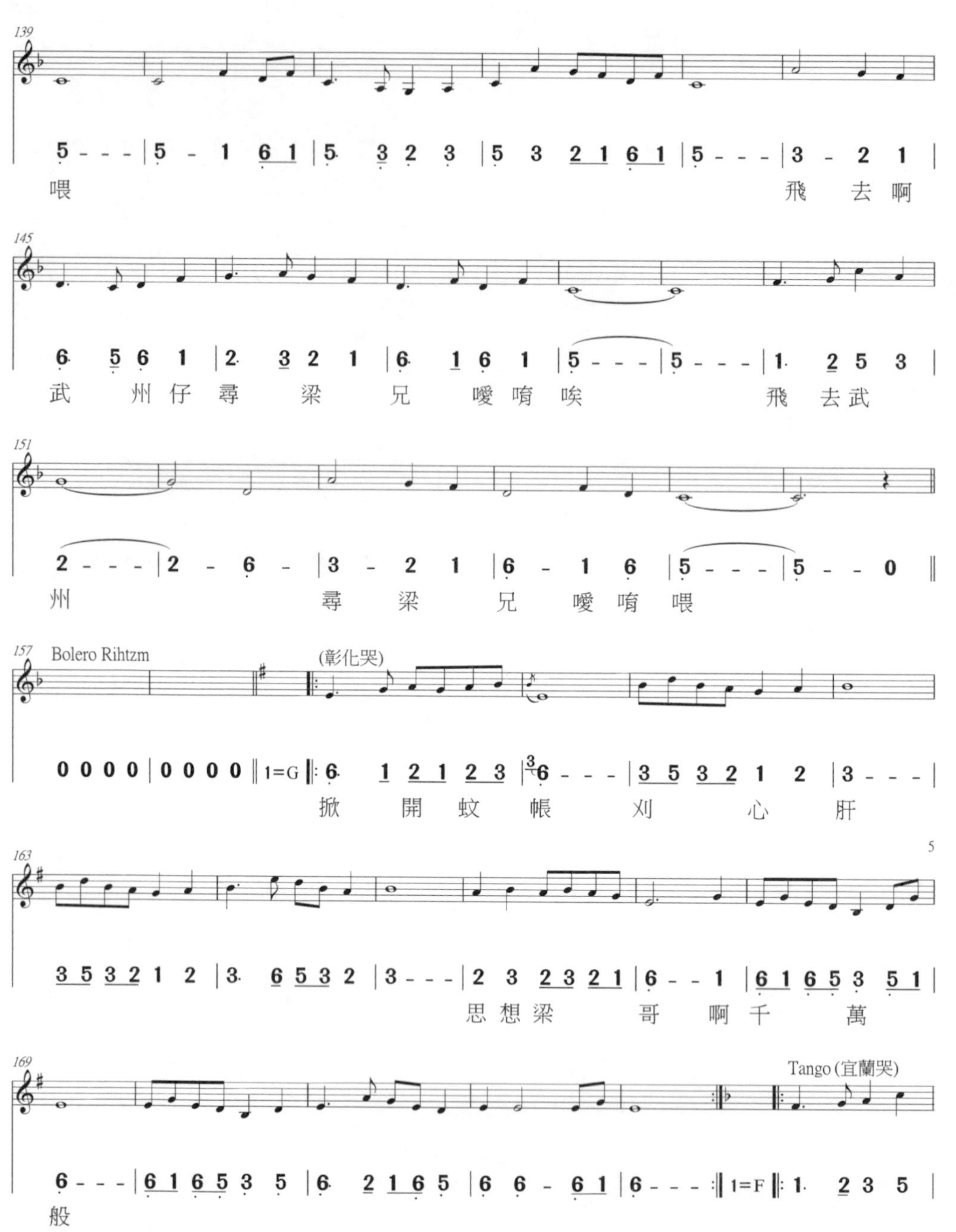
喂 飛 去 啊
武 州 仔 尋 梁 兄 噯 唷 唉 飛 去 武
州 尋 梁 兄 噯 唷 喂
Bolero Rihtzm
(彰化哭)
1=G
掀 開 蚊 帳 刈 心 肝
思 想 梁 哥 啊 千 萬
般
Tango (宜蘭哭)
1=F

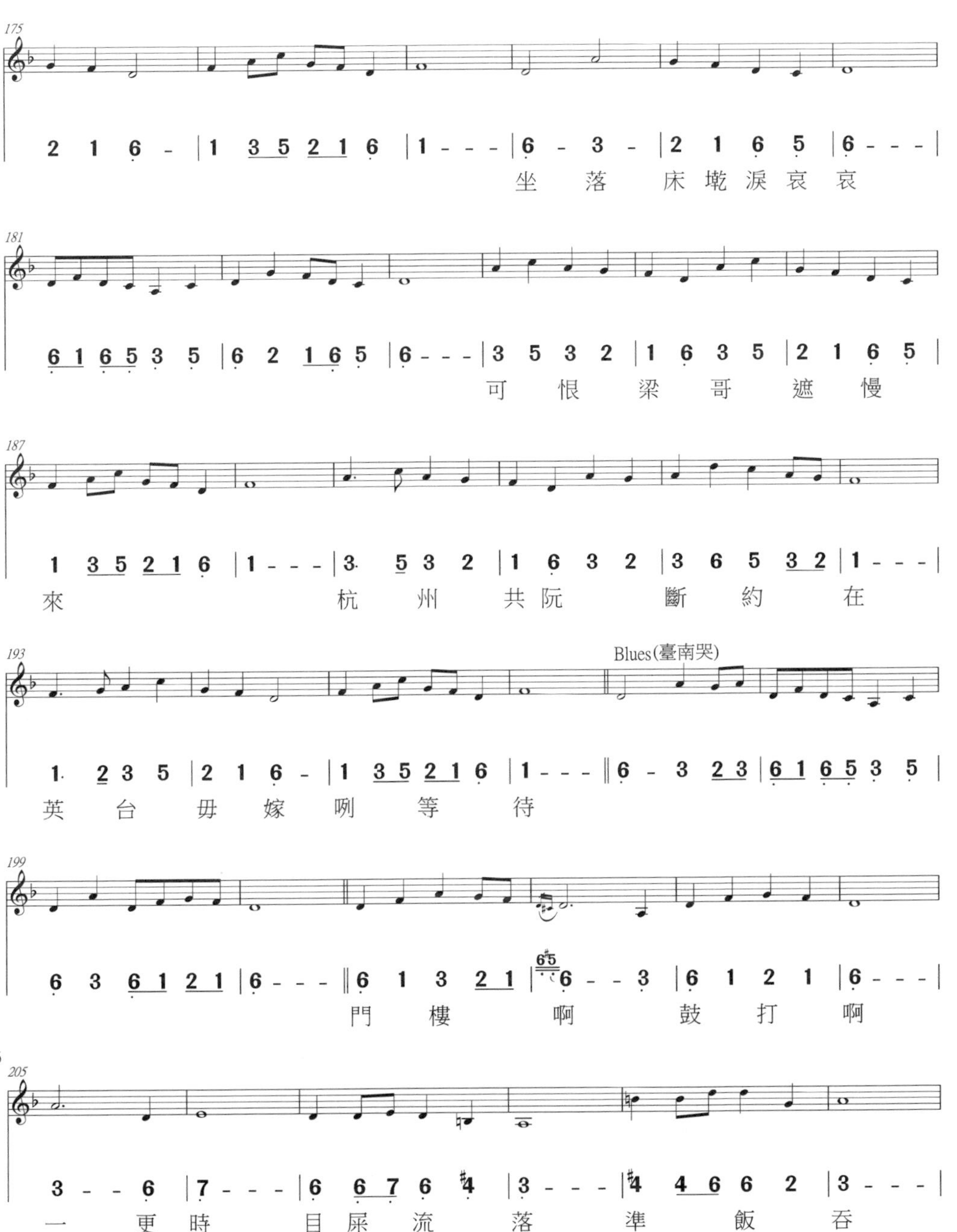
坐　落　床墘淚哀哀
可　恨　梁　哥　遮　慢
來　杭　州　共阮　斷　約　在
英　台　毋　嫁　咧　等　待
Blues(臺南哭)
門　樓　啊　鼓　打　啊
一　更時　目屎流　落　準　飯　吞

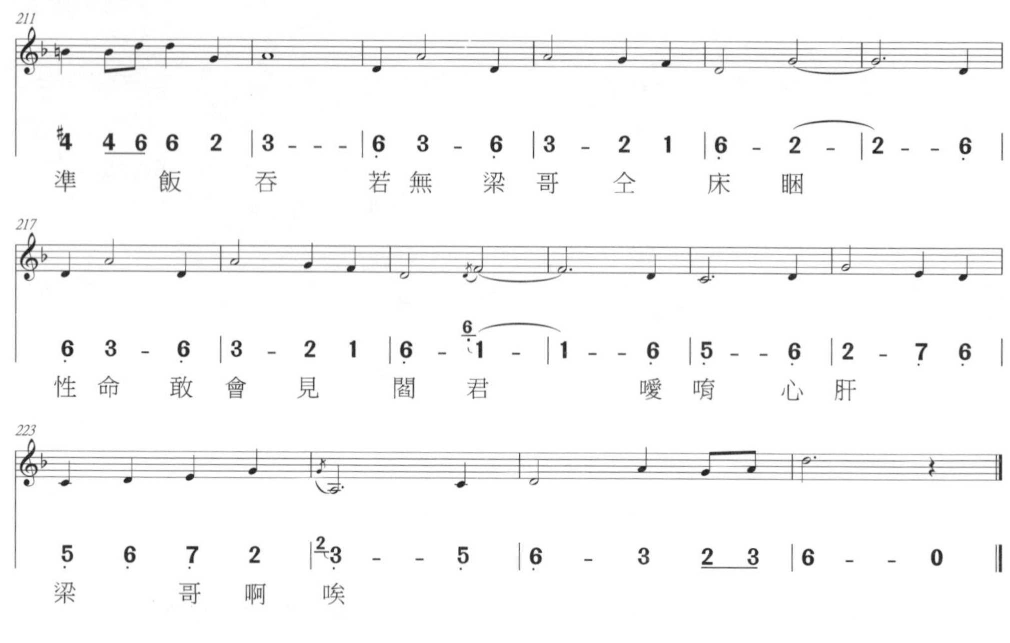

許石從臺灣歌仔戲曲中，採編相當大量的「哭調仔」主題歌謠，這首〈想思〉，就是他將哭調仔拼湊而成的完整組曲。歌詞與坊間流傳已久的《英台想思歌》歌仔簿相同，推測是許石為串聯哭調主題音樂，採用了梁祝的故事發展成特殊的長篇流行歌謠。

他在鄉土民謠專輯唱片中，註明這首歌為「全省哭調仔集：正哭、反板哭、萬華哭、彰化哭、宜蘭哭、臺南哭」，當中歌詞採用民間歌詩，由曲調的起伏帶動歌曲的流動，可說是許石向歌仔戲致敬的重量級民謠採編作品。

《臺灣鄉土交響曲》第三樂章基本上就是以〈想思〉為基礎，再加上他稱為「白字戲調」的部分曲調組曲而成。另外在許石製作的戲劇唱片裡，也廣泛運用了各類哭調仔的旋律，如《安平追想曲》戲劇專輯插曲，為了表現金小姐的阿公過世的悲慘情節，也用「艋舺哭」填詞為〈悲傷阿公死〉，由楊麗花演出。

〈想思〉

大王 KLK-67：朱艷華

哭調仔

許　石　採編

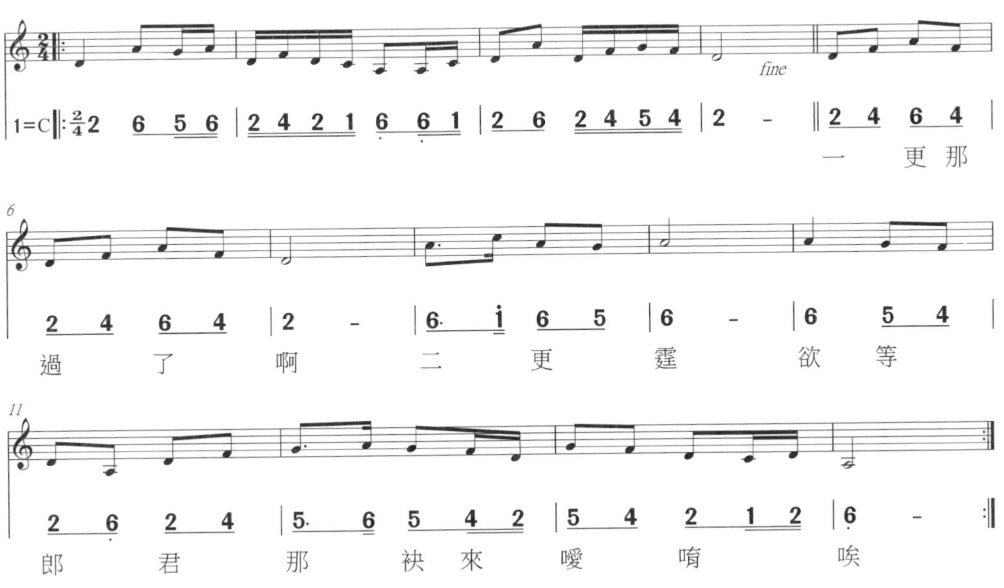

哭調仔　　許石編曲　廖美惠唱

一、一更那過了啊　二更霆　　欲等郎君仔　那袂來　嗳唷喂
二、三更那過了啊　四更鳴　　等待郎君仔　到床前　嗳唷喂
三、五更那過了啊　六更來　　郎君那毋知　阮等待　嗳唷喂

アイヨエ　　許石編曲作詞　池真理子唱

一、一時が過ぎたなら　二時が來る　待てった彼氏が　何故來ない　アイヨエ
二、三時が過ぎたなら　四時が來る　待てった彼氏が　何故來ない　アイヨエ
三、五時が過ぎたなら　六時が來る　彼氏が來ないで　朝が來る　アイヨエ
　アイヨエ　アイヨエ

這首歌仔調在歌仔戲中時有聽得，一般稱作「正哭」，又名「宜蘭哭」。在許石手稿中也名之為「正哭」。許石並未發表曲譜，不過在唱片與音樂會常有製作錄音，最早的錄音版本約 1961 年製作，由廖美惠灌錄發表。

三段歌詞表現一整夜的漫長等待，以月琴伴奏，表現濃厚的傷感氣氛，後來的唱片資料登載作詞為「朝欽」，其實是出自許石之手，許石另有將之譯唱為日語，1968 年日本爵士名歌手池真理子來臺演出，配合演唱這首日語的〈アイヨエ〉，日語歌詞，歌名又為「アイヨエ」，也就是臺語發音的「唉呦喂」。該曲以現場錄音發行唱片，段落間全場掌聲此起彼落，可見當時現場民眾從一位爵士名歌手口中聽見臺灣歌仔調，全場熱烈興奮的氣氛。

在《安平追想曲》戲劇專輯中，許石也就鄭志峯的劇情填詞〈秀琴哭別離〉，改編配樂由歌仔戲巨星楊麗花演唱，表述金小姐的母親與荷蘭船醫別離的哀傷情境，留下深具歌仔味的感人錄音。

太王 KLK-59：廖美惠
太王 KLA-024：廖美惠
太王 KLA-013：佳妮
太王 KLA-003：池真理子(日語)
太王 KLK-69：林楓（日語）
太王 KLA-008：楊麗花（秀琴哭別離）

〈哭調仔〉

女性的運命

許　石　採編
許丙丁　作詞

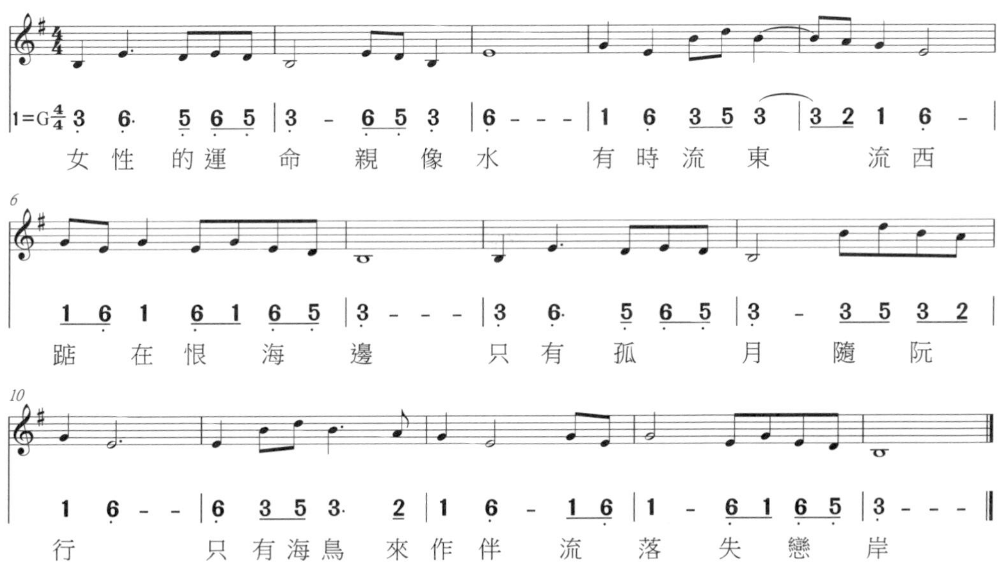

女性的運命　許丙丁作詞　許石編曲　顏華唱

一、女性的運命　親像水　有時流東流西　踮在恨海邊
　　只有孤月　隨阮行　只有海鳥來作伴　流落失戀岸

二、女性的運命　親像花　有時枯焦落枝　倚人籬笆邊
　　清香的花蕊　啥人顧　只有黃蜂來做堆　墜落長流水

三、女性的運命　親像柳　有時榮華富貴　搖擺水池邊
　　青春的枝骨　啥人顧　只有風吹佮沃雨　墜落煙花路

許石採編註明為「臺南運河調民謠」，「運河調」是相當普遍的歌仔調名稱，代表是出自臺南，或專用來演唱「運河殉情案」的曲調，在歌仔戲裡是極度哀傷、痛苦時使用的曲調，又稱「運河哭」。許石採用這個調加以改編，加以穩定的節拍，保留陰鬱哀傷調性，搭配許丙丁擅長描寫的女性詩詞，將女性的命運比喻為流動的水、枯憔的花朵、搖擺的柳枝，用本土歌仔調表現傳統漢文詩詞中哀傷嘆逝的情感。在許石製作的顏華演唱錄音版本裡，月琴、笛如泣如訴，溫文而淒切地盡展詩歌情境，呈現臺灣古早藝旦文化的特有風味。

〈女性的運命〉

太王 KLK-56：輕音樂

大王 KLK-57：顏華

菅芒花

鄧雨賢　作曲
許　石　採編
許丙丁　作詞

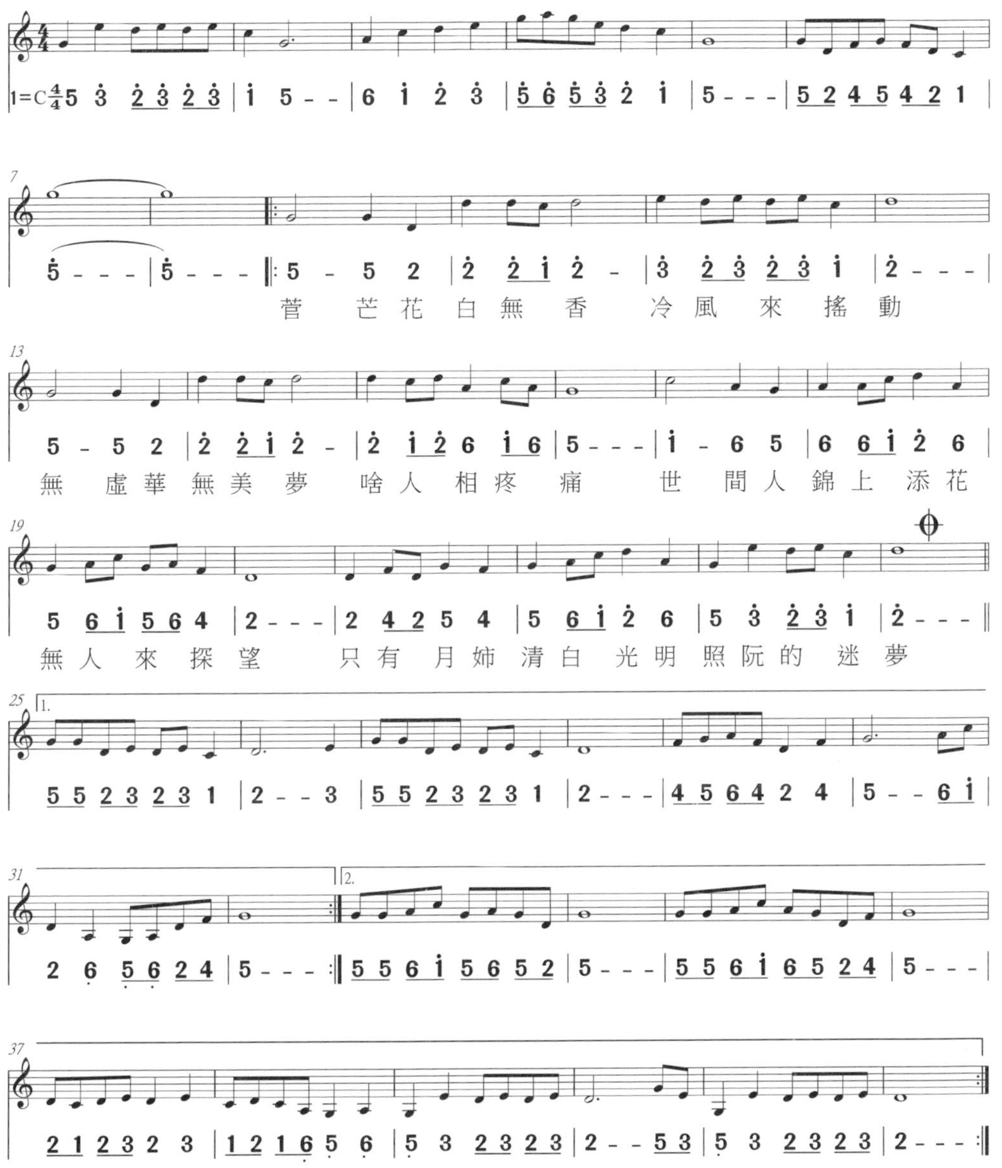

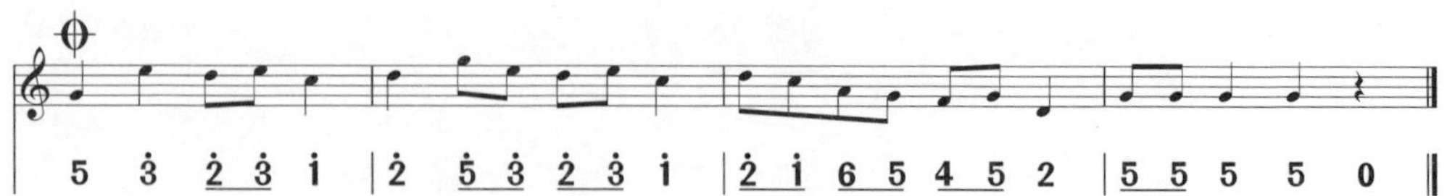

菅芒花　　鄧雨賢作曲　許丙丁作詞　許石編曲　顏華唱

一、菅芒花　白無香　冷風來搖動　無虛華無美夢　啥人相疼痛
　　世間人錦上添花　無人來探望　只有月姊清白光明　照阮的迷夢
二、菅芒花　白無味　生來毋着時　無玉葉無金枝　啥人欲看見
　　世間事鏡花水影　花紅有了時　只有風姨溫柔搖擺　顧阮的腰枝
三、菅芒花　白文文　出世在寒門　無美貌無青春　啥人來溫存
　　世間事一場幻夢　船過水無痕　多情金姑來來去去　伴阮過黃昏

〈菅芒花〉原曲出自鄧雨賢作曲的〈南風謠〉，曲調最早是 1937 年由古倫美亞唱片編號 80380 發行，也被歌仔戲界使用。1964 年經許丙丁重新作詞、許石編曲，成為新曲〈菅芒花〉。

歌詞描述臺灣鄉野最常見的菅芒花，隨風搖曳，感嘆世間的冷淡清寒。詩意典雅，廣為流傳。

〈菅芒花〉

太王 KLK-64：顏華
太王 KLA-024：顏華

田庄調

許　石　採編作詞

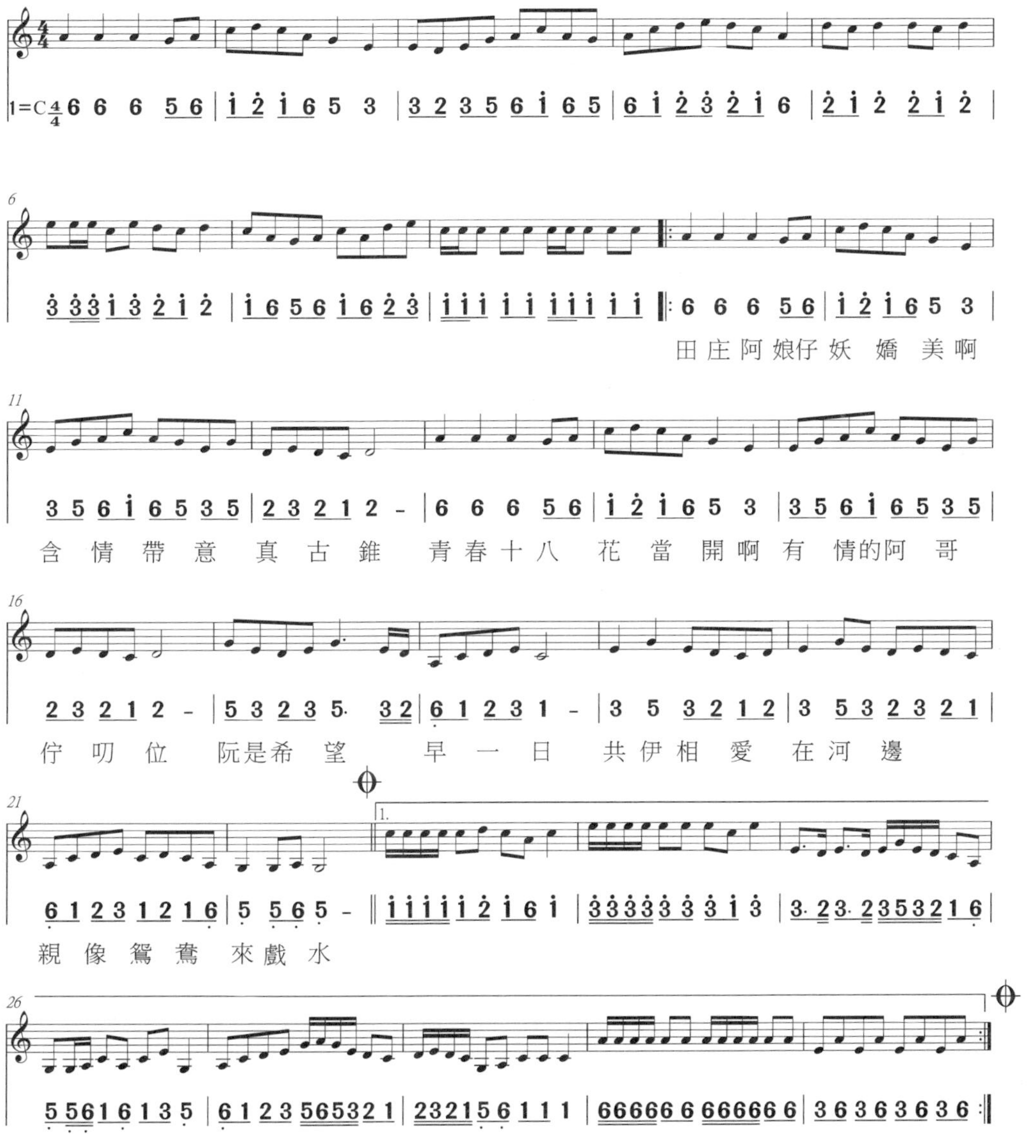
1=C 4/4
田庄阿娘仔妖　嬌　美啊
含　情　帶　意　真古　錐　青春十八　花　當　開啊有　情的阿　哥
佇　叨　位　阮是希　望　早　一　日　共伊相　愛　在河　邊
親　像　鴛　鴦　來戲　水

田庄調　許石作詞編曲

一、田庄阿娘仔　妖嬌美啊　含情帶意真古錐
　　青春十八花當開啊　有情的阿哥佇叨位
　　阮是希望早一日　佮伊相愛在河邊　親像鴛鴦來戲水
二、田庄阿娘仔　黑甜美啊　每日思念親哥仔伊
　　阮是青春少年時啊　無君仔做伴上克虧
　　阮是希望早一日　會得佮伊通做推　談情說愛情蜜甜
三、田庄阿娘仔　像花蕊啊　親像牡丹等露水
　　少年毋開等何時啊　有情阿哥仔毋通延遲
　　阮是希望早一日　會得佮伊成雙對　予阮明年生後生

在許石曲譜資料中稱之為〈田庄調〉，自行填詞，採編收入 1964 年發行的唱片專輯中。考其原曲，是出自日治時期流行小曲〈半夜調〉（或寫作「半暝調」），為陳君玉作詞、蘇桐作曲的歌曲，由勝利唱片公司發行。據曾前後受教於陳君玉與許石的林峯明指出，〈半夜調〉其實是陳君玉採編自中國大連的民謠，而非原創。

許石重填的歌詞是描繪純樸可愛、深情浪漫的「田庄阿娘仔」，別有陽光熱情的情調。一首大連民歌、經由流行歌謠製作家的採錄，又變成臺灣的民謠歌曲，歌謠的千變萬化可見一斑。

參考：徐玫玲、林峯明等著，《許石百歲冥誕紀念專刊》，國立臺灣傳藝總籌處臺灣音樂中心，2019。

〈田庄調〉

牛尾調

許石作　採編
許丙丁　作詞

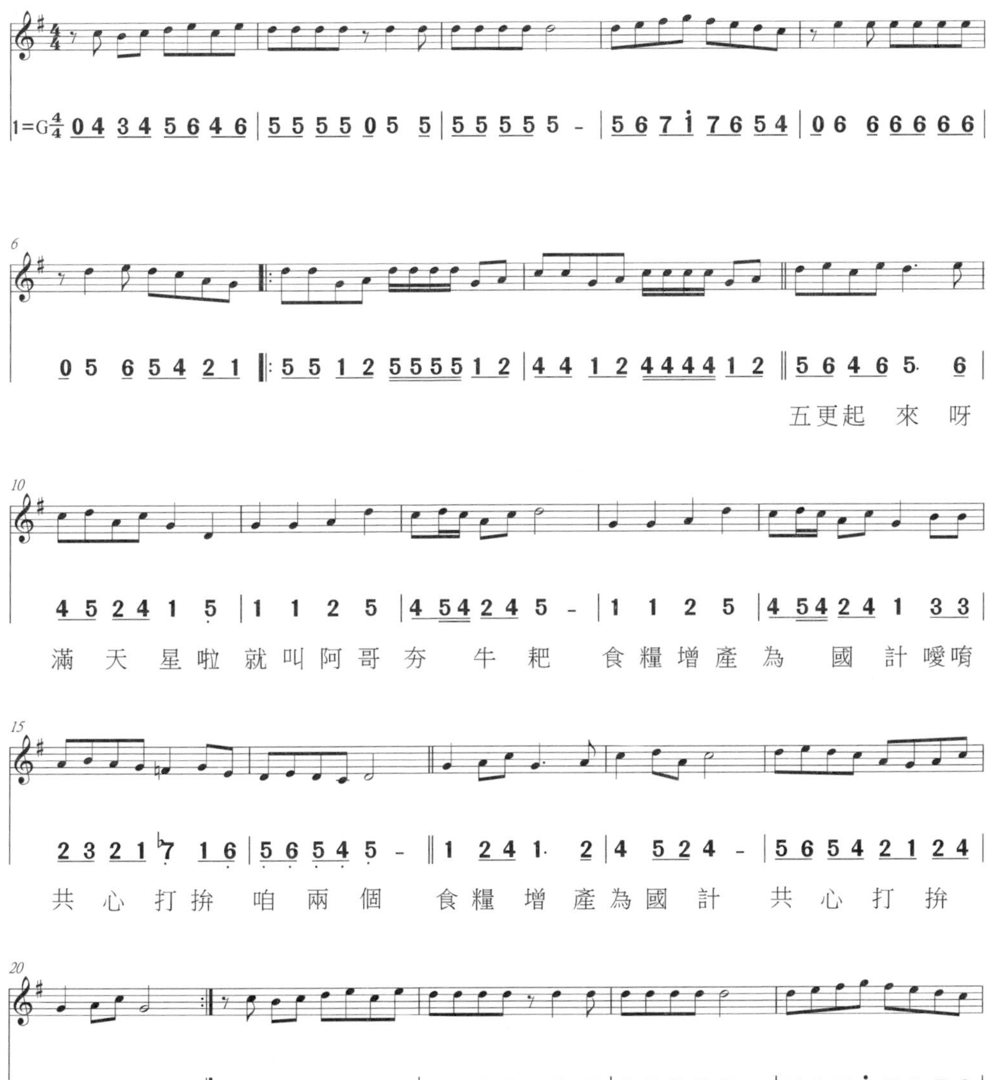

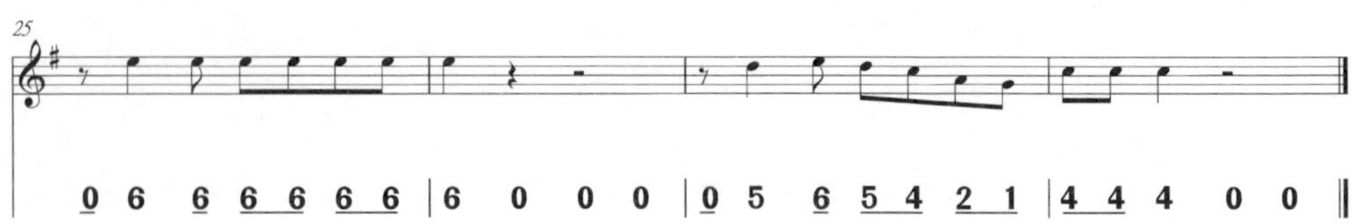

牛尾調　　許石編曲　許丙丁作詞　顏華唱

一、(女) 五更起來呀　滿天星啦　就叫阿哥夯 (giâ) 牛耙
食糧增產為國計　嗳唷共心打拚咱兩个
食糧增產為國計　共心打拚咱兩个

二、(男) 手牽水牛仔　欲出門啦　露水滴來啊親像霜
感謝阿妹相動問　嗳唷相招來去犁田園
感謝阿妹相動問　相招來去犁田園

三、(女) 阿哥仔潑水　妹挲草啦　日頭曝着汗那流
肥料也着落有夠　嗳唷十倍收成共你包
肥料也着落有夠　十倍收成共你包

四、(男) 稻仔青翠啊閣大欉啦　今年收成有希望
阿娘生美阮心茫　嗳唷今年豐收好年冬
阿娘生美阮心茫　今年豐收好年冬

五、(女) 雞仔大隻仔打咯雞啦　豬仔大隻掠來賣
阿君大漢是我的　嗳唷嫁妝有牛也有犁
阿君大漢是我的　嫁妝有牛也有犁

六、(男) 阿妹耕作啊真厲害啦　又閣一胎生雙胎
這款大家做看覓　嗳唷國強民富才應該
這款大家做看覓　國強民富才應該

〈牛尾調〉

太王 KLK-64：顏華

1964 年有一首因查禁而名噪一時的知名歌曲〈鹽埕區長〉，因曲調輕鬆、百聽不厭，而大受歡迎。該曲調當時被稱為「牛尾調」，又寫作「牛馬調」或稱「萬枝調」、「高雄調」，許石很快即採用加以改編發揮，請許丙丁填詞作成〈牛尾調〉演唱發表，也加入在他的《臺灣鄉土交響曲》第一樂章的組曲裡。

自〈鹽埕區長〉走紅以來，臺灣社會普遍認為這個旋律是民謠，近年因唱片出土，我們發現所謂「牛尾調」的曲調，乃出自 1931 年的〈業佃行進曲〉，由公學校老師郭明峯作曲。這首歌在30年間，從一首社會宣傳歌傳唱成為地方民謠，從中可聽見臺灣人靈活有趣的聲音世界。

杵歌

許 石 採編

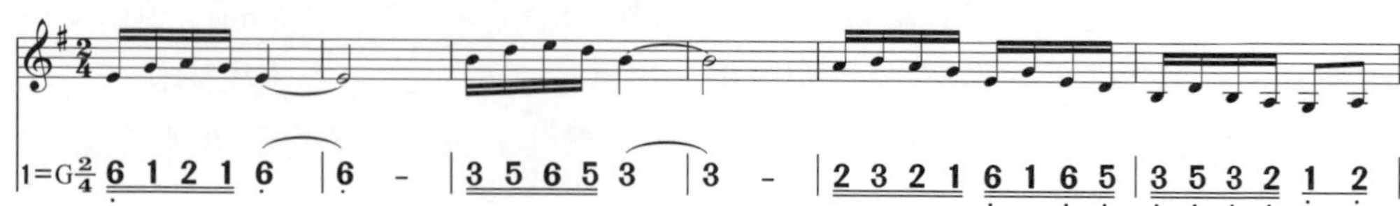
1=G 2/4

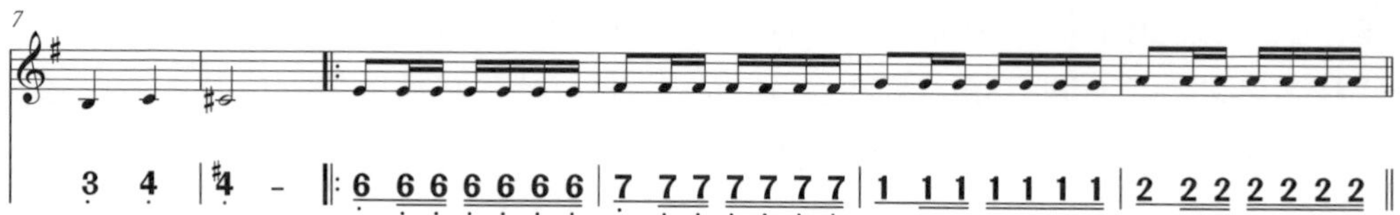

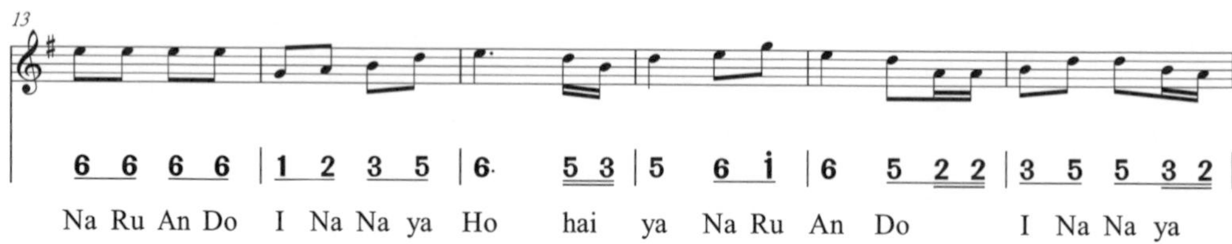
Na Ru An Do I Na Na ya Ho hai ya Na Ru An Do I Na Na ya

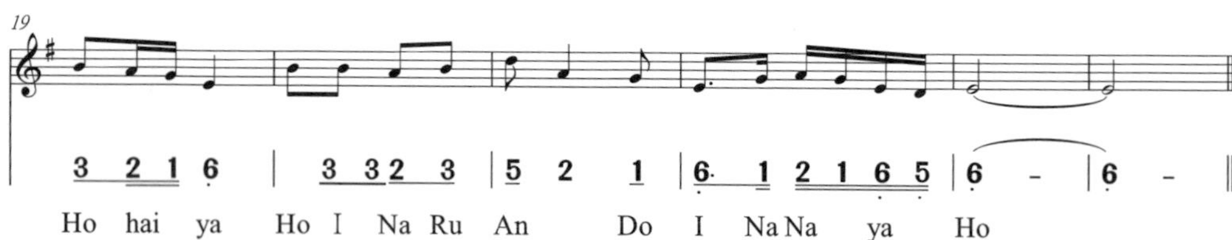
Ho hai ya Ho I Na Ru An Do I Na Na ya Ho

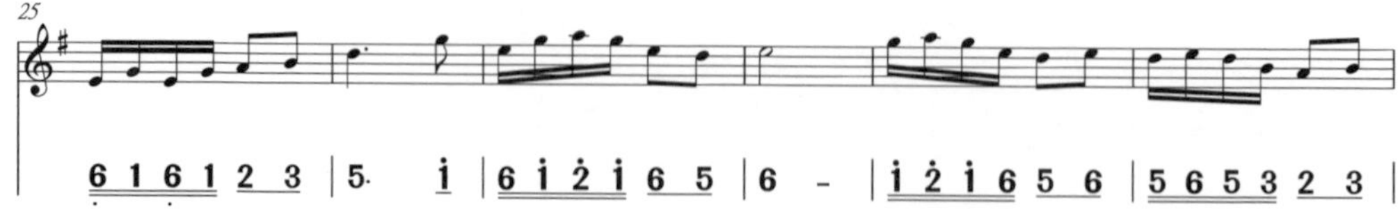

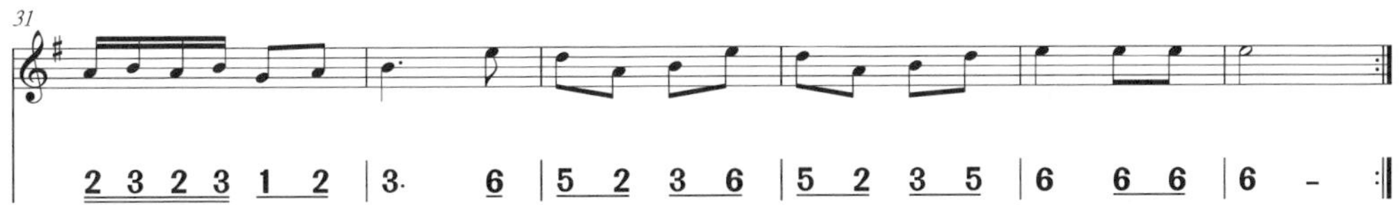

〈杵歌〉堪稱是許石採集改編的原住民歌謠最具代表性的一首，許石在歌本或唱片中註明為「高山民謠」，但也強調是其個人「作編曲」的作品，意思就是許石採編並譜出主旋律的作品。

許石在歌曲介紹中提到，〈杵歌〉是取自阿美族的賞月舞歌謠，改編而成。最早在 1957 年的公演中即有演奏，1960 年左右灌錄唱片，由來自臺東的阿美族學生朱艷華演唱，此後更成為許石音樂會幾乎都會演出的曲目。後來朱艷華以「阿美娜」為名在合眾唱片也有灌錄，經由許石率團環島唱歌謠的推廣，日漸傳頌，成為大眾熱愛的原住民風格歌謠。

「杵歌」一詞，與臺灣原住民以杵擊臼發展而成的音樂有關。臺灣早年最知名的「杵音」是出自日月潭邵族，清代以來就有記載，1920 年代更成為觀光重點，日蓄公司更錄製杵音與杵歌唱片發行，富有神秘感的聲音，成為搭配日月潭湖光山色的聲音記憶。原住民杵音演出常與祭典有關，不搭配歌唱，不過另外合唱的歌謠也被稱為「杵歌」。

這首歌與知名的邵族杵音並沒有關聯。許石曾撰文介紹這首歌，指出是阿美族搗小米時所唱，旋律優美，他研究阿美族的生活、加以編曲，成為具原住民感覺的歌曲。他製作唱片與演出時歌詞只有一段，反覆演唱，許石指出是阿美族語，大意為：「來呵大家來呵，山地有好的美景，山地有香的花蕊，也有圓圓的月照在高山。」事實上是所謂的「虛詞」，並沒有特定的意義。

該曲改編多種版本，文夏改編演唱為臺語歌曲〈高原之夜〉，有填入華語歌詞的〈賞月舞〉，後來曾收入音樂課本，也編成舞蹈，在救國團青年活動中廣為流行。1965 年日本雙胞胎姊妹團體「こまどり姉妹」發行為日語歌曲〈山地恋しや〉，許石也有改編為日語歌詞灌錄唱片，可說是流傳極廣的原住民歌謠。

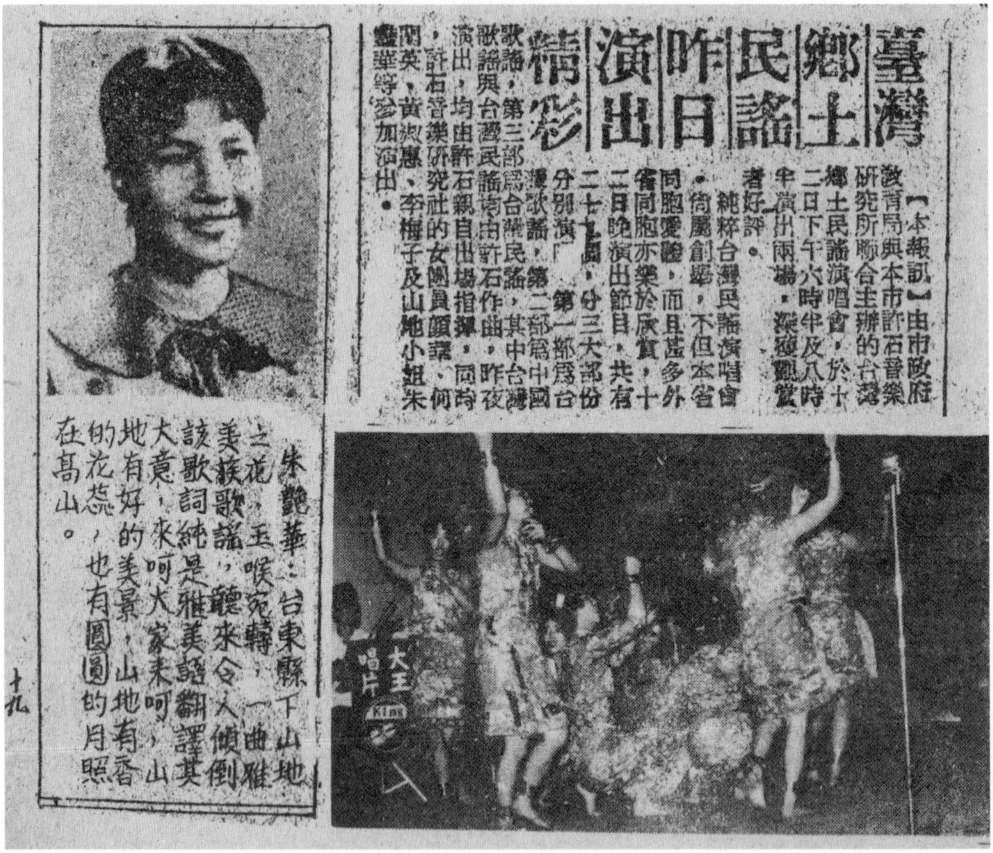

臺灣鄉土民謠昨日演出精彩

【本報訊】由市政府教育局與本市許石音樂研究所聯合主辦的台灣鄉土民謠演唱會，於十二日下午六時半及八時半演出兩場，深獲觀賞者好評。

純粹台灣民謠演唱會，尚屬創舉，不但本省同胞愛聽，而且甚多外省同胞亦樂於欣賞，十二日晚演出節目，共有二十七首，分三大部份分別演「第一部為台灣歌謠，第二部為中國歌謠，第三部爲台灣民謠，其中台灣歌謠與台灣民謠均由許石作曲，昨夜演出，均由許石親自出場指揮，同時，許石音樂研究社的女團員顏謂、何鳳英、黃淑惠、李梅子及山地小姐朱艷華等參加演出。

朱艷華：台東縣下山地之花，玉喉宛轉，一曲雅美族歌謠，聽來令人傾倒。該歌詞純是雅美語翻譯其大意，來呵大家來呵，山地有好的美景，山地有香的花蕊，也有圓圓的月照在高山。

大王 KLK-60：朱艷華
太王 KLA-007
太王 KLA-013："
太王 KLK-69：林楓（日語）

〈杵歌〉

山地春歌

許　石　採編

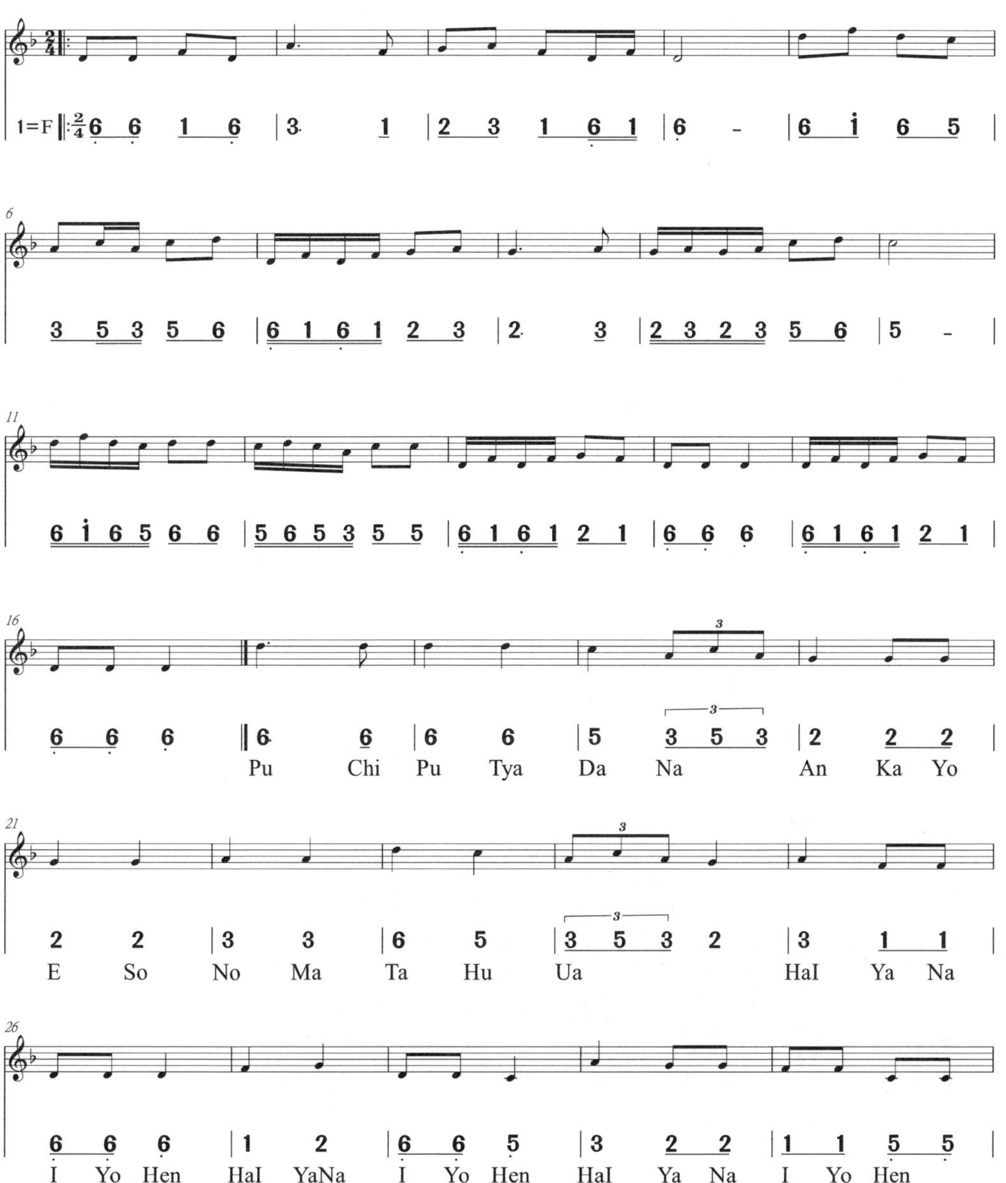

1=F
Pu Chi Pu Tya Da Na An Ka Yo
E So No Ma Ta Hu Ua HaI Ya Na
I Yo Hen HaI YaNa I Yo Hen HaI Ya Na I Yo Hen

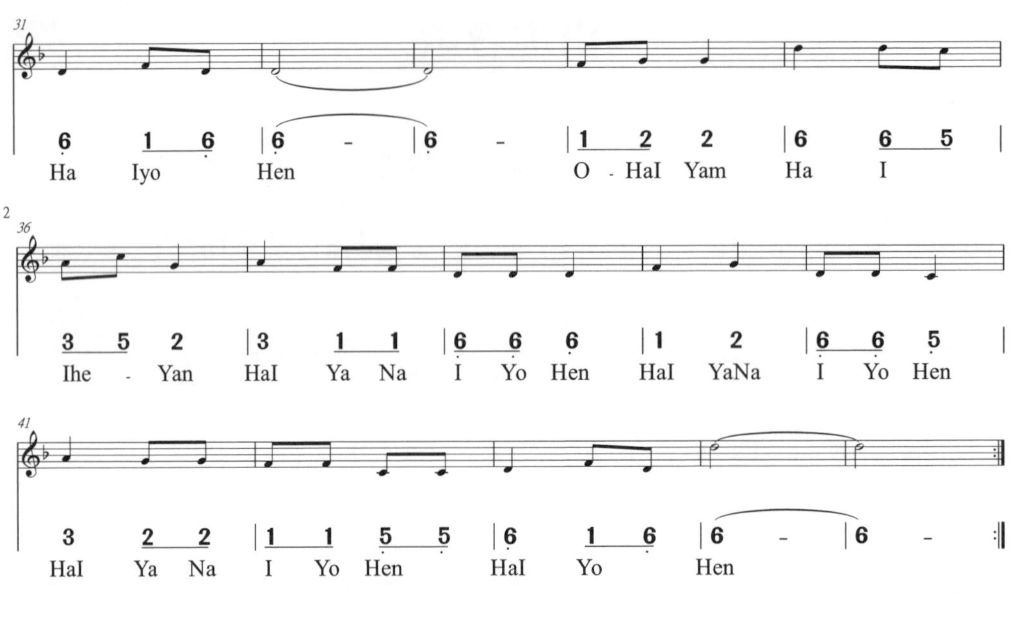

註明為「山地民謠」，歌名又作為「高山春歌」。

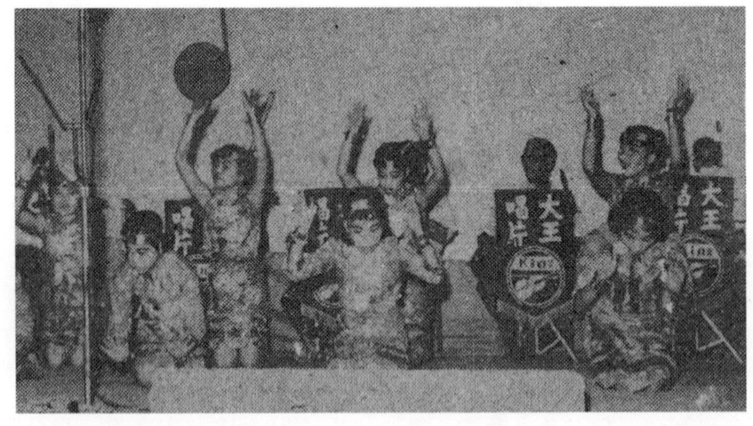

〈山地春歌〉

大王 KLK-67：朱艷華 *
太王 KLA-007

月下歌舞

許 石 採編

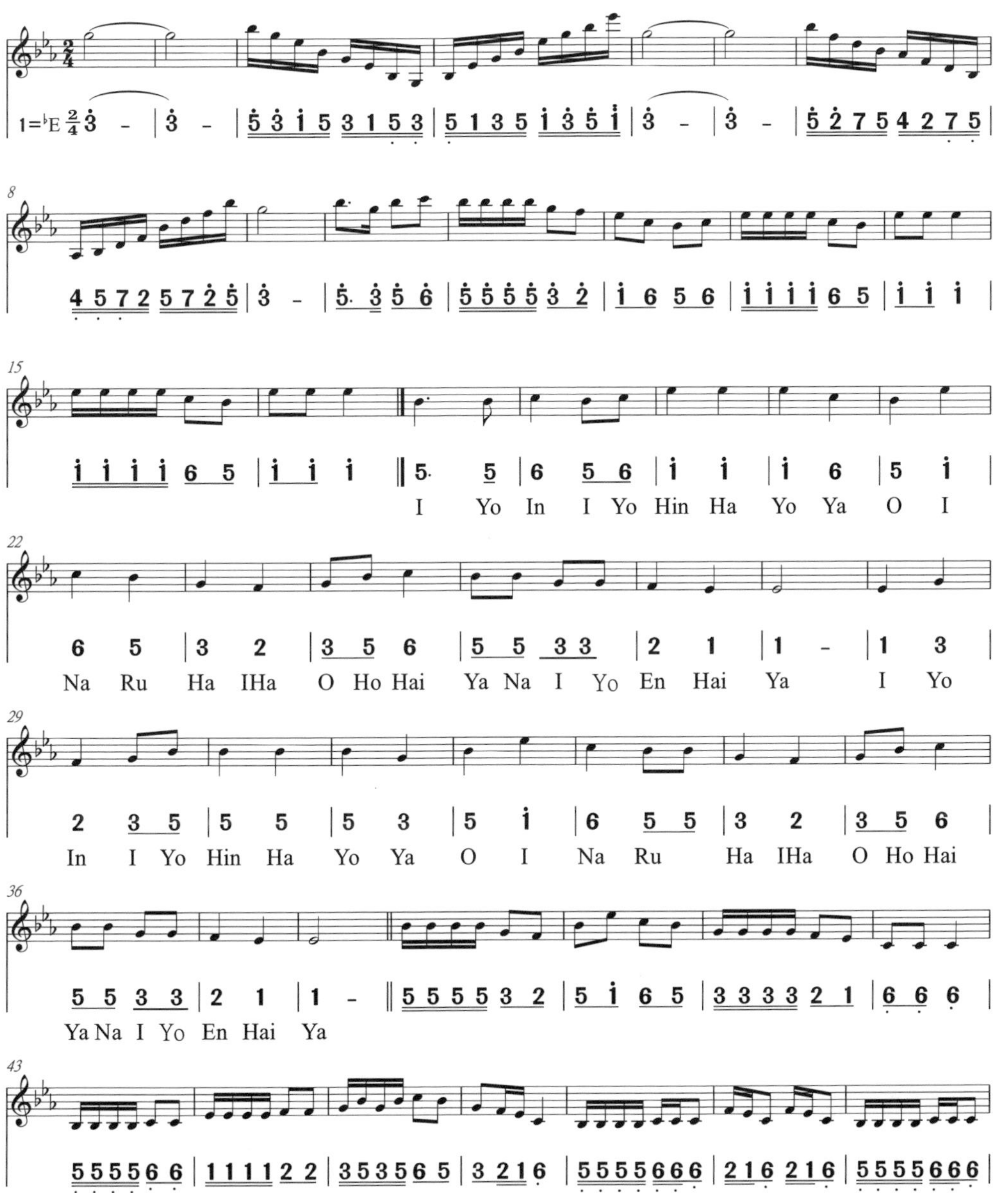

1=♭E 2/4
I Yo In I Yo Hin Ha Yo Ya O I
Na Ru Ha IHa O Ho Hai Ya Na I Yo En Hai Ya I Yo
In I Yo Hin Ha Yo Ya O I Na Ru Ha IHa O Ho Hai
Ya Na I Yo En Hai Ya

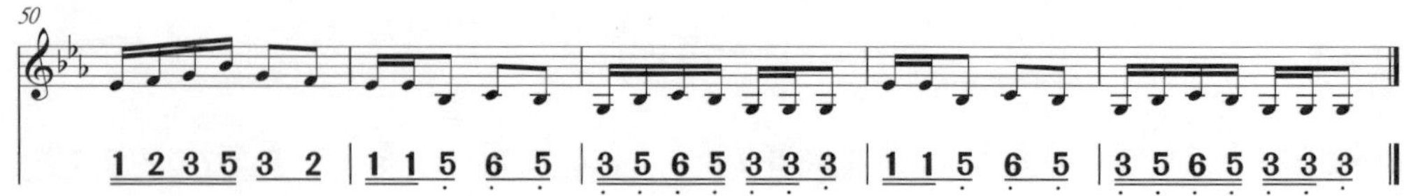

〈月下歌舞〉

大王 KLK-66：朱艷華
太王 KLA-007

山地好

許石 採編
許丙丁 作詞

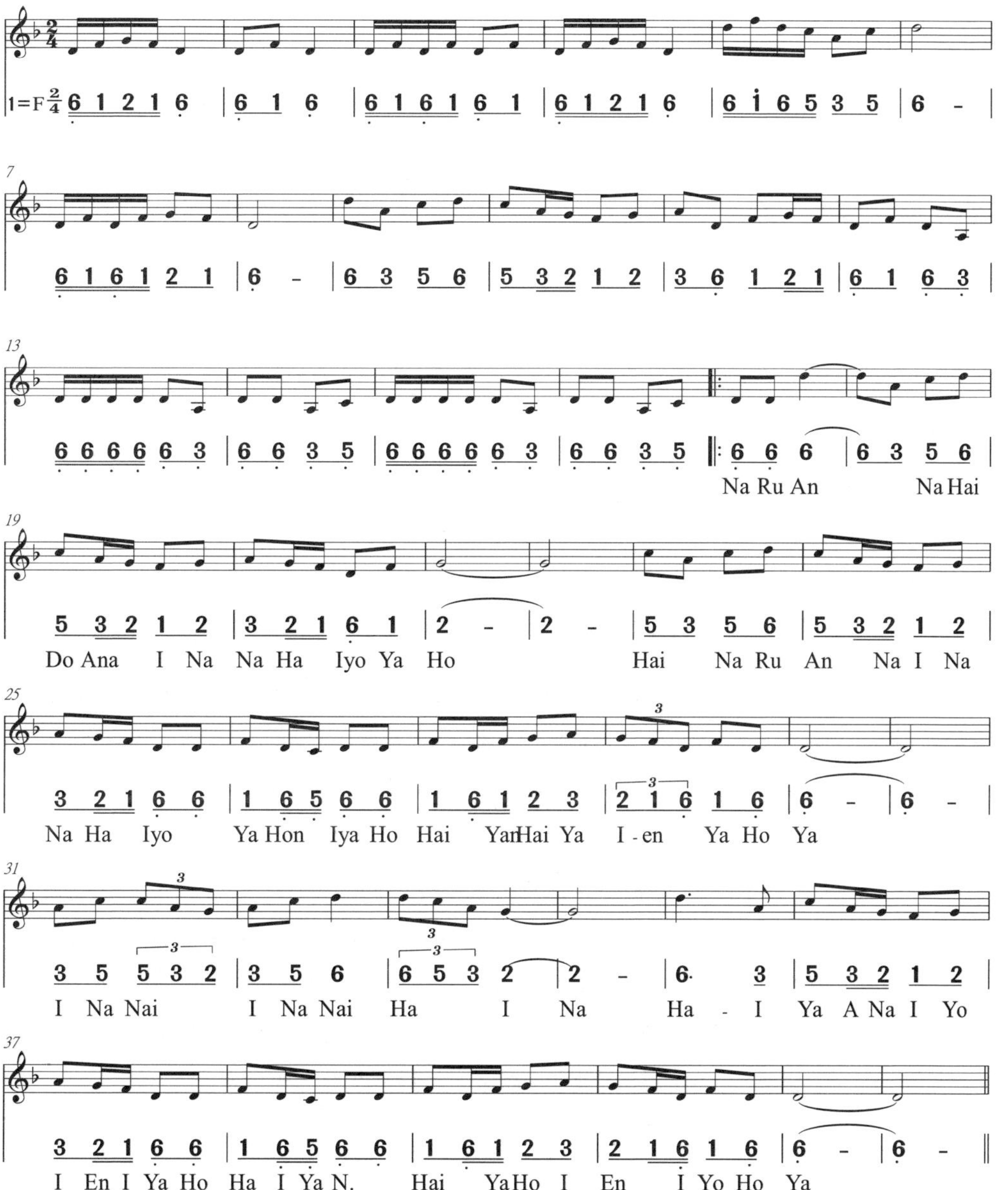

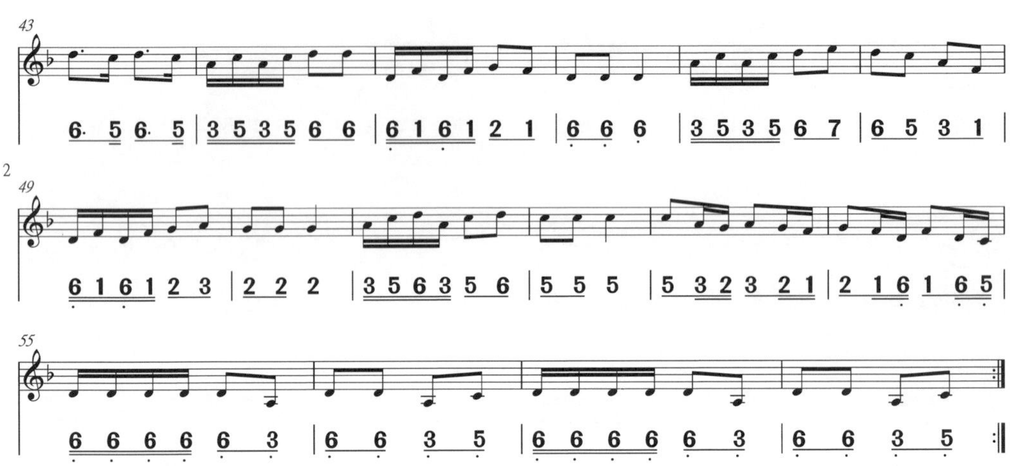

這首歌是臺灣原住民歌謠的經典歌謠，眾所熟悉的愛國歌曲〈臺灣好〉原型。在許石 1960 年印行的演唱會小冊子中刊登，標註為「山地民謠」、「作編曲 許石」，由朱艷華演唱，收錄在《臺灣鄉土民謠全集》第五集。

據學者蒐集整理，這首歌可能是 1952 年 8 月在臺北中山堂舉辦的「改良山地歌舞講習會」中，卑南族南王部落的歌手演唱，而被音樂家採集。在早期歌本名為〈臺灣好〉，是「高山歌謠、佩芝 採編、羅家倫作詞」，也註明「原名為〈反攻大陸〉」，早在 1953 年即被發表在歌本中，在公開音樂會中屢被演出、大獲好評，「海外出版社」有收錄蟲膠 78 轉唱片發行。

1960 年許石製作、朱艷華演唱的〈山地好〉，是以一段虛詞反覆演唱，可說是保留強烈原住民歌謠風味的音樂製作，灌錄時間約 1960 年，許石將之列為自己「作編曲」，代表是他採用原住民音樂改編而成。就這點來看，許石的原住民歌謠製作甚早，可能是與阿美族人互動採編，也或許與他的學生朱艷華有關。

1971 年盧靜子灌錄的原住民版〈臺灣好〉，成為經典，於是被認為是演唱這首歌的代表歌手，而後也被不斷翻唱。2006 年卑南族青年歌手陳永龍將這首歌以「搖擺那魯灣」為曲名，發表在「美麗心民謠」專輯，榮獲 2007 年金曲獎「最佳原住民語專輯獎」。

參考：徐睿楷，〈我聽原住民創作歌謠的經驗〉，欣傳媒 2017/10/11。

〈山地好〉

大王 KLK-67：朱艷華
太王 KLA-007
太王 KLK-68：林楓 (日語)

豐收舞曲

周藍萍　作曲
許　石　編曲

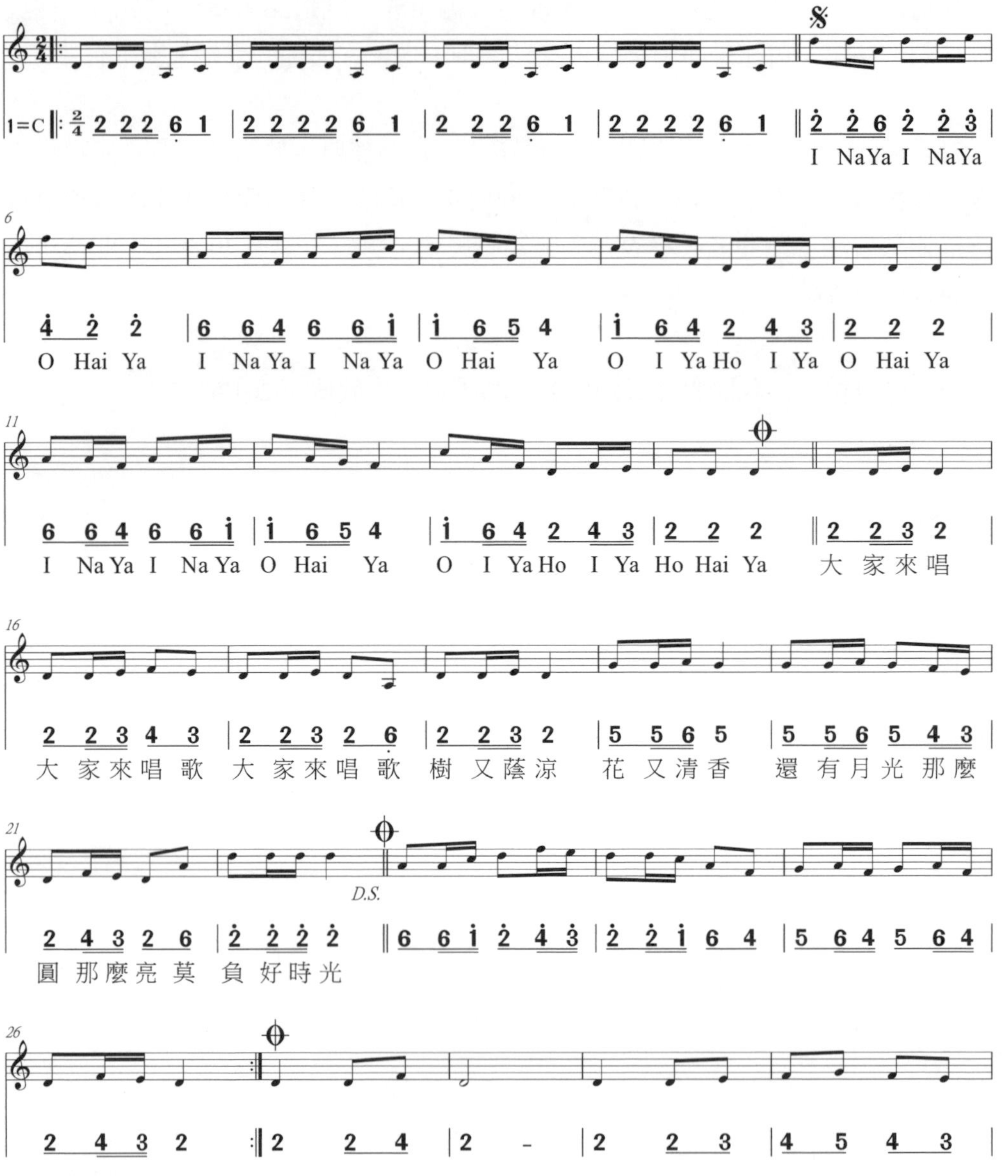

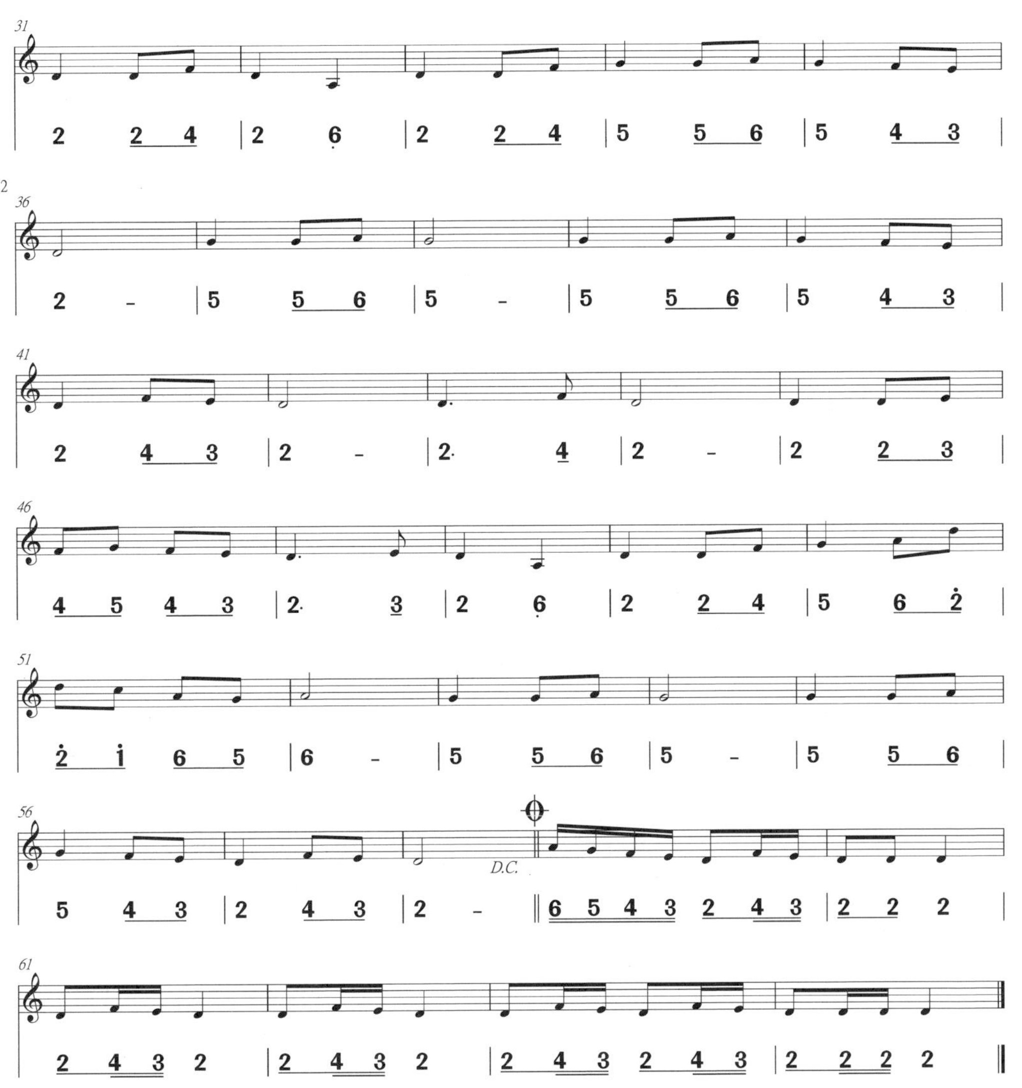
D.C.

原曲出自 1956 年香港電影「山地姑娘」的插曲〈狂歡舞曲〉，為周藍萍作曲、李雋青作詞。

〈豐收舞曲〉

大王 KLK-57
太王 KLA-007

山地姑娘

許　石　採編

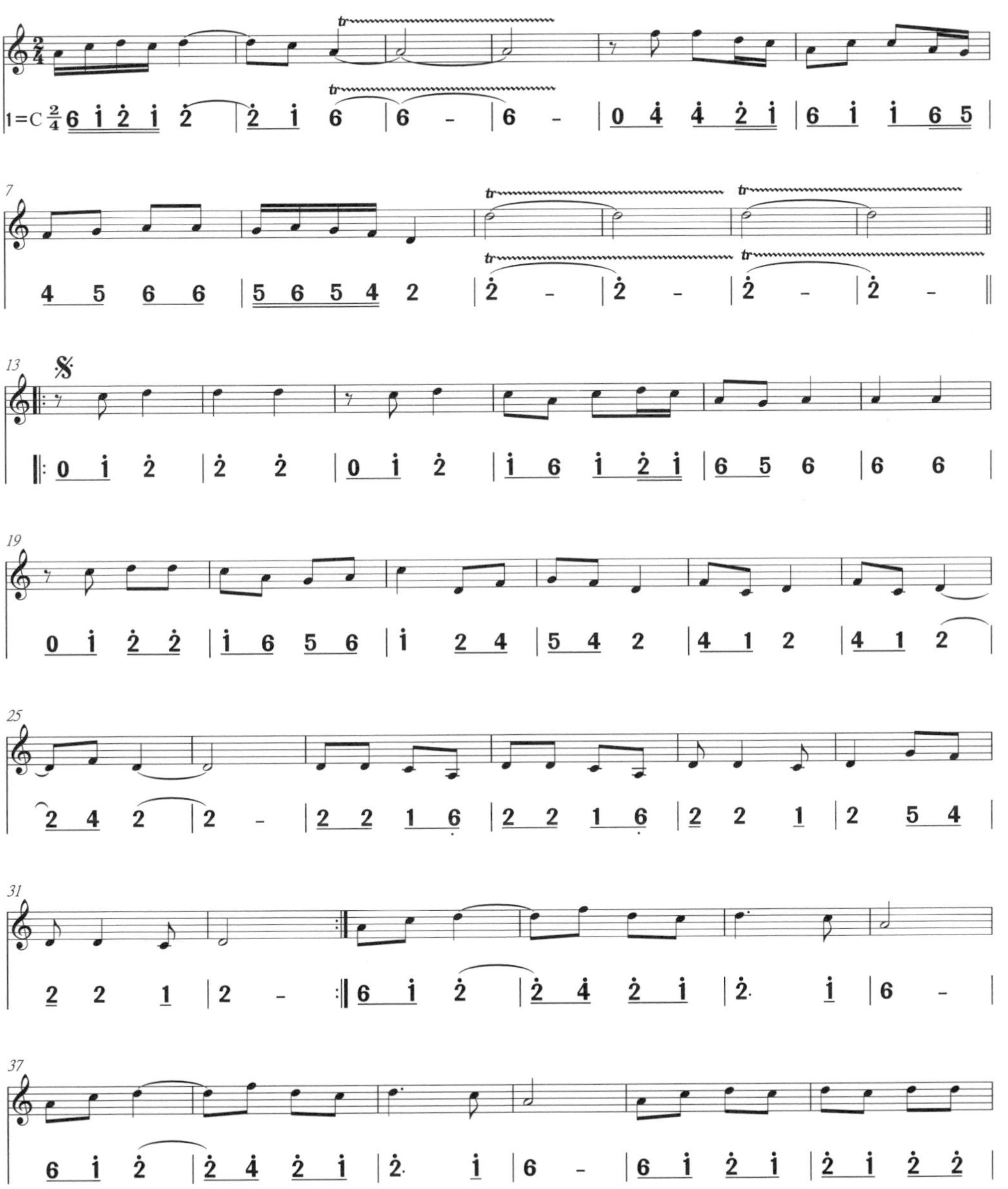

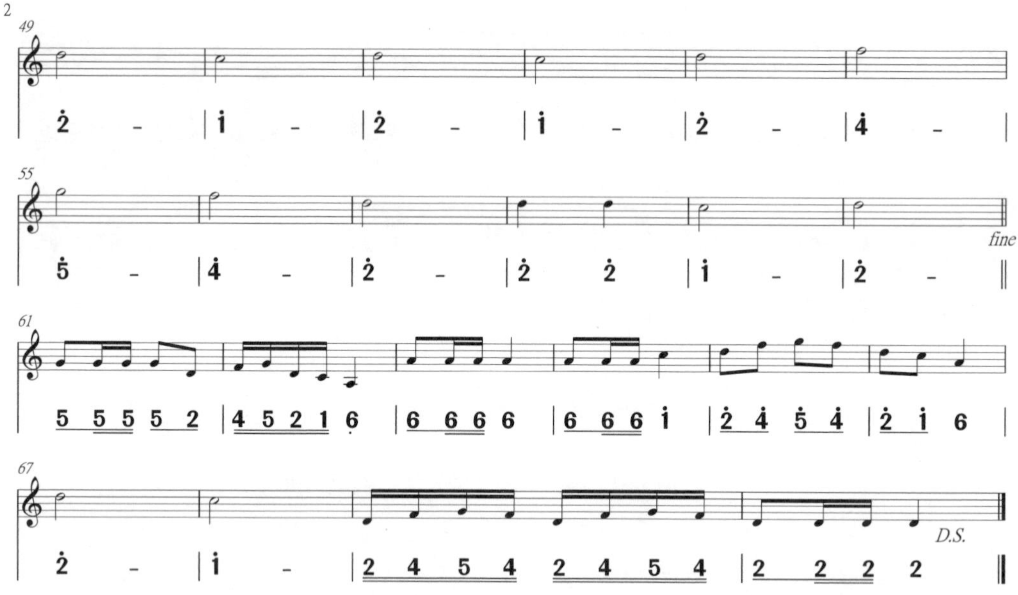

1960 年左右發表時名為〈山地歌曲〉，後改名為〈山地姑娘〉。唱片註明為「泰雅族語」，可能是取材自烏來清流園的演唱。

〈山地姑娘〉

大王 KLK-58
太王 KLA-007

馬蘭之戀

許 石 採編
劉錦士 作詞

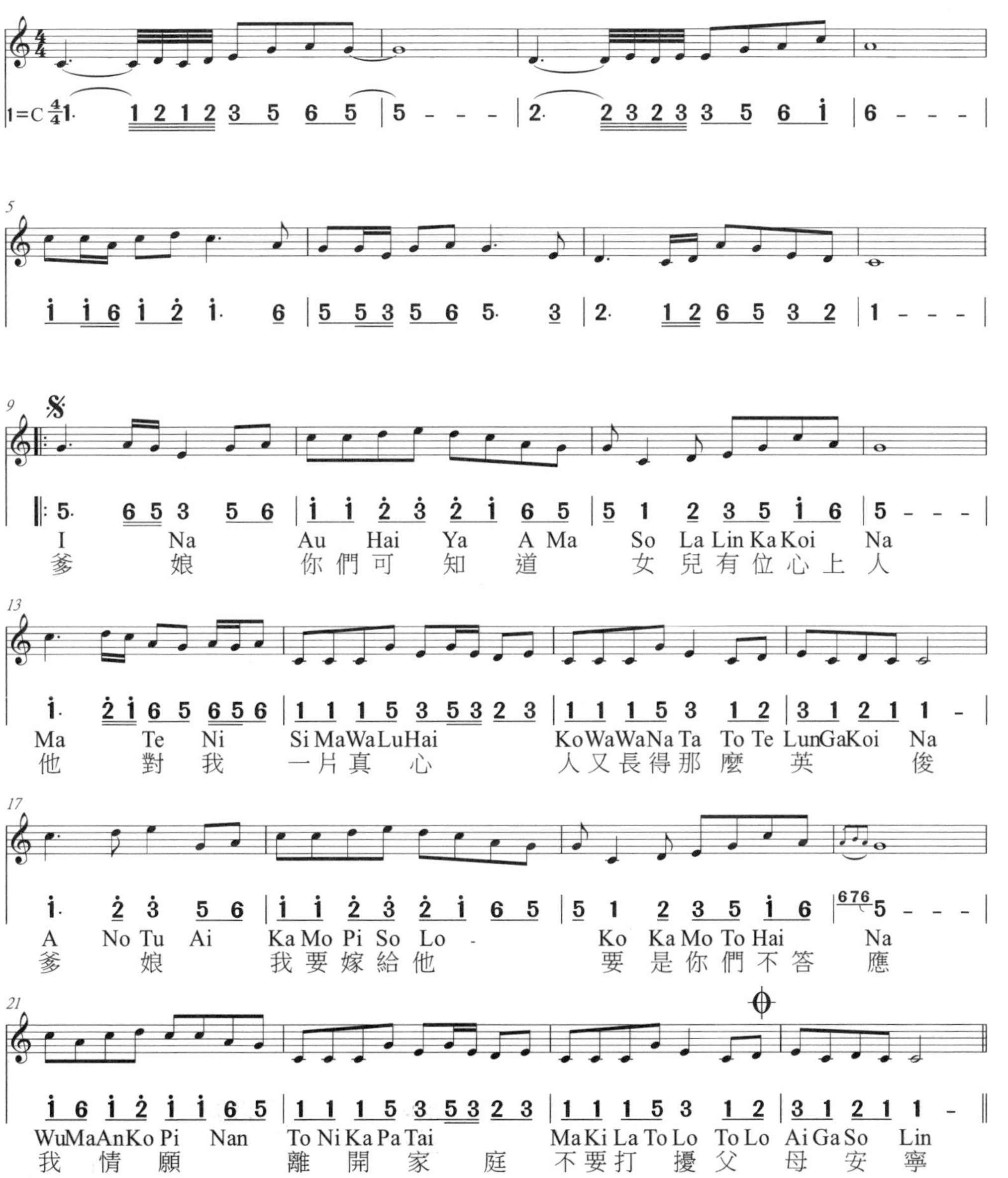

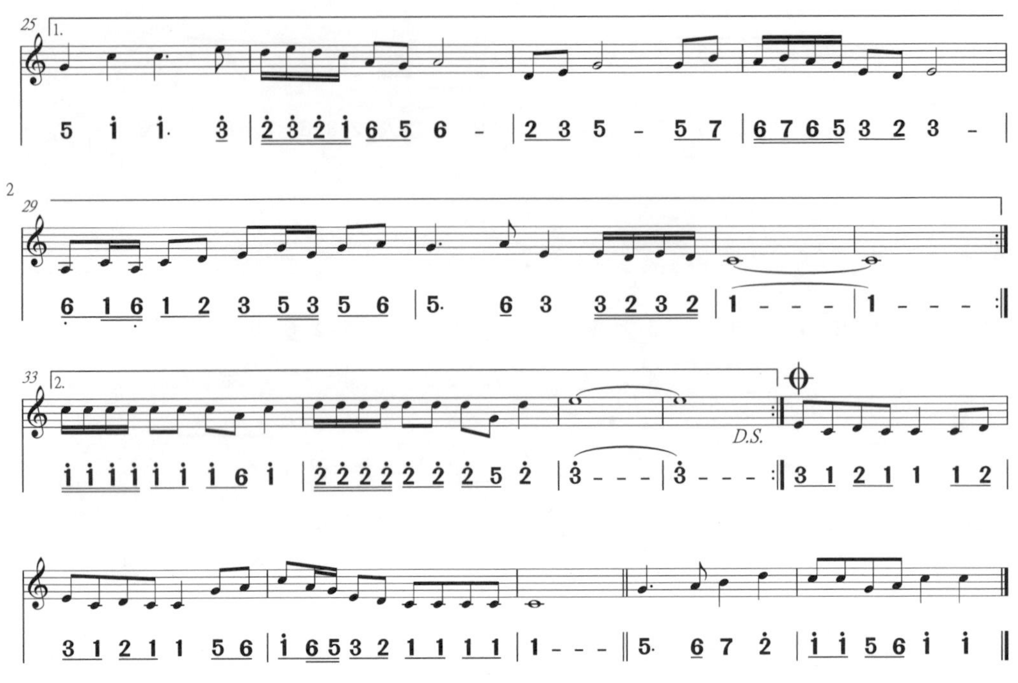

馬蘭之戀　許石編曲　劉錦士作詞　林楓唱

一、

I Na Au Hai Ya A Ma . So La Lin Ka Koi N

Ma Te Ni Si Ma Wa Lu Hai . Ko Wa Wa Na Ta . To Te Lun Ga Koi N

A No Tu Ai Ka Mo Pi So Lo-. Ko Ka Mo To Hai Na .

Wu Ma An Ko Pi Nan. To Ni Ka Pa Tai .Ma Ki La To Lo. To Lo Ai Ga So Lin.

二、(華語)

爹娘你們可知道　女兒有位心上人

他對我一片真心　人又長得那麼英俊

爹娘我要嫁給他　要是你們不答應

我情願離開家庭　不要打擾父母安寧

〈馬蘭之戀〉是眾人熱愛的原住民歌謠，不過，也是身世複雜難解而有趣的歌謠。早期有說法認為，這首歌是出身臺東馬蘭部落的阿美族歌后盧靜子原唱，事實上盧靜子未出道前這首歌就已走紅，經學者考訂，原曲調也並非發源自馬蘭部落。

同曲調最早改編成流行歌，是 1963 年、亞洲唱片發行《文鶯歌唱集》中收錄的臺語歌〈山地情歌〉（黃敏作詞、文鶯演唱）。據編曲者莊啟勝筆記登錄，是在 1962 年 11 月編曲，交由亞洲唱片錄製。

文鶯演唱的〈山地情歌〉並不算紅，1964 年初，合眾唱片先後製作發行了阿美族語版本的〈馬蘭之戀〉（阿美娜演唱，收錄於《中國民謠臺灣篇第 2 集》），還有華語版的〈馬蘭山歌〉（慎芝作詞、林禮涵編曲、美黛演唱），並由美黛在電視節目「群星會」上演唱，這旋律才聲名大噪。同年，臺灣電視公司將這首歌發展為電視劇《馬蘭之戀》，主題曲由許石製作。

同一年許石製作唱片也收錄了〈馬蘭之戀〉，由製作人許天賜作三段臺語歌詞，加上一段阿美族語歌詞，曾由大王唱片發行。後來許石的學生劉錦士填寫一段華語歌詞，由林楓灌錄，前後也穿插了阿美族語的歌詞。

追溯〈馬蘭之戀〉改編為流行歌的歷程，最早應是莊啟勝、林禮涵兩位編曲家的作品，不過，許石製作的〈馬蘭之戀〉穿插了阿美族語，在合眾唱片演唱的阿美娜，則是她的學生朱艷華。許石在這首歌改編為流行歌的過程中，似乎扮演什麼關鍵的角色，不過似已無從追索了。

〈馬蘭之戀〉

大王 KLK-46：惠鈴
太王 KLA-007：林楓 (華語)
太王 KLK-68：林楓（日語）

檳榔村之戀

許　石　採編
許天賜　作詞

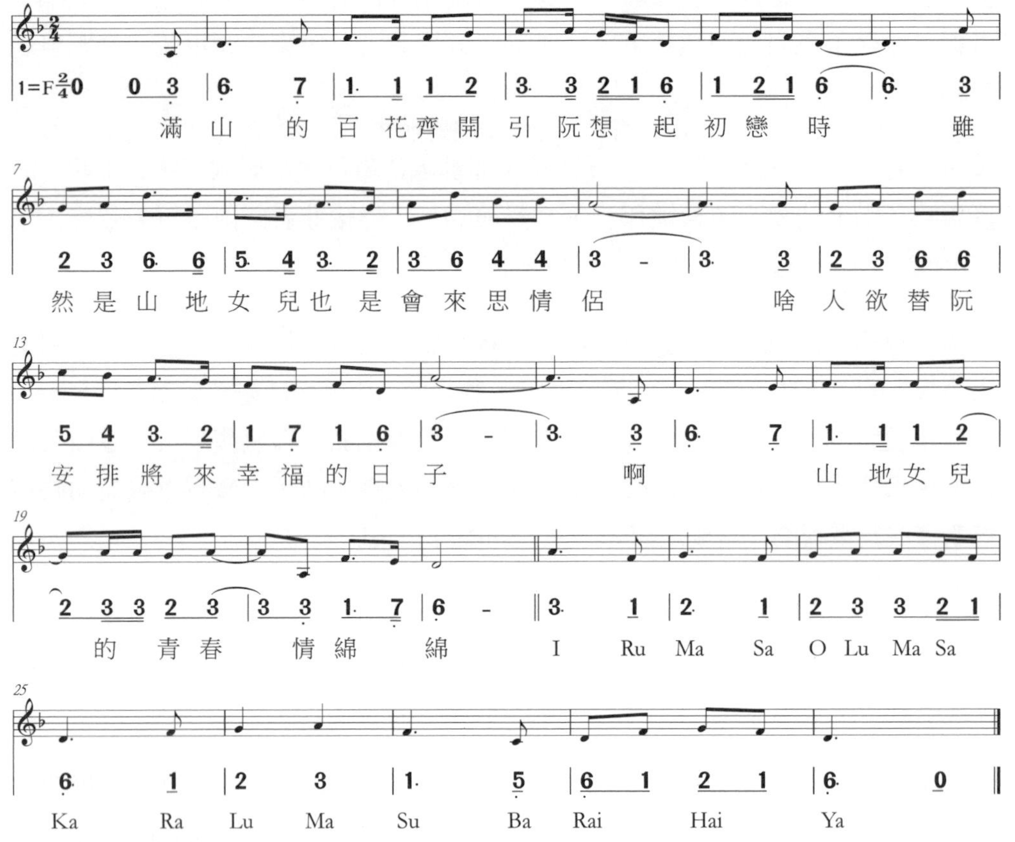

檳榔村之戀　許石編曲　許天賜作詞　許瓊華唱

一、

A… I NA RA BI O LU MA SA KO KA TA

PA BO RA SA O DO MO I

O LI NAI TO GI LI SA DO O LU MA SA KO KA TA

A…I RU MA SA O LU MA SA KA RA LU MA

I LU MA SA O LU MA SA KA . RA LU MA SU BA RAI HA I YA

二、(臺語)

滿山的百花齊開　引阮想起初戀時　雖然是山地女兒　也是會來思情侶
啥人欲替阮安排　將來幸福的日子　啊山地女兒的青春情綿綿

三、(臺語)

茫茫的山頂　月暝孤單坐在檳榔樹邊　聽遠遠瀑布聲音　加添思念情郎伊
希望伊瞭解著阮　純情純義的心理　啊山地女兒的懷春多憂慮

這首歌是臺視電視連續劇主題曲，約發表於 1965 年，許石編曲製作收錄在《新臺灣民謠》專輯唱片中，並刊載在他隔年編輯的《許石作曲集第一集》裡。

原曲出自臺東流傳的歌調採編而成的歌，當地名為〈石山夜曲〉，又叫〈石山姑娘〉、〈加路蘭港之戀〉。「加路蘭」即今富岡漁港、「石山」是附近的阿美族部落舊稱，這首歌是日治後期國民學校教師日高敏晶創作的日語歌，據說是他為紀念在港灣工作、因意外死亡的表妹而作，由於旋律優美、哀傷動人，在地方上廣為傳唱。

許石製作的〈檳榔村之戀〉，是將這首優美的阿美族日語歌謠與另一段取自烏來的原住民歌謠接合而成，形成類似主、副歌的關係，前後有節奏的變化，富戲劇張力。兩段阿美族語歌詞，穿插由電視製作人許天賜作詞的臺語歌詞。「檳榔村」是位於臺東卑南鄉的大聚落，原住民以卑南族為主，雖然這首歌的原曲出自阿美族歌曲，因作為連續劇主題曲，穿鑿附會的關係，也常被以為是出自卑南族的歌謠。

許石 1966 年曾為了這首歌的著作權，向盜版的唱片公司提出告訴，可見他對這首歌的重視。除太王唱片製作發表的版本外，1966 年出道的重唱團體「雙燕姐妹」（徐美英、陳寶玲）也有灌錄，由電塔唱片發表。之後改編華語歌詞，盧靜子、林玉英、高勝美等知名原住民歌手都有灌錄，是相當優美經典的原住民歌謠。

〈檳榔村之戀〉

太王 KLK-64：許瓊華
太王 KLA-007

參考資料

一、曲譜

許丙丁編，《歌曲集》，1946 年發行。

楊三郎編，《最新爵士歌選》，1949 年 6 月發行。

《最新流行歌集：許石作曲集第一冊》，1957-1958 年間出版。

《許石作曲十周年音樂會特刊》，1959 年 1 月印行發送。

「臺灣鄉土民謠演唱會」演出小冊第 1 版，1960 年 2 月。

「臺灣鄉土民謠演唱會」演出小冊第 2 版，1960 年 9 月。

「臺灣鄉土民謠演唱會」演出小冊第 3 版，1962 年。

《許石作曲集第一集》，1966 年 5 月發行。（僅錄樂譜不錄歌詞）

《許石作曲二十周年紀念特刊—臺灣鄉土民謠作曲發表會歌曲集》，1969 年 12 月印製發送。

《許石作曲集》，1970 年 2 月發行。（僅錄樂譜不錄歌詞）

《臺灣鄉土民謠作曲發表會（許石作曲三十周年紀念）》，1979年8月印行。

二、蟲膠 78 轉唱片

- 女王 Q2012（果子姑娘）
- 女王 Q30008（漂亮你一人、臨海青春曲）
- 女王 Q2025（青春街）
- 女王 Q1007（終歸我勝利）
- 女王 Q2013（噫！黃昏時）
- 女王 C2005（牡丹望春風）
- 女王 Q2008（凸絲姑娘）* 以上由徐登芳先生提供

三、黑膠 33 轉唱片

- 大王 KLK-57《臺灣鄉土民謠全集（一）》
- 大王 KLK-58《臺灣鄉土民謠全集（二）》
- 大王 KLK-60《臺灣鄉土民謠全集（三）》
- 大王 KLK-66《臺灣鄉土民謠全集（四）》
- 大王 KLK-67《臺灣鄉土民謠全集（五）》
- 大王 KLK-59《臺灣鄉土民謠全集（六）》
- 大王 KLK-42《廖美惠得意名歌歌唱集》
- 大王 KLK-46《電視節目歌曲明日天涯與馬蘭之戀》專輯
- 太王 KLA-001《寶島名作曲家許石傑作金唱片專輯》
- 太王 KLA-005《許石傑作金唱片第二集 回來安平港》
- 太王 KLA-007《山地名歌傑作集 山地好》專輯
- 太王 KLA-008《人間悲劇金唱片：安平追想曲》專輯
- 太王 KLK-64《新臺灣民謠（第五集）》專輯
- 太王 KLK-68《臺灣鄉土民謠（日語版）》（1）專輯
- 太王 KLK-69《臺灣鄉土民謠（日語版）》（2）專輯

* 以上由國立臺灣歷史博物館、六禾音樂故事館陳明章先生、許石家屬、許石音樂圖書館提供

四、臺灣音聲一百年網站（國立臺灣歷史博物館　提供）

點歌速查

五字部

六字部

七字部

八字部

九字部

十字部

歌謠交響：
許石創作與採編歌謠曲譜集

編　　著／黃裕元
總　　監／葉澤山
督　　導／周雅菁、林韋旭
行政編輯／何宜芳、蔡宜瑾
社　　長／林宜澐
總 編 輯／廖志墭
編輯協力／林芷柔、蔡志驤、潘佑華、朱英韶
歌詞校訂／呂興昌、黃裕元
書籍設計／黃子欽
內文排版／藍天圖物宣字社
企　　劃／彭雅倫

出　　版／蔚藍文化出版股份有限公司
地址：10667臺北市大安區復興南路二段237號13樓
電話：02-2243-1897
臉書：https://www.facebook.com/AZUREPUBLISH/
讀者服務信箱：azurebks@gmail.com

臺南市政府文化局／
地址：永華市政中心：70801臺南市安平區永華路2段6號13樓
民治市政中心：73049臺南市新營區中正路23號
電話：06-6324-453
網址：http：// culture.tainan.gov.tw

總 經 銷／大和書報圖書股份有限公司
地址：24890新北市新莊市五工五路2號
電話：02-8990-2588

法律顧問／眾律國際法律事務所　著作權律師／范國華律師
電話：02-2759-5585　網站：www.zoomlaw.net

印　　刷／世和印製企業有限公司
ISBN／978-986-5504-00-7
GPN／1010801502
定　　價／新臺幣480元
初版一刷／2019年11月

國家圖書館出版品預行編目（CIP）資料

歌謠交響：許石創作與採編歌謠曲譜集 / 黃裕元 編著. -- 初版. -- 臺北市
: 蔚藍文化；臺南市：南市文化局, 2019.11
面；　公分
ISBN 978-986-5504-00-7（平裝）

1. 民俗音樂 2. 樂譜 3. 臺灣

913.533　　108015073

婚

費免

威夷大飯店

10月24日起

七樓 檀香廳

名師主廚　正宗粵菜

貳佰元

彩色拼盤
京都排骨
八珍豆腐煲
生炒時菜
瓜丁上湯
水果

參佰元

四色拼盤
京都排骨
燒牛腩煲
開洋白菜
八珍海參
什錦瓜湯
水果

肆佰元

什錦拼盤
蔥油肥鷄
京都排骨
捻豆腐煲
掛綠魚片
奶油白菜
鳳足冬茹
水果

伍佰

花式拼
京都排
鹽焗肥
生炒双
鼓汁魚
草茹田
燒牛腩
淮杞炖
水

許氏

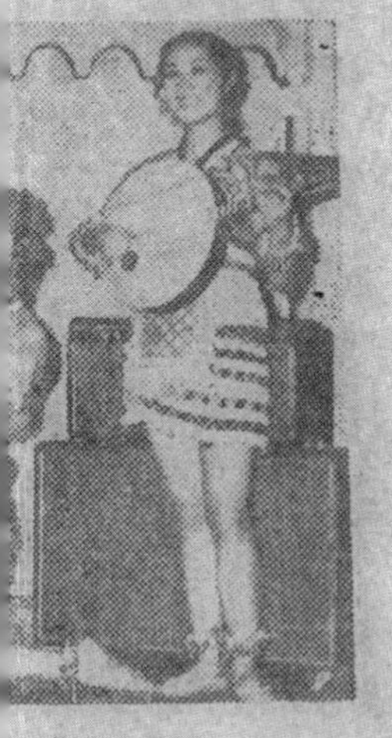

輕鬆活潑

林一飛魔術

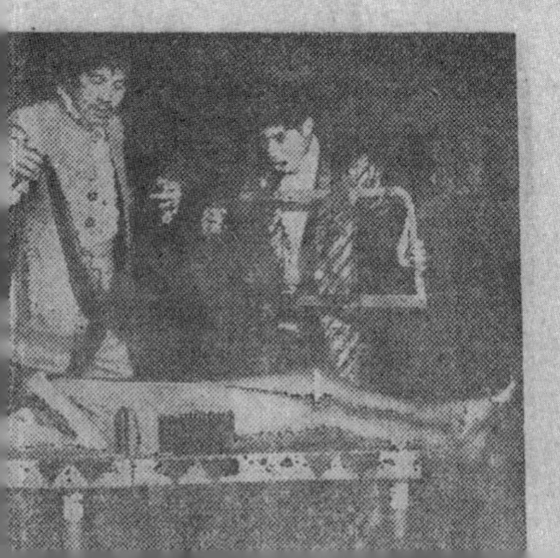

壽喜宴

應禮堂節目

開演時間
午餐12點30分
晚餐7點正
宵夜9點30分

全日供應
各式砂鍋

茶資廿元
便餐22元起
不另收費

保密防諜
人人有責

客房部

住宿特價優待
96元起
休息66元起
※長期住客
折扣另議

櫻花廳（一樓）

名師主廚

西和料理

早餐	午餐	晚餐	梅定	竹定	松定
20元	30元	50元	60元	80元	100元

獨特口味！
與衆不同！

悅來廳（八樓）

活海鮮總滙
經濟客飯30元
清粥小菜20元

妹合唱團

熱門歌曲

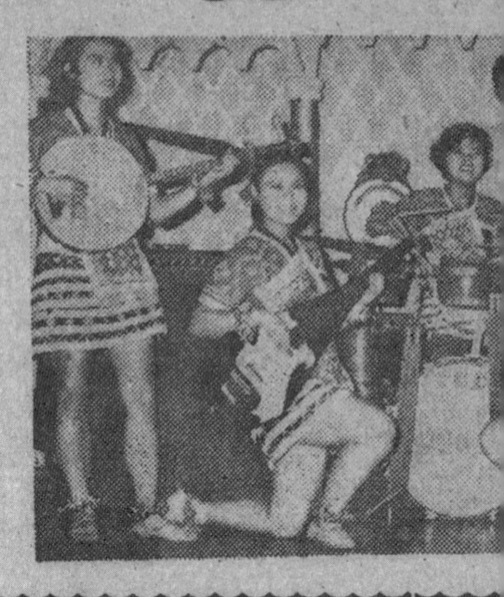

名作曲家

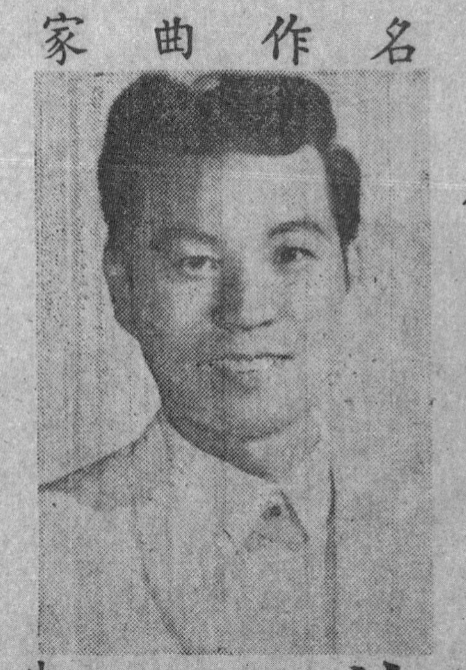

領導

團

喜宴

應禮堂節目

開演時間

午餐12點30分

晚餐7點正

宵夜9點30分

全日供應

各式砂鍋

茶資廿元

便餐22元起

不另收費

保密防諜

人人有責

客房部

住宿特價優待

96元起

休息66元起

※長期住客

折扣另議

櫻花廳(一樓)

名師主廚

西和料理

早餐	午餐	晚餐	梅定	竹定	松定
20元	30元	50元	60元	80元	100元

獨特口味！

與衆不同！

悅來廳(八樓)

活海鮮總滙

經濟客飯30元

清粥小菜20元

妹合唱團

熱門歌曲

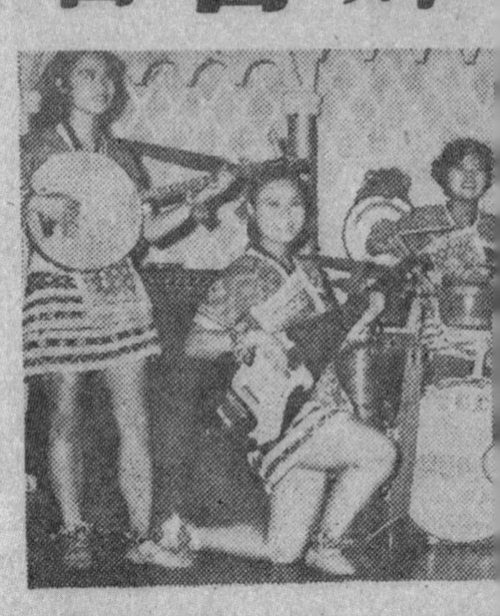

名作曲家

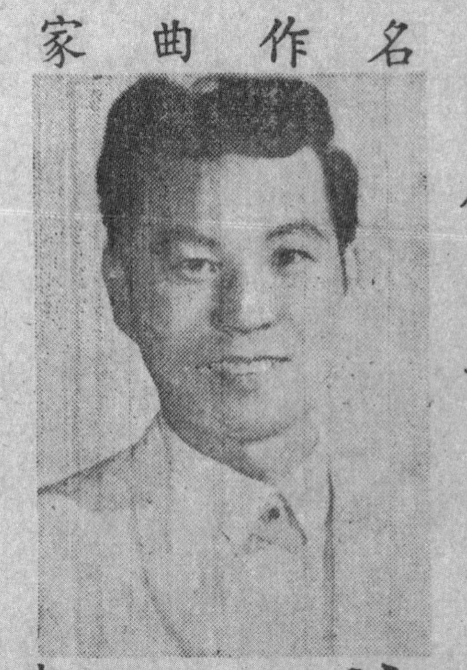

領導